Die zentrale Sahara

Perthes Geographie im Bild

Herausgegeben von Prof. Dr. Detlef Busche
Geographisches Institut der Universität Würzburg

Detlef Busche

Die zentrale Sahara

Oberflächenformen im Wandel

Justus Perthes Verlag Gotha

Die Deutsche Bibliothek – CIP-Einheitsaufnahme

Busche, Detlef:
Die zentrale Sahara : Oberflächenformen im Wandel / Detlef Busche. – 1. Aufl. –
Gotha : Perthes, 1998
(Perthes Geographie im Bild)
ISBN 3-623-00550-9

Schlagwörter: Sahara/Aride Geomorphologie/Wüste/Reliefgeschichte/Paläoklimatologie

Titelfoto:
Talquerprofil im nördlichen Djadoplateau, Akazien und weißes Stillwassersediment im Stau einer Leedüne, vgl. Foto 180 (Foto: D. Busche)

Rückseitenfoto:
Bastion der Sandsteinschichtstufe des Kaouar, Ostniger (Foto: D. Busche)

Vorderes Vorsatz:
NOAA-11, Sensor AVHRR, 1. Okt. 1992, 14.31 UTC. Bildverarbeitung: Stefan Dech, Deutsches Zentrum für Luft- und Raumfahrt e. V. (DLR) Oberpfaffenhofen

Hinteres Vorsatz:
NOAA-9, Sensor AVHRR, o. D. Bildverarbeitung: Deutsches Zentrum für Luft- und Raumfahrt e. V. (DLR) Oberpfaffenhofen

Zum Autor

Prof. Dr. Detlef Busche, geb. 1942, studierte in Berlin und an der University of Minnesota/USA und arbeitet seit 1972 (seit 1982 als Professor) am Geographischen Institut der Universität Würzburg. Seine Saharaforschung begann noch während des Studiums mit zwei längeren Aufenthalten an der Forschungsstation Bardai der Freien Universität Berlin im Tibestigebirge (Tschad) und wurde seit 1977 in mehreren Expeditionen der Saharaforschungsgruppe des Würzburger Instituts in die zentrale Sahara fortgesetzt, mit Schwerpunkt auf dem ariden Norden und Osten der Republik Niger. Dazu kamen Feldarbeiten in den Trockengebieten Irans, weiteren Gebieten Nordafrikas, des Südwestens der USA und in den letzten Jahren in Namibia.

Anschrift des Autors: Prof. Dr. Detlef Busche, Bayerische Julius-Maximilians-Universität Würzburg, Institut für Geographie, Am Hubland, D–97074 Würzburg

ISBN 3-623-00550-9
1. Auflage

Lektor: Dr. Eberhard Benser
Konzeption: Prof. Dr. Detlef Busche
Layout: Peter Spallek und Prof. Dr. Detlef Busche
Alle Fotos © Prof. Dr. Detlef Busche
Einband: Peter Spallek, Gotha
Gesamtherstellung: Peter Spallek • UniPrint, Gotha
Gedruckt auf Papier aus chlorfrei gebleichtem Zellstoff.

Inhalt

Abbildungsverzeichnis

Für Gretel
Almuth
Rüdiger
Regine
Steffi

Gisela
Roswitha
Itti
Helgard
und Ingrid

Einleitung

Die zentrale Sahara ist die größte und unter den warmen Wüsten auch die trockenste der Erde. Ihre Sonderstellung verdankt sie nicht allein ihrer Lage im Bereich des nördlichen Wendekreises in einem der beiden Hochdruck- und Passatwindgürtel der Erde. Alle anderen Wendekreiswüsten der Erde sind niederschlagsreicher als sie.

Die plausibelste Erklärung der Sonderstellung der Sahara wurde von HERMANN FLOHN (u. a. 1964, 1982; darauf aufbauend HELGA BESLER 1981, 1992, S. 16) gegeben: Ein über dem nördlichen Indischen Ozean einsetzender, nach Westen wehender Strahlstrom (ein Band hoher Windgeschwindigkeit an der Obergrenze der Troposphäre in etwa 10 km Höhe), der im Bereich der Kanarischen Inseln endet, erzeugt als Folge der jedem Strahlstrom eigenen Querzirkulation auf seiner Südseite über Nordafrika, im sogenannten Delta der seitlich auseinandergehenden Strömung, eine Absinkbewegung.

Durch sie wird die auch über den anderen Wendekreiswüsten wirkende Absinkbewegung verstärkt, der die am Äquator aufgestiegene und nach Norden (bzw. auf der Südhalbkugel nach Süden) strömende Luft in einer als HADLEY-Zelle bekannten Zirkulationsspirale ausgesetzt ist. Die dadurch schneller absinkende und damit austrocknende, aus Nordost wehende bodennahe Passatströmung wird so über der südlichen Sahara verstärkt. Regenbringende Sommermonsunniederschläge aus den südlich angrenzenden feuchten Tropen können deshalb weniger weit gegen die bodennahe Hochdruckzone vorstoßen als in den anderen Wendekreiswüsten der Erde.

In den Abschnitten des quartären Eiszeitalters oder Pleistozäns, als während der letzten 700 000–800 000 Jahre drei- oder viermal kontinentale Inlandeise aufgebaut wurden und wieder zerfielen, muß zumindest zeitweise das Dach der Welt nur eingeschränkt oder gar nicht als – im Vergleich zur freien Atmosphäre gleicher Höhe – hochliegende Heizfläche gedient haben. Nach den Forschungsergebnissen von MATTHIAS KUHLE (u. a. 1993) trug das Hochland zu jenen Zeiten eine die Atmosphäre abkühlende eigene Inlandeiskappe. Der Ostjet könnte nur abgeschwächt oder gar nicht existiert haben, und die Sahara müßte mehr Feuchtigkeit bekommen haben als heute. Bevor Tibet und der Himalaya als Folge der noch heute andauernden Kollision des indischen Subkontinents mit Asien im älteren Pleistozän in die für eine Vereisung in äquatornahen Breiten notwendige große Höhe gepreßt worden waren, kann es die Ostjetzirkulation überhaupt nicht gegeben haben.

Dazu kommt, daß noch bis zum Ende des Tertiärs, bis vor etwa 2,5 Millionen Jahren, auf der Erde insgesamt bis in die polaren Breiten ein wärmeres und feuchteres Klima herrschte. Die Kohlenlagerstätten auf Spitzbergen, auf fast 80° nördlicher Breite, wurden noch bis vor 3 Millionen Jahren aus einer Sumpfwaldvegetation gebildet, die der des heutigen warmfeuchten Südostens der USA auf etwa 30° Breite oder des südöstlichen China entspricht. Die Kreidezeit und das Alttertiär, das vor etwa 65 Millionen Jahren begann, waren weltweit von einem seither nicht wieder erreichten extrem feuchttropischen Klima geprägt. Aus dem Alttertiär stammen jedoch die ältesten erhaltenen Reliefformen der zentralen Sahara.

Nach einer derzeit diskutierten Theorie könnte jenes Klima die Folge eines verstärkten Treibhauseffekts gewesen sein, der seinerseits die Folge des gewaltigen CO_2-Ausstoßes in einer Phase extremer vulkanischer Aktivität auf der Erde während der Kreidezeit vor etwa 120 Millionen Jahren war. Der Weltmeeresspiegel lag zeitweilig über 400 m höher als heute, so daß weite Teile der damals auch noch weniger gehobenen zentralen Sahara als küstennahe Akkumulationsgebiete unter Wasser standen. Im Alttertiär lag die Region noch in Küstennähe (Abb. 1, S. 11).

Die Platte, auf der sich der afrikanische Kontinent befindet, hat sich im Tertiär und Quartär nur relativ wenig nach Norden verschoben. Die Kollisionen mit Europa, die zur Bildung der Alpen und des Atlas führten, waren die Folge dieser Bewegung. Sie waren jedoch längst nicht groß genug, um damit etwa die Wanderung Nordafrikas aus der feuchten Tropenzone in die heute trockene Wendekreiszone zu erklären.

Es ist also nicht anzunehmen, daß die zentrale Sahara, seit dort Festland ist, immer als Wüste existiert hat. Die Vorstellung von einer seit dem Tertiär bestehenden Kernwüste, die nach dem Wissensstand der 50er Jahre noch plausibel war (MECKELEIN 1957) und mancherorts noch heute akzeptiert wird, läßt sich auf Grund der seither gewonnenen Informationen zur Weltklimageschichte und zur Reliefgenese der Sahara nicht mehr aufrechterhalten.

Andererseits belegt der durch den Wind geschaffene Formenschatz, daß es im Pleistozän auch Zeiten eines noch extremeren Wüstenklimas als heute gegeben hat. Klimaschwankungen mit einem generellen Trend zu trockeneren, aber noch nicht wüstenhaften, ariden Bedingungen hat es auch schon im Tertiär gegeben. Mit dem Übergang zum Quartär setzte überall auf der Erde ein neues Klimaregime ein, verbunden mit einer viel stärker als im Tertiär regional differenzierten klimagesteuerten Reliefbildung. Die Quartärgeschichte der Sahara bis heute ist durch einen mehrfachen Wechsel unterschiedlich wüstenhafter und feuchter Klimate und Reliefbildungsphasen geprägt worden, mit Pendelausschlägen zwischen extremem Windschliff und ebensolcher Dünenformung und pluvialzeitlichen, niederschlagsreichen Zuständen, in denen weite Teile der zentralen Sahara eine Landschaft von Süßwasserseen waren.

Mit 565 in Farbe gedruckten Fotos, ergänzt durch einige Satellitenbilder, Karten und Zeichnungen, möchte dieses Buch die wechselvolle Reliefgeschichte, vor allem aber den vielfältigen Formenschatz der heutigen zentralen Sahara veranschaulichen. Die das Landschaftsbild prägenden Ergebnisse vorzeitlicher Verwitterungs-, Erosions- und Akkumulationsprozesse sollen ebenso wie die gegenwärtig wirksamen fluvialen – durch Wasser – und äolischen – durch Wind – geomorphologischen, reliefgestaltenden Prozesse vorgestellt werden.

Die nahezu vollständig vom Autor aufgenommenen Fotos stammen von zwei Aufenthalten auf der Forschungsstation Bardai der Freien Universität Berlin im Tibestigebirge (1965/66 und 1968), vor allem aber von mehreren Expeditionen des Geographischen Instituts der Universität Würzburg in den nigrischen Teil der Sahara zwischen 1977 und 1990, bis die politische Situation in der Region den Forschungsarbeiten ein hoffentlich nur vorläufiges Ende setzte. Einige ergänzende Fotos stammen von zwei Forschungsaufenthalten in Südägypten 1976 und 1982.

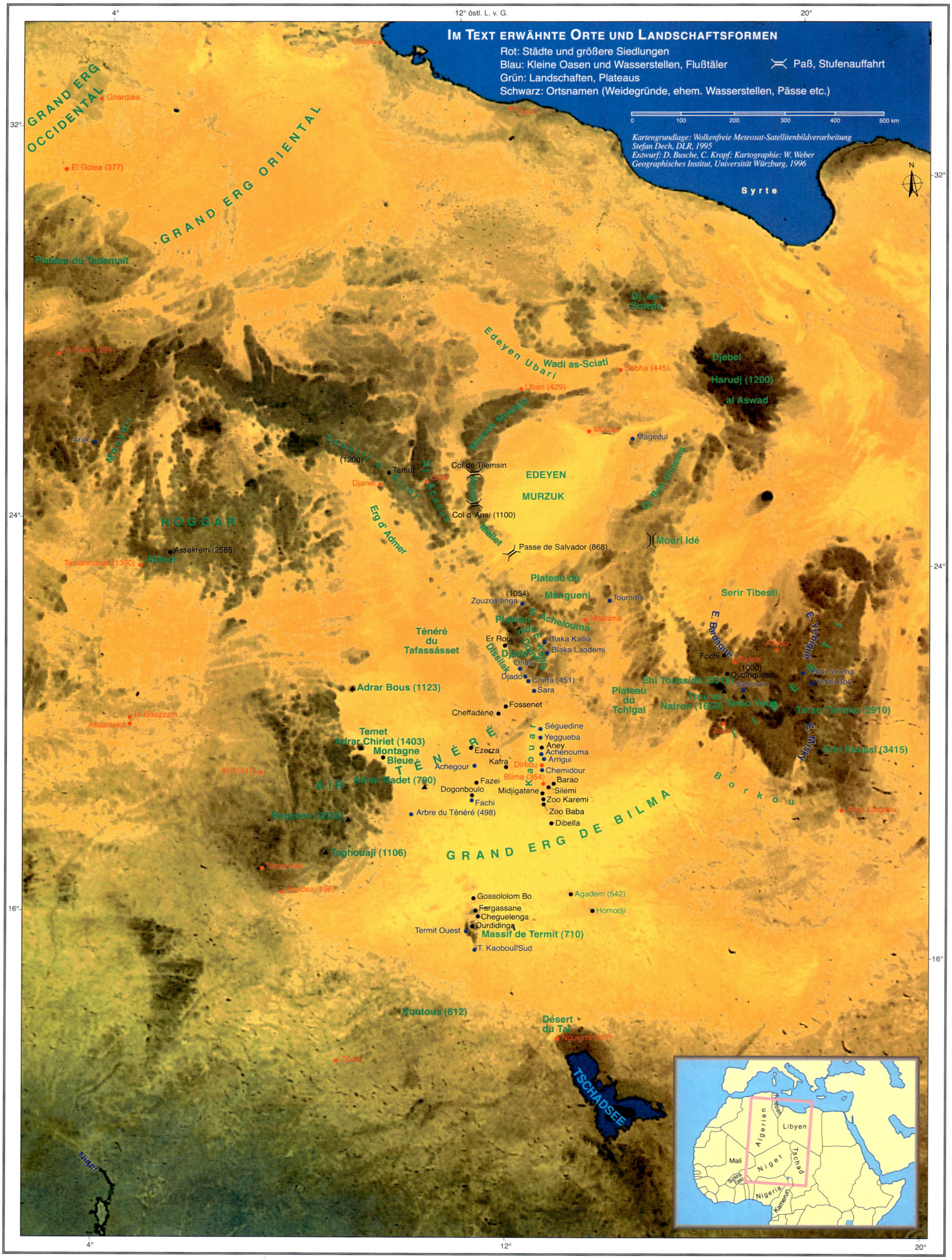
Im Text erwähnte Orte und Landschaftsformen
Rot: Städte und größere Siedlungen
Blau: Kleine Oasen und Wasserstellen, Flußtäler
Grün: Landschaften, Plateaus
Schwarz: Ortsnamen (Weidegründe, ehem. Wasserstellen, Pässe etc.)
Paß, Stufenauffahrt
0 100 200 300 400 500 km
Kartengrundlage: Wolkenfreie Meteosat-Satellitenbildverarbeitung
Stefan Dech, DLR, 1995
Entwurf: D. Busche, C. Krapf; Kartographie: W. Weber
Geographisches Institut, Universität Würzburg, 1996
4°
12° östl. L. v. G.
20°
32°
24°
16°
Syrte
Grand Erg Occidental
Ghardaia
El Golea (377)
Grand Erg Oriental
Plateau du Tademait
Edeyen Ubari
Wadi as-Sciati
Sebha (445)
Ubari (429)
Djebel Harudj (1200) al Aswad
Magedul
Arak
Tamrit
Djanet
Col de Tilemsin
Col d'Anai (1100)
Edeyen Murzuk
Erg d'Admer
Passe de Salvador (868)
Mouri Idé
Hoggar
Assekrem (2585)
Tamanrasset (1390)
Atakor
Plateau du Mangueni
Zouzoudinga
Toummo
Serir Tibesti
Ténéré du Tafassâsset
Er Roui
Blaka Kallia
Blaka Laodemi
Djado
Chirfa (451)
Sara
Adrar Bous (1123)
Fossenet
Cheffadène
Plateau du Tchigai
Tarso Toussidé
Tarso Voon
Tarso Tieroko (2910)
Emi Koussi (3415)
Fochi
Séguedine
Yeggueba
Aney
Achenouma
Arrigui
Chemidour
Barao
Silemi
Zoo Karemi
Zoo Baba
Dibella
Temet
Adrar Chiriet (1403)
Montagne Bleue
Adrar Madet (790)
Ténéré
Aïr
Achegour
Ezerza
Kafra
Dirkou
Bilma (354)
Fazei
Dogonboulo
Midjigatene
Fachi
Arbre du Ténéré (498)
Borkou
Faya Largeau
Grand Erg de Bilma
Taghouaji (1106)
Agadem (542)
Gossololom Bo
Fergassane
Cheguelenga
Ourdidinga
Termit Ouest
Massif de Termit (710)
T. Kaoboul/Sud
Homodji
Koutous (612)
Désert du Tal
Tschadsee
Niger
Mali
Algerien
Libyen
Tschad
Nigeria
Kamerun

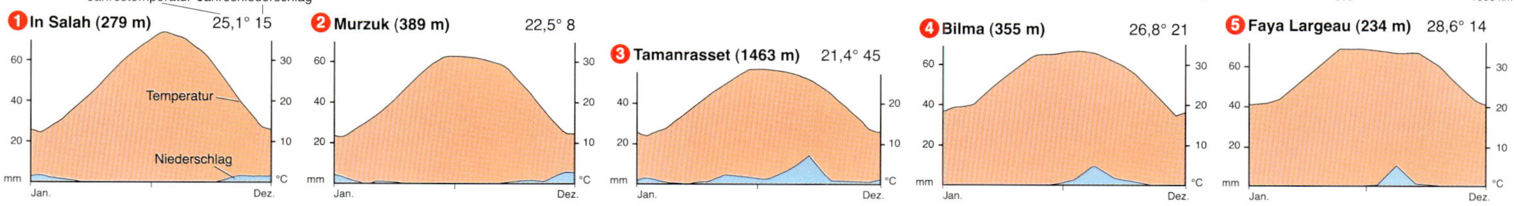

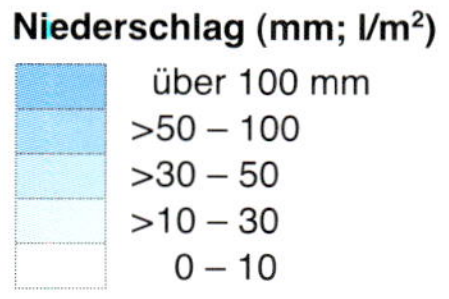

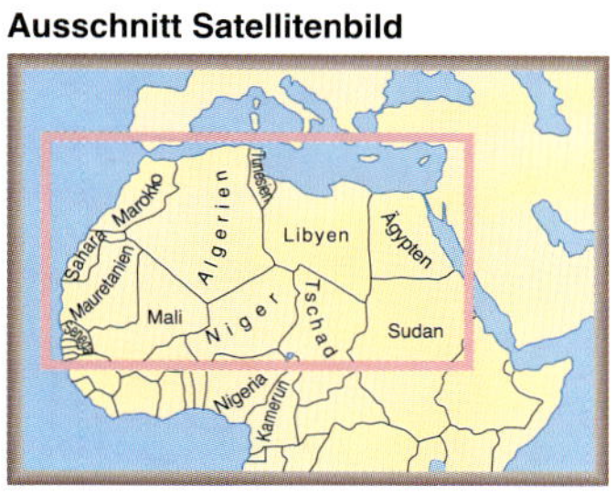

Kartengrundlage: Wolkenfreie Meteosat-Satellitenbildverarbeitung Stefan Dech, DLR, 1995
Isohyeten nach J. Dubief (1969)
Entwurf: C. Krapf; Kartographie: W. Weber; Geographisches Institut, Universität Würzburg, 1996

Physisch-geographischer Überblick

Trotz ihrer extremen Trockenheit ist die Sahara nie ganz ohne Wolkenbedeckung. Das wolkenfreie Satellitenbild der gesamten Sahara und der vergrößert dargestellte zentrale Teil sind das Ergebnis einer Computerkombination wolkenloser Bildausschnitte aus einer Anzahl von Meteosatszenen, die in halbstündigem Abstand in ca. 36 000 km über dem Golf von Guinea aufgenommen worden sind. Das Ergebnis zeigt besser als jede gezeichnete Karte das wahre Muster der saharischen Gebirge und Stufenlandschaften (braun) und der weiten, unterschiedlich stark eingesandeten Ebenen (gelb). Die ursprünglichen Grautöne der im sichtbaren Licht aufgenommenen Szene wurden naturnah eingefärbt.

Die Höhe der spärlichen Niederschläge – bei noch spärlicherem Wetterstationsnetz – zeichnet in der Sahara das Gebirgsrelief nach, am Südrand die sommerlich nach Norden vorrückenden Monsunregen. Von ihnen wird gelegentlich auch die südliche Sahara erreicht (Stationen Bilma, Faya). Die Nordsahara bekommt ihre Regen bei der winterlichen Südverschiebung der Westwindzone (Stationen In Sahah, Murzuk). Hoggar und Tibesti liegen im Überlappungsbereich beider Niederschlagsregime.

Zusätzlich zur Großgliederung des Reliefs und des grün eingefärbten Übergangs zum Sahel (= Ufer) im Süden zeigt der Bildausschnitt links die ungefähre Lage sämtlicher im Text erwähnten Landschafts-, Lokalitäts- und Siedlungsnamen. Einige Städtenamen außerhalb der zentralen Sahara dienen der Orientierung.

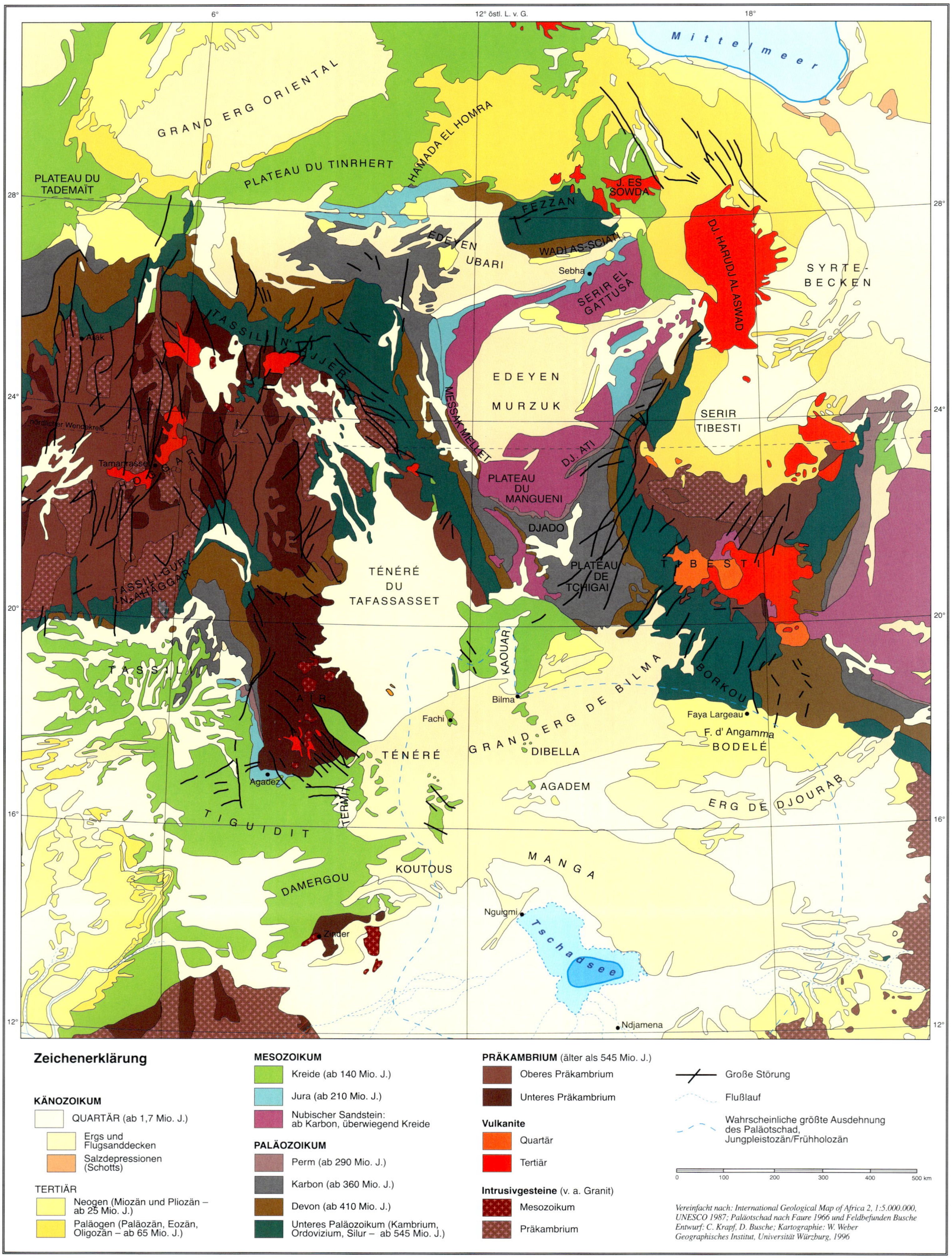

6°
12° östl. L. v. G.
18°
28°
24°
20°
16°
12°
Mittelmeer
GRAND ERG ORIENTAL
PLATEAU DU TADEMAÏT
PLATEAU DU TINRHERT
HAMADA EL HOMRA
J. ES SOWDA
FEZZAN
DJ. HARUDJ AL ASWAD
EDEYEN UBARI
WADI AS-SCIATI
Sebha
SERIR EL GATTUSA
SYRTE-BECKEN
TASSILI N'AJJER
Ajjer
EDEYEN MURZUK
MESSAK MELLET
SERIR TIBESTI
Nördlicher Wendekreis
Tamanrasset
HOGGAR
DJ. ATI
PLATEAU DU MANGUENI
DJADO
PLATEAU DE TCHIGAI
TIBESTI
TASSILI-OUN-AHAGGAR
TÉNÉRÉ DU TAFASSASSET
KAOUAR
TASSILI
AÏR
Bilma
ERG DE BILMA
BORKOU
Faya Largeau
F. d' Angamma
BODELÉ
Fachi
TÉNÉRÉ
GRAND ERG
DIBELLA
Agadez
AGADEM
ERG DE DJOURAB
TIGUIDIT
TERMIT
KOUTOUS
MANGA
DAMERGOU
Nguigmi
Zinder
Tschadsee
Ndjamena
Zeichenerklärung
KÄNOZOIKUM
QUARTÄR (ab 1,7 Mio. J.)
Ergs und Flugsanddecken
Salzdepressionen (Schotts)
TERTIÄR
Neogen (Miozän und Pliozän – ab 25 Mio. J.)
Paläogen (Paläozän, Eozän, Oligozän – ab 65 Mio. J.)
MESOZOIKUM
Kreide (ab 140 Mio. J.)
Jura (ab 210 Mio. J.)
Nubischer Sandstein: ab Karbon, überwiegend Kreide
PALÄOZOIKUM
Perm (ab 290 Mio. J.)
Karbon (ab 360 Mio. J.)
Devon (ab 410 Mio. J.)
Unteres Paläozoikum (Kambrium, Ordovizium, Silur – ab 545 Mio. J.)
PRÄKAMBRIUM (älter als 545 Mio. J.)
Oberes Präkambrium
Unteres Präkambrium
Vulkanite
Quartär
Tertiär
Intrusivgesteine (v. a. Granit)
Mesozoikum
Präkambrium
Große Störung
Flußlauf
Wahrscheinliche größte Ausdehnung des Paläotschad, Jungpleistozän/Frühholozän
0
100
200
300
400
500 km
Vereinfacht nach: International Geological Map of Africa 2, 1:5.000.000, UNESCO 1987; Paläotschad nach Faure 1966 und Feldbefunden Busche
Entwurf: C. Krapf, D. Busche; Kartographie: W. Weber
Geographisches Institut, Universität Würzburg, 1996

Geologischer Überblick

Die Farben der stark vereinfachten geologischen Karte zeigen die Altersstellung der an der Erdoberfläche anstehenden Gesteine. In Verbindung mit Abbildung 1, die die tektonische Entwicklung – die Deformationsgeschichte – der Gesteine der zentralen Sahara seit dem Beginn des Paläozoikums skizziert und einige Küstenlinien seit der Oberkreide nachzeichnet, soll ein kurzer Abriß der geologischen Entwicklung der Region gegeben werden. Der Schwerpunkt liegt auf den Informationen, die als Grundlagen für das Verständnis der Reliefentwicklung notwendig sind.

Bereits im ausgehenden Präkambrium, bis vor etwa 500 Millionen Jahren, wurden die ältesten Gesteine der Sahara in mindestens zwei Gebirgsbildungsphasen intensiv gefaltet, durch Druck und Hitze metamorphosiert und weitgehend in Schiefer umgewandelt, in die Gesteinsschmelzen eindrangen, die zu Graniten erstarrten. Seither hat es keine vergleichbare Gebirgsbildung mehr im Bereich der saharischen Tafel gegeben, anders als an ihrem Nordrand, dem im Zusammenhang mit der tertiärzeitlichen Alpenfaltung noch mehrfach deformierten Atlasgebirge. Gebirgsbildung im hier gebrauchten geologischen Sinne bedeutet nicht, daß auch automatisch ein Gebirge im morphologischen Sinne als Landform entstand. Die Krustenhebung, die mit einer im Untergrund ablaufenden Faltung und dem Eindringen von Gesteinsschmelzen verbunden war, konnte durch gleich intensiv wirkende Abtragungsvorgänge ausgeglichen werden. Auf diese Weise muß zu keiner Zeit der Gebirgsbildung auch ein Gebirgsrelief existiert haben. Das Ausgleichsprodukt von Hebung und Abtragung war von Anfang an eine Kappungsebene, die sich als Primärrumpf(fläche) von bestenfalls wenigen hundert Metern Höhe im Gefälle ihrer Flüsse zum Meer abdachte.

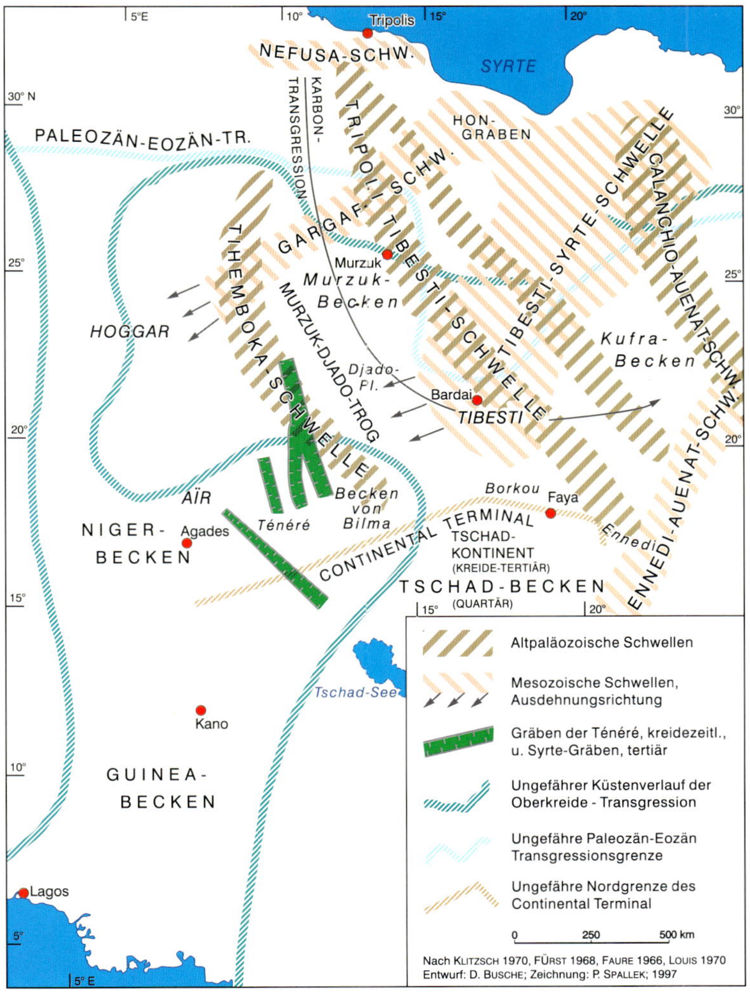

Abbildung 1: Tektonische Grundzüge der zentralen Sahara und Küstenverläufe seit der Oberkreide

Granite, die heute an der Erdoberfläche anstehen, sind unter bis zu mehreren Kilometern Gesteinsüberdeckung auskristallisiert. Ebenso fand die Metamorphose in größeren Tiefen statt, abschätzbar aus den Druck- und Temperaturverhältnissen, die für die Neubildung von Mineralen nötig waren. Granite wie Schiefer belegen, daß die Rumpffläche, die zum Ende des Präkambriums die Oberfläche der saharischen Tafel bildete, am Ende von mehreren Kilometern Abtragung stand. Wo sie heute, noch durch ihre paläozoischen Deckgesteine vor der Abtragung geschützt, aufgeschlossen ist, zeigen die Gesteine der alten Landoberfläche eine tiefgründige chemische Verwitterung.

Die Sockelgesteine – als Basement bezeichnet – liegen in der hier betrachteten zentralsaharischen Region heute nur in den Aufwölbungsgebieten des Hoggar, des Tibesti und des Aïr weitflächig an der Oberfläche. Kleine Ausbisse finden sich etwa nördlich des Brunnens Achegour in der Ténéré oder im Tiefsten der Depression von Dibella nördlich des Tschadsees. Der größte Teil liegt unter den Sedimentgesteinen des Paläozoikums verborgen. Die Deformation des Basements und des jeweils darüber lagernden Deckgebirges ist seit dem Beginn des Paläozoikums auf die Ausbildung von Becken und Schwellen, auf das Nebeneinander von Abtragungsgebieten und Sedimentationströgen beschränkt geblieben, vor allem seit der Kreidezeit begleitet von Bruchtektonik und Grabenbildung. Am Westrand des Djadoplateaus sind von silurischen Schichten bereits überlagerte vulkanische Dykes – steilstehende Förderspalten – als Reste eines paläozoischen Vulkanismus aufgeschlossen.

In weiten Flächen der zentralen Sahara stehen paläozoische Gesteine oberflächlich an. Diese meist sandigen und tonigen Gesteine sind das Ergebnis von Transgressionen – dem Vordringen des Meeres gegen das Festland –, die stets von Norden bis Nordwesten erfolgten, indem sie den Senken zwischen den N–S bis NW–SE orientierten Schwellen folgten und im Silur und Devon die gesamte Region mit ihren Sedimenten überdeckten.

Die bis 1000 m mächtigen, von Flüssen abgelagerten Sandsteinserien des Kambriums werden durch eine ins Ordovizium (465 bis 440 Mill. Jahre vor heute) gestellte Sedimentfolge abgeschlossen, bei der es sich um die Moränendecken und vor allem Schmelzwassersande eines gegenüber dem Pleistozän viel bedeutenderen Eiszeitalters handelt. Die Spuren einer noch älteren, frühkambrischen Vereisung finden sich nur in der Westsahara. Die in den eingeregelten Eisenpartikeln der Gesteine gespeicherten damaligen Nordrichtungen belegen, daß sich die Sahara im frühen Kambrium und im Ordovizium in südpolaren Breiten befand, als Teil des alle heutigen Südkontinente umfassenden Urkontinents Gondwana.

An der Stufe der algerischen Tassili n'Ajjer sind bis zu 400 m tiefe Trogtäler im Anschnitt erhalten. Ausgedehnte Spuren von Gletscherschliff sind zwischen dem Hoggar und dem ägyptischen Gilf-Kebir-Plateau und auch am Westrand des Djadoplateaus wieder freigelegt worden, besonders dort, wo sie, in feste ältere Sandsteine eingefräst, von weichen Tonen begraben worden waren, als das silurische Meer, wohl infolge der gewaltigen Schmelzwassermassen ansteigend, die gesamte zentrale Sahara überflutete.

Die letzte, ebenfalls von Norden kommende paläozoische Meerestransgression und die einzige mit Kalksteinsedimentation erfolgte im Oberkarbon (um 300 Mill. Jahre vor heute). Sie erreichte das Vorland des heutigen Djadoplateaus sowie das Gebiet südlich des damals noch nicht vorhandenen Tibestigebirges und folgte dabei der Richtung der alten Tripoli-Tibesti-Schwelle, die zwischenzeitlich zu einem Trog abgesunken war.

Mit dem Karbon endete die Zeit des altpaläozoisch angelegten Becken- und Schwellensystems. Im Gefolge der variskischen Faltung, der Kollision und Verschweißung von Gondwana und dem schon zusammenhängenden Europa mit Nordamerika, bildete sich ein neues Schwellen- und Beckensystem aus. Mit seiner NE-SW-Richtung steht es fast rechtwinklig auf dem alten System. Infolge dieser Vergitterung läßt sich die gesamte Sahara heute in neun abgeschlossene tektonische Becken gliedern. Eines davon, das Murzukbecken, hatte als Trog schon etwa 3000 m meist marine paläozoische Sedimente aufgenommen, zu denen bis heute noch einmal etwa 2000 m terrestrische – festländische – Sedimente gekommen sind.

Die Aufwölbung der mesozoischen Schwellen ging mit einer Einengung der Beckenbereiche einher, verbunden mit nordöstlich streichenden Aufschiebungen entlang von Verwerfungen. Diese Bewegungen lassen sich bis ins Quartär nachweisen. Im Djebel Ati am Ostrand des Murzukbeckens sind die paläozoischen Schichten bis auf 80° steilgestellt worden.

Das Relief am Ende der Karbonzeit war, wie auch nach den älteren Abtragungsphasen, die die paläozoische Sedimentation unterbrochen hatten, wieder eine Rumpfläche. Auf ihr wurde im Perm weitflächig eine bis 250 m mächtige Serie aus vorwiegend roten Schluffen und Tonen abgelagert: die Tilemsinschichten. Sie treten auf der geologischen Karte nur als schmales Band am Stufenabfall des Plateau du Mangueni in Erscheinung und sind, unter anderem wohl wegen ihrer leichten Erodierbarkeit, nirgendwo mehr flächenhaft erhalten. Für die Reliefgeschichte sind sie dennoch wichtig, weil ihre bei Wasseraufnahme sehr quellfähigen Tonminerale zur Ausbildung der größten Rutschungen der zentralen Sahara an der Wende Tertiär/Quartär beigetragen haben.

Die Tilemsinschichten werden diskordant vom sogenannten Messaksandstein überlagert. In der französischen Literatur werden diese erst wenig untersuchten und differenzierten Sandsteine als *Grés de Nubie* – nubischer Sandstein – bezeichnet. Die weitgehend von Flüssen abgelagerten Sandsteine stellen im Murzukbecken in großer Mächtigkeit den Abschluß der mesozoischen Sedimentation dar. Der südlich anschließende Djadobereich bildete während der Sedimentationszeit eine Schwelle zwischen dem Murzukbecken im Norden und dem Becken von Bilma im Süden, lag aber immer noch tief genug, um von einer nur wenige hundert Meter mächtigen Decke von Schwemmfächersedimenten überdeckt zu werden. Die Ablagerung fand in einem tropisch-randtropischen Tieflandsbereich mit flachen Seen statt.

Der jüngste von vier Sandsteinkomplexen über den Schiefern des Tibestigebirges gehört allem Anschein nach ebenso wie Sandsteinreste im Aïrgebirge zu derselben Sedimentationsphase. Tibesti und Aïr traten also in der Unterkreide morphologisch noch nicht in Erscheinung. Lediglich die Hoggaraufwölbung trug bereits als Liefergebiet mit freiliegenden Grundgebirgsschichten zur Bildung der Sedimentdecke bei, ebenso wie die Gargafschwelle nördlich des Murzukbeckens und der Tschadkontinent im Gebiet des heutigen Tschadbeckens. Auch die heutige Ténéré wurde von mindestens 250 m Sandstein überdeckt. Letzte Reste davon sind im kleinen Plateau von Adrar Madet erhalten.

Vom Ende des Karbons bis zum Ende der Unterkreide herrschten mit Ausnahme einer kurzen Meerestransgression im Jura, die ihre Spuren am Nordwestrand des Murzukbeckens hinterlassen hat, etwa 200 Millionen Jahre lang festländische Sedimentationsbedingungen in der zentralen Sahara. Deren mesozoische Gesteine werden in der französischen Literatur als *Continental Intercalaire* zusammengefaßt.

Mit dem Cenoman der Oberkreide stieg nicht nur der Weltmeeresspiegel. Teile Nordafrikas sanken auch ab. Das generelle Abtauchen am Südrand des breiten Mittelmeervorläufers, der Tethys, war von Bruchtektonik begleitet. Bis 1000 m tiefe, von bitumenreichen Tonsteinen gefüllte Gräben brachen untermeerisch in der Syrteregion Nordlibyens ein und wurden zu wichtigen Erdöllagerstätten.

Ebenfalls gleichzeitig mit der Oberkreidesedimentation brach ein Grabensystem westlich und südwestlich des Djadoplateaus ein. Dabei wurden die alten paläozoischen Richtungen wieder aktiviert. Eine 400 km lange Einbruchszone bildete sich zwischen heutigem Aïr und Tschadsee in südöstlicher Richtung quer durch die Ténéré aus.

Die Oberkreide-Meerestransgression führte westlich des Hoggar zur Ausbildung eines Meeresarms, durch den die Verbindung zwischen der Tethys im Norden und dem Golf von Guinea hergestellt wurde. Zwischen Hoggar und Tibesti gab es keine Meeresverbindung. Zwischen den nördlichsten und den südlichsten marinen Kreidevorkommen liegen etwa 1000 km kontinentales Schwellengebiet. Auf diese Weise erstreckte sich das Gebiet vom heutigen Westrand des Tibestigebirges bis zum Westrand der Hoggaraufwölbung als große, nach Westen vorspringende Halbinsel ins Kreidemeer. Kein Punkt lag mehr als 500 km von der Küste entfernt. Im Becken von Bilma wurde die größte Mächtigkeit feinkörniger, vom Festland eingeschwemmter Sedimente im Bereich der heutigen Plateaus von Termit und Dibella erreicht.

Mit dem Beginn des Tertiärs, vor etwa 65 Millionen Jahren, setzte der Rückgang der Meeresüberdeckung ein. Die Südgrenze des Meeres lag im Paleozän und Eozän aber noch am Nordrand des heutigen Tibesti, im Bereich der vormals hochliegenden Tibesti-Syrte-Schwelle. Während deren nördlicher Teil abgesunken war, hatte sich die Aufwölbung nach Süden in den Bereich des heutigen Tibestigebirges fortgestzt. In gleicher Weise hatte sich der Hauptaufwölbungsbereich der Gargafschwelle in Richtung des heutigen Hoggar verlagert.

Mit der zunehmenden Aufwölbung des Tibesti ging die allmähliche Absenkung des seit dem Paläozoikum bestehenden Tschadkontinents einher, bis dieses Gebiet im Quartär zum wichtigsten kontinentalen Sedimentationsbecken der Region wurde.

Nach einer längeren Zeit weitgehender Abtragungsruhe wurden seit dem Eozän bis ins Oligozän hinein die Boden- und Verwitterungsdecken des Festlandes in starkem Maße abgetragen und in den angrenzenden Meeresbereichen abgelagert. In Ostniger, südlich der Djado-Hoggar-Halbinsel, fand in einer Fluß- und Seenlandschaft, deren Sedimente von den Franzosen als Continental Terminal bezeichnet werden, die letzte Phase starker Sedimentation statt. Auch sie setzte auf einer Rumpffläche ein, die die Oberkreideschichten kappte, ebenso wie die Eozäntransgression im Norden.

Im jüngeren Tertiär wurde die gesamte zentrale Sahara Abtragungsgebiet, mit Ausnahme der jetzt zunehmend herausgehobenen Aufwölbungsgebiete von Hoggar, Tibesti und Aïr, in denen die starke Abtragung durch vulkanische Aktivität überlagert wurde. Dazu kamen in Libyen (noch auf der Karte, aber in diesem Buch nicht behandelt) die Vulkangebiete des Djebel es Sowda, der noch weit ins Quartär aktiven Harudj und des Kraters von Wau en Namous, die wahrscheinlich im Zusammenhang mit der Grabenbruchtektonik des Syrtebeckens stehen. Ein kleines Vulkangebiet bildete sich am Nordende des Termit während der Sedimentation des *Continen-*

Foto 1: Rippelmarken, Trockenrisse und Spurenfossilien in windüberschliffenem Messak-Sandstein; Messak-Mellet-Schichtstufe, Südalgerien

tal Terminal aus, wahrscheinlich an den Nordast der westafrikanischen Riftzone gebunden, die am Golf von Guinea einsetzt. Im Tibestigebirge hat die vulkanische Aktivität fast bis in die Gegenwart angehalten. Noch heute gibt es in der Hochregion heiße Quellen.

Weite Teile der geologischen Karte werden von der gelben Farbe des Quartärs eingenommen. Es handelt sich dabei weithin um geringmächtige Ablagerungen großer Flußsysteme, die von den zentralsaharischen Gebirgen ausgingen. Die Flüsse erreichten noch während der letzten Pluvialzeit, bis vor etwa 7000 Jahren, nach Süden noch den Niger – so vor allem die Dallolsysteme am Westrand des Aïr – oder das damals seegefüllte Tschadbecken. Die frühholozänen Flüsse der Nordabdachung des Tibestigebirges lassen sich bis in die Rebiana-Sandsee von Nordlibyen und damit fast bis an das Mittelmeer verfolgen. Ebenfalls zum Quartär gehören die Sedimente einer Vielzahl von jungpleistozänen und holozänen Seen. Vor allem sind es aber die Ergs oder Sandseen (in Libyen als Edeyen/Idehan bezeichnet), deren Sande vor oder gleichzeitig mit ihrer Umlagerung durch den Wind von Flüssen in die alt angelegten Beckenregionen eingeschwemmt wurden. Sie werden wie auch die zuvor genannten Erscheinungsformen quartärer Sedimentation in eigenen Kapiteln dieses Buches behandelt.

Die hier skizzierte geologisch-tektonische Entwicklung umfaßt mehr als 500 Millionen Jahre. In dieser Zeit verschob sich als Resultat plattentektonischer Bewegungen die Region von polaren über tropische bis in subtropische Breiten. Zeiten der Meeresbedeckung oder von Flüssen getragener Sedimenation wechselten mit Zeiten der Abtragung. Diese erscheinen in der Schichtenfolge, im Aufschluß, nur als Diskordanzen, als schichtenabschneidende Grenzlinien. Alle in der Schichtenfolge, den Sedimenten und Diskordanzen erhaltenen Informationen zu den früheren Landschaftszuständen machen es wahrscheinlich, daß es in der zentralen Sahara zu keiner Zeit eine so große Formenvielfalt und so große Höhenunterschiede wie im jüngeren Tertiär und Quartär gegeben hat. Ebenfalls zu keiner Zeit war sie solch extremen Wüstenzuständen ausgesetzt wie in der jüngsten geologischen Vergangenheit und der Gegenwart, also im Quartär.

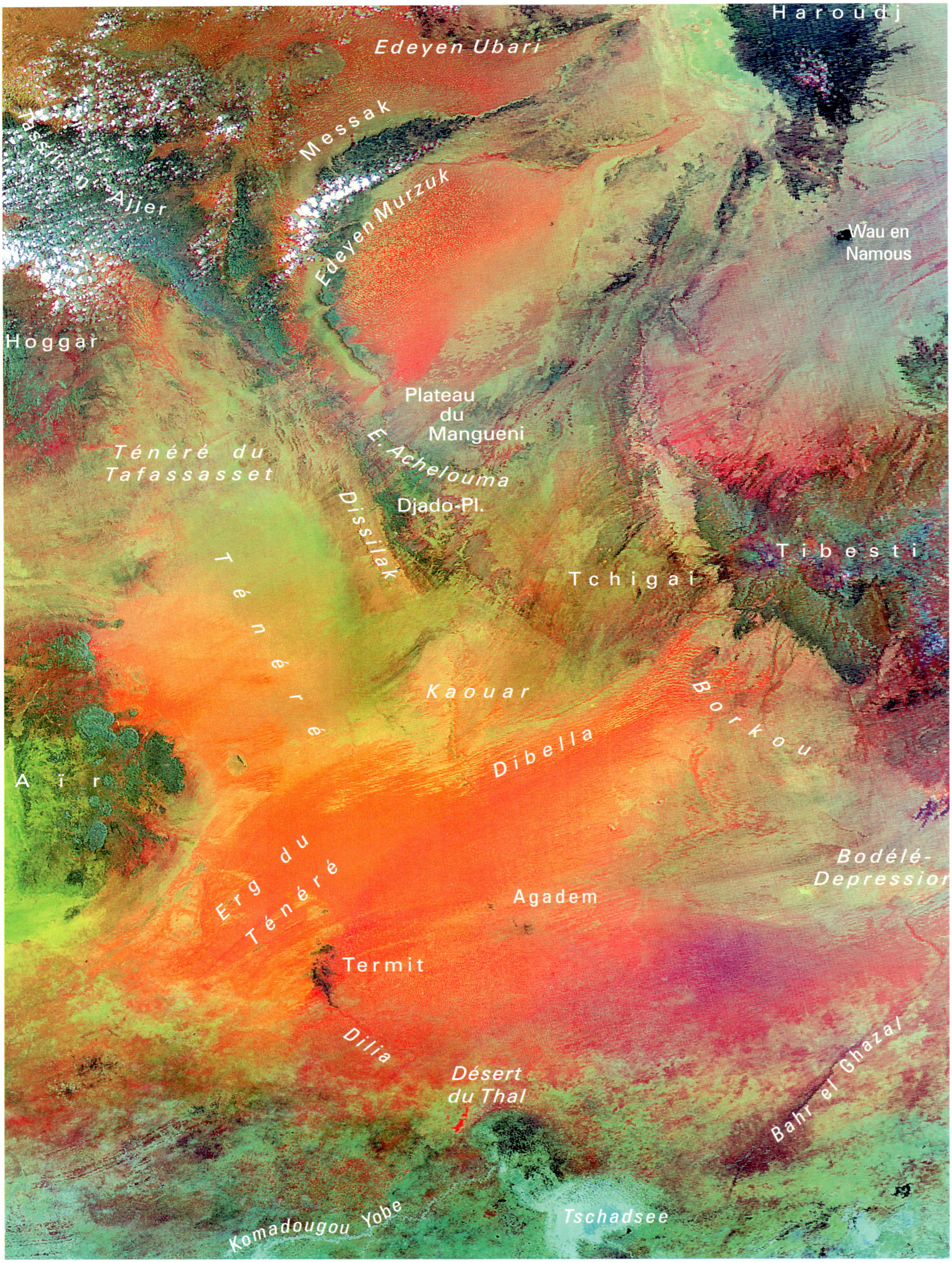
Haroudj
Edeyen Ubari
Messak
Tassili n Ajjer
Edeyen Murzuk
Wau en Namous
Hoggar
Plateau du Mangueni
E. Achelouma
Ténéré du Tafassasset
Djado-Pl.
Dissilak
Tibesti
Tchigai
Ténéré
Kaouar
Borkou
Dibella
Aïr
Bodélé-Depression
Erg du Ténéré
Agadem
Termit
Dilia
Désert du Thal
Bahr el Ghazal
Tschadsee
Komadougou Yobe

Geomorphologischer Überblick

Die Wettersatelliten der amerikanischen NOAA-Serie nehmen aus einer Umlaufbahn in 850 km Höhe die Erde in rd. 3000 km breiten, nahezu Nord–Süd verlaufenden Streifen auf. Die Erdoberfläche wird dabei zeilenweise in Bildpunkte *(Pixels = picture elements)* zerlegt, von denen jeder direkt unterhalb des Satelliten etwas mehr als einen Quadratkilometer umfaßt. Zum Rand eines Aufnahmestreifens, wie hier am rechten Bildrand, wird die räumliche Auflösung noch gröber, so daß die Landschaft aufgerastert erscheint.

Diese scheinbar recht geringe räumliche Auflösung ermöglicht jedoch großräumige Überblicke mit einem erstaunlichen Detailreichtum. Da das Sensorsystem des Satelliten die von der Erde reflektierte Strahlung in vier Wellenbereichen (= Kanälen) des roten Lichts und der für unsere Augen nicht mehr sichtbaren Infrarotstrahlung aufnimmt, können am Computer durch Bearbeitung der Ausgangsdaten und unterschiedliche Kanalkombinationen Falschfarbenbilder erzeugt werden, die für eine bestimmte Fragestellung maßgeschneidert sind. In diesem Fall wurde ein Ausschnitt aus einer NOAA-Szene von Stefan Dech so verarbeitet, daß Relief- und Oberflächenunterschiede besonders deutlich werden. Der genordete Ausschnitt auf dem vorderen Vorsatzblatt erfaßt ein Gebiet von etwa 1700 x 1300 km Größe, der Ausschnitt daraus auf der gegenüberliegenden Seite immer noch 1200 x 1500 km. Die wenigen Wolken erscheinen überwiegend in Weiß mit weinrot gesprenkelten Rändern, am rechten unteren Bildrand auch als wenige weinrote Streifen, und markieren vor allem die höheren Gebirgs- und Plateaubereiche.

Die Grundstrukturen der geologischen Karte lassen sich in dieser Szene weitgehend wiedererkennen. Die Umrahmung des Ausschnitts bilden vier saharische Gebirge. Im Nordwesten hebt sich das Hoggar im Blaugrün seiner stark zerschnittenen Vulkanite von dem rot erscheinenden präkambrischen Sockel ab. Die Vulkandecken des auf der Spitze stehenden Dreiecks des Tibesti am Ostrand des Bildes sind jünger und weniger stark zerschnitten. Die jungen Schildvulkane des Tarso Toussidé und Tarso Voon lassen sich als weinrote Kreise über dem Sockel aus älteren, graublau gefärbten Vulkaniten, den Sandsteinen der Südwestabdachung und dem mit stärkerer Einsandung weinrot erscheinenden Schieferbergland im Norden ausmachen.

Das jüngste Vulkangebirge, die Haroudj im Nordosten des Bildausschnitts am Nordrand der zentralen Sahara, läßt noch die jungen, weit ins Vorland geflossenen Basaltströme erkennen. Das kleinere junge Vulkangebirge des Djebel es Sowda, des Schwarzen Berges, erscheint ebenso in Schwarz wie der südlich der Haroudj gelegene Krater von Wau en Namous.

Das Bild des Aïr-Gebirges im südwestlichen Viertel wird durch die grün-türkisfarbene Fladenform der Granitintrusionen bestimmt, deren Dach und deren Umrahmung seit dem Tertiär abgetragen worden sind. Die Sandsteine der Westhälfte sind stark zertalt; der Nordteil des Gebirges ist in eine Inselberglandschaft aufgelöst worden.

Das in wenig verstellten Sedimentgesteinen zwischen diesen Eckpunkten ausgebildete Relief besteht vor allem aus weiten Ebenen, Plateaus und den sie voneinander trennenden Schichtstufen. Das Zentrum bildet die rotgelb gesprenkelte bis beigefarben erscheinende Sandsee des Edeyen Murzuk, die sowohl in einem tektonischen als auch in einem morphologischen Becken liegt. Der Rand wird im Norden und Westen von den Plateauresten des Messak Mustafit und Mellet gebildet, im Süden vom Plateau du Mangueni. Entsprechend der tektonischen Beckenstruktur haben sich bei der Zerschneidung der eintönigen Ausgangsfläche nach außen gerichtete Schichtstufen in den Oberkreidesandsteinen entwickelt.

In den sich nach allen Seiten anschließenden Schwellenregionen bilden die paläozoischen Gesteine die Plateauoberflächen: nach Norden im Djebel Gargaf nördlich des Ostteils der Ubari-Sandsee, nach Süden und zum Tibesti hin im Tchigai, nach Westen in den hohen Plateaus des Djebel Acacus und im Norden das von Wolken verdeckte Plateau der Tassili n'Ajjer. Deren bis 800 m hohe Schichtstufe ist der auffälligste Teil der Sedimentgesteinsumrahmung der Hoggar-Aufwölbung.

Unterbrochen werden die Plateaus durch breite Ausraumzonen, die gemeinsam mit den ausgedehnten Rumpfflächen der Ténéré oder der Serir Tibesti das unterste große Reliefstockwerk und die ausgedehnteste Reliefeinheit der Region bilden. Ein sehr breiter Bereich flächenhafter Abtragung bis auf den präkambrischen Sockel umgibt das Hoggar. Schmale Streifen in paläozoischen Schichten liegen zwischen dem Nordteil der Tassili n'Ajjer und dem Acacus und, weiter nach Süden reichend, zwischen Acacus und der Messak-Schichtstufe. Eine weitere langgestreckte Beckenzone verläuft am Westrand des Tibestigebirges. Demgegenüber erscheinen die zerlappte Talung des Enneri Blaka im Djadoplateau und ihr nördliches Pendant im Enneri Achelouma (vgl. Karte auf S. 8) geradezu unbedeutend. Große wie kleine Ausraumzonen stehen in Verbindung mit den ausgedehnten, in unterschiedlich alten Gesteinen ausgebildeten Rumpfflächenbereichen der Ténéré und ihrer Fortsetzung nach Süden oder der Ebene der Serir Tibesti nördlich des Gebirges.

Geradlinige Gebirgs- oder Plateaubegrenzungen wie am Südwestrand des Tibesti, am Westrand des Djadoplateaus, diagonal am Westrand des Tchigai, an der exakt Nord–Süd verlaufenden Kaouarstufe oder am Westrand des Aïr lassen erkennen, daß teils sehr alte tektonische Störungen die Abtragungsmuster mitbestimmt haben bzw. durch die Erosion sichtbar gemacht wurden.

Nach Süden schließt sich an die unterschiedlich stark gehobene Schwellenregion, deren höchste Aufwölbungsbereiche im Aïr und Tibesti liegen, die junge Senkungszone des Tschadbeckens an. Im Übergang zu dieser Zone sind – vor der Absenkung – nur wenige kleine Plateaus von der flächenhaften Abtragung während des jüngeren Tertiärs ausgespart worden, so das Termit oder die noch kleineren Flächenreste von Dibella oder Agadem. Der Tschadsee liegt nicht im tiefsten Teil dieser Senkungszone, sondern auf einem flachen Schwemmfächersystem, das von Flüssen aus dem Süden und Westen aufgebaut worden ist. Von ihm führt ein durch seine Einsandung rot erkennbarer, heute meist trockener Flußlauf in die Bodélé-Depression am Südrand des Tibestigebirges. Gerade noch zu erahnen ist jedoch auch ein alter Flußlauf, dessen Anfang an der Südspitze des Termit als rote Linie zu erkennen ist und dessen Ende in einer Schwemmfächer- und Uferzone am Nordrand des Tschadsees liegt, die als leuchtend rotes Dünengebiet der Désert du Tal im Bild erscheint. Es gab also Zeiten, in denen aus dem heute hyperariden Gebiet heraus eine Entwässerung nach Süden auch dort möglich war, wo keine wolkenstauenden Gebirge die Flüsse ernährten. Was das Bild aus Auflösungsgründen nicht zeigen kann, sind die im Erg von Bilma und in der Ténéré verbreiteten und bis an den Südfuß des Tibesti und den Nordwestrand des Aïr heranreichenden fleckenhaft erhaltenen Seesedimente. Sie gehören zu einer mindestens zweimaligen Süßwasserseeüberdeckung des genannten Raumes, deren jüngste erst vor etwa 7000 Jahren zu Ende gegangen ist. Dieser Megatschad, der besonders in den stark gegliederten Dünengebieten aus zahllosen, miteinander verbundenen Seen bestanden hat, war also um ein vielfaches größer als der heutige Tschadsee. Dieser ist seit einem relativen Hochstand in den 60er Jahren ständig geschrumpft und enthält heute nur noch in dem kräftig blauen Oval in seinem Südteil ganzjährig Wasser.

Die Ebenen zwischen den Gebirgen und großen Plateaus bestehen zum Teil aus Gebieten, in denen trotz der relativ geringen räumlichen Auflösung der Szene Talsysteme auf mehr oder weniger sandfreien Felsflächen zu erkennen sind, etwa westlich des Aïr, südwestlich und nördlich des Tibesti oder in Teilen der Hoggar-Umrahmung. Auch die grauen, schlierigen Bänder nördlich des Tibesti gehören zu alten Talsystemen, die breite Sedimentbänder bis fast zum Mittelmeer hinterlassen haben. Die ehemalige Schwemmfächerlandschaft der Serir Tibesti wurde von ihnen, ebenfalls bis vor etwa 7000 Jahren, letztmalig aufgebaut.

Neben diesen Spuren fluvialer Reliefbildung, die in allen Gebieten seit dem Ende des Tertiärs zur Zerschneidung der untersten Rumpffläche der Region geführt hat, werden jedoch weite Gebiete von Flugsanddecken und Sandseen eingenommen. Sie erscheinen in dieser Bildverarbeitung teils weinrot, etwa nördlich des Tschadsees, oder in Streifen am Nordrand des Tibesti, teils in stumpfem Dunkelrot mit gelben Flecken und Übergängen zu hellem Umbra in den Sandseen von Ubari und Murzuk oder in kräftigen Rot- oder Orangetönen im Erg von Bilma. Die verschiedenen Farben markieren unterschiedlich alte, aus unterschiedlichen Korngrößen und zu unterschiedlichen Dünenformen gestaltete Dünensande. Die heute aktivsten Dünenbereiche erscheinen hell-orange oder leuchtend rot.

Der großräumige Überblick, wie ihn nur dieses entsprechend aufbereitete Satellitenbild bietet, läßt das Muster der Dünen- und Flugsandverbreitung und das der Felsgebiete und ihrer Flußsysteme verständlich werden. Bedingt durch die generell aus Nordost wehende Passatströmung, finden sich westlich bis südwestlich der Gebirge und Stufen weitgehend sandfreie Gebiete, die in Grün- oder Beige-Brauntönen erscheinen; an ihrem West- oder Nordwestrand ist dagegen ein ausgeprägter Sandstau zu erkennen. Am deutlichsten wird dieser Luv-Lee-Unterschied, verbunden mit Umströmungserscheinungen, im großen auf beiden Seiten des Aïr, im kleinen aber auch um das winzige Plateau von Adrar Madet in der Ténéré östlich des Gebirges. Der sandarme Leebereich westlich des Aïr erstreckt sich etwa 100 km weit bis in die hier gelb erscheinende leichte Einsandung im Einzugsgebiet des heute weitgehend inaktiven Flußsystems des Azaouak, das nach Süden zum Niger entwässert(e). Deutlich ist auch die streifige, weinrot erscheinende Dünenausbildung im Passatstau am Nordrand des Tibesti zu erkennen. Ein weiterer langgestreckter sandarmer Leebereich erscheint auch als graue Fahne südwestlich des schwarz erscheinenden Kraters von Wau en Namous.

Riesige Längsdünenrücken, die zumindest teilweise durch schleifende Wirkung des Sandes in einer zuvor im Wind flächig abgelagerten Flugsanddecke geschaffen wurden, machen die großräumigen Variationen des Passatwindsystems sichtbar. Besonders gilt dies für den Erg von Bilma. Das Windmuster wird aber auch in den Felsgebieten der Plateaus sichtbar; zuerst untersucht im Borkou-Bergland südlich des Tibesti, am auffälligsten jedoch in der an Haarsträhnen erinnernden Bogenschar im westlichen Tchigai oder in Teilen des Djadoplateaus. Aus Windkorrasionsgroßformen und Dünenrichtungen wird sichtbar, daß die Gebirgshindernisse von der nur bis etwa 1000 m Meereshöhe reichenden flachen Passatströmung seitlich umflossen werden. In den Einengungsbereichen der Strömung beiderseits des Tibesti, aber auch in der Senkungszone zwischen Aïr und Hoggar wurde ein Felswindrelief in den Untergrund gefräst, das Teile des Djadoplateaus fast vollständig abgetragen und in Stromlinienkörper umgewandelt, den nur wenig höheren Djebel Ati jedoch umströmt hat. Die nördlich liegenden Ergs von Ubari und Murzuk mit ihren andersartigen Dünenstrukturen scheinen eine eigenständige Entwicklung durchgemacht zu haben.

Für alle äolisch geformten Gebiete gilt, daß der Winderosions- und -akkumulationsformenschatz nicht das Ergebnis einer einzigen, sondern mehrerer äolischer Phasen gewesen ist, die wesentlich stärker als das heutige äolische Regime dieser Gebiete gewesen sein müssen, und daß der Passat zu all jenen Zeiten die reliefbedingt gleichen Richtungen hatte wie heute. Auf dem weiter nach Westen reichenden Bildausschnitt des vorderen Vorsatzblatts wird sichtbar, daß die Passatströmung nicht nur lehrbuchmäßig aus Nordost weht. Südwestlich des Hoggar biegt das aus Korrasion, Dünenstau und sandfreien Leebereichen gebildete Windrichtungsmuster sogar aus einer reinen Ost- in eine Südostrichtung um.

Weinrote Bänder im blaugrün erscheinenden Sahel südlich der Sahara lassen erkennen, daß eine ausgedehnte Ergbildung zeitweilig, und sicherlich ebenfalls mehrfach, einige hundert Kilometer weit nach Süden ausgegriffen hat, die Sahara also eine bedeutend größere Südausdehnung als heute hatte. Das Muster im Ostteil des Tschadsees besteht aus Querdünen, die in einer solchen Phase im heutigen Seebereich gebildet worden sind.

Wie die anhand des Satellitenbildausschnitts skizzierte Morphologie der zentralen Sahara im einzelnen entstanden ist und welche Prozesse sie vor allem im Quartär, während der letzten ein bis zwei Millionen Jahre, umgestaltet haben und heute weiterbilden, soll in den nachfolgenden Kapiteln des im Gelände zwangsweise aus der Froschperspektive beobachtenden Geomorphologen vorgestellt werden. Viele Mosaiksteinchen von am Boden gewonnener Information, der *„ground truth“* der Fernerkundler, haben allerdings erst die hier gegebene Interpretation des Satellitenbildausschnitts möglich gemacht.

1. Die Reliefbildung im Tertiär

Mit Ausnahme der Sandseen wurden alle anderen großen Züge des zentralsaharischen Reliefs, wie sie auf dem NOAA-Satellitenbild erscheinen, bereits im Tertiär angelegt. Die Formung geschah unter Klimaten, die mit Sicherheit nicht wüstenhaft im heutigen Sinne waren, auch wenn der Grad der Feuchtigkeit und das Ausmaß von Feuchtigkeitsschwankungen zu verschiedenen Zeiten dieses über 60 Millionen Jahre langen Abschnitts der Erdgeschichte noch Gegenstand intensiver Forschung und kontroverser Diskussion sind.

Aus dem tertiärzeitlichen Formenschatz und den Prozessen, die zu seiner Ausgestaltung geführt haben, werden in den folgenden Kapiteln Klimazustände abgeleitet, die im Verlauf des Tertiärs bei generell abnehmenden Niederschlagshöhen von feuchttropisch zu Beginn bis zu solchen Klimaten reichen, in denen die durch Wärme und Feuchtigkeit gesteuerte chemische Verwitterung gerade noch etwas leistungsfähiger pro Zeiteinheit als die vorwiegend flächenhafte Abtragung war und für diese das tonige und sandige Feinmaterial bereitstellte.

Diese Auffassung steht durchaus im Gegensatz zu den Befundinterpretationen anderer Autoren. Armin Skowronek hat z. B. aus der Untersuchung von tertiärzeitlichen Bodenrelikten der Region abgeleitet, daß die Landschaftsentwicklung auch während des Tertiärs unter Trockenklimaten abgelaufen sei. Wer auch immer letzlich recht behalten und wie das noch sehr lückenhafte Puzzle der Relief- und der damit eng verbundenen Klimageschichte im fertigen Zustand aussehen wird – die Grundzüge der Reliefbildung, wie sie auf den folgenden Seiten dargestellt werden, sind bereits erkennbar. Unter nicht oder ganz überwiegend nicht ariden Klimaverhältnissen wurde im Tertiär die Bühne geschaffen, auf der sich zu noch längst nicht ausreichend absolut datierten Zeitabschnitten des Quartärs der wüstenhafte Teil der Reliefbildung in der zentralen Sahara abspielte.

Die ältesten Teile des heutigen Reliefs sind jene seither nicht überdeckten Schwellen, z. B. des Djebel Gargaf, durch deren Abtragung die flache Beckenlandschaft der Oberkreidezeit mit den Schichten des Messaksandsteins bzw. der jüngsten Nubischen Serie verfüllt wurde. Der flächenmäßig größte Teil des Altreliefs besteht aus derjenigen Rumpffläche, die sich, verbunden mit langsamer Hebung, auf den leicht verstellten Schichten des Messaksandsteins, aber auch aller älteren paläozoischen Deck- und präkambrischen Sockelgesteine ausgebildet hatte. Auch die trockengefallenen Sedimente des Eozänmeeres wurden bereits in diese Kappung einbezogen.

Ausgehend von den noch am vollständigsten erhaltenen Schichtenabfolgen, wurden im Gebiet des Messaksandsteins mindestens 200 m Gestein flächenhaft abgetragen.

Nach dem Ende der Kreidetransgression erhob sich eine von wenigen Inselbergen überragte niedrige Festlandsschwelle zwischen dem Flachmeer, das sich nach Norden in Richtung der heutigen Syrtebucht des Mittelmeers zurückzog, und dem noch weit nach Norden ausgreifenden Vorgänger des Golfs von Guinea im Süden. Die Gesteine dieser küstennahen, flachen Landschaft waren unter einer Decke feuchttropischer roter Böden einer intensiven, bis mehrere hundert Meter in die Tiefe greifenden Lösungsverwitterung mit Weißbleichung in sauerstoffarmem Grundwasser ausgesetzt.

Nach den spärlichen, von französischen Geologen gefundenen Fossilresten wurde diese alttertiäre Zeit relativer Abtragungsstabilität im Oligozän durch eine Periode abgelöst, in der die eisenoxidreichen Böden und ein Teil der unterlagernden zersetzten, grundwassergebleichten Gesteine – als Saprolit bezeichnet – abgetragen wurden. Abgelagert wurden sie vor allem am Südrand der Schwellenregion als *Continental Terminal* in einer Sumpf- und Schwemmebenenlandschaft. Die Ursache könnte eine Klimaschwankung zum Trockenen gewesen sein, die die Vegetation und damit den Abtragungsschutz weitgehend zerstörte.

Die nächste nachweisbare Reliefbildungsphase spricht jedoch bereits wieder für nichtaride Verhältnisse. In der küstennahen, schlecht drainierten ebenen Landschaft erfolgte eine zum Teil mehrere Meter mächtige Einkieselung der ihrer Bodendecke beraubten Oberfläche. Der Kieselsäureausfällung muß jedoch eine extreme Lösung kieselsäurehaltiger Gesteine vorausgegangen sein, die in solchem Umfang nur unter warmfeuchtem Klima möglich ist. Diese Kieselkruste, heute international als Silcrete bezeichnet, verzahnt sich nach Süden mit den Eisenkrusten, dem Ferricrete des *Continental Terminal*, und läßt sich so zeitlich einorden.

Während die Aushärtung der Krusten wiederum am ehesten mit einer trockenen Klimaphase zu erklären ist, spricht ein Prozeß, der bis zum Ende des Tertiärs in starkem Maße aktiv war, für erneute warm-feuchte Bedingungen: die Entwicklung eines ober- wie unterirdisch ausgeprägten, durch Lösung geschaffenen Karstformenschatzes in karbonatfreien Gesteinen, wie er heute selbst in feuchttropischen Gebieten nur als Vorzeitform existiert. Sogar ausgehärteter Silcrete und Ferricrete wurden verkarstet. Röhren einer früheren Verkarstungsphase wurden bereits von Eisenkrusten des *Continental Terminal* verfüllt.

Die Hauptphase der oberflächlichen Verkarstung ging zu Ende, als im Verlauf des jüngeren Tertiärs die heute nur noch auf den Plateaus erhaltene eintönige Ausgangsfläche zur heutigen Landschaft der Schichtstufen und flachwelligen Ebenen und Becken mit isolierten Plateauresten und Inselbergen umgestaltet wurde. Diese gewaltige, mehrere hunderttausend Quadratkilometer erfassende Ausräumung geschah durch flächenhafte Tieferlegung von Gesteinen, die gegenüber anderen jeweils anfälliger für chemische Verwitterung und Abtragung waren. Dabei reduzierte sich die Größe der Abtragungsflächen im Verlauf des jüngeren Tertiärs bei zunehmender Inwertsetzung von Gesteinshärteunterschieden. Der Grad der Tieferlegung der Vorlandsfläche hing dabei vor allem von der Intensität der gleichzeitigen Hebung ab. Die längste Schichtstufe der zentralen Sahara beginnt am Südwestrand des Djadoplateaus mit wenigen Dezimetern Höhe und steigt als Tassilistufe bei Djanet auf über 800 m relativer Höhe an. Foto 7 zeigt einen Teil dieser Stufe. Die flächenhafte Tieferlegung konnte bei entsprechender Vorarbeit durch den chemischen Gesteinszersatz offenbar selbst in den Gebieten stärkster Krustenhebung mithalten.

Die zunehmend ihrer Sedimentdecke beraubten Aufwölbungsbereiche wurden zu kuppigem Schieferbergland zerschnitten. Vor und während dieser Zerschneidung wurden die entstehenden Gebirgsregionen des Hoggar, Tibesti und in geringerem Maße des Aïr von Vulkanen und Lavadecken unterschiedlichen Typs überdeckt, die ebenfalls noch während des Tertiärs weitgehend wieder zerstört wurden.

1. 1. Von der Dachfläche zur Vorlandfläche

Foto 2: Ebene Sandsteinplateaufläche, zerlappte Schichtstufe, am Fuß Pedimentsaum und Sandschwemmebene; Ostrand des Murzukbeckens, Südlibyen, → E

Foto 3: Sandsteinplateau nördlich von Achelouma; Plateau du Mangueni, → N

Foto 4: Leicht verstellte Sandsteinschichten, von Dachfläche und wenig tieferer Plateaurandbucht horizontal abgeschnitten; südliche Messak-Mellet-Stufe, Südalgerien, → SW

Ein großer Teil des Reliefs der zentralen Sahara besteht aus Flächen. Sie gehören zwei Stockwerken unterschiedlichen Alters an, die durch Schichtstufen, die im Jungtertiär durch die Tieferlegung eines Teils der Ausgangsfläche entstanden, voneinander getrennt sind. Das vom Flugzeug aufgenommene Foto 2 zeigt diese Formenvergesellschaftung. Die obere der beiden Flächen, als Dach- oder Plateaufläche zu bezeichnen, ist das älteste großräumig vorhandene Reliefelement der zentralen Sahara. Am besten erhalten ist sie im Verbreitungsgebiet des Messaksandsteins, vor allem in den Plateaus von Mangueni und Djado, aber auch in den Oberkreideschichten der Wasserscheidenregion des Plateaus von Tademait.

Gebildet wurde sie, wie auf den vorhergehenden Seiten beschrieben, seit dem Ende der Oberkreide, als sich der zentralsaharische Raum leicht über den Spiegel der ihn umgebenden Meeresbereiche erhob, in etwa gleichem Maße flächenhafter Abtragung ausgesetzt wurde und sich ein sogenannter Primärrumpf in bei aller Abtragung etwa gleichbleibender Meereshöhe bildete. Die weitere Abtragung und Reliefierung im Verlauf des Tertiärs geschah in Reaktion auf eine weitergehende, regional unterschiedlich starke Hebungstendenz.

Die Schichten, in denen die Dachfläche ausgebildet ist, liegen zwar fast, aber nicht vollständig horizontal. Die Plateaufläche ist deshalb auch keine Schichtfläche, sondern, wie auch in allen anderen Schichtstufenlandschaften der Erde, eine Schnittfläche. Deutlich zeigt dies Foto 4. Entlang einer rechtwinklig zum Messak-Plateaurand eingeschnittenen Talflanke fallen die Sandsteinschichten mit wenigen Grad Neigung nach links ein, während die Dachfläche und ein wenig tiefer liegendes Zwischenniveau waagerecht liegen. Wichtig wurde diese leichte Verstellung mit dem Beginn der Dachflächenzerschneidung.

Dort, wo in Absenkungsbereichen noch fast die ganze ursprüngliche Schichtenfolge erhalten ist, läßt sich erkennen, daß bis zur Ausbildung der heutigen Plateaufläche mindestens 150 bis 200 m überlagernden Gesteins abgetragen worden sind. Während dieser flächenhaften Abtragung wurden zeitgleich auftretende Schichtenverbiegungen und Verwerfungen mit zum Teil Zehner von Metern großen Versatzbeträgen vollständig ausgeglichen, wie es ebenfalls generell für solche Flächenlandschaften gilt.

In das am Ostrand des Murzukbeckens gelegene Plateau von Foto 2 greift die leicht ansteigende Vorlandfläche entlang einer stark zerlappten, um 80 m hohen Schichtstufe in etwa dreieckigen Buchten ein. Sie wurde bis zum Ende des Tertiärs im anstehenden Gestein dadurch tiefergelegt, daß dessen Zersatz durch chemische Verwitterung der flächenhaften Abspülung bis zuletzt immer zumindest ein wenig vorauseilte. Die heutige Oberfläche wird von den Spülrinnen einer dünnen, pleistozänen Schwemmfächerauflage geprägt und geformt, im Wechsel zwischen sehr seltenen Fluten und Sandverwehung (Kap. 1.4.).

Der Boden aus der Zeit der Anlage der Dachfläche wurde schon zum Ende des Alttertiärs, vor dem Beginn der Stufenbildung, vollständig abgetragen. Die heutige Plateauoberfläche ist, wie überall in der Sahara, von einer dichten Lage dunkelpatinierten Wüstengesteinsschutts, der Hamada, bedeckt. Deshalb wird der Begriff Hamada auch zur Bezeichnung der Plateaus selbst, die sich über die Vorlandfläche erheben, verwendet.

Typisch ist die in allen drei aus verschiedenen Gebieten stammenden Fotos erkennbare extreme Ebenheit der Dachfläche, besonders im Gegensatz zum flachwelligen Charakter der Fußfläche, wie ihn Foto 13 zeigt. Erklären läßt sie sich am besten aus den Umständen der Kieselsäureimprägnierung, der Silcretebildung, nach der Abtragung der alten Bodendecke (Kap. 1.2.3.)

Die hellen, eingesandeten Flecken, die die zu Hamadaschutt zerfallene Silcretedecke von Foto 3 unterbrechen, sind von feinkörnigen Sedimenten verfüllte Depressionen der Sandsteinverkarstung, die nach der Silcrete-, aber noch vor der Stufen-

Foto 5: Stockwerkbau: oberes Sandsteinplateau mit Inselbergen, schichtkappend; darin eingesenktes abflußloses Sandsteinkarstbekken; Versickerungsbereich mit hellem Schluff; Tchigai, → N

Foto 6: Blick in die Gegenrichtung: tieferliegende Sandsteinrumpffläche mit hohen Inselbergen, → SW

Foto 7: Stufe in steilstehenden präkambrischen Schiefern mit auskeilender Sandsteindecke; Dissilak, Westrand des Djado zur Ténéré, → S

bildung die ausdruckslose Rumpffläche durch Lösungsprozesse umgestaltete (Kap. 1.5.).

Die Fotos 5 und 6 sind von demselben Standpunkt, aber in entgegengesetzter Richtung aufgenommen worden, um den Stockwerksbau zu verdeutlichen. Angelegt ist das Relief in den flachlagernden paläozoischen Sandsteinen des Tchigai im äußersten Nordosten von Niger. Über der die Horizontlinie nachzeichnenden Dachfläche von Foto 5, die derjenigen der Bilder der vorigen Doppelseite entspricht, erheben sich in einigen Kilometern Entfernung links und rechts drei Inselberge von etwa 250 m relativer Höhe, die aus demselben Sandstein wie das Plateau und der Untergrund des Beckens im Vordergrund bestehen. Sie sind die spärlichen Reste eines Gesteinspakets, das in wenigen Jahrmillionen, also einer geologisch kurzen Zeit, irgendwann zu Beginn des Tertiärs nahezu vollständig flächenhaft abgetragen wurde. Ein gesteins- oder tektonikbedingter Grund für ihre Erhaltung und Lage in der Fläche läßt sich, wie bei den meisten Inselbergen, nicht nennen. Nicht mehr erfaßbare Zufälle auf der Fläche, die zu Beginn der Entwicklung im Gipfelniveau der Berge lag, mögen den Ausschlag zu ihrer Bildung gegeben haben (Kap. 1.3.).

Der kleine Inselberg im Mittelgrund gehört dagegen zu einem Typ, dessen Position in unmittelbarem Zusammenhang mit dem Flächenrelief steht. Als sogenannter Aufsitzerinselberg (vgl. Foto 43) zeichnet er eine ehemalige Schwelle und Wasserscheide nach, an der die Eintiefung zum unteren Flächenniveau eingesetzt hat. In diesem speziellen Fall handelt es sich um ein großes, etwa 25 m tiefes abflußloses Sandsteinkarstbecken (Kap. 1.5.), dessen ausschließlich unterirdische Entwässerung heute im Bereich der hellen Tonpfanne stattfindet. Wie das vor Ort und im Luftbild erkennbare radiale Einfallen der Schichten nach außen um die Depression anzeigt, entstand sie im Scheitel einer flachen Aufwölbung, einer Antiklinale. Schräg angeschnittene Schichten dieser Aufwölbung zeigt auch der Mittelgrund von Foto 6 im Bereich einer flachen Rampe, die zum untersten Flächenniveau des Tchigai hinabzieht, das der Vorlandfläche von Foto 2 entspricht.

Auch dieses wird von mehreren Inselbergen überragt. Die Gipfelplateaus der beiden größeren Berge weisen auf die ehemalige Lage der Rumpffläche in diesem Niveau hin. Sie ragen deutlich um mehr als 150 m über das Dachflächenniveau von Foto 5 hinaus und müssen also schon als Inselberge existiert haben, als dies der tiefstliegende Teil des Reliefs war. Bei der weiteren Tieferlegung eines Teils der Region wurden sie weitergebildet und nahmen gegenüber der sich tieferlegenden Fläche an Höhe zu.

Der Hauptgrund, warum sich seit dem Beginn des Jungtertiärs hier wie in vielen anderen Teilen der Erde die Rumpfflächenbildung auf bestimmte Areale beschränkte, dadurch die Ausgangsfläche zerschnitten und Stufen gebildet wurden, ist am ehesten in einem Klimawandel zu suchen, durch den die Leistungsfähigkeit der chemischen Verwitterung abnahm und Gesteinshärteunterschiede, die zuvor weitestgehend überspielt worden waren, zunehmend zum Tragen kamen. Warum an einer bestimmten Stelle der Ausgangsfläche diese Differenzierung einsetzte, sich also gerade dort eine Stufe bildete, kann unterschiedliche Ursachen haben.

Einen einfachen und in Abwandlung häufigen Fall zeigt Foto 7 vom Westrand des Djadoplateaus. Die Stufe von Dissilak besteht in fast ihrer gesamten Höhe aus stark verwitterten und somit wenig abtragungsresistenten, steilstehenden Schiefern der kambrischen Rumpffläche. Ihnen entsprächen an anderen Stufen, nicht nur der zentralen Sahara, weiche tonige Sedimentgesteine, die den größten Teil des Stufenhangs aufbauen. Überlagert wird das mürbe Gestein von einem im Vergleich dazu härteren Paket kambroordovizischen Sandsteins, dessen Schichten nach links (Osten) einfallen und dessen Mächtigkeit unterhalb der Dachfläche somit zunimmt. An der im Foto er-

Foto 8: Sandsteinstufe des Kaouar mit Vorlandniveaus; südlich von Bilma, → N

Foto 9: Sandrampenüberdeckter Anstieg von der Ténéré zum stark in Einzelberge aufgelösten Kaouarplateau, → E

Foto 10: Dachfläche, Zwischenniveaus und Plateaurandbucht mit Inselfelsen, kambrischer Sandstein; Westrand des Djadoplateaus, → SW

faßten Plateaukante, der Trauf, dünnt der Sandstein dagegen auf wenige Meter aus. Auf der Ausgangsfläche muß also kaum westlich der heutigen Trauf die Grenzlinie zwischen relativ harten, gekappten Sandsteinschichten links und dem weichen Schieferzersatz rechts gelegen haben. An dieser Grenze setzte die selektive Abtragung und damit die Stufenbildung ein. Die leichte Verstellung und nachfolgende Kappung der Schichten war also eine wichtige Vorbedingung für die spätere Stufenbildung. Die Stufe kann sich, ebenso wie die anderen Stufen der zentralen Sahara, seit ihrer Bildung nur noch unbedeutend rückverlegt haben.

Nur auf einem kleinen Abschnitt ist die Dissilakstufe jedoch so wie in Foto 7 aufgebaut. Zum größten Teil gleicht ihre Struktur derjenigen der Kaouarstufe in Foto 8. Ebenfalls wie viele andere Stufenbereiche der zentralen Sahara entspricht diese nicht dem Lehrbuch-Normalfall einer Schichtstufe aus weichem Stufenhang unter hartem Stufenbildner, sondern besteht in ihrer ganzen Höhe aus demselben, durchgängig etwa gleich abtragungsresistenten Sandstein. Der „Normalfall" wird als heterolithisch – aus unterschiedlichen Gesteinen zusammengesetzt – bezeichnet, der der Kaouarstufe als homolithisch – einheitlich aufgebaut.

Da die Ausgangsfläche beiderseits der heutigen Traufinie aus demselben Gestein bestand, muß es für die Stufenbildung eine andere Erklärung als für die heterolithische Stufe geben. Der im Satellitenbild von Seite 8 sichtbare geradlinige Stufenverlauf zeichnet eine große Störung nach, auf deren beiden Seiten als Folge des vertikalen Versatzes unterschiedliche Sandsteinschichten gelegen haben müssen. Dadurch herrschten beiderseits, wenn vielleicht auch nur geringfügige, so doch für eine differenzierende Abtragung ausreichend unterschiedliche Bedingungen.

Mitbeteiligt dürfte auch ein weiterer Faktor sein, der sich in der Existenz des in Foto 8 schwach erkennbaren Stufenwalms zeigt. Es handelt sich um eine flache Aufwölbung der Dachfläche parallel zur Stufe. Diese durch junge Verbiegungstektonik und Abtragung modellierte Aufwölbung wirkte und wirkt als regionale Wasserscheide. Schon eine leichte Asymmetrie konnte zu beiderseits unterschiedlichem Abfluß-, Verwitterungs- und Abspülungsverhalten, zur stärkeren Abtragung auf einer Seite und somit zum Beginn der Stufenbildung führen.

Das Bild der Stufenhänge enthält Informationen zum Ablauf der Vorlandtieferlegung. Foto 8 zeigt vor der Stufe zwei höhere Vorlandniveaus, Foto 10 ebenso wie Foto 4 von oben gesehen zwei Niveaus zwischen Dach- und Vorlandfläche. Überall in der Region sind aus der Frühzeit der Stufenbildung erst wenige Meter tiefer gelegte Flächenreste erhalten, die in die weitere Tieferlegung nicht mehr einbezogen wurden und heute als flache Plateaurandbuchten ein typisches Element der Dachflächenrandzone zwischen Walmscheitel und Steilabfall sind.

Bei der weiteren Eintiefung gab es offenbar mehrfach eine Abnahme der Verwitterungsintensität und damit der Abtragung und Flächentieferlegung. So kam es, daß wiederholt hangfußnahe Bereiche relativ widerständigen Gesteins von der weiteren Tieferlegung ausgenommen wurden, als Zwischenniveaus erhalten blieben und dadurch getreppte Stufenhänge oder Flächenreste im Vorland wie in Foto 8 entstanden. Den ungetreppten Normalfall zeigen die Fotos 55 bis 57. Das sehr gut entwickelte große Zwischenniveau der Djadostufe bei Orida wird von mehreren Inselbergen überragt, deren Gesteine während der Eintiefung vom oberen zum unteren Zwischenniveau der Abtragung entgangen waren. Dieser Flächenrest wird außerdem von einer Verwerfung gequert, deren beiderseits verschieden resistente Gesteine unterschiedslos flächig abgeschnitten wurden. Er handelt sich also keinesfalls um die Freilegung einer harten Gesteinsbank.

Einen Sonderfall der Verbindung zwischen Dach- und Vorlandfläche zeigt Foto 9 in Gestalt einer nur noch leicht getreppten Rampe, deren Felsrelief nicht ganz vom Flugsand verdeckt worden ist. Auf eine von mehreren ähnlichen, glatteren Ram-

Foto 11: In die Messak-Sandsteinplateaufläche eingesenktes Becken unmittelbar östlich der Stufe; Entwässerung zum Edeyen von Murzuk, → E

Foto 12: Großes Becken des Enneri Domo mit getreppten Rändern und Zwischenniveaus im Becken; Djadoplateau, → N

Foto 13: Flachwellige Ténéré-Rumpffläche mit Ausliegerinselbergen; präkambrische Schiefer; westlich der Dissilakstufe, → W

pen im Tchigai war schon bei Foto 6 hingewiesen worden. Solche Rampen, wie die des Passes von Tilemsin an der Messakstufe, bieten die einzige Möglichkeit zur Überwindung der Stufen mit einer Karawane oder dem Geländewagen.

Weiterhin zeigt Foto 9 noch deutlicher als Foto 8, daß die Abtragung im Dachflächenniveau zwar nicht mit der allgemeinen Tieferlegung zur Vorlandfläche Schritt halten konnte, die sich entwickelnde Plateaulandschaft aber dennoch unterschiedlich stark zerschnitten wurde. Die Kaouarfläche wurde als Ergebnis ihrer starken Sandsteinverkarstung in ein Gewirr von Rücken und Becken aufgelöst. Generell zerschnitten Täler, auf der stufenabgewandten Seite des Walms einsetzend, die Dachfläche bis zum nächsten Ausraumbereich auf der Rückseite des Plateaus. Es bildeten sich aber nicht nur enge Täler, sondern als Gegenstück zur allgemeinen Vorlandtieferlegung auch unterschiedlich große intramontane Becken, die eigentlich besser als Intraplateaubecken zu bezeichnen wären.

Das Beispiel eines großen Beckens aus dem südlichen Messak-Mellet-Plateau zeigt Foto 11 mit dem Edeyen von Murzuk im Hintergrund. Typisch ist, daß es unmittelbar hinter dem Walm eingetieft ist; ebenso, daß seine Eintiefung wie die des Vorlandes so erfolgte, daß sich an den Beckenrändern Stufen ausbildeten. Im Hintergrund ist ein solcher flächiger Absatz zu sehen. In anderen Becken (Foto 12) sind Inselberge als Zeugen höherliegender Flächenbildungsniveaus erhalten geblieben. Eine räumlich reduzierte Flächenbildung erfaßte also die sich herausbildenden Plateaus.

In mehreren Fällen, wie im Enneri (= Tal/Fluß) Domo des Djadoplateaus, von dem Foto 12 einen Ausschnitt zeigt, sind die „Täler" so breit und ebenso wie die Becken so unregelmäßig geformt, daß sie niemals von einem einzelnen Fluß eingeschnitten worden sein können. Es handelt sich vielmehr um unregelmäßige Streifen, die durch flächenhafte Spülprozesse eingetieft wurden. Der Flächenstreifen des Enneri Domo hat sich unmittelbar östlich und teils parallel zum Verlauf der Djadostufe ausgebildet, so daß der von der Ténéréseite her so eindrucksvolle Plateauanstieg nur noch eine wenige hundert Meter breite Kulisse ist. Die getreppten Hänge und Inselberge im Becken sind Zeugen der stufenweise abnehmenden Beckengröße im Verlauf der Eintiefung. Das Zwischenniveau im Bildmittelgrund ist ein guter Beleg dafür, daß solche Reste nicht etwa als Härtlinge, also gesteinsbedingt, der Abtragung entgangen sind. Dieser Teil eines höheren Beckenbodens besteht aus weichem paläozoischem Tonstein, der das Fundament der Sandsteininselberge bildet.

Der unregelmäßig geformte Flächenstreifen des Enneri Domo geht gemeinsam mit der Hauptausraumzone des Djadoplateaus, des Enneri Blaka, am Plateausüdrand bruchlos in das Niveau der Vorlandrumpffläche über, die sich als Ténéré über fast 400 km bis zum Ostrand des Aïr-Gebirges erstreckt. Dort, wo sie nicht vollständig unter Dünensand, Seesedimenten und Schwemmfächerdecken begraben ist, zeigt sie wie in Foto 13, das von der Dissilakstufe nach Westen blickend aufgenommen wurde, ein flachwelliges Relief, dessen Tiefenlinien von wenig eingetieften, kaum einmal Wasser führenden Flußbetten nachgezeichnet werden. Darin unterscheidet sie sich wie auch die anderen Vorlandflächen deutlich von den extrem ebenen Dachflächenresten. An ihren Rändern ist sie mit Pedimentsäumen (Kap. 1.4.) an ihr höheres Umland angebunden oder regional durch Stufenfußdepressionen davon getrennt (Kap. 1.5.3.) Die Abtragungsfläche schneidet freigelegtes präkambrisches Basement wie in diesem Foto, Sedimentgesteine der Unter- und Oberkreide und geht, ohne daß das im Relief erkennbar ist, über die in Abbildung 1 (S. 11) angedeuteten geologischen Grabenzonen hinweg. Nur wenige Inselberge unterschiedlichen Gesteins wie in Foto 13 überragen die Fläche. Lediglich ein einziges Sandsteinplateau, das von Adrar Madet, belegt, daß zur Zeit der Dachflächenformung und der Sedimentationsphase davor eine einheitliche Sandsteindecke, Djadoplateau und Aïr einbeziehend, die Region überzog.

1.2. Spuren tertiärer chemischer Verwitterung

Foto 14: Alttertiäre Lateritblöcke von der Stufe im Hintergrund als Zeugen feuchttropischer Verwitterung; NE-Agadem, → W

Foto 15: Rote und gebleichte alttertiäre Lateritprofilhorizonte, gekappt und überlagert von mitteltertiärer, in riesigen Sümpfen gebildeter Eisenkruste des Continental Terminal; NE-Agadem, → N

Foto 16: Im Alttertiär grundwassergebleichter und durch Lösungsverwitterung zu Saprolit umgewandelter Sandstein; braune Patina durch Windschliff entfernt; Kaouarstufe bei Bilma

Foto 17: Dank Patinaentfernung durch Windschliff erkennbares Muster der kugelig-erbsengroßen Konkretionen (Pisolithe) in einem Lateritblock; NE-Agadem

Foto 18: Beim Aufschlag aus 1 m Höhe zu Sand zerplatzter gebleichter Saprolitblock; bei In Guezzam, Südalgerien

Die Argumentation des vorangegangenen Kapitels beruht auf der Annahme, daß während des gesamten Zeitraums der tertiären Flächen- und Stufenbildung humide, also feuchte Klimate geherrscht haben. Nur so konnte die chemische Verwitterung der für eine flächenhafte Abspülung notwendigen Gesteinsaufbereitung zu feinen Korngrößen und zu Böden vorausarbeiten. Ausgehend von der extremen heutigen Aridität der zentralen Sahara, scheint diese Grundvoraussetzung wenig vernünftig zu sein. Jedoch belegen eindeutige Feldbefunde die Existenz nichtarider Klimate.

1.2.1. Alttertiärer Laterit und Saprolit

1990 wurden am Nordostrand des Plateaus von Agadem erstmals gut erhaltene, komplex aufgebaute Profile eines alttertiären tropischen Bodens entdeckt, die dadurch bewahrt worden waren, daß sich über ihnen die Eisenkrusten der Basis des *Continental Terminal* abgelagert hatten. Foto 14 zeigt im Hintergrund die steile Stufe mit dem Profil, in dem zwei helle Bleichhorizonte auffallen. Teile der gebleichten Horizonte und des zwischen ihnen anstehenden roten Bodens liegen als herabgestürzte Blöcke im Bildvordergrund. Dank des Windschliffs, der die schwarze Patina entfernt hat, sind die wahren Bodenfarben zu erkennen.

In Foto 17 zeigt ein ebenfalls windüberschliffener Block, daß das gesamte Profil ein pisolithisches Gefüge hat: Eisenverbindungen und das Tonmineral Gibbsit haben sich bei einer feuchttropischen Bodenbildung in erbsengroßen, dichtgepackten Kügelchen mit schaligem Aufbau abgesondert. Bei derartigen Profilen folgt unter den oxidierten oberen Bodenhorizonten ein in einer sauerstoffarmen Grundwasserzone gebildeter Bleichhorizont, wie vorn rechts in Foto 15. Er ist der Rest eines zweiten Bodenprofils, das nach einer Aufschüttungsphase über dem ersten gebildet wurde. Geschützt wird er von der überlagernden, schwarz patinierten Eisenkruste des *Continental Terminal*, die auch den Anstieg im Bildhintergrund bildet. Die braun patinierten Blöcke im Mittelgrund gehören zu dem dort flächenhaft freigelegten Latosolprofil.

Nur dank seiner Lage im Übergangsraum zwischen dem Abtragungsgebiet im Norden und dem Sedimentationsraum des *Continental Terminal* im Süden blieb dieses tropische Paläobodenprofil in Agadem erhalten. Nahezu allgemein in allen Sand- und Tonsteingebieten ist dagegen noch die unter den tropischen Böden entstandene Grundwasserbleichungszone erhalten, wie sie in Foto 16 an einer windgeschliffenen Steilwand der Kaouarstufe zutage tritt. Alle ursprünglichen Gemengteile des Sandsteins außer Quarz wurden in gelöster Form abgeführt, und selbst bis zu einem Viertel der Quarzsandkörner und ihres Bindemittels sind mit dem Grundwasserstrom entfernt worden. Als Folge davon hat das Porenvolumen stark zugenommen. Der Fels besteht nur noch aus einem hohlraumreichen, aber in sich stabilen Gerüst. Schon bei einem Fall aus

Foto 19: Durch Windschliff sichtbar gemachte Saprolitbleichung, die an der Steilwand im Hintergrund durch braune Patina maskiert ist, überlagert von schwarz patinierter Eisenkruste des Continental Terminal; N-Termit, → N

Foto 20: Frischer Windschliff auf gebleichtem Siltsteinsaprolit am Fuß der Kaouarstufe; Becken von Barao südöstlich von Bilma, → E

Foto 21: Spülrunsen in einem durch tertiärzeitliche chemische Tiefenverwitterung völlig zu Saprolit zersetzten Granit; bei Bilet, südliches Aïr-Gebirge

Foto 22: Nicht schichtgebundene, bei der Saprolitisierung des Sandsteins durch Manganoxidausfällung blaßlila und durch Eisenausfällung gelbbraun gefärbte Schlieren, durch Windschliff freigelegt; Kaouarstufe bei Anay

Foto 23: Zerschnittene Hangprofile in kaolinitisch verwitterten präkambrischen Schiefern; Nordwestrand der Flugplatzebene von Bardai, Tibesti, Nordtschad, → S

nur einem Meter Höhe zerfällt ein Block jedoch nahezu vollständig in seine einzelnen Körner (Foto 18). Dieses völlig zermürbte, „verfaulte“ Gestein wird als Saprolit bezeichnet.

In Foto 19 ist dieser Saprolit, der normalerweise unter einer eisen- und manganoxidgefärbten Patina verborgen ist, an einer exponierten Kante am Westrand des Plateaus von Termit freigeschliffen worden. Der feinkörnige, ebenfalls völlig weiß gebleichte, windgeschliffene Saprolit von Foto 20 steht dagegen am Boden der Depression von Barao an, südöstlich der Oase Bilma, weit unter dem Niveau der Kaouardachfläche, von der aus die Bleichung in die Tiefe griff, als sie noch die in geringer Meereshöhe liegende Landoberfläche war. Die mächtigsten, durchweg saprolitisierten Profile wurden in der Inselbergregion am Westrand des Djadoplateaus gefunden (Foto 101 f.). Demnach griff diese alttertiäre Tiefenverwitterung mehr als 300 m tief in den Untergrund ein.

Eine ebenfalls durch Windschliff ihrer verhüllenden Patina beraubte Saprolitwand in Foto 22 zeigt ein weiteres typisches Kennzeichen dieser Verwitterung: schichtunabhängige blaßlilafarbene Schlieren feinverteilten Mangans, wie sie auch in heutigen tropischen Grundwasserbleichungsprofilen zu finden sind. Braune Horizonte weisen auf leichte Eisenoxidation in gröberen Schichten höherer Wasserzügigkeit und damit bessere Sauerstoffversorgung hin.

Die alttertiäre Tiefenverwitterung hat nicht nur Sandsteine betroffen. Regionale Differenzierungen der Eindringtiefe der Saprolitisierung sind auf unterschiedliche Grundwasserzirkulation während der Verwitterungszeit und unterschiedliche spätere Abtragung zurückzuführen. So wurden tief verwitterte Alkaligranitkörper im Tibestigebirge nahezu vollständig zu runden intramontanen Becken im Schieferbergland ausgeräumt.

In großer Mächtigkeit saprolitisierter Granit wie in Foto 21 findet sich im Aïr-Gebirge nur (noch?) in einigen Gebieten. In dem an einer Talflanke aufgeschnittenen Gesteinszersatz sind die Feldspäte völlig in das Tonmineral Kaolin umgewandelt worden. Das Gesteinsgefüge wurde dabei scheinbar nicht verändert, obwohl die chemische Aufweitung und der Umbau der Kristallgitter mit einer Volumenzunahme verbunden gewesen sein müßten. Denkbar ist diese für Kristallingesteine typische isovolumetrische Verwitterung – bei der das Gesamtvolumen gleich bleibt – nur unter der Annahme einer gleichzeitigen starken Lösungsabfuhr eines Teils der Verwitterungsprodukte. Das Verwitterungsprodukt ist so weich, daß sich darin Wasserrunsen wie in einem Lockergestein gebildet haben.

Foto 23 vom Westrand eines großen intramontanen Beckens im Tibestigebirge zeigt völlig saprolitisierten Schiefer in einem zerschnittenen Hangprofil. Im Vergleich mit Foto 7 kann in solchen Fällen nicht ausgeschlossen werden, daß hier eine bereits präkambrische Tiefenverwitterung lediglich überprägt wurde.

Erstaunlich ist die Standfestigkeit, die im Sandsteinsaprolit erhalten geblieben ist. Schließlich ist das gesamte eindrucks-

Foto 24: Kluftnetzorientierte Saprolittürme, kambrischer Sandstein, Tamritplateau; Tassili n'Ajjer, Südalgerien, → E

Foto 25: Intensiv kaolinitisch verwitterter Basalt mit zersetzten Kernsteinen, gelb, im noch erkennbaren Kluftnetz; Hoggar, Ostpiste nach Assekrem, Südalgerien

Foto 26: Straßenbauschurf in jungtertiär chemisch vergrustem Granit, endtertiäre Rumpffläche mit Tors und Felsburgen; südlich der Arakschlucht, Südalgerien, → W

Foto 27: Verschiedene Stadien quartärer mechanischer und jungtertiärer chemischer Basaltverwitterung bis zu perfekt kugelig verwitterten Kernsteinen; Gossololom Bo, nördlich des Termitplateaus

Foto 28: Dunkel patinierte Basalthamada aus Kernsteinen der jungtertiären Tiefenverwitterung; Hoggar, Ostpiste nach Assekrem, Südalgerien

volle Sandsteinrelief einschließlich Inselbergen darin angelegt. Die in einem Teil der kambroordovizischen Sandsteine stark ausgeprägte Klüftung hat jedoch bei der jungtertiären Flächenzerschneidung zu einer starken Ausräumung der Kluftbereiche geführt. Das Ergebnis sind im Kluftnetzmuster angeordnete Saprolittürme wie die in Foto 24 gezeigten Pfeiler auf dem Plateau der Tassili n'Ajjer.

1.2.2. Jungtertiäre Kluftnetzverwitterung und Kernsteinbildung

Nach einer wahrscheinlich trockeneren Phase, in der die alttertiäre Bodendecke abgeräumt und als *Continental Terminal* wieder abgelagert wurde, hat das Klima im Jungtertiär noch einmal eine chemische Tiefenverwitterung ermöglicht, wenn auch mit deutlich abnehmender Intensität und Eindringtiefe in den Untergrund. Zeitlich eindeutig ins Jungtertiär zu stellende Verwitterungsformen finden sich in allen tertiären Vulkangebieten.

Foto 25 aus dem Hoggar zeigt solch einen jüngeren Gesteinszersatz. Verwitterte Basaltblöcke „schwimmen" im noch schwach erkennbaren Kluftnetz. Die von den Klüften als Grundwasserbahnen ausgehende Verwitterung hat den Basalt von allen Seiten zu kugeligen Gebilden, sogenannten Kernsteinen oder Wollsäcken, verwittert, mit ursprünglich millimeterscharfer Grenze zwischen völligem Zersatz und völliger Gesteinsfrische. Ein Teil dieser Sphäroide ist nach einer Änderung im Verwitterungsregime vollständig isovolumetrisch durchverwittert worden. Andere, meist tieferliegende, sind als nahezu bergfrische Kernsteine erhalten geblieben und bilden heute, nach Ausspülung des Zersatzes und Patinierung, einen besonderen Typ von Hamada (Foto 28).

In Foto 27 sind alle Übergänge von unverwittertem Basalt bis zu perfekt kugelförmigen Kernsteinen zu erkennen. Eine derartige chemische Verwitterung in Vulkangebieten kann natürlich auch das Ergebnis postvulkanischer hydrothermaler Verwitterung durch aggressive heiße Dämpfe und Lösungen im Untergrund sein. Auszuschließen ist diese nichtklimatische Deutung jedoch, wenn mit zunehmender Tiefe eine Abnahme der Verwitterungsintensität zu beobachten ist, wie in den hier vorgestellten Beispielen.

Freiliegende Wollsäcke oder Felsburgen wie in Foto 26 wurden lange als Formen arider Verwitterung gedeutet. Erst der saharische Straßenbau zeigt in seinen Materialentnahmeschürfen den sie umhüllenden Zersatz unter der jungtertiären Rumpffläche.

Foto 29: Blöcke der durch verfüllte Sandsteinkarstwannen aufgelösten Silcrete- (= Kieselkrusten-) Decke; Plateaufläche bei Blaka Kallia; Djadoplateau, → E

Foto 30: Windgeschliffener Block; grauer, durch Einkieselung gebildeter harter Silcrete über braunem Sandsteinsaprolit; Plateau von Dibella

Foto 31: Scherbig zerfallener Silcreteblock; Plateaufläche bei Blaka Kallia, Djadoplateau; Detail zu Foto 29

Foto 32: Frischer Anschlag im leicht eisendurchsetzten Silcrete; Plateaufläche des nordöstlichen Djado

Foto 33: Altsteinzeitlicher Faustkeil aus dem für die zentrale Sahara typischen Werkstoff: Silcrete; Blaka Kallia, Tal im Djadoplateau

Foto 34: Eisenkrustenblock von der Basis des Continental Terminal mit ausgewitterten Sandsteinstücken, windziseliert; nordöstlich von Agadem

Foto 35: Eisenverkrustete tektonische Brekzie; Plateaufläche von Fachi Dogonboulo, → W

Foto 36: Plateau-Eisenkruste auf windgeschliffenem Sandsteinsaprolit am Beckenrand; Tchigai

Foto 37: Detail zu Foto 36: Eiseninfiltration von oben und entlang der Klüfte

Foto 38: Eisenkruste des Continental Terminal mit Wurzelröhren, patiniert und frisch angeschlagen (links); Plateau von Nordostagadem

1.2.3. Kiesel- und Eisenkrusten

Zum Ende der flächenhaften Abspülung der alttertiären Boden- und Zersatzdecke waren die heutigen Sandsteinplateaus Teil einer ausdruckslosen, von Tieflandsflüssen überspülten und in die Sumpfgebiete des *Continental Terminal* im Süden übergehenden küstennahen Ebene. Im Zuge der Abspülung muß es zu einem nahezu vollständigen Ausgleich von Reliefunterschieden gekommen sein. In dieser amphibischen, schlecht drainierten Landschaft wurde aus dem oberflächennahen Grund- oder Bodenwasser in großen Mengen andernorts durch chemische Verwitterung gelöste Kieselsäure ausgefällt. Das Ergebnis war eine flächenhafte Einkieselung der oberflächlich anstehenden reinen Quarzsande und deren Absonderung in flachen Kissen (Foto 31) oder in windüberschliffener Form (Foto 30). Das inselhafte Ausbeißen verkieselter Blöcke in Foto 29 ist die Folge späterer Silcreteverkarstung (Kap. 1.5.). In unterschiedlicher Konzentration wurden auch braune und rote Eisenoxide ausgefällt, so daß das Farbspiel von hellgrau (Foto 30) bis rötlichfleckig (Foto 32, 33) reicht. Die den Klüften folgende Infiltration ist in Foto 37 an der dunkelbraunen Farbe erkennbar. Zu der überwiegenden Eisenoxidausfällung im *Continental Terminal* im Südosten der nigrischen Sahara (Foto 38; vgl. Foto 15 u. 19) gibt es fließende Übergänge. In diesem Foto sind vererzte Reste und Wurzelröhren der einstigen Sumpfvegetation zu erkennen. Während der Einkieselung wuchsen die Kristallgitter der rundlichen Sandkörner über deren Oberflächen hinaus in die Poren des Sediments, füllten die Hohlräume aus und verwuchsen als winzige Bergkristalle miteinander. Die Ausfällung konnte durch aggressive Lösung eisenhaltiger Wässer zu kariesartiger Sandkornanätzung und bis zur völligen Auflösung von Sandkörnern und deren Ersatz durch Quarz-Eisen-Gemische führen. Das Ergebnis aller Prozesse war eine fast porenfreie, extrem harte Gesteinsneubildung, eine Art Quarzit. Für die zentrale Sahara entdeckte zuerst der italienische Geologe Desio auf den Dachflächenresten des Murzukbeckens, daß diese quarzitische Tafel eine über alle Gesteinsstrukturen hinweggehende, an der Landoberfläche entstandene Bildung und keine einfache Gesteinsschicht ist. Sie wird heute mit einem englischen Wort als Silcrete bezeichnet, die eisenreiche Variante als Ferricrete.

Silcrete und kieselsäurereicher Ferricrete sind sehr hart. Unter dem heutigen Klima zerfallen die Blöcke scherbig (Foto 31). Beim Zerschlagen (Foto 32) entstehen messerscharfe Kanten. Verständlicherweise wurde dieses Material zum wichtigsten Werkstoff der Altsteinzeit, aus dem über mehrere hunderttausend Jahre hinweg Faustkeile (Foto 33) und andere Geräte geschlagen wurden. Spuren alten Windschliffs (Kap. 4.2.3.) sind ausschließlich in diesen sehr verwitterungsresistenten Krusten erhalten, in den Fotos 34 und 35 über einem tektonisch völlig zerbrochenen und durch Kiesel-/Eisenausfällung entlang der Klüfte verheilten Sandstein.

1.3. Inselberge

Foto 39: Paläozoische vulkanische Spaltenfüllungen (Dykes), als Rücken bei der jungtertiären Flächentieferlegung herauspräpariert; Westrand des Djadoplateaus, Er Roui, → W

Foto 40: Inselbergrücken in steil aufgebogenen Sandsteinschichten (Monokline); 120 km südlich von In Salah, Südalgerien, → E

Foto 41: Granitinselberg und Tors in einer Granitrumpffläche; 185 km nördlich von In Guezzam, Südalgerien, → N

Foto 42: Sandsteininselberge in einer Sandsteinrumpffläche; Tchigai, Zouar-Piste 250 km östlich von Séguedine, → N

Foto 43: Aufsitzerinselberge unmittelbar auf dem Rand der nach Westen gerichteten Stufe von Kafra (Ténéré), von Osten gesehen, als weithin einzige Zeugen einer ehemals höheren Landoberfläche

Inselberge sind ein zwar nicht flächenhaft ausgedehntes, aber markantes Element der saharischen wie auch aller anderen Rumpfflächen der Erde. Als oft weithin einzige von der Abtragung ausgesparte Reste belegen sie die Abtragung der sie vormals umgebenden Gesteine bis auf deren Fußniveau. Mit ihrer Höhe über der umgebenden Rumpffläche geben sie ein vertikales Mindestmaß für die Abtragung (vgl. Foto 5, 6, 10).

Inselberge wie die in Foto 39 werden nach ihrer Lage im unmittelbaren Vorland einer Stufe als Ausliegerinselberge bezeichnet. Es handelt sich um paläozoische vulkanische Spaltenfüllungen (Dykes). Bis in ihre höchsten Teile waren sie bis zu einem bestimmten Zeitpunkt der Flächentieferlegung noch vollständig in die Abtragung einbezogen. Danach wurden sie – die hohe Kuppe rechts früher, die Rücken später – bei der weiteren Flächentieferlegung dank relativ höherer Abtragungsresistenz ausgespart. In diesem Fall handelt es sich um paläozoische Lavagänge (Dykes) und Schlote, die als Härtlinge aus dem umgebenden Sandstein herauspräpariert wurden.

Grund für die Erhaltung eines Inselbergs können auch unterschiedliche Lagerungsverhältnisse in demselben Gestein sein. Foto 40 zeigt steilstehende Sandsteinschichten. Als diese sich noch in ihrem Gesteinsverband befanden, wurden sie in einer sogenannten Monokline steil aufgebogen. Wiederum ab einem bestimmten Zeitpunkt der flächenhaften Tieferlegung wurden die noch erhaltenen Teile der Monokline von der weiteren Abtragung ausgespart, vermutlich wegen der besseren Entwässerung und damit geringeren Verwitterung an den steilstehenden Schichten. Die etwa dreieckigen Schichtausbisse am Fuß werden Chevrons genannt. Das etwa gleich steile Profil des Gegenhangs dieses als Schichtrippe bezeichneten Inselbergs zeigt Foto 472.

Im Normalfall bestehen Inselberge jedoch aus demselben Gestein wie ihre Umgebung, überdauerten also nicht als Härtlinge. Beispiele für solche Inselberge zeigen Foto 41 im Granit und Foto 42 im Sandstein. Solche fern einer Stufe isoliert vorkommenden Inselberge werden als azonale Inselberge bezeichnet. Auch kleine Plateaus wie Grein oder Adrar Madet in der Ténéré gehören dazu. Die Gründe für ihre Position im Relief und ihre relativ höhere Abtragungsresistenz lassen sich in den seltensten Fällen rekonstruieren. Es mögen winzige auslösende Unterschiede der Verwitterbarkeit gewesen sein, die in einem ersten Stadium zur Ausbildung flacher Gesteinsschilde, sogenannter Schildinselberge führten. Als nicht weitergebildete Vorzeitformen auf der untersten Rumpffläche sind sie im Vordergrund von Foto 41 zu erkennen; dort zugleich als Beleg dafür, daß auch die Umgebung des hohen Granitinselbergs aus Granit besteht. Bei der weiteren Flächentieferlegung „wuchsen" sie gewissermaßen aus ihrer Umgebung heraus.

Auch Foto 43 scheint solche isoliert liegenden azonalen Inselberge zu zeigen. Die vier Berge über der Felsfläche sitzen jedoch alle unmittelbar auf dem Plateaurand oberhalb der niedrigen Schichtstufe von Kafra in der Ténéré, die am Fuß der vom Betrachter abgewandten Seite der Berge nach Westen abfällt. Sie entgingen im Wasserscheidenbereich der weiteren Abtragung, als durch zunehmend selektive Flächenbildung aus einer flachen Schwelle im Gelände eine Schicht-

Foto 44: Granitinselberge, teils nacktfelsig, teils mit Blockschutt; bei In Ekker, Granitrumpffläche nördlich des Hoggar, Südalgerien, → W

Foto 45: Granitinselberg mit Resten einer Druckentlastungsdecke; südlich der Arakschlucht, Südalgerien, → NE

Foto 46: In Türme aufgelöster Inselberg, kambrischer Sandstein; nördlich der Grenzstation In Guezzam, Südalgerien, → NW

stufe entstand. Ihre Existenz auf dieser Schwelle zeigt aber auch, daß Schwelle und Wasserscheide schon zu der Zeit existierten, als die heutigen Berge als flache Schilde festen Gesteins aus dem Gesteinszersatz ihrer Umgebung herauszuragen begannen.

Die Form der Granitinselberge von Foto 44 und 45 entspricht *nicht* derjenigen des im Untergrund erstarrten Plutons, wenn auch darin ausgebildete Unterschiede mitbestimmt haben dürften, welche Teile als Berge erhalten und welche bis auf das Vorland abgetragen wurden. Diese Differenzierung ist aber vor allem das Ergebnis der für feuchttropische Klimate typischen divergierenden Verwitterung und Abtragung, die hier vorzeitlich wirksam gewesen ist. Auf einmal freigelegten Schildinselbergen läuft Regenwasser schnell ab und kann wenig zu deren Verwitterung beitragen. Als Zuschußwasser fördert es aber die chemische Verwitterung der tiefer liegenden Umgebung. Anders als in den Außertropen sind schwach geneigte Flächen wegen der dort ständig vorhandenen Feuchtigkeit stärker der Verwitterung und der ihr folgenden Abspülung ausgesetzt als steile Hänge. Verwitterungs- und Abtragungsintensität zwischen Bergflanke und Fläche laufen zunehmend auseinander, und nebeneinander existieren Inselberge mit festem, kaum verwittertem Gestein und der Zersatz der Ebene (vgl. Foto 26). Nur wenige Klüfte, wie im „Kopf" des Berges von Foto 45, sind durch chemische Verwitterung nachgezeichnet worden.

Die Lücken zwischen dichtstehenden Inselbergen wie in Foto 44 tragen flache Wasserscheiden. Es sind bis heute erhaltene Flächenpässe. Sie belegen, daß dort dieselben Spülprozesse wie auf der anschließenden freien Fläche abliefen und nicht etwa ein Fluß erodiert hat.

Die prall-konvexe Form der Berge ist weltweit typisch für Granitinselberge. Die fehlende Bodendecke dürfte nicht erst das Ergebnis arider Abtragung sein. Auch in den heutigen Tropen tragen die meisten von ihnen abspülungsbedingt keine Bodendecke. Die Form dieser Berge wird als Ergebnis von Druckentlastung während der Abtragung der auf- und anlagernden Gesteinspartien erklärt. Sie wirkt sich in der Ablösung meterdicker Schalen aus, die danach in einzelne Blöcke zerfallen. Deutlich ist dies rechts auf dem Rücken des Bergs in Foto 45 zu erkennen. Bei dem vorgelagerten kleinen Inselberg aus steilstehenden Schiefern hat die Gesteinsstruktur die Druckentlastung auf eine Vielzahl von Schieferungsflächen verteilt.

Von der obersten nachweisbaren Schale sind nur noch auf dem Rücken wenige große Blöcke erhalten. Es ist anzunehmen, daß die Flankenteile herabgestürzt sind. Wiederum generell typisch für diese Art von Inselberg enthalten die Blockhalden am Bergfuß nur einen Teil der abgerutschten Plattentrümmer, oder sie können sogar ganz fehlen. Der größte Teil dürfte noch in präariden Zeiten das Opfer der am Bergfuß intensiven chemischen Verwitterung geworden sein. Am Fuß hoher Sandsteininselberge im westlichen Tibestivorland konnte HORST HAGEDORN (1967) sogar als deren Ergebnis ausgebildete Randfurchen nachweisen. Die Streu kleinerer Blöcke auf den Hängen in Foto 44 besteht aus Kernsteinen (vgl. 1.2.2.), die unter einer dort einmal vorhandenen, die Feuchtigkeit haltenden Bodendecke bei der Verwitterung der Druckentlastungsschalen übriggeblieben sind, während der Grus der Zwischenräume längst abgespült worden ist.

Der Inselberg aus kambroordovizischem Sandstein in Foto 46 zeigt, wie unterschiedliche Gesteine zu anderen Formen im Detail führen. Die Türme, in die er entlang chemisch ausgewitterter Klüfte aufgelöst ist, entsprechen denen von Foto 24. Sie zeigen, daß der Sandstein dieses Berges auch von der alttertiären Saprolitisierung unter der Ausgangsfläche betroffen wurde, dann aber doch durch die Verstärkung kleiner Anfangsunterschiede der Festigkeit überdauerte. Zwischen Bergfuß und Tiefenlinie im Vordergrund ist ein nur wenig von Flugsand bedecktes Pediment erhalten, das bis zum Ende des Tertiärs durch die flächenbildenden Abspülungsprozesse tiefergelegt wurde (Kap. 1.4.).

In Foto 47 und im rechten Teil von Foto 50 sind mehrere übereinanderliegende Schalen der Druckentlastung im Granit und ihr unterschiedlich starker Zerfall zu erkennen. Auch hier fehlen die Blockhalden am Fuß. Der sehr scharfe Fußknick ist in beiden Fällen durch die Sedimentakkumulation in einem Flußbett geschaffen worden.

Neben Granitinselbergen aus unverwittertem Gestein gibt es auch solche, in deren Schuppen der Kristallverband unter noch feuchterem Klima und unter einer Bodendecke gelockert worden ist. Es sind keine bergfrischen Kernsteine entstanden, son-

Foto 47: Granitinselbergflanke mit unterschiedlich stark in Blöcke zerfallenen oberflächenparallelen Druckentlastungsdecken; südlich der Arakschlucht, Südalgerien

Foto 48: Durch Verwitterung stark aufgelöste Druckentlastungsdecken in vergrustem Granit; Inselberghang 240 km nördlich von Tamanrasset, Südalgerien, → N

Foto 49: Glatter Granitinselberg-Oberhang mit vergrusten Blöcken; im Hintergrund Übergang zum Schieferbergland; Ort wie Foto 48, → S

Foto 50: Kleiner Granitinselberg mit Druckentlastungsdecken (rechts) und seit langem freigespülten „Wollsack"-Blöcken; südlich der Arakschlucht, Südalgerien

Foto 51: Zwei Sandsteinfelsen als einzige höhere Abtragungsreste in einem Seebecken; Plateauregion nördlich von Zoo Baba, → NE

dern das Gestein der Schuppen ist vollständig durchgewittert. Foto 48 zeigt mehrere derart verwitterte und abgrusende Schuppen mit starker Nachzeichnung der engstehenden Klüfte bis zum Zerfall der Blöcke entlang dieser Schwächelinien. Deren weiterer Zerfall ist an den wenigen Blöcken einer sonst vollständig abgeräumten Flanke desselben Inselbergs zu erkennen (Foto 49). Der Grus trägt zur Bildung der Sandschwemmebene am Fuß bei, die zu Schieferinselbergen im Hintergrund hinabzieht. Die hier kaum verwitterte Granitoberfläche wird unter dem derzeitigen Klima durch die Ablösung von nur zentimeterdicken Platten abgetragen.

Auch die beiden Sandsteinfelsen in Foto 51 sind durch dieselben Mechanismen wie die größeren Inselberge entstanden. Diese einzigen der Ausräumung eines Intraplateaubeckens entgangenen Türme wurden im Quartär mehrfach von pluvialzeitlichen Seen überdeckt (vgl. Kap. 2.4.) Das Abtragungszwischenniveau im Hintergrund wurde in eine Brandungsfläche umgestaltet.

1.4. Tertiäre Fußflächen und ihre Weiterbildung

Foto 52: Unzerschnittene Felsfußfläche, im Vordergrund über Karbonkalk; vor dem Paß von Anai (Col d'Anai), Messak Mellet, südalgerisch-libysche Grenze, → E

Foto 53: Sandsteinstufe des Messak Mellet mit drei Hangprofilgenerationen im Anstehenden mit zunehmender Versteilung; nördlich von Col d'Anai, Südlibyen, → NE

Foto 54: Zerschnittenes Fußflächenprofil; Messak Mellet südlich des Passes von Tilemsin, Südlibyen, → S

Foto 55: Inaktive Fußfläche mit Hamada; abgeschnittene Unterhangrampe und zerschnittenes jüngeres Stufenhangprofil in Sandstein; Messak Mellet, Südlibyen, → E

Die flach geneigten, vom Fuß von Stufen und Inselbergen ausgehenden Felsflächen (Foto 45, 52–57) werden als Pedimente oder, in einer Fehlübersetzung, als Fußflächen bezeichnet. Der Namengeber, der amerikanische Geologe McGee, hatte mit dem Begriff Pediment die flache Giebelform beschreiben wollen, die im Profil von den beiderseits eines schmalen Gebirgsrückens abfallenden Horizontlinien der Rampen zu erkennen ist. Der von „Pyramide" abgeleitete Begriff bezeichnet in der englischen Kunstgeschichte die niedrigen Dreiecksgiebel über den Fenstern von Renaissancefassaden. Im Deutschen wurde fälschlich die Herkunft des Begriffs von lateinisch „pes = Fuß" angenommen; daher der korrekt die Lage am Fuß höheren Hinterlandes wiedergegebende deutsche Begriff.

Diese zuerst im semiariden Südwesten der USA beschriebenen Pedimente galten lange Zeit als die typische Form rezenter Flächenbildung in ariden Gebieten. Die nach Starkregen die Hänge herunterschießenden Wassermassen sollten vom Hangfuß ab durch mitgebrachten und auf der Fläche bewegten Schutt den Felsuntergrund scheuernd abgetragen und dabei auch die Hänge zurückverlegt haben. Andere Forscher schlossen von den dünnen Schwemmfächerauflagen der Pedimente auf eine Bildung durch die Abtragung der sich seitlich bei jeder Flut verlagernden Schwemmfächerrinnen. Dadurch sollten auch die Bergsporne zwischen den Taltrichtern abgeschnitten worden sein.

Foto 52 zeigt eine solche aus einer Dreiecksbucht der Messakstufe herausziehende Felsfläche über karbonzeitlichen Kalken, die nur von einer dünnen Flugsanddecke überlagert sind. Der wenige Schutt ist meist an Ort und Stelle verwittert, die Oberfläche so selten und schwach überflutet, daß auf ihr angelegte jungsteinzeitliche Gräber unzerstört mehrere Jahrtausende überdauert haben.

Der Hangfußbereich derselben Stufe, von dem die Schichtfluten ausgehen sollten, ist vollständig von einem patinierten Gesteinspflaster, einer Hamada überzogen (Kap. 2.5.1.), wie sie in Foto 55 aus der Nähe zu erkennen ist. Die sandig-kiesige Fläche im Vordergrund (vgl. auch Foto 53) ist eine heute nur wenig fluvial überformte, während der letzten stärkeren Feuchtzeit akkumulierte Schwemmfächerdecke, die die Hamada am Stufenfuß abschneidet.

Ebensowenig wie die Flächen selbst sprechen auch die Hänge für die „klassische" Theorie. Allen Fotos ist gemeinsam, daß die Hänge aus einer Abfolge von mehreren Profilen bestehen. Flach aus dem Vorland aufsteigende und zur Stufe hin abgeschnittene Rampen wie in Foto 55 werden häufig als Belege für die Stufenrückverlegung herangezogen. Diese Rampe und die Horizontlinie in Foto 54 zeigen, daß das älteste erhaltene Hangprofil eine sanft konkav auslaufende Rampe war. Die jüngeren Profile sind im Vorland flacher geneigt und hängen dagegen im Stufenbereich stärker durch.

Die Fotos 53 und 55 zeigen ein älteres, von dunkel patiniertem Schutt bedecktes Felshangprofil, dessen höchste Teile noch fast an die Plateaukante heranreichen und dessen Fuß konkav in die Hamadafläche übergeht. Das jüngste Hangprofil ist darin mit steilen, schuttfreien Wänden eingeschnitten und hat, hier kaum sichtbar, lediglich Anschluß an die Rinnen, die die hamadabedeckte Fußfläche zerschneiden. Es ist also nicht so, daß die Stufe als Ganzes zurückgewandert ist, sondern daß es während der jüngeren Reliefentwicklung eine zunehmende Versteilung und ein „Durchhängen" der Hangprofile gegeben hat.

Der die lokale Wasserscheide bildende und damit in seiner Lage stabile Walm (Kap. 1.1.) und örtlich noch erhaltene Hangprofilreste machen es wahrscheinlich, daß im Übergang zu den ariden Klimabedingungen des Pleistozäns ursprünglich gestreckte, S-förmige (sigmoidale) Profile durch Bodenabtrag und häufigere Starkregenabtragung mehrphasig in die akzentuierten Steilwandprofile umgeformt wurden.

Foto 56: Stark zerschnittene Fußflächenreste vor stark zerschnittenem Stufenhang; Messak Mellet, Südlibyen, → E

Deutliche Hangprofilunterschiede entlang der überall ausschließlich aus Sandstein aufgebauten Stufe sind sicherlich nicht durch Gesteinsunterschiede und wegen der geringen Entfernungen zweifellos auch nicht klimatisch, sondern mit unterschiedlicher Hebungsintensität zu erklären. Dies gilt vor allem für den Wechsel zwischen getreppten Hängen, wie in mehreren Fotos von Kap. 1.1. gezeigt, und den während der Vorlandtieferlegung zunehmend sigmoidalen und zum Abschluß durchhängend versteilten Hängen bei gleichbleibender Basis.

Eine Mischform zeigt der am stärksten gegliederte Stufenfußbereich des nördlichen Messak in Foto 56. Hier reicht eine zerschnittene Rampe als Fortsetzung eines der bei der Vorlandtieferlegung gebildeten Zwischenniveaus bis dicht an die rezent stark aufgeschlitzte Stufenwand.

Foto 57 zeigt den gleichen Fußflächentyp an anderer Stelle der Stufe, nur mit dem Blick ins Vorland. Rechts und links klingen die älteren Sandsteinpedimentrampen auf das heutige Vorlandniveau aus. Foto 54 zeigt dieses Gebiet im Profil. Im Zentralbereich ist eine breite Bucht in diese zweistufige Rampe eingeschnitten worden. Ihr Boden wird von einer Schwemmfächerdecke eingenommen, die durch schmale Rinnen zerschnitten ist. Die dazwischen liegenden Riedel tragen die übliche Hamadadecke und wurden, wie zahlreiche Oberflächenfunde belegen, jungsteinzeitlich bereits als Siedlungsflächen genutzt. Bei den seltenen Regenfällen werden Wasser und Schutt fast ausschließlich durch die schmale, in den Schwemmfächer eingeschnittene Rinne transportiert.

Foto 58, mit einem Inselberg als Zeugen der alten Vorlandtieferlegung, zeigt einen anderen derartigen Schwemmfächerbereich vor der Messakstufe. Dort, wo alle unterschiedlich geneigten und unterschiedlich alten Fußflächen in demselben Vorlandniveau zusammenlaufen, wird eine frühholozäne Schwemmfächerakkumulation bei Fluten gelegentlich überschwemmt. Das Wasser reicht aber nur noch zur Entfernung der Patina (Kap. 2.5.5.) aus, die den etwas höher liegenden Schottern eine dunkelgraue Farbe gibt. Die schmale rezente Abflußrinne ist hinter der Person (rechts hinten) eingeschnitten. Die teils zentnerschweren Gerölle in mehr als 1 km Entfernung lassen erahnen, mit welcher Gewalt und welchen Wassermassen noch vor wenigen tausend Jahren Schutt vom Stufenfuß ins Vorland geschwemmt und nachfolgend zum Teil wieder ausgeräumt und weiter ins Vorland verfrachtet wurde. Die heutigen fluvialen Prozesse auf der Fußfläche sind dagegen nur unbedeutend.

Foto 59 mit einem fast noch die Plateauhöhe erreichenden Ausliegerinselberg vor derselben Stufe macht deutlich, daß nicht aus einem großen Einzugsgebiet gesammelte Wassermassen die Hang- und Flächenformung bewirkten, sondern hohe, oft sicherlich katastrophenartige Starkniederschläge. Trotz seines nur sehr geringen Einzugsgebiets zeigt dieser Berg dieselbe Formungsabfolge wie die Stufe im Hintergrund. Auch dort ist das Einzugsgebiet fast überall sehr klein, da die lokale Wasserscheide außerhalb der Stufenpässe (vgl. Foto 9) unmittelbar hinter der Trauf auf dem Walm verläuft.

Auch dort, wo wie in Foto 60 das felsige Pediment nicht von Schutt überdeckt ist und die rezenten Rinnen durch die Schwemmschuttdecken hindurch in das Anstehende eingeschnitten sind, finden sich nur noch spärliche Reste chemischer Verwitterung, die bis zum Ende der Felsfußflächenbildung immer noch ein wenig der flächenhaften Abspülung vorausgearbeitet hat. Am ehesten sind sie noch entlang der von der Verwitterung nachgezeichneten Klüfte (ebenfalls Foto 60) zu finden. Überall aber ist zu beobachten, daß die Pedimente jenseits der Tiefenlinie an ihrem Fuß, ihrem distalen Ende, in das beschriebene flachwellige Rumpfflächenrelief (vgl. Foto 13) übergehen. Von wenigen unzerschnittenen Ausnahmen wie in Foto 52 abgesehen, waren die Pedimente mehr oder weniger stark von Wasserläufen linienhaft zerschnitten, bevor sie von der ersten von mehreren Schwemmfächerdecken überschüttet wurden. Die heutige Abtragung auf wieder freigelegten Felsfußflächen führt je nach der Vorflutersituation zu sehr langsamer weiterer Verebnung wie in Foto 52 oder zu weiterer Zerschneidung wie in Foto 60.

Foto 57: In die rampenförmige Felsfußfläche eingeschnittenes Becken mit zerschnittener Schwemmfächerakkumulation; Messak Mellet, Südlibyen, → W

Foto 58: Grobes Schwemmfächersediment im stufenfernen Fußflächenbereich vor dem Messak Mellet; Südlibyen, → NW

Foto 59: Zerschnittene Hangprofile, Inselberg vor dem Messak Mellet; Südlibyen, → SE

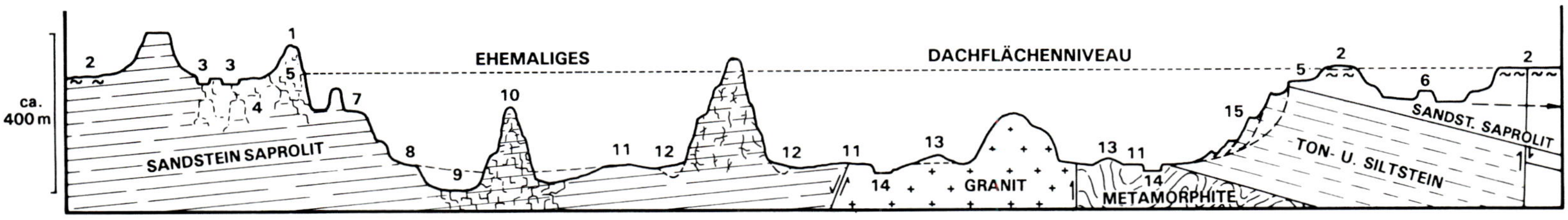

1 Aufsitzerinselberg am Plateaurand (Kap. 1.3.)
2 Dachfläche mit Silcretedecke (Kap. 1.1., 1.2.3.)
3 Sandsteinkarstbecken (Kap. 1.5.)
4 Unterirdischer Sandsteinkarst (Kap. 1.5.2.)
5 Plateaurandbucht (Kap. 1.3.)
6 Intraplateaubecken mit Abfluß (Kap. 1.3.)
7 Zwischenniveau mit kleinem Inselberg (Kap. 1.3.)
8 Abgeschnittenes Pediment (Kap. 1.4.)
9 Stufenfußdepression (Kap. 1.5.3.)
10 Verkarsteter Inselberg mit Pedimentsaum (Kap. 1.5.3.)
11 Rumpffläche (Kap. 1.1., 1.4.)
12 Randfurche eines Inselbergs (Kap. 1.3.)
13 Schildinselberg (Kap. 1.3.)
14 Altpleistozänzeitlich eingeschnittenes Tal (Kap. 2.3.)
15 Rutschungsschollen (Kap. 2.1.)

Abbildung 2: Treppung des Plateaureliefs, Inselbergtypen und Pedimentsäume

Foto 60: Zerschnittene Felsfußfläche mit zerschnittener Schwemmfächerauflage vor getrepptem Beckenrand; Bardai, Tibesti, Nordtschad, → S

Foto 61: Zerschnittene Sandsteinfelsfußfläche mit zerschnittener Schwemmfächerdecke am Rand des zertalten Schieferplateaus; Flugplatzebene von Bardai, Tibesti, → S

Foto 62: Zerschnittener, teilaktiver Schwemmfächersaum, intramontanes Becken in Basalt; oberer Yebigué-Fluß, Tibesti, → E

Foto 63: Teil des Schwemmfächersaums vor dem Basaltbeckenrand; gleicher Ort, → NW

Der Pedimentsaum von Foto 61 liegt am Fuß der größten, Nord–Süd verlaufenden Verwerfung des Tibestigebirges, der Faille (= Störung, frz.) Lelubre. An ihr wurden die Sandsteine links gegenüber dem Schiefer rechts abgesenkt. Da tertiäre Basaltdecken des Tibesti aber bereits Flächen überlagern, in denen gekappter Schiefer und Sandstein im gleichen Niveau liegen, ist der Beckenrand hier keine junge Bruchstufe. Vielmehr haben die divergierende Verwitterung und Abtragung der Sandsteine die Flugplatzebene von Bardai über 100 m tief zu einem intramontanen Becken ausgeräumt und nur einige Inselberge (links im Bild) und den Basaltstiel „Goni" (Foto 343) übriggelassen. Das Schieferrelief wurde gleichzeitig, teils auf den sich tiefer legenden Beckenboden eingestellt, stark linienhaft zerschnitten.

Wie im südlich davon gelegenen Becken von Bardai (Foto 60) bildete sich mit in Intervallen abnehmender Abtragungsintensität ein getreppter Stufenhang aus. In Foto 60 ist diese Treppung in der jüngsten Einheit des Bardaisandsteins angelegt, die zeitgleich mit dem Messaksandstein während der Oberkreide sedimentiert wurde. Die Reliefsituation ist ähnlich wie in Foto 10, ebenfalls mit Inselbergen auf den Zwischenniveaus.

Seit dem Ende der Beckenentwicklung liegen die stufennahen (proximalen) Pedimentteile von Foto 61, die auf höherem Niveau noch ein wenig in den Schiefer übergegriffen hatten, nahezu genau auf der alten Störungslinie. Eine Hangrückverlegung hat im Zuge der Pedimentbildung also *nicht* stattgefunden, sondern statt dessen im Zuge der Tieferlegung eine leichte Beckenverkleinerung, wie auch in Foto 60 sichtbar.

Aus den Tälern des Schieferberglandes wurden im Quartär mehrfach sich seitlich verzahnende Schwemmfächer über den bereits zerschnittenen Sockel des Pediments geschüttet und, wie in der Gegenwart, teilweise wieder ausgeräumt. Damit war jeweils eine weitere Felssockelzerschneidung verbunden. Die alten Schwemmfächerdecken erscheinen in Foto 61 wegen ihrer patinierten Hamadadecke dunkel. Die heutigen, aus den Schiefertälern kommenden Abflußbahnen erfassen nur den kleineren Teil des Fußflächensaums und weiten sich zur Tiefenlinie hin nur schwach trichterförmig aus. Aber auch ihre Vorgänger in den Zeiten aktiver Schwemmfächerakkumulation und damit häufiger Verlegung der divergierenden Rinnen können das Pediment nicht geschaffen haben. Die Rinnen hätten dazu teilweise im rechten Winkel zum Schiefergebirgsrand fließen müssen, um die Gesteinsbereiche zwischen den Talaustritten parallel zum Verwerfungsverlauf abschneiden zu können.

Die jenseits der Tiefenlinie am stufenfernen, distalen Ende des Pediments leicht nach links ansteigende, schwemmsandüberdeckte Fläche ist das zum Sandsteininselberg im Hintergrund gehörende Pediment. Wegen seiner fehlenden Grobmaterialdecke wird es heute stärker flächenhaft als der Schwemmfächersaum vor der Stufe als Sandschwemmebene überformt.

Die Fotos 62 und 63 wurden jeweils in entgegengesetzter Richtung am Rand eines in mitteltertiären Basalten angelegten intramontanen Beckens aufgenommen. Es liegt fast 400 m höher im Gebirge (etwa 1350 m) als die Ebene von Foto 61 und war damit in den Feuchtzeiten des Pleistozäns häufigeren Winterfrostwechseln und stärkerer mechanischer Gesteinsverwitterung ausgesetzt. Als Ergebnis ist die Schwemmfächerdekke aus kantengerundetem Basaltschutt über dem Basaltpedimentsockel teils mehrere Meter mächtig ausgebildet, wie die Zerschneidung durch die heutige linienhafte Entwässerung aus dem Hinterland zeigt (Foto 62). Unter der einheitlich dunklen Hamadadecke sind zu verschiedenen Zeiten abgelagerte, zerschnittene und unterschiedlich durch Bodenbildung veränderte Schuttkörper verborgen (vgl. Fotos 539–543). Zur Tiefenlinie hin laufen die heutigen Abflußbänder und die Hamadaflächen auf einem gemeinsamen Niveau zusammen, und meist werden nur noch die durch Grasbüschel markierten Hauptrinnen durchflossen.

Eine aktive Pedimentation als Prozeß arider Flächenbildung findet heute nicht statt. Lediglich entlang der distalen Bereiche der gelegentlich durchflossenen Bänder wirkt der transportierte Schutt ein wenig abschleifend, sofern Reste des Gesteinssockels aus der Schuttdecke herausragen. Bei der Weiterbildung der zwischen den Rinnen liegenden Hamadaflächen spielt auch die Zerschneidung eine Rolle, die durch direkt auf die Fläche fallende Niederschläge in sogenannten autochthonen Rinnen bewirkt wird (Fotos 57, 61, 62). Die Schwemmfächerdecken lassen sich mit den Terrassen der Flüsse verknüpfen (Kap. 2.3.3.) und damit eindeutig ins – meist jüngere – Quartär stellen.

Die Pedimente sind also Formen, die zuerst als Randbereiche von Rumpfflächen bis zum Ende des Tertiärs im Anstehenden durch Flächenspülung und eine ihr wenn auch nur wenig vorausarbeitende chemische Verwitterung gebildet wurden, ebenso wie die Rumpffläche selbst. Im Quartär wurden sie nach einer ersten linienhaften Zerschneidungsphase zur Unterlage einer mehrfachen Schwemmfächerakkumulation und Schwemmfächerzerschneidung im Wechsel feuchter und trockener Klimaphasen. Sie sind wie die meisten heutigen Reliefformen der zentralen Sahara – und auch anderer Trockengebiete der Erde – polygenetisch, also mehrphasig unter verschiedenen Klimaten im Laufe des Tertiärs und Quartärs gebildet worden.

1.5. Sandstein- und Eisenkrustenverkarstung

Foto 64: Windüberschliffener Kalkstein (Oberkreide) mit zahlreichen Karströhren; Eastern Escarpment nördlich von Al Kharga, Südägypten, → SW

Foto 65: Windüberschliffene kleine Karströhren, Eozänkalk; Toshkadepression, Südägypten

Foto 66: In einem Schluckloch endendes Tälchen; Messakplateau südlich des Col d'Anai, Südalgerien, → N

Foto 67: Sandstein/Silcrete-Plateaufläche mit kleinen Becken (Lösungsdolinen), sedimentverfüllt mit heller Schluffdecke; östlich von Blaka Laodemi, Djadoplateau, → E

Foto 68: Durch eingesandete Lösungsdolinen stark durchlöcherte Sandstein/Silcrete-Plateaufläche; westlich von Blaka Kallia, Djadoplateau, → E

Zu den am wenigsten erwarteten reliefbildenen Prozessen in der zentralen Sahara gehört eine sehr intensive Verkarstung, also die Existenz von Formen, die ober- wie unterirdisch durch Lösungsvorgänge geschaffen worden sind. Angesichts der heutigen Aridität und ohne die Kenntnis von andersartigen Vorzeitklimaten wäre es allein schon erstaunlich, daß es eine ausgeprägte Verkarstung in den Gebieten mit präkambrischem Marmor (Foto 430, 431), oberkarbonen und oberkretazisch-alttertiären Kalken gibt. Foto 64 zeigt windüberschliffene Kalksteinkarren mit einer Vielzahl angeschnittener Lösungsröhren von einem Stufenrand in Südägypten, Foto 65 ein ebenfalls windüberschliffenes Detail angeschnittener größerer Röhren.

Wirklich erstaunlich – auch unter der bewiesenen Annahme warmfeuchter tropischer Klimate während des Tertiärs – ist jedoch die in vielen Gebieten häufige Ausbildung von Verkarstungsformen in Sandsteinen einschließlich ihrer zu Silcrete umgewandelten Partien in den Eisenkrusten des *Continental Terminal* und stellenweise sogar in den Graniten des Aïr-Gebirges. In der Lehrbuchliteratur zum Thema Karst wird deren Existenz bestenfalls kurz erwähnt, und meist wird dann auch von Pseudokarst gesprochen. Damit sind karstähnliche, aber letztlich doch nicht durch Lösung entstandene Formen gemeint. Die in diesem Kapitel vorgestellten Formen, ober- wie unterirdische, sind jedoch echte Lösungsformen, die zusammenfassend auch als nichtkarbonatischer oder Silikatkarst bezeichnet werden. Reine unterirdische Ausspülungsformen in wenig verfestigten Gesteinen, die als *Piping* bezeichnet werden, können bestenfalls einen Teil des in lockeren Schichten des *Continental Terminal* auftretenden Formenschatzes erklären. Aber auch dort dominieren eindeutige Lösungsformen.

Allerdings muß die Lösung unter anderen, erst wenig verstandenen klimatischen Bedingungen als die Kalkstein- oder Karbonatverkarstung abgelaufen sein. Nirgendwo auf der Erde scheint es eine rezente, heute noch aktive derartige Verkarstung zu geben, die als Modell zur Erklärung der Bildungsbedingungen dienen könnte. Laborversuche lassen lediglich vermuten, daß manche Mikroorganismen die Lösung von Quarz oder anderen Kieselsäureverbindungen sehr beschleunigen. Möglicherweise spielten die durch zahlreiche Indizien aus anderen Bereichen der Reliefentwicklung wahrscheinlich gemachten Sumpfbedingungen (vgl. Kap. 1.2.1., 1.2.3.) bis zur Zerschneidung der Ausgangsfläche, die damit verbundene Vegetation und ein durch den Stoffwechsel von Pflanzen und Mikroorganismen produziertes chemisch aggressives Milieu eine wichtige Rolle, vielleicht aber auch die der Verkarstung vorausgegangene Saprolitisierung (Kap. 1.2.1.). Zu ihrer Bildungszeit herrschten nachgewiesenermaßen feuchttropische Umweltbedingungen, und die Zunahme des Porenvolumens gegenüber den Ausgangsgesteinen spricht für eine bedeutende Lösung von Kieselsäure im Untergrund. Ebenso ist davon auszugehen, daß vor der Ausfällung als Silcrete enorme Kieselsäuremengen in anderen Gebieten der Region gelöst wurden. Die Umstände zur Zeit der Silikatkarstbildung müssen aber dennoch in irgendeiner Weise anders gewesen sein. Der größte Teil des ober- wie unterirdischen Formenschatzes ist nämlich in dem bereits vorhandenen, zwar porenreichen, aber sehr standfesten Saprolit angelegt worden. Lediglich die erhöhte Durchlässigkeit gegenüber den unverwitterten Ausgangsgesteinen mag fördernd gewirkt haben oder die Tatsache, daß schwer lösliche Gesteinskomponenten, deren Rückstände entstehende Hohlräume leicht hätten plombieren können, schon in der langen Zeit der alttertiären Saprolitbildung abgeführt worden waren.

Verkarstungsformen kommen aber auch in relativ unreinem Saprolit der Gesteine des Termit vor, und sie sind in tonreichen Ferricretes, den Eisenkrusten des *Continental Terminal,* mindestens so häufig wie in reinem Sandsteinsaprolit, obwohl Eisenkrusten in der Literatur meist als praktisch unlöslich dargestellt werden.

Anders als bei der Kalksteinverkarstung scheint zumindest der subaerische, an der Oberfläche in Erscheinung tretende Anteil der Formung gegen Ende des Tertiärs aufgehört zu haben.

1.5.1. Erscheinungen an der Erdoberfläche

Foto 66, 1977 aufgenommen, steht am Anfang der Entdeckung des nichtkarbonatischen Karstes der Region. In die übliche, fast perfekte Ebenheit der Silcretefläche auf dem südlichen Messakplateau ist ein Tälchen schwach eingetieft. Im Vordergrund verschwindet es zwischen den Sandsteinblöcken, deren dunkelbraune Patina durch gelegentliche Überspülung abgetragen worden ist, in einem mit hineingestürzten Platten teilweise verfüllten senkrechten Schacht. Der Sandstein ist teils verkieselt, teils saprolitisiert, aber völlig kalkfrei.

Foto 67 und 68, aber auch Foto 29 wurden auf zwei verschiedenen Teilen der Dachfläche des Djadoplateaus aufgenommen. Teils durch eingeschwemmten hellen Schluff, der als Staub durch die Luft herangebracht wurde, teils von Dünensand verfüllt, sind zwei unterschiedliche Ausprägungen der Silcretedecke von einer Vielzahl unterschiedlich großer Wannen durchteuft worden. Besonders im Bereich von Foto 68 wurde der größte Teil der einstigen Silcretedecke zerstört. Im

Foto 69: Schluffgefüllte, oberflächlich abflußlose Eisenkrustenkarstbecken (Poljen) im Continental Terminal (CT); Plateau von Termit Chéguelenga, → N

Foto 70: Steiler Karstbeckenrand in CT-Eisenkruste; gleicher Ort

Foto 71: Vollständig in oberflächlich abflußlose Karstwannen aufgelöste Plateaufläche des Kaouar bei Dirkou, → N

Anschnitt an der Plateaukante freigespülte Wannen (nicht im Bild) sind 2–3 m tief. Der sehr harte quarzitische Charakter des Silcrete war also kein Lösungshindernis.

Die Tatsache, daß Silcrete durchteuft wurde, gibt auch einen Hinweis auf den Beginn dieser Verkarstung. Sie setzte nach der Abspülung der ursprünglichen Boden- und Zersatzdecke und nach der Silcreteaushärtung ein, gehört also eindeutig ins jüngere Tertiär. Nach dem auch aus anderen Gebieten der Erde nachgewiesenen Trockenheitseinbruch während des Miozäns muß das Klima der zentralen Sahara also noch einmal so warm-feucht geworden sein, daß die Lösungsprozesse ablaufen konnten.

Auch die Fotos 69 und 70 unterstützen diese Argumentation. Die dort zu sehenden Karstformen sind in Eisenkrusten des *Continental Terminal* auf der Dachfläche des Plateaus von Termit ausgebildet, also damit auch frühestens nach deren miozäner Aushärtungsphase entstanden. Nach einem Schluckloch oder Ponor, um die klassische Kalksteinkarstterminologie zu verwenden, und den verfüllten Dolinen von Foto 67 und 68 zeigt Foto 69 große, teils ineinander übergehende, aber durch-

Foto 72: Eines der größten, allseits steilwandig umschlossenen Sandsteinpoljen des Tchigai, → NE

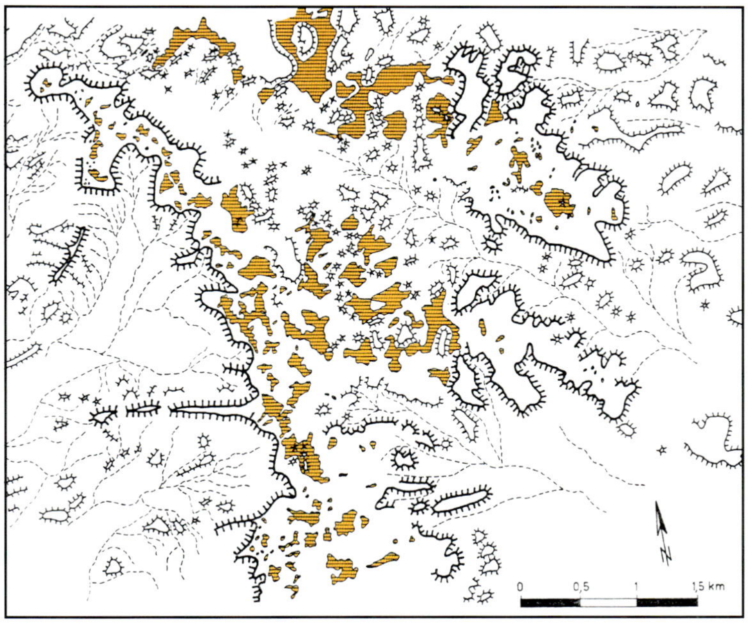

Abbildung 3: Verbreitung oberflächig abflußloser Depressionen auf der Dachfläche des Massif de Termit, Chéguelenga (nach Luftbildern 1:50 000; Barbara Sponholz 1989)

- Hauptstufe
- Untergeordnete Stufen, Restberge
- Geschlossene Depressionen auf den Dachflächen (Dolinen, Uvalas)
- Fluviale Tiefenlinie (nicht oder zeitweise wasserführend)

weg oberflächlich abflußlose Wannen, die dick mit hellem Schluff verfüllt sind. Diese Formen entsprechen den Poljen (Polje = serbokroat. „Feld") des Kalksteinkarstes. Kleine, ebenfalls schluffgefüllte Dolinen unterbrechen die Hamada im Bildvordergrund. Foto 70 zeigt einen typischen Abschnitt des steilen Randes eines dieser Poljen.

Foto 71 gibt einen Teil der am stärksten verkarsteten Dachfläche der Region oberhalb der Oase Kaouar bei Dirkou wieder. Zwischen den flugsandverfüllten Poljen von mindestens einigen Dutzend bis zu mehreren hundert Metern Durchmesser und bis über 10 m Tiefe sind nur schmale Rücken des ursprünglichen Plateaus erhalten, meist entlang durch Kieselsäureinfiltration verhärteter Kluftlinien.

Der größte und tiefste Typ von Poljen tritt im Sandsteinplateau des Tchigai auf (Foto 72). Unterhalb der steilen, mehrere Zehner von Metern hohen Ränder erstreckt sich der von allen Seiten in leichter Schwemmfächerneigung zu seiner Versickerungsstelle abfallende Felsboden dieser großen Depressionen über mehrere Kilometer Länge und Breite. Sie sind ausnahmslos endorheisch, haben also keinerlei oberirdische Entwässerung. Den hinten links erkennbaren hellen, schluffbedeckten Versickerungsbereich dieses Beckens zeigt Foto 5 aus geringerer Entfernung.

Es sind Sonderformen der in Foto 11 und 12 gezeigten Intraplateaubecken, die auch außerhalb des Tchigai vorkommen. Das vergleichbare, über 20 m tiefe Becken von Foto 73 auf dem Messakplateau steht für solche Becken, die zu Beginn ihrer Eintiefung noch nach einer oder mehreren Seiten entwässerten und erst im weiteren Verlauf der Eintiefung abflußlos wurden; eine Situation, die auch bei Kalksteinpoljen nicht selten ist.

Foto 73: Großes Sandsteinpolje; Messakplateau nördlich des Passe de Salvador, → E

Foto 74: Flacher Felsboden eines Sandsteinpoljes mit Entwässerungsspalten und getreppter steiler Umrahmung; Plateau von Tamrit, Tassili n'Ajjer, Südalgerien

Foto 75: Durch fast steinfreien Schluff markierte Versickerungsbereiche in zwei sedimentverfüllten Dolinen; Dachfläche des Rocher de Silemi, Bilma

Foto 76: Steilwandige Sandsteindoline, freiliegender Felsboden und drei weiße, schluffbedeckte Versickerungsbereiche; Emi Brao, Djadoplateau

Foto 77: Kluftnetzorientierte, durch Graswuchs nachgezeichnete Spalten der unterirdischen Entwässerung; Polje in CT-Eisenkrusten; Plateau von Termit Chéguelenga

Anders als die vorigen Becken ist jenes auf dem Plateau von Tamrit völlig sedimentfrei (Foto 74). Deutlich ist im Hintergrund die allseitig ausgebildete steile Umrahmung zu erkennen, die auch in diesem Fall bei geringerer Eintiefung noch einen Abfluß nach außen hatte. Die Entwässerung vollzieht sich seit Ausbildung des heutigen Bodens über durch Lösung geweitete Spalten wie die im Vordergrund.

In den meisten Karstbecken sind die Versickerungsbereiche nur an der Materialverteilung an der Oberfläche erkennbar. In den beiden ein bis zwei Meter tief mit Feinmaterial verfüllten Dolinen von Foto 75 konvergiert die Abspülung in den hellen Schluffbereichen. Foto 76 zeigt gut, daß es sich bei diesen Dolinen nicht um Einsturz-, sondern um echte Lösungsformen handelt. Diese hat in ihren oberen Teilen sehr harten, stark eisenschüssigen Silcrete durchteuft; ihr Boden ist in Sandsteinsaprolit ausgebildet. Die Feinsedimentverteilung zeigt drei Versickerungsbereiche an. In allen beobachteten Fällen geht die Wasserabfuhr in den Untergrund so schnell vonstatten, daß es zu keinerlei Salzanreicherung durch Verdunstung an der Sedimentoberfläche kommt.

In den in Foto 69 im Überblick gezeigten Eisenkrustenpoljen des Plateaus von Chéguelenga erfolgt die subterrane Entwässerung durch meterbreit ausgeweitete, grabenartige Spalten. Ihr geradlinig winkeliger Verlauf folgt wie der in Foto 74 eindeutig dem Kluftmuster. In trockenen Jahren wird das Muster durch Grasstreifen nachgezeichnet, die nur noch entlang dieser etwas feuchteren Versickerungsspalten genügend Wasser zum Wachsen finden.

Foto 78: Auf das Schluckspaltensystem ausgerichtete Wasserrisse; Termit Chéguelenga, nahe Foto 77

Foto 79: Sandsteintürme, zum Teil durch Lösungsverwitterung ausgehöhlt, mit jüngeren Wanddurchbrüchen; Tin Teferist, Plateau von Tamrit, Tassili n'Ajjer, Südalgerien

Foto 80: Innenraum eines ausgehöhlten Sandsteinturms; Tin Teferist

Foto 81: Durch Lösung in Silcrete geschaffene scheinbare Auskolkungsformen; Trauf der Dissilakstufe, Djadoplateau

Foto 78, von einer anderen Stelle des Spaltensystems aufgenommen, zeigt, wie stark der Abfluß in den Untergrund ist. Die Feinsedimentflächen bestehen aus Löß, aus Staub, der in den letzten Jahrtausenden auf dieses im Übergang zum Sahel liegende Plateau geweht wurde und auch heute noch dort abgelagert wird. Bei Regenfällen bilden sich in den standfesten, nach Trockenjahren kaum durch Vegetation geschützten Flächen verzweigte Rinnensysteme aus, die denen der Gullies in Gebieten der vom Menschen beschleunigten Bodenerosion entsprechen. Die Schluckspalten sind offenbar so weit, daß in ihnen ohne Gefahr der Verstopfung nicht nur das abfließende Wasser, sondern auch der von beiden Seiten hineingeschwemmte Schluff in den Untergrund verschwinden kann.

Eine andere Form der Wasserabfuhr in den Untergrund ist gelegentlich auf den Plateauflächen zu finden, im Falle von Foto 81 nur wenige Meter vom Steilabfall der Dissilakstufe am Djado-Westrand. Auf den ersten Blick erinnert dieser senkrecht in die Tiefe führende, eingesandete Schacht an einen Kolk oder ein Strudelloch. Auf der Plateauoberfläche ist dafür aber nur ein sehr kleines Einzugsgebiet vorhanden, das niemals die nötige Wassermenge sammeln könnte. Dies und die ungewöhnliche Lage – andere solche „Kolke" sind sogar am Stufenabfall selbst angeschnitten – lassen erkennen, daß es sich um Lösungsschächte aus der Zeit vor der Stufenausbildung handelt, in denen bei hohem Grundwasserstand das Wasser unter einer Boden- und Zersatzdecke langsam zirkulierend seine Passage durch einen sehr harten Silcrete hindurchlöste.

Allen bisher gezeigten Lösungsformen ist gemeinsam, daß sie auf der Plateauoberfläche entstanden sind, und zwar zu einer Zeit, als sie noch die einzige, nur von wenigen Inselbergen und kleinen Plateaus überragte Hauptlandoberfläche in geringer Meereshöhe und offenbar bei hohem Grundwasserstand war. Mit beginnender Flächenzerschneidung und Stufenbildung wurde dieses System der Lösungshohlformen zerschnitten und fiel durch Grundwasserabsenkung trocken. Nur auf den in Kapitel 1.1. beschriebenen, erst wenig eingetieften Niveaus der Plateaurandbuchten finden sich noch Karstformen an der Oberfläche. In allen Fällen handelt es sich dabei aber um im Zuge der Buchtausbildung von oben abgeschnittene Formen wie in Foto 81.

Bizarre Sandsteinformen, die sowohl mit der das Kluftnetz nachzeichnenden alttertiären Tiefenverwitterung als auch mit der jüngeren Verkarstung zu tun haben, können sich ebenfalls erst in der Zeit der beginnenden Dachflächenzerstörung ausgebildet haben. Ein Teil des in kambroordovizischen Sandsteinen angelegten Tassiliplateaus oberhalb von Djanet ist zu breiten Sandsteintürmen verwittert, auf deren Oberflächen unter wohl semiariden Bedingungen ein sogenanntes Schildkrötpanzer-Muster entstanden ist (Foto 79; Kap. 2.5.3.). Dieses Muster überzieht aber nicht nur die Außenseiten dieser Türme, sondern auch die zylinderförmigen tiefen Becken, durch die sie ausgehöhlt sind. Im Vordergrund links und rechts sind Teile solcher Kessel erkennbar. Zwei weitere ausgehöhlte Türme sind durch senkrechte Schlitze an ihren Flanken erkennbar.

Schlucklöcher oder -spalten sind an ihren Böden kaum zu finden, dafür aber seitliche, nur als Löcher oder als senkrechte Schlitze ausgebildete Durchbrüche durch die oft nur noch wenige Dezimeter dicken Wände dieser Türme. Die Schlitze sind sicherlich jünger als die Türme. Durch die Löcher im Bodenniveau der Zylinder erfolgte möglicherweise – und wohl überwiegend in Lösung – schon die unterirdische Materialabfuhr, als die Bereiche zwischen den Türmen und die sich eintiefenden Zylinder noch mit dem an Ort und Stelle entstandenen Gesteinszersatz ausgefüllt waren. Foto 80 zeigt das Innere eines solchen hohlen Sandsteinturms.

Foto 82: Von Feinsediment verfüllte senkrechte Karströhren in CT-Eisenkruste, große Plateaurandbucht; Termit Kaoboul, → E

Foto 83: Einige freigegrabene Röhren; gleicher Ort

Foto 84: Freigelegtes Karströhrensystem in Sandstein, Inselbergdach; nördlicher Koutous

Foto 85: Angeschnittene horizontale Karströhren am Rand eines Beckens, eisenverbackenes Konglomerat; Plateau von Termit Chéguelenga

Foto 86: Durch eisenverbackenen Schutt plombierte Sandsteinkarströhre, windüberschliffen; Plateau bei Termit Kaoboul

Foto 87: Bis zum ersten Abzweig freigegrabene Karströhre in CT-Eisenkruste; Karstwannenboden auf dem Plateau, Termit Sud

Foto 88: Karstgefäßwände mit glänzend-braunem Überzug und kleine Röhren; gleicher Ort

Die Fotos 82 und 83 führen noch einmal zu den Plateaurandbuchten zurück, hier im Termit. Der Rand der nur wenige Meter tief unter die Plateauoberfläche eingesenkten Bucht ist im Hintergrund sichtbar. Es handelt sich um ein bei der Stufenbildung teilweise abgeschnittenes ehemaliges Polje, denn der Eisenkrustenboden der Bucht besteht weithin nur aus Löchern, durch die auch heute noch die Entwässerung in den Untergrund stattfindet. Hier wurde die größte Röhrendichte der ganzen Region gefunden. Um sicherzustellen, daß es sich nicht nur um oberflächennahe Lösungsnäpfe handelt, wurden eine Reihe von Röhren hier und in anderen Gebieten aufgegraben. Dabei konnten die Existenz echter Röhren und auch deren Verbindung untereinander mehrfach nachgewiesen werden. Über zehn Röhren von wenigen Dezimetern Durchmesser pro Quadratmeter, nur noch durch dünne Wände voneinander getrennt, sind keine Seltenheit.

Unter der rezenten Schluffüllung folgt schluffig-sandiges Feinmaterial mit zahlreichen kantigen Gesteinsbruchstücken. Bei Röhren, die an Hängen angeschnitten sind, zeigt sich eine Übereinstimmung mit dem Hangschutt der Umgebung (Kap. 2.2.), der wiederum mit der feinmaterialreichen Mittelterrasse der Flüsse (Kap. 2.3.3.) verzahnt ist, die vor etwa 10 000 bis 7 000 Jahren akkumuliert wurde.

Damit ist eine junge Verfüllung oder Wiederverfüllung der Röhrensysteme zeitlich erfaßt. Wann und auf welche Weise ältere Verfüllungen vollständig wieder entfernt wurden, läßt sich nur vermuten. Vorstellbar ist die Entfernung nur mit sehr starker Durchspülung und damit Zeiten deutlich höherer Niederschläge als heute.

Ein Anschnitt am Plateaurand (Foto 85), nahe Foto 82 aufgenommen, zeigt, daß auch zahlreiche etwa horizontal verlaufende Röhren den Untergrund durchziehen und gemeinsam mit den senkrechten Passagen ein dreidimensionales Röhrengitter bilden. Erkennbare Ansätze von Röhrenverzweigungen in der Eisenkruste zeigen Foto 87, rechts im hellen, freigegrabenen Teil, und Foto 88, beide aus einem anderen Plateaubereich. Die Röhren werden offensichtlich trotz ihrer oberflächennahen, aber wasserdurchlässigen Verfüllung nach Regenfällen durchspült. Kleine Fließrinnen und Miniaturschwemmfächer sind häufig mit den Röhrenanschnitten verbunden. An entsprechend durchlöcherten Hängen des Termit haben, nach Ausweis der hinterlassenen Spuren, Hunderte von kleinen Wasseraustritten bei den seltenen Regen das Feinmaterial zwischen den Blöcken des Hangschutts ausgespült.

Die Verkarstung des Untergrunds hat einen unmittelbaren Einfluß auf die Infiltrationsfähigkeit von Regenwasser in den Untergrund. Bei Jahresniederschlägen um 20 l/m² (20 mm) wird wegen der hohen Verdunstung an und nahe der Oberfläche normalerweise keine Grundwasserneubildung stattfinden. Eine Wasserprobe vom Fuß der Kaouarstufe, für die nach der Radiokarbonmethode ein Alter von etwa 5 000 Jahren ermittelt wurde, enthielt jedoch Tritium, das erst mit den Wasserstoffbombenversuchen der 1950er Jahre in die Atmosphäre gelangt ist. Fossiles Wasser, das in Wirklichkeit viel älter als 5 000 Jahre sein muß, ist also über die Schlucklöcher in den Dolinen der Plateaufläche von Foto 71 mit heutigem Niederschlagswasser, das schnell in den Untergrund abgeführt werden konnte, vermischt worden. Das Radiokarbonalter ist damit nicht brauchbar, der Hinweis auf heutige Grundwasserneubildung aber für die Wasserversorgung der Oasen des Kaouar wichtig (Baumhauer u. Hagedorn 1989).

Foto 88 läßt erkennen, daß die Röhrenwände meist einen Bruchteile eines Millimeters dünnen, glänzend-braunen Überzug zeigen, der offenbar irgendwann zum Ende der Lösungszeit in den noch vollständig wassergefüllten Röhren ausgefällt wurde. Es handelt sich dabei nicht um die allgegenwärtige Patina der freien Gesteinsoberflächen. Wie Foto 88 zeigt, hat diese in demselben Gestein eine deutlich andere Farbe und keine derart glänzende Oberfläche.

Foto 84 von einem Plateau im Koutous, schon im Übergang zum Sahel, zeigt, wie unregelmäßig die oberflächennahen Hohlraumgeflechte ausgebildet sein können. Die Feinmaterialverfüllung wurde von Hirsebauern dieses Gebiets ausgegraben. Da die Fortsetzung der Gefäße in den Untergrund – natürlich oder anthropogen – durch ein toniges Sediment plombiert ist, werden sie in der Regenzeit als Zisternen genutzt.

Alle ab Foto 81 gezeigten Eingänge in den Untergrund haben offenbar nicht mehr die Form, die sie unter einer Boden- und/oder Zersatzdecke an der ursprünglichen Landoberfläche hatten. Sie sind bei der Entfernung der Boden- und Zersatzdecke (Foto 82) im Zuge der mehrere Meter betragenden Tieferlegung von der Ausgangsfläche auf das Niveau der Stufenfußdepression abgeschnitten worden.

Im Termit wurden einige Röhren gefunden, die von einem hart verbackenen, eisenschüssigen Konglomerat plombiert worden sind, wie dies trotz Windschliff und Patina in Foto 86 zu erkennen ist. Das Verfüllungsmaterial ähnelt dem mancher

Foto 89: Großer Karsthöhleneinbruch (Einsturzdoline) am Hang, saprolitisierter, gebleichter Kreidesandstein; Rand des Beckens von Chéguelenga, Termit

Foto 90: Einsturzbereich im Sandsteinkarst am Kastentalhang, typisch für das sogenannte Höhlental; Termit Ouest

Foto 91: Angeschnittene Karstschächte im Höhlental, die in Höhlen unter dem Talboden übergehen; Termit Ouest

Foto 92: Äußerer Abschnitt mit Talbeginn des Karsthöhleneinbruchs von Foto 88; Termit Chéguelenga

Foto 93: Kleine Einsturzdoline am Hang; Termit Chéguelenga

Foto 94: In ein Höhlensystem führender, teilweise eingestürzter Schacht; Höhlental, Termit Ouest

eisenreicher Horizonte des *Continental Terminal*. Einige der verfüllten Röhren liegen im kreidezeitlichen Sandstein. Demnach könnte die Verkarstung schon vor der Zeit der Eisen- und Silcretekrusten eingesetzt haben.

Alle bisher gezeigten Karstformen sind ausschließlich durch Lösung entstanden. Eindeutige Einsturzformen gibt es jedoch im Massif de Termit. Dort unterbrechen zahlreiche Erdfälle wie die von Foto 89 und 93 die gestreckten Hangprofile. Der hufeisenförmige Einbruch von Foto 89 ist mit nahezu 30 m Breite der größte. Kennzeichen sind eine meist kegelförmig, hier wallförmig aufragende Einsturzmasse am Boden, frische, kaum patinierte senkrechte bis übersteilte Wände und an deren Fuß ein unterschiedlich breiter Spalt zwischen der Höhlendecke und dem in den Höhlenraum gestürzten Schuttkegel. In Foto 89 ist er durch den Wall verdeckt, entspricht aber vom Typ dem des viel kleineren Einbruchs in Foto 93. Ein ebensolcher schuttverfüllter Eingang ist am Boden des Schachts von Foto 94 zu erkennen. Ein weiteres Kennzeichen ist, daß die Einbrüche überall die jüngste, wohl noch bis ins Holozän gebildete Hangschuttdecke zerschneiden (Foto 93; Kap. 2.2.), damit nur wenige tausend Jahre alt und wegen der gleichmäßig geringen Überformung auch noch alle gleich alt sein können.

Da die höheren Teile des unterirdischen Karstwassersystems schon während der Abtragung des Vorlandes bis zum Ende des Tertiärs weitgehend ausgelaufen sein müssen, lassen sich die Einbrüche in den jungen Hangprofilen nicht allein mit dem fehlenden Wassergegendruck erklären. Da aber der Nordast des im Golf von Guinea einsetzenden westafrikanischen Riftsystems, einer großen Bruchzone des Kontinents, bis in das Gebiet des Termit reicht, sind Erdbeben im jüngeren Holozän der mögliche Auslöser für die Einbrüche.

Foto 92 zeigt den Blick vom Wall in Foto 89 in Gegenrichtung zum Hangfuß. Das kurze Tälchen hat seinen Ursprung im Einbruch und belegt, daß die Erdfälle bei seltener Wasserauffüllung des von ihnen verletzten Höhlensystems zu stark schüttenden Karstquellen wurden und werden.

Der Mittelteil von Termit wird von einer geradlinig verlaufenden Schlucht in E-W-Richtung gequert, an deren Wänden in unterschiedlicher Höhe nahezu 50 Höhlen angeschnitten sind. 9 davon konnten begangen werden. An mehreren Stellen, wie in Foto 90, liegen große, über nachgebendem Untergrund abgesackte Einsturzmassen. Ein weiteres Kennzeichen sind angeschnittene, senkrecht in die Tiefe führende Schächte (Foto 91, 94). In dem weichen Gestein können sie auch Folgen jüngerer Ausspülung statt Lösung entlang von Klüften sein. Sie gehen jedoch in eindeutig durch Lösung geformte Höhlen über (Foto 94; Kap. 1.5.2.), die bis unter das Talbodenniveau reichen.

Es liegt nahe, die Bildung dieses im Termit einzigartigen Tals durch den Einbruch der Decke einer großen, fast 4 km langen Höhle zu erklären, wobei die auf sie ausgerichteten Nebenhöhlen abgeschnitten wurden. Da das Tal zwei Flußterrassen und damit Spuren mehrmaligen Klimawechsels enthält (vgl. Kap. 2.3.3.), muß es beträchtlich älter als die Erdfälle an den Hängen sein. Zu deren Alter paßt jedoch der kaum durch Flußerosion angeschnittene jüngere Nachbruch in Foto 90.

Foto 95: Von zahlreichen begehbaren Höhlen und Röhren durchlöcherter Plateausporn im saprolitisierten, gebleichten Sandstein von Dirkou–Chemidur; Kaouar, → NE

Foto 96: Etwa in gleicher Höhe liegende Karstgefäßanschnitte; Westflanke, Sporn von Chemidur

Foto 97 (Ausschnitt von Foto 96) Schichtunabhängiges Röhrengeflecht

Foto 98: Von vielen kleinen Röhren durchlöcherter Sandsteinfelsen; nördlich von Aney, Kaouar (Rückseite des Felsens, Foto 104); „Mausloch"-Karst

Foto 99: Röhrenanschnitt im „Mausloch"-Karst mit karrenartigen Riefen unbekannter Entstehung; Becken von Fargassane, Termit-Nord

Foto 100: Anschnitte senkrechter Karströhren; Überhang am Sporn von Chemidur

Entlang der kurzen, steil eingeschnittenen Nebentälchen und auch auf der Fläche oberhalb des „Höhlentals" nehmen die Spuren unterirdischer Verkarstung schnell ab. Die Lösungsvorgänge waren offenbar auf eine schmale Zone konzentriert. Vergleichbare Konzentrationen von angeschnittenen Röhren und begehbaren Höhlen finden sich in den nach Westen vorspringenden Plateauspornen der Kaouarstufe (Foto 95) und in Ausliegerinselbergen vor der Stufe des Kaouar und am Westrand des Djadoplateaus (Foto 101 ff.). An den freien Felswänden der in die Stufe eingreifenden Buchten finden sich dagegen nur wenige angeschnittene Karstformen. Über weite Hangbereiche läßt sich jedoch wegen deren Bedeckung durch Hangschutt oder Dünensand gar keine Aussage machen.

Am ausgeprägtesten ist die sichtbare Verkarstung im Stufensporn von Chemidur bei Dirkou. Die Eingänge zu größeren Höhlen werden durch den Schattenfall nachgezeichnet. Ebenso wie in Kalksteinkarstgebieten konzentrieren sich die Höhlenanschnitte auf ein bestimmtes Niveau in der Wand. Neben den zahlreichen begehbaren Höhlen wird der Sporn von einer Vielzahl kleiner Röhren durchzogen. Foto 96 und 97 zeigen zunehmend vergrößerte Ausschnitte von der linken Flanke von Foto 95. In dem nur knapp 2 m hohen Ausschnitt von Foto 97 ist ein Geflecht miteinander dreidimensional verbundener Hohlräume angeschnitten. Für die meisten läßt sich ein Bezug zur Klüftung, nicht jedoch zu der eisenschüssig nachgezeichneten Schichtung feststellen. Foto 100 zeigt abgeschnittene senkrechte, an Klüften angeordnete Röhren vom Überhang oberhalb von Foto 97, die einmal mit dem Geflecht in Verbindung standen. Die größte Röhre hat ca. 20 cm Durchmesser.

Die stärkste Konzentration kleiner Hohlformen fand sich in einem Felsen vor der Kaouarstufe nahe der Oase Aney. Foto 98 zeigt einen Ausschnitt von der Nordseite des mit seiner durchlöcherten Südfront in Foto 104 abgebildeten Felsens. Etwa 20 Röhren, von denen kaum eine über 20 cm Durchmesser hat, sind an der Wand angeschnitten. Entsprechende Eingänge finden sich auch auf dem Dach des Felsens. Das Nachtasten der Röhren hier und andernorts mit einem 2 m langen Meterstab zeigte immer wieder, daß es sich wirklich um durchgehende, sich verzweigende Röhren handelt und nicht nur um in die Wände hineingewitterte Bröckellöcher.

An diesem Felsen, häufiger jedoch an Felswänden im Termit gibt es an der Unterseite von Röhrenanschnitten auseinandergehende Riefen (Foto 99), die an kleine Karren im Kalkstein erinnern. Ob es sich dabei wirklich um Lösungsformen des gelegentlich aus den Röhren ausfließenden Wassers, um Ätzspuren herabgeschwemmten Vogelkots oder um Kratzspuren von Vögeln oder Kleinsäugern handelt, muß noch offenbleiben.

Die Karstgefäße des etwa 300 m hohen Inselbergs Ehi Ouarek (Foto 101), die durch den Schattenfall nachgezeichnet werden, sind die durch jüngere Verwitterung ausgeweiteten Eingänge zu einer Vielzahl von der Größe, wenn auch nicht unbedingt der Erreichbarkeit nach begehbaren Höhlen. Einige von ihnen wurden in die im Mittelalter aus Stein gebauten Häuser auf dem Absatz der linken Bergflanke einbezogen, wie auch mehrfach im Kaouar. Das größte Höhlenportal in der Mitte des Bergfußes ist etwa 30 m hoch. Foto 103 zeigt es aus der Nähe. Die von dort in den Berg eingreifende große Höhle wur-

Foto 101: Stark von Höhlen durchzogener Inselberg Ehi Ouarek; Orida, Westrand des Djadoplateaus

Foto 102: Inselberg mit großem Höhlenportal; südlich von Orida, → E

Foto 103: Großer Höhleneingang, Ehi Ouarek

Foto 104: Extrem karstdurchlöcherter Felsen nördlich von Aney; Kaouar, → N

Foto 105: Sandsteinbogen als Rest eines eingestürzten Höhlensystems; südlich von Orida

de als erste der Region 1953 von dem französischen Geologen RENAULT beschrieben.

Den neben dem Ehi Ouarek extremsten Fall einer Sandsteinverkarstung stellt der in Foto 104 gezeigte, schon erwähnte Felsen bei Aney dar. Der etwa 50 m lange, 20 m breite und 10 m hohe Felsen ist außer den kleinen Röhren (Foto 98) von 6 begehbaren Höhlen durchzogen. BARBARA SPONHOLZ schätzt das durch Verkarstung geschaffene Hohlraumvolumen auf etwa 3 %. Einen ähnlichen Wert nimmt sie auch für den Ehi Ouarek an.

Die starke Verkarstung ist das Kennzeichen sämtlicher Sandsteininselberge am Westrand des Djadoplateaus. Ebenso wie in den Plateauspornen des Kaouar, aber auch in den Karstgebieten des Tchigai oder Koutous zeigte sich beim Begehen der Höhlen, daß Röhren und Gänge aus dem Berg heraus zu größeren Kammern konvergieren, die von den Inselbergflanken oder Felswänden angeschnitten worden sind. Die Portale in Foto 102 und 103 sind die Reste solcher Kammern. Wie im Höhlental des Termit entsteht der Eindruck, daß die ehemals größten Höhlen heute nicht mehr erhalten sind, sondern in der längst ausgeräumten Umgebung der Sporne, Felsen und Inselberge lagen. Der freistehende Bogen aus Orida (Foto 105), zu dem es mehrere Gegenstücke in der zentralen Sahara gibt, bewahrt in seinem Durchbruch solch ein großes, altes Höhlenprofil. Die Bildung ausgedehnter Höhlen und nachfolgende Deckeneinbrüche wie im Höhlental des Termit dürften der flächenhaften Abtragung vorausgearbeitet haben. Dies muß auch für einige steilwandige Poljen im Tchigai zutreffen, auf deren Ränder ebenfalls Höhlen und Röhren aus dem umgebenden Fels in angeschnittenen Kammern zusammenlaufen.

Andererseits haben die wenigen Inselberge und Plateausporne des Gebiets ihre Erhaltung höchstwahrscheinlich ihrer Verkarstung durch eine Vielzahl meist relativ kleiner Lösungshohlräume zu verdanken. Bei mehreren Prozent offener Passagen, die im Zuge der Umlandtieferlegung zunehmend angeschnitten wurden und nicht mehr ständig grundwassergefüllt waren, konnte ein großer Teil des auf sie fallenden Regenwassers durch das Hohlraumgeflecht ins Grundwasser ablaufen, ohne auf den Hängen zur Verwitterung, Bodenbildung und Abtragung beitragen zu können.

1.5.2. Höhlen im Sandsteinkarst

Wie schon mehrfach erwähnt, ist ein Teil der Sandsteinhöhlen groß genug, um begangen werden zu können. Aus Sicherheitsgründen beschränkte sich die bisherige Erkundung nur auf leicht zugängliche Abschnitte.

Typisch für viele Höhleneingänge ist, daß, wie in Foto 106 von einem der Inselberge am Brunnen Orida, mehrere Öffnungen über- und nebeneinander angeordnet sind, die sich im

Foto 106: Zwei übereinanderliegende Höhleneingänge; Ehi Wongan, Orida, Westrand des Djadoplateaus

Foto 107: Typisches Höhlenprofil; Plateausporn nördlich von Achenouma, Kaouar

Foto 108: Größte bisher gefundene Sandsteinhalle; Ehi Ouarek, Orida

Foto 109: Zwei Höhlenstockwerke im Hintergrund des Saales von Foto 103

Foto 110: Senkrecht nach oben führender Kamin im Saal von Foto 108; scheinbare Tropfsteingirlanden aus kristallisiertem Fledermausurin

Foto 111: Pfeiler in einer als Lagerraum genutzten Kammer; Höhlental, Termit Ouest

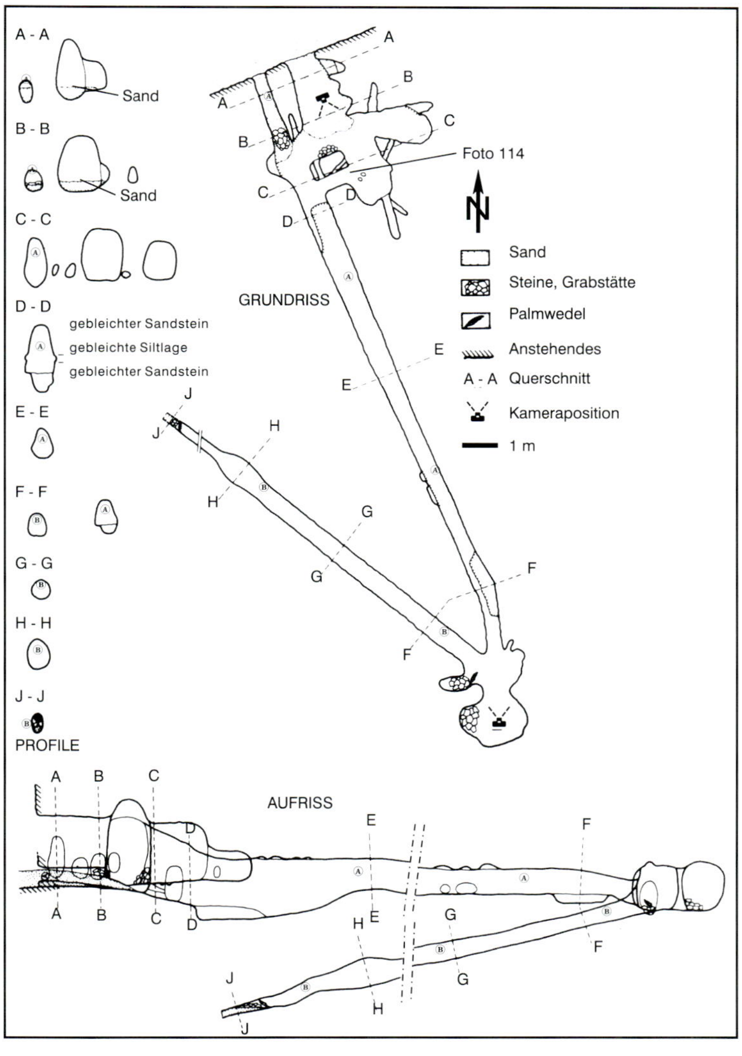

Abbildung 4: Grund- und Aufriß der Höhle von Chemidour, Kaouar (nach BUSCHE u. ERBE 1987)

Innern in getrennten Stockwerken fortsetzen. Die teils noch mit einer dünnen Kieselsäureausfällung überzogenen, ausgekolkten Wände des Eingangsbereichs zeigen, daß dieser der zerschnittene Teil einer alten Höhlenfortsetzung in Richtung Vorland ist.

Häufig ist das in Foto 107 gezeigte hohe, schmale Profil von Gängen. Der Boden ist durch Schwellen, wie im Vordergrund mit Einsandung und herabgestürzten Deckenteilen, die Decke dementsprechend durch Kuppeln gegliedert. Oft nach nur wenigen Metern Länge spaltet sich der große Gang in mehrere, meist mit ihren Mündungen auf den Eingang orientierte kleinere und kleinste Gänge und Röhren auf. Der Boden kann überwiegend horizontal verlaufen, wie in den vorderen knapp 20 m der größten bisher gefundenen Höhle im Mittelteil des Ehi Ouarek bei Orida (Foto 108). Der Eingang dieser teils über 10 m hohen Höhle liegt etwa 50 m über dem Fuß des Inselbergs. Seine Decke besteht ebenfalls aus mehreren Kuppeln.

Im Hintergrund (Foto 109) spaltet sich die Höhle in zwei schräg nach unten und oben einmündende kleinere, spaltenförmige Höhlen auf. Unmittelbar davor blickt man in einen senkrecht nach oben führenden Kamin unbekannter Länge mit etwa 1 m Durchmesser. Die konzentrischen Ringe von mehrere Zentimeter langen Tropfsteinen sind, anders als in Kalkhöhlen, organischer Natur: infolge der hohen Lufttrockenheit an die Decken gespritzer und dort sofort kristallisierter Urin von mehreren Fledermausarten (Foto 118), die in den Höhlen leben.

Ebenfalls häufig sind Pfeiler (Foto 111, 112), die größere Kammern unterteilen. Der aus zwei mit der Spitze aufeinanderstehenden Kegeln aufgebaute Pfeiler und das V-Profil der Rinne links erinnern an Formen im sehr leicht löslichen Gips. Der Pfeiler steht am Ende eines engen Ganges, der etwa 10 m unterhalb der großen Höhle im Ehi Ouarek (Foto 108) verläuft. Der Spalt im Vordergrund führt in ein nächsttieferes, nicht zugängliches Höhlenstockwerk.

Im Hintergrund des senkrecht ovalen Kammerprofils von Foto 113 münden drei übereinanderliegende Röhren gleichen Profils ein. Die Wände des Hauptraums tragen noch eine an

Foto 112: Pfeiler, V-Profil und Verbindung zu einer tiefer liegenden Kammer, eine andere Höhle im Ehi Ouarek; Orida, Westrand des Djadoplateaus

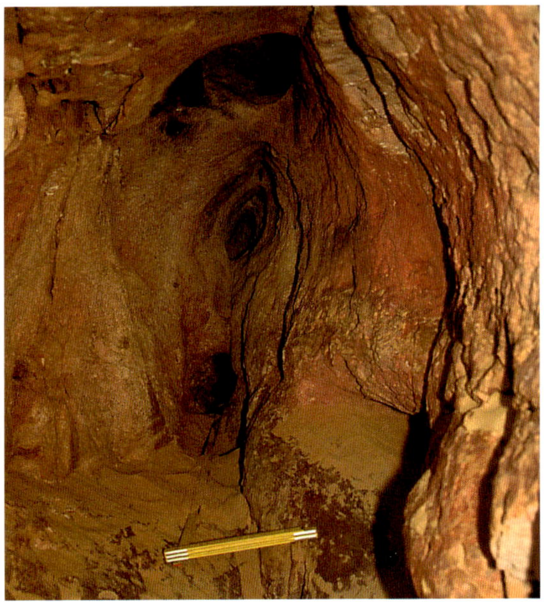

Foto 113: Einmündung von drei Röhren in eine hohe, schmale Kammer; Rand eines Karstbeckens im Tchigai

Foto 114: Kugelförmige Kammer und Eingang zu einem langen Gang; Grab vor dem Pfeiler; Dirkou–Chemidur, Kaouar, Bereich A der Zeichnung

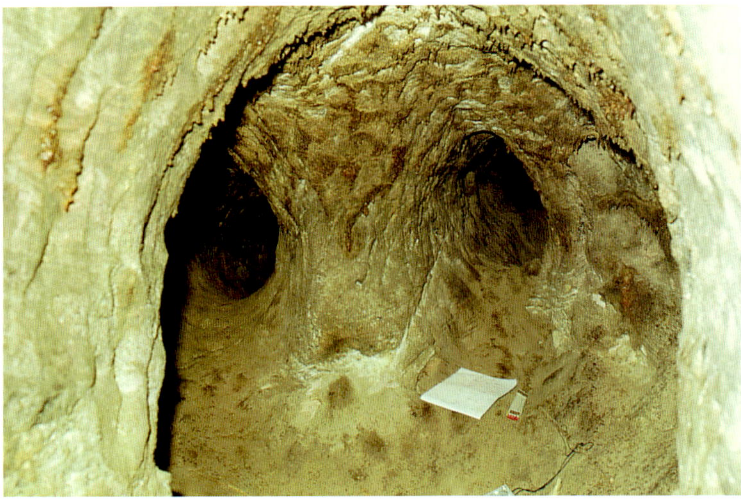

Foto 115: Kugelförmige Kammer mit Einmündung zweier gerader Röhren; Chemidur; Pseudotropfsteine aus bei der Verdunstung kristallisiertem Fledermausurin, Bereich B der Zeichnung

Foto 116: Querliegend elliptisches Röhrenprofil mit Nebenröhren; Plateausporn nördlich von Achenouma, Kaouar

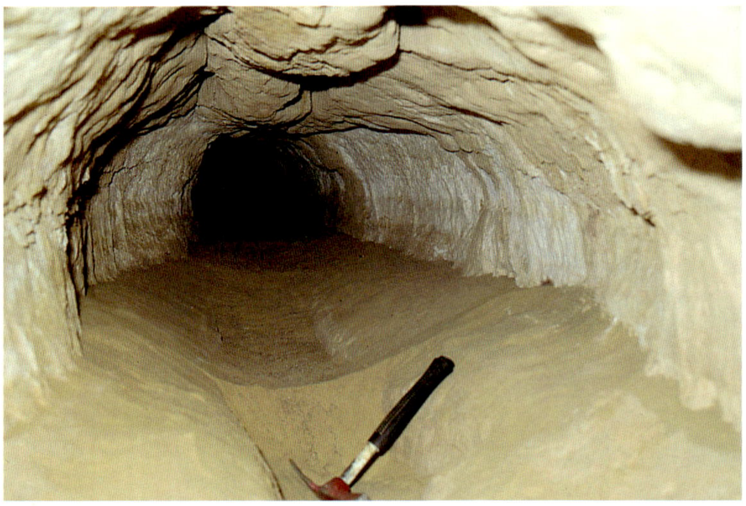

Foto 117: Fast kreisförmiges Höhlenprofil mit eingesandeter Rinne am Boden; Sandstein-Windrelief südlich von Sara; Westrand des Djadoplateaus

Foto 118: Fledermäuse in einer Höhle des Karstfelsens nördlich von Anay (Foto 104). Die Wände sind von Pseudotropfsteinen aus kristallisiertem Fledermausurin überkrustet.

ihrem Glanz erkennbare Kieselsäureschicht, die nach dem Ende der Lösungszeit aus einer gesättigten Lösung ausgefällt wurde. Während der Lösungs- und Ausfällungszeit müssen alle bisher gezeigten Karsthohlräume wie im Kalksteinkarst vollständig mit Wasser gefüllt gewesen sein. Die scheinbaren Auskolkungen der Wände, Decken und Böden sind ebenso wie die V-Profile in Foto 112 durch Lösung in säurebeladenem, langsam zirkulierendem Grundwasser mit unterschiedlicher Sättigung als Formen des phreatischen Karstes entstanden.

Nur durch Lösung und nicht durch die mechanische Erosion schnell strömenden Wassers sind kugelförmige Kammern wie in Foto 114 oder 115, die darin einmündenden Röhren unterschiedlichen Durchmessers, von ihnen ausgehende, blind endende Gänge oder die Kuppeln, die in Abbildung 4 kartiert worden sind, zu erklären.

Foto 116 und 117 zeigen, daß es auch elliptische Profile mit querstehender Längsachse oder fast runde Gänge gibt. Die zahlreichen, in spitzem Winkel einmündenden kleinen Nebengänge sind typisch für das Innere eines stark verkarsteten Plateausporns. In den Sandsteinen des Windreliefs von Sara (Foto 395) gibt es relativ wenige, kaum verzweigte Röhren, die jedoch quer durch die in Windhöcker umgeschliffenen kleinen Inselberge hindurchführen. Die eingesandete Kerbe mit Kastenprofil im Vordergrund stammt aus der Zeit, als die Röhre nicht mehr vollständig mit Grundwasser gefüllt und – phreatisch – durch Lösung erweitert wurde. Hier hat schnell fließendes Wasser in einer überwiegend luftgefüllten Höhle, wie auch unterhalb des V-Profils in Foto 112, durch normale fluviale Erosion ein sogenanntes Schlüssellochprofil geschaffen, wie es auch aus dem Kalksteinkarst bekannt ist.

Die braunen Girlanden in Foto 115 sind, wie schon in Foto 110, Pseudotropfsteine aus kristallisiertem Fledermausurin. In Foto 118, in einer der ständig genutzten Fledermausschlafkammern im Felsen bei Aney (Foto 104), bilden die Kristalle einen geschlossenen Überzug, unter dem der Sandstein langsam, aber mit anderen Prozessen als zur Höhlenbildungszeit weiter angeätzt wird. Die Entstehung der heute abplatzenden stumpf-schwarzen Wandbeläge wie in Foto 112 oder in kleinen Resten oben in Foto 114 (oben rechts) ist noch unbekannt. Wegen fehlenden natürlichen Lichts kann es sich nicht um Algenrasen handeln. In zumindest einigen Fällen ist es jedoch Ruß von Feuern, denn fast jede der von uns „entdeckten" Höhlen ist vor uns schon genutzt worden (vorzeitlich als Wohn- oder Begräbnisplatz). Der Steinhaufen am Pfeiler von Foto 114 ist eine von mehreren Grabstätten in dieser in Abbildung 4 eingezeichneten Höhle. Höhlen wie die von Foto 111 werden als Lager von Nomaden genutzt, andere als Waffenlager von Aufständischen.

1.5.3. Stufenfußdepressionen

Mehrfach finden sich am Fuß der Schichtstufen oberirdisch abflußlose – endorheische – und zur Stufe parallel verlaufende Depressionen wie in Foto 119. Sie liegen bis zu mehrere Zehner von Metern tiefer als die im Vorland anschließende Rumpffläche, etwa der Ténéré. Da aus ihnen der größte Teil der frühholozänen Seesedimente, wie auch in Foto 120, ausgeweht ist (vgl. Kap. 2.4.2.), liegt es nahe, sie als Formen des Windschliffs oder der Ausblasung zu erklären.

Dagegen sprechen aber eine Reihe von Befunden. Die Depressionen liegen in unterschiedlichen Richtungen zum Passat. Die tiefsten Teile befinden sich gerade im Windschatten besonders hoher und geschlossener Stufenabschnitte. Der Sandsteinboden der Depression von Séguedine (Foto 119)

Foto 119: Südteil der Stufenfußdepression von Séguedine, nördlicher Kaouar; rechts Paßauffahrt zur Zouarpiste, → E

Foto 120: Sandfreie Stufenfußdepression im Passatschatten des Plateaus von Midjigatène, Erg von Bilma; hohe Fußflächenreste und teilweise ausgewehte Seesedimente, → W

zum Beispiel liegt tief unter dem Boden der heutigen Sebkha, der im Bild links erkennbaren vegetationsfreien Salztonpfanne. Auch andere Depressionen enthalten Quartärsedimente. Das getreppte Felsrelief am Beckenostrand in Foto 120 ist fluvial, aber nicht äolisch zerschnitten. Am jenseitigen Rand schneidet die Depression von Séguedine das bis zum Ende des Tertiärs gebildete Pediment ab. Rechts außerhalb des Bildes beteht es noch als Verbindung zwischen der Ténéréfläche und dem Stufenpaß der Zouarpiste.

Das stärkste Argument gegen eine äolische Bildung der Stufenfußdepressionen liefern jedoch in der Depression von Orida stehende Inselberge (Foto 101–103), wie auch der Ehi Wongan in Foto 121. Er steht im Depressionstiefsten. Um seinen Fuß sind Reste eines Felspediments in üblicher Abdachung erhalten. Diejenigen Teile des Inselbergs, die mehrere Zehner von Metern tiefer als die Kammlinie der Dissilakfläche im Hintergrund liegen, zeigen gleichartige Hangprofile wie die höheren, über das Niveau hinausragenden Bergflanken und keine Spur von Windschliff.

Der Blick aus dem Höhleneingang von Foto 106 (Foto 122) geht über einen schmalen Pediment- und Schwemmfächersaum hinab und schweift danach über die langgestreckte, von

Foto 121: Blick über ein Zwischenniveau der Djadostufe auf die Stufenfußdepression von Orida mit Inselbergen (links: Ehi Wongan), → W

Foto 122: Blick aus einer Höhle am Fuß des Ehi Wongan auf die ansteigende Sandsteinrampe der Stufenfußdepression, → S

Foto 123: Brunnenstube in einer Karströhre; Ostrand der Stufenfußdepression nördlich von Dirkou, Kaouar

Felsburgen besetzte Rampe bis zum hochliegenden Oberrand der Depression.

Unter das Niveau des Beckenbodens abtauchende Höhlen in den Inselbergen belegen eine noch unter den Beckenboden in die Tiefe greifende Verkarstung. Ein ebensolcher Beleg ist der in Foto 123 gezeigte Brunnenschacht in der Depression von Dirkou, dessen siliziumreiches Wasser in einer senkrecht in die Tiefe führenden Karströhre – mit Nebenröhre rechts – zutage tritt.

Alle Befunde deuten darauf hin, daß diese Depressionen in wasserreicher Gunstlage am Fuß der Stufen die jüngste, endtertiäre Form der oberflächlich wirksamen Sandsteinverkarstung sind; auch eine Art Polje. Die auch heute wirksame äolische Abtragung hat sie lediglich in unterschiedlichem Maße überformt, aber nicht geschaffen.

Foto 124: Kugelige Eisenoxidausfällungen in aufgeschnittenen kleinen Karstgefäßen; Plateau von Termit Chéguelenga

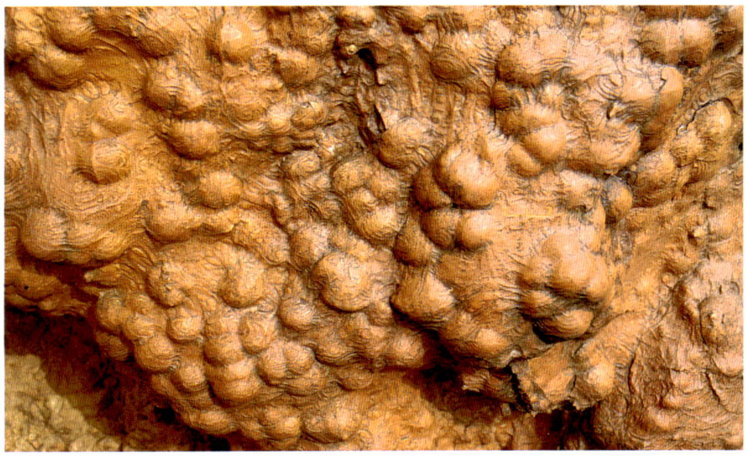

Foto 125: Eisenoxidausfällung an der Wand einer aufgeschnittenen Karströhre; Plateaurand, Termit Kaoboul

Foto 126: Kleine Eisenoxidstalaktiten, aufgeschnittene Karströhre; Termit Kaoboul

1.5.4. Ausfällungen

Weit unter einen Millimeter dünne, glänzende Kieselsäureüberzüge, die zum Ende der vollständigen Wasserfüllung der Karstgefäße ausgefällt wurden, sind schon in Foto 113 angesprochen worden. Stärker und auffälliger sind entsprechende Ausfällungen im Gebiet der Eisenkrustenverkarstung des Termit. In Foto 124 finden sich neben Kluftverheilungen durch ausgefälltes Eisenoxid auch kugelige Ausfällungen, die in einen Hohlraum hineingewachsen sind.

Foto 125 zeigt einen anderen Typ einer Hohlraumauskleidung. Das in allen Richtungen verlaufende strahlige Muster auf den Halbkugeln zeigt, daß die Ausfällung nicht durch herabrinnendes Bodenwasser, sondern nur in einem noch wassergefüllten Hohlraum mit Wachstum nach allen Seiten gebildet worden sein kann.

In einigen Klüften wurden schließlich sogar ein bis zwei Zentimeter lange Eisen„tropfsteine" gefunden (Foto 126).

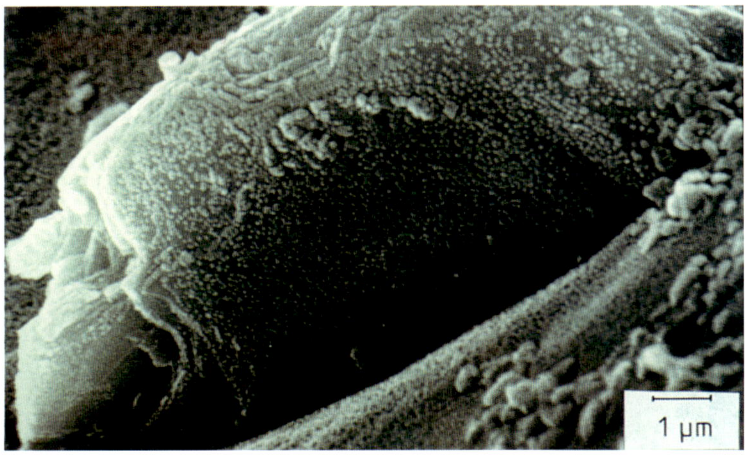

Foto 127: Rasterelektronenaufnahme einer eingekieselten Bakterie aus der Wandung einer Karströhre (B. Sponholz)

Derartige Überzüge und Ausfällungen hat Barbara Sponholz (1989) detailliert untersucht. Die Überzüge sind über stark lösungskorradierten Quarzkörnern der Hohlraumwände aufgewachsen und mehrphasig schalig in unterschiedlicher Zusammensetzung von Eisen, Aluminium und Kieselsäure aufgebaut. In der mittleren Phase von Proben aus Orida fand sie Spuren von Phosphor, der kaum aus dem dortigen gebleichten Saprolit stammen kann. Seine Anwesenheit deutet vielmehr auf die Mitwirkung organischer Verbindungen und Prozesse bei der Lösung von Quarz und Eisenkrusten hin, die in der gezeigten Intensität als rein anorganisch-chemische Prozesse kaum möglich sein dürften.

Auf einigen Quarzkörnern fand sie unter dem Rasterelektronenmikroskop Pseudomorphosen – in Kieselsäure umgewandelte Formen – von Bakterien und Keimen, die in Foto 127 als helle Pusteln auf der Kornoberfläche erscheinen; ein weiterer Hinweis auf die Mitwirkung organischer Prozesse bei der Lösung. Hilfreich könnte dabei eine sehr starke organisch bedingte Erniedrigung des Säuregrads bzw. pH-Werts unter 3 gewesen sein, bei dem sowohl Kieselsäure als auch Eisenverbindungen relativ leicht in Lösung gehen.

Wie letztlich die Sandstein- und Eisenkrustenverkarstung ablief, ist noch weitgehend unklar. Eindeutig ist jedoch, daß die ober- ebenso wie die unterirdische Verkarstung nicht nur eine interessante Arabeske der Reliefentwicklung der Region war, sondern daß sie bis zum Ende des Tertiärs einen wesentlichen Beitrag zur Ausgestaltung der Groß- und Kleinformen des Sandstein- und Eisenkrustenreliefs geleistet hat.

2. Die nichtäolische Reliefbildung im Quartär

Bis heute gibt es keine absolute, aus dem Isotopenzerfall abgeleitete Altersbestimmung, mit der der Beginn des Quartärs in der zentralen Sahara fixiert werden könnte. Generell wird der Beginn des vierten geologischen Erdzeitalters z. Z. bei etwa 2,3 Mill. Jahren vor heute angesetzt. Morphographisch, vom Relief her, läßt sich die Grenze wie auch in den humiden Regionen durch das Ende vorherrschender Flächenbildung und den Beginn der Rumpfflächenzerschneidung durch Flußtäler erfassen.

Hinter diesem Wechsel steht, nach einer langen Zeit allmählicher Abkühlung des Erdklimas durch das Wachsen des antarktischen Inlandeises, das Einsetzen der Polarvereisung auf der Nordhalbkugel. Diese Abkühlung führte zum Ende der von BÜDEL (u. a. 1977) so genannten tropoiden, tropenartigen Alterde, auf der noch bis in nordpolare Breiten trotz Polarnacht ein warm-gemäßigtes Klima herrschte. Sie führte zu einer zunehmenden Differenzierung des pleistozänen Klimas, die in den mittleren und polaren Breiten mit einem mehrfachen Wechsel von Glazial- und Interglazialzeiten verbunden war. In den sich erst jetzt ausbildenden Wüstengebieten führte sie zum Wechsel von feuchtwarmen Pluvial- und wüstenhaften Interpluvialzeiten wie heute. Die glazialen und pluvialen Zyklen verliefen jedoch nicht synchron, und wohl weniger noch als im pleistozänen Glazialbereich waren die pluvial/interpluvialen Zyklen identisch in Ablauf und Intensität.

Dank gut erhaltener Spuren der reliefbildenden Prozesse sind die letzten 10 000 Jahre recht gut bekannt. Für die Zeit zwischen 10 000 und 20 000 Jahren vor heute lassen die wenigen absoluten Daten noch gegensätzliche Interpretationen zu, und was wann vor mehr als 20 000 Jahren geschah, liegt mangels radiometrischer Altersbestimmungen, aber auch wegen nicht erhaltener datierbarer Spuren noch weitgehend im Dunkeln. Leidlich gut gesichert ist lediglich die Morphostratigraphie, die nachweisbare Formungsabfolge der Reste älterer Reliefbildungsphasen. Phasen ausgeprägter fluvialer und äolischer Abtragung dürften viele ältere Reliefzustände vollständig ausgelöscht haben. Eine Relief- und Sedimentgliederung, die so wie in den Mittelbreiten den einzelnen Warm- und Kaltzeiten des Eiszeitenpleistozäns in der zentralen Sahara einer Abfolge von Pluvial- und Interpluvialzeiten zuzuordnen wäre, gibt es noch nicht. Es ist noch nicht einmal die Zahl der Pluviale während des Zeitraums der letzten vier Eiszeiten bekannt.

Gesichert ist jedoch, daß ein wesentlicher Teil der saharischen Reliefbildung auch während des Quartärs unter humiden oder zumindest wesentlich feuchteren Klimabedingungen als heute abgelaufen ist. Sicher ist aber auch, daß die zwischengeschalteten ariden Phasen zum Teil noch extremer oder zumindest im Hinblick auf äolische Erosion und Akkumulation anders geartet als die heutigen waren (Kap. 4.). Gesichert ist weiterhin, daß ausgedehnte Flußsysteme, deren Nebenflüsse auch in den Ebenen außerhalb der saharischen Gebirge ihren Ursprung hatten, verschiedene Sedimentdecken aufbauten und wieder zerschnitten, daß es mehrere Phasen einer ausgedehnten amphibischen See- und Sumpflandschaft in den Ebenen und abflußlosen Depressionen der Sandseen gab und daß Niederschläge, Böden und Vegetation mehrfach recht günstige Lebensbedingungen für Mensch und Tier, einschließlich der afrikanischen Großtierfauna, ermöglichten.

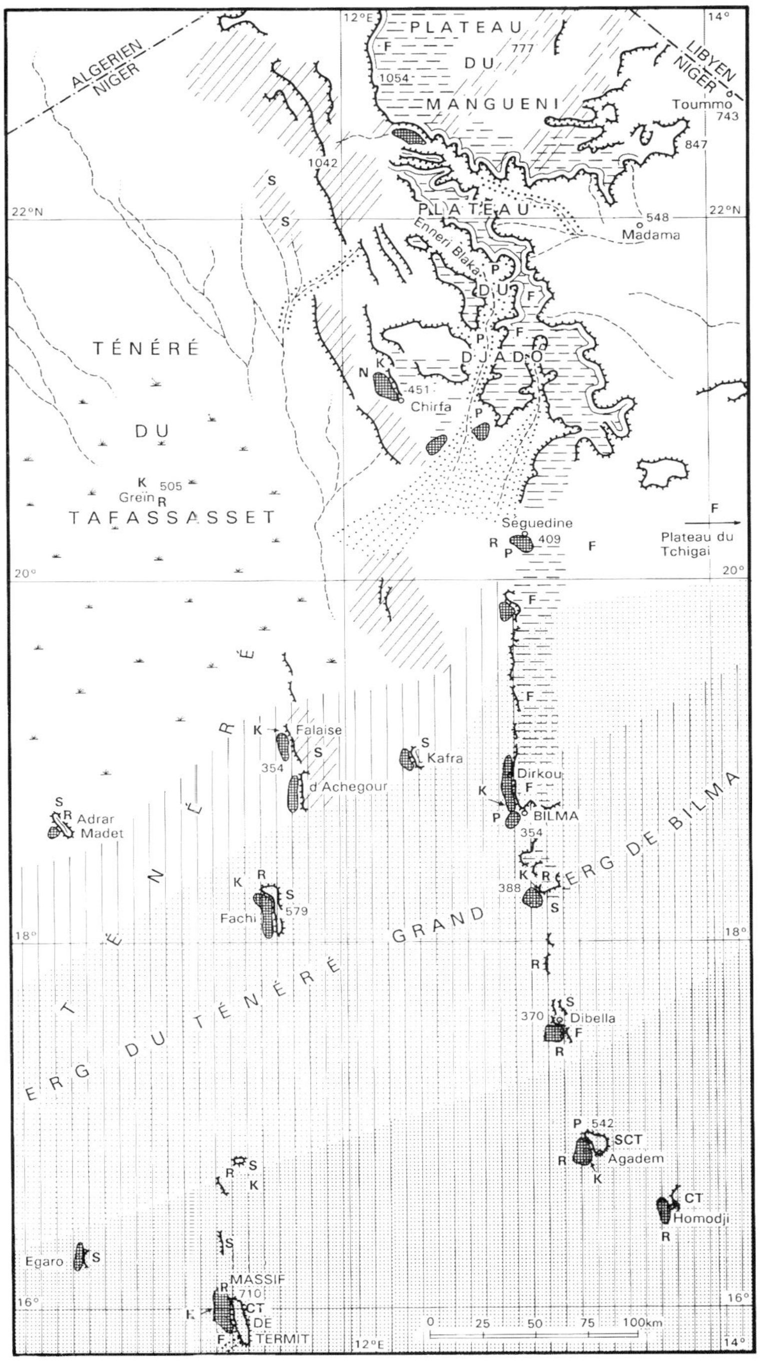

Abbildung 5: Quartäre und tertiäre Reliefgenerationen in der Sahara von Ostniger (nach BAUMHAUER et al. 1989)

- Schichtstufenhänge ohne, mit Rutschungen
- R: Rutschungen kleiner Plateaus
- Dachfläche mit Silcrete und Sandsteinverkarstung
- S,CT: Isolierte Silcrete-Vorkommen, Continental Terminal, Eisenkruste mit Verkarstung
- Prä-Acheulterrasse und Schwemmfächer (Mittel- und Niederterrasse in denselben Gebieten)
- Region des Megatschad und intradunärer Seebildungen
- Stufenfußdepressionen mit alten Seesedimenten
- K: Jungpleistozäne Brandungskliffs
- Mittelterrassenzeitlicher Schilfsumpf der nördlichen Ténéré
- Alter Erg mit rezenten Längsdünen,
- Fast ohne Längsdünen, nach S diffuse Vegetation
- Rezente und vorzeitliche Windkorrasionsgebiete
- F: Nur alter Windschliff auf Plateaus
- Episodisch fließende Wadis in Terrassenflächen
- P: Paläolithische Artefaktfunde (Neolithikum nahezu überall vorhanden)

2.1. Rutschungen

Foto 128: Die größten Rutschungsschollen der zentralen Sahara; südliche Messak-Mellet-Schichtstufe, Südlibyen, → NW

Foto 129: Eingesandete Rutschungsschollen am Rand der Stufenfußdepression von Zoo Baba, → NW

Foto 130: Rutschungsschollen mit eingelagerter Flußterrasse; Nordostrand des Djadoplateaus, → S

Ziemlich am Beginn der quartärzeitlichen Reliefbildung steht ein Vorgang, den man im Angesicht der heutigen extremen Aridität am wenigsten vermuten würde, nämlich das Abgleiten teilweise riesiger Rutschungsstaffeln an den Hängen von Schichtstufen, Plateaus und den Flanken von Inselbergen. Sie kommen überall in Nordafrika vor. Ihre weite Verbreitung macht eine Auslösung durch Erdbeben sehr unwahrscheinlich. Auch die Annahme, daß es sich bei Formen wie in Foto 128 nicht um Rutschungsschollen, sondern um tektonische Staffelbrüche handelt, ist leicht zu widerlegen, da die Schichten der jeweiligen Vorlandfläche, der die untersten Schollen aufliegen, denen der Profilabfolge in rutschungsfreien Gebieten entsprechen. Da Rutschungen nicht ohne Wasser als Gleitmittel ausgelöst werden können, bleibt damit nur ein niederschlagsreiches Klima als Rutschungsauslöser.

Rutschungen kommen überall dort vor, wo, dem Normalfall des Schichtstufenaufbaus entsprechend, tonig-schluffige, bei Durchtränkung gleitfähige Gesteine unter den sogenannten härteren Stufenbildnern aus Sand- (Foto 128) oder Kalkstein (Foto 136) anstehen. Eine zweite Voraussetzung war die der Rutschungsphase vorausgehende Versteilung und die damit verbundene Destabilisierung der Hänge. An Stufenabschnitten wie dem nördlichen Messak Mellet, die homolithisch, d. h. über die ganze Stufenhöhe aus Sandstein ohne tonigen Sockel ausgebildet sind, haben sich Reste gestreckt S-förmiger tertiärer Hangprofile zwischen Walm und Fußfläche erhalten. Ihre bei humidem Klima stabile Form wurde durch die andersgearteten trockenklimatischen Abtragungsprozesse, deren Auswirkungen auf die Hänge Jörg Grunert (1975) im Tibestigebirge untersucht hat, während der wahrscheinlich ersten ariden Klimaphase des Altpleistozäns zum heute typischen Hangprofil der Wüste umgestaltet: einer senkrechten Wand (engl. *free face*), wie sie auch beim Abreißen der Rutschungen entstand und beibehalten wurde (Foto 133, 136), über einem steilen, schuttbedeckten Haldenhang (Kap. 1.4; Foto 146).

In einer nachfolgenden, ausreichend humiden Klimaphase muß es zu einer völligen Durchtränkung der tonig-schluffigen Schichten gekommen sein. Da die übersteilten heterolithischen Hänge kein Widerlager mehr hatten, wurden die plastisch gewordenen Ton- und Schluffschichten unter der Auflast der Festgesteinsdecke herausgepreßt und dienten zugleich den sich dabei schaufelförmig ablösenden Gesteinspartien im Hangenden als Gleitflächen.

An der ca. 300 m hohen Stufe des südlichen Messak (Foto 128) glitt so eine Folge von 6 und mehr Schollen, jeweils mehrere hundert Meter lang, teils über 2 km weit ins Vorland und schuf hier eine der eindrucksvollsten Rutschungslandschaften der Erde. Die während des Abgleitens zunehmend rotierten Schollen mit ihren steilgestellten harten Deckschichten sind, wie in Foto 129, in die schon vorhandenen Stufenfußdepressionen geglitten oder haben die bereits zerschnittenen, noch bis zum Ende des Tertiärs gebildeten Pedimente oder Fußflächen (Kap. 1.4.) überfahren. Das Rutschungsrelief wird seinerseits, wie in Foto 130 (Mitte links), von den jeweils ältesten, zu Terrassen zerschnittenen pleistozän-fluvialen Sedimenten überlagert. Daraus ergibt sich die relative Altersstellung der Rutschungen an den Anfang des Pleistozäns, nach der Reliefversteilung während der ersten ariden Phase und vor der ersten erhaltenen fluvialen Schotterakkumulation.

Die Fotos 131 und 132 zeigen, daß keinesfalls große Höhenunterschiede für die Rutschungsausbildung notwendig waren. Hier, am Nordostrand des Djadoplateaus, ist bei kaum 100 m

Foto 131: Bei geringem Höhenunterschied weit ins Vorland geglittene Rutschungsschollen; Nordostrand des Djadoplateaus, → S

Foto 132: Schlammstromartige Rutschung mit zerbrochener dünner Sandsteindecke über Tonsteinen; Nordrand des Enneri Achelouma

Foto 133: Mudflow- und Schollenrutschungen; Bucht des Enneri Achelouma, Schichtstufe des Plateau du Mangueni, → NW

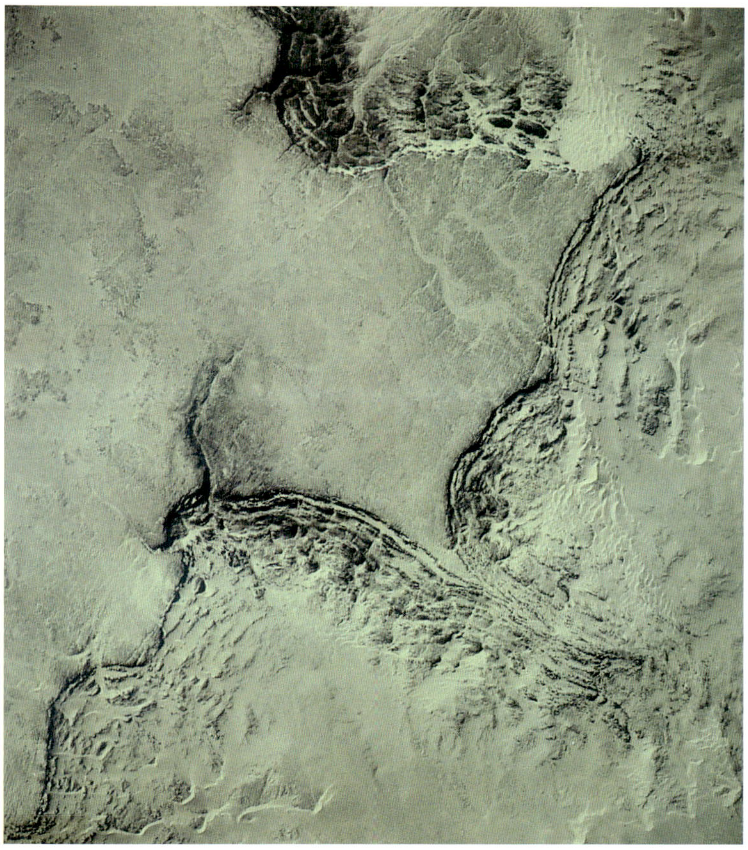

Foto 134: Den Stufenverlauf nachzeichnender Saum von Rutschungsschollen, eingesandet; Nordostrand des Djadoplateaus (Luftbild I. G. N. Paris)

Stufenhöhe eine halbkreisförmig angeordnete, heute stark dünensandbedeckte Rutschungsstaffel in einer über 2 km weit zurückspringenden Stufenbucht entstanden. Rechnet man die Schollen in ihre ursprüngliche Position zurück, dann sind die vordersten Teile noch über einen Kilometer weit ins Vorland geglitten. Die roten permischen Tonsteine, die am Fuß der Stufe anstehen, müssen im durchtränkten Zustand ein ideales Gleitmittel gewesen sein.

Die Senkrechtluftaufnahme von Foto 134 stammt aus einem benachbarten Gebiet. Deutlich erkennbar ist, daß die Staffeln wie überall den prärutschungszeitlichen, hier stark gebuchteten Stufenrand nachgezeichnet haben. Damit ist ein weiteres Argument gegen eine tektonische Anlage der Schollen gegeben: Sich tief in den Untergrund fortsetzende Störungen hatten einen geraden oder leicht gekrümmten, niemals jedoch einen derart stark gegliederten konkav und konvex gekrümmten Verlauf.

Ebenso zeigt das Foto, daß auch kleinste Einzugsgebiete genug Niederschlag für eine vollständige Schichtendurchtränkung erhielten: Der nach Osten ausgreifende schmale Plateausporn ist nach beiden Seiten und an seiner Spitze in Rutschungsschollen auseinandergeglitten.

War der größte Teil des ursprünglichen Hanges aus gleitfähigen Gesteinen aufgebaut, bildeten sich keine großen Rotationsschollen aus, sondern die Ton- und Schluffsteine krochen breiartig ins Vorland (Foto 132, 133). Die nur wenige Meter dicke überlagernde Sandsteindecke wurde durch die Bewegung der unterlagernden Schichten zerbrochen und wanderte als ein Chaos isolierter Türme und Blöcke auf der vorrückenden Rampe mit. Foto 133 zeigt den Übergang zwischen einer Schollenrutschung (links) und dem breiartigen Gleiten (rechts), ebenfalls unter Nachzeichnung der Form einer älteren Stufenbucht.

Foto 135: Von alten Dünensandrampen mit Steinstreu bedeckte Rutschungsschollen; Stufe des Plateau du Mangueni südlich des Passe de Salvador, → E

Foto 136: Rutschungsstaffel, Oberkreidekalk über Tonstein; Nordostrand des Beckens von Al Kharga, Südägypten, → SW

Foto 137: In Rutschungsschollen aufgelöste Verbindung zu einem Plateauauslieger; Nordostrand des Djadoplateaus, → E

Foto 138: Pic Zoumri, Ténéréfläche bei Séguedine, mit Rutschungen, → N

Foto 139: Dach der obersten Rutschungsscholle und zerschnittene Schuttdecke am Abriß; Messak Mellet südlich von Col d'Anai, Südalgerien, → N

Alle Rutschungen sind im heutigen vollariden Klima inaktiv. Auch die fluviale Zerschneidung der Schollen findet nur in ganz geringem Umfang statt. In Foto 135 hat sich unterhalb der Trauf eine rezente Dünensandrampe ausgebildet. Die Schwemmfächerfläche zwischen den Rutschungsschollen davor wird von nur noch selten durchflossenen Rinnen gegliedert. Unter der patinierten, weitgehend immobilen Schuttstreu liegt ein älterer, von einer braunen Bodenbildung überprägter Dünensand, auf dem sich in einer nachfolgenden feuchteren Phase die Schwemmfächerabdachung ausgebildet hatte. Es gibt keine Hinweise, daß sich die Rutschung in der Zeit dieser nachfolgenden Überformungsphasen noch einmal bewegt hätte.

Foto 136 zeigt eine Rutschungsstufe in Tonsteinen unter verkarstetem, windschliffüberprägtem Kalkstein. Über die Treppe der heute unbeweglichen Schollen führt die Straße nach Asiut auf das Plateau hinaus. Die Südauffahrt auf das Plateau de Tademait in Südalgerien nutzt in gleicher Weise eine inaktive Rutschungstreppe. Auch die gerade abzukippen scheinenden Wandteile im Hintergrund von Foto 132 zeigten im Gelände keine frischen Bewegungsspuren. Flächenreste im Vorland belegen, daß auch diese Rutschung in ein bereits zerschnittenes Fußflächenrelief hineingeglitten ist (Foto 129).

Es könnte argumentiert werden, daß die Rutschungen nicht durch ausreichende Niederschläge vor Ort, sondern durch lang andauernden Grundwasserzufluß aus den feuchteren saharischen Gebirgen ausgelöst wurden. Dagegen spricht u. a. die räumliche Isolierung der meisten Plateaus. Ein noch besserer Gegenbeweis ist das Vorkommen von Rutschungen auch an den Flanken isolierter kleiner Plateaus oder Inselberge. Foto 137 zeigt einen kleinen Plateauauslieger, der nur über den schmalen Hals im Vordergrund mit dem Nordostrand des Djadoplateaus verbunden ist. Von dort kann kein Grundwasser gekommen sein. Es müssen die unmittelbar auf diese kleinen Flächen fallenden Niederschläge gewesen sein, die zu einer Durchfeuchtung der Ton- und Schluffsteine und dem völligen Auseinandergleiten der Verbindung zwischen dem Hauptplateau und seinem Auslieger geführt haben (Foto 137). Das kleine Plateau selbst ist ebenfalls nach allen Seiten von Rutschungen umgeben.

Ebenso eindeutig ist die Beweisführung für eine feuchtklimatische Bildung am Inselberg Pic Zoumri auf der Ténéréfläche westlich der Stufenfußdepression von Séguedine (Foto 138). Besonders an der rechten Flanke sind zwei Rutschungsschollen als Spitzen im Hangprofil deutlich zu erkennen. Da in der von Hangrunsen angeschnittenen Schichtenfolge kaum Tonlagen zu finden sind, muß die nötige Destabilisierung hier wie auch an anderen Lokalitäten durch die bei steigendem Wassergehalt abnehmende Standfestigkeit des Sandsteinsaprolits verursacht worden sein. Der wahrscheinlich kleinste rutschungszerflossene Inselberg ist das knapp einen Hektar große Sandsteinplateau von Grein in der nordwestlichen Ténéré (ohne Foto).

Foto 139, im Gebiet der größten Rutschungsschollen von Foto 128 an der Messakstufe aufgenommen, zeigt den Absetzungsbetrag von mehreren Zehnern von Metern unter das Niveau der Plateaukante rechts und die beim Absitzen erfolgte Drehung der Scholle im Uhrzeigersinn. Im Bereich des gegenläufigen Gefälles wurden fluviale Sedimente abgesetzt, wie in Foto 130, und ebenfalls ist die aus zwei Schuttgenerationen aufgebaute Schuttdecke des Stufenhanges auf sie eingestellt. Dies sind Hinweise auf das relativ hohe Alter der Rutschungen. Da das Plateau wegen der Steilwand unter der Trauf schwer zu erreichen ist, wurde im Paläolithikum das für Werkzeuge begehrte Silcrete (Kap. 1.2.3.) auf den herabgerutschten Schollen abgebaut.

Nach einer ersten starken fluvialen Zerschneidungsphase wurden die durch fluviale Erosion in den breiartigen Rutschungen (Foto 132, 133) geschaffenen Ausraumzonen noch einmal durch Rutschungsmassen verfüllt. Eine zweite Rutschungsphase, die der altpleistozänen ersten vergleichbar wäre, hat es jedoch nicht mehr gegeben. Dies muß jedoch nicht klimatische Ursachen wie das möglicherweise unzurei-

Foto 140: Verkippte rote Mittelterrasse; Tälchen zwischen Rutschungsschollen; Südrand des Enneri Achelouma

Foto 141: Nach außen (antithetisch) abgekippte Felsblöcke in verkarstetem Sandstein; südliches Plateau von Termit

Foto 142: Verwürgte Gesteinsschichten an der Basis einer Rutschung; NW-Agadem

Foto 143: Abriß an einem Plateauinselberg; Becken des Enneri Domo, Djadoplateau, → NW

Foto 144: Unterste, tonsteinreiche Scholle einer Rutschungsstaffel, windschliffüberformter Bereich; Dreiländereck nördlich des Passe de Salvador

chende Feuchtigkeitsangebot jüngerer Pluvialzeiten haben. Nach der ersten Rutschungsphase waren die zuvor instabilen Hänge wieder durch die relativ stabilen Profile der zur Ruhe gekommenen Schollen ersetzt worden. Die seither wirksamen fluvialen Prozesse haben zwar die Zerschneidung und dadurch ausgelöste kleine Rutschungen an den Flanken der großen Schollen bewirkt. Nirgends jedoch reichte die Abtragung für eine weitgehende Ausräumung der Rutschungsschollen aus, und so wirkten sie in jedem späteren Pluvial als Widerlager zur Verhinderung neuer Rotationsschollenausbildung.

Lediglich das sogenannte antithetische Abkippen von Felswänden oberhalb der obersten Rutschungsschollen läßt sich für spätere Pluvialzeiten nicht ausschließen (Foto 136, 141, 142). Heute finden dort jedoch keine Bewegungen statt, außer dort, wo große Rutschungsschollen im Gefolge der seltenen Starkregen fluvial unterschnitten werden. Gelegentliche Quellschüttungen an der Grenze zwischen Ton- und Sandsteinen können in gleicher Weise wirken. Der Abriß in Foto 143, am Rand eines Sandsteinplateaus über Silurtonen wie das im Bildhintergrund gelegen, dürfte auf diese Weise von Zeit zu Zeit weitergebildet werden.

Ein großer Karsteinbruch am Hang (Foto 89 ff.) in den eisenschüssigen Sandsteinen des *Continental Terminal* (Kap. 1.2.3.) und den unterlagernden saprolitisierten Kreidesandsteinen im Massif de Termit gibt einen Einblick in einen antithetischen Rutschungsbereich, in dem wahrscheinlich in jedem Pluvial nach der Hauptrutschungsphase weitere Risse wie der im Vordergrund entstanden und einzelne Felspartien nach außen kippten und zu Bergstürzen wurden. In Gebieten starker Verkarstung der Oberfläche und des Untergrunds, wie auf dem sichtbaren Plateaurest mit seinen schluffverfüllten Röhren, dürfte das schnelle Eindringen des Wassers in den Untergrund die Auslösung dieser Bewegungen gefördert haben.

Bis jetzt wurde nur ein einziger Bereich gefunden, in dem nachweislich eine junge Schollenrotation erfolgte. Foto 140 zeigt einen etwa 10 000 bis 7000 Jahre alten, etwa 8 m hohen roten Mittelterrassenkörper (Kap. 2.3.3.), der zwischen zwei Rutschungsschollen abgelagert wurde. Die ursprünglich quer zur Talrichtung horizontal abgelagerten Schotterbänder zeigen, daß der Akkumulationskörper nach links abgekippt wurde, die rechte Scholle also eine leichte Rotationsbewegung durchgeführt hat. Jüngere Spülprozesse vor der Zerschneidung der fluvialen Akkumulation haben an der Oberfläche der Terrasse eine nur schwach geneigte Glacisoberfläche geschaffen, so daß die Verkippung ohne die nachfolgende fluviale Zerschneidung gar nicht sichtbar geworden wäre. Da viele fluviale Sedimente zwischen Rutschungsschollen nicht zerschnitten sind, konnten weitere post-mittelterrassenzeitliche Rotationen vielleicht einfach noch nicht entdeckt werden. Da die Bewegung erst nach der Sedimentation und damit erst nach dem Höhepunkt jener Feuchtphase geschah, können die Durchfeuchtung des Untergrunds und die dadurch mögliche erneute Bewegung erst mit Verzögerung erfolgt sein.

Foto 142 zeigt einen der seltenen Anschnitte einer Rutschungsbasis. Die ursprünglich fast horizontalen Tonsteinschichten sind im feuchten Zustand stark verwürgt worden. Die an der Basis einer Rutschung ausgepreßten permischen Tonsteine von Foto 144 sind unter ihrer zerbrochenen Sandsteindecke nur deshalb so gut zu erkennen, weil der auflagernde Hangschutt durch Windkorrasion abgeschliffen wurde.

2.2. Hangschutt

Foto 145: Geschlossene, fast schwarz patinierte Sandstein- und Silcrete-Schuttdecke, auch auf Rutschungsschollen; Adrar Madet, → W

Zu den häufig geäußerten Glaubenslehren arider Geomorphologie gehört es, daß Schichtstufen seit ihrer ersten Anlage durch Hangabtragungsprozesse um viele Kilometer zu sich selbst zurückverlegt worden seien und daß die Hänge infolge starker Schuttproduktion durch Hitzesprengung bzw. Insolationsverwitterung im eigenen Schutt ertränken, obwohl sie damit eigentlich nicht weiter zurückwandern könnten.

Das vorige Kapitel belegt in der Tat, daß es zur Zeit und an den Orten der Rutschungsaktivität eine beträchtliche Rückverlegung der Plateauränder gegeben hat, deren Beträge von bis zu einigen hundert Metern sich leicht aus der Addition der Breiten der Sandsteindecken einer Rutschungsstaffel abschätzen lassen. Das war jedoch seit Beginn der Stufenentwicklung im mittleren Tertiär (Kap. 1.1.) lediglich ein *einmaliges* Ereignis, und bestenfalls wurde dabei der Stufenwalm beseitigt. Dort, wo Rutschungen vorhanden sind, belegen sie durch ihre gute Erhaltung und eine nirgends vollzogene Trennung zwischen Rutschungsstaffeln und Plateaurand, daß es zwar eine fluviale Zerschneidung der Rutschungen, jedoch keine generelle Rückverlegung gegeben hat. Die Schollen in Foto 126 oder 139 grenzen noch an den nur wenig modifizierten Abrißhang, und die breiartigen Rutschungen von Foto 132 und 133 haben noch vollen Anschluß an die Trauf.

Auch in der zuvor abgelaufenen Phase arider Hangprofiländerung und damit verbundener Hangversteilung wurde die Stufenposition nur unwesentlich verändert. Nachzuweisen ist dies dort, wo wegen fehlender Schluffe und Tone im Hangprofil in der Folgezeit keine Rutschungen stattfinden konnten. In aller Regel blieb dort der Walm als ehemals flache lokale Wasserscheide aus der Zeit vor der Vorlandtieferlegung erhalten, auch wenn sich an seiner heutigen Außenseite ein nahezu vertikaler Stufenoberhang ausbildete. Gerinneanfänge auf der plateauzugewandten Seite sind nicht angeschnitten oder „geköpft" worden, wie dies bei einer Hangrückverlegung unvermeidbar gewesen wäre, verbunden mit der Aufzehrung des Walms durch die rückschreitende Wand.

Auch die großen, oft kilometerbreiten Einsenkungen in die Horizontlinie der Plateauränder sind ebensowenig wie im mitteleuropäischen Schichtstufenland im Normalfall „geköpfte Täler", sondern Pässe zwischen Stufenvor- und -hinterland, die zu unterschiedlichen Zeiten der Vorlandtieferlegung in Abhängigkeit von den örtlichen Gesteins- und Strukturverhältnissen aus dem System der flächenhaften Tieferlegung herausfielen, so wie dies auch der Fall bei den erhaltenen Zwischenniveaus der homolithischen Stufenhänge war (Foto 10, 12). Das einzige Gebiet mit einer Zerstückelung ehemals durchgehender Flußläufe liegt zwischen der Tassili-n'Ajjer-Stufe und der Messakstufe. Wie der großräumige Überblick der Satellitenbilder der Einleitung erkennen läßt, wurden ehemals durchgehende Flüsse von der Hoggar-Abdachung bis zum Becken von Murzuk bei der Ausräumung der Rumpfflächenbereiche westlich der Tassilistufe und beiderseits des Djebel Acacus zerstückelt und auf die sich ausbildenden Ausraumzonen eingestellt. Pässe wie der Col d'Anai oder Tilemsin wurden dabei von Flußtalabschnitten zu Flächenpässen mit Wasserscheidenfunktion umgestaltet.

Die Leistungsfähigkeit der gegenwärtigen Hangabtragungsprozesse in der vollariden zentralen Sahara und das Geschehen während des Pleistozäns lassen sich aus der Untersuchung der fast überall vorhandenen Hangschuttdecken ableiten.

Foto 145, das einen völlig schuttbedeckten Hang des kleinen Sandsteinplateaus von Adrar Madet östlich des Aïr zeigt, erweckt den Eindruck eines in seinem Schutt ertrinkenden Berges. Dafür fehlen jedoch die für das Modell einer rezenten

Foto 146: Zwei Generationen stark zerschnittener Hangprofile und Hangschuttdecken; nördliche Messak-Mellet-Stufe, Südlibyen, → NE

Hangrückverlegung notwendigen Spuren aktiven Schuttabtrags. Vom Plateau über den teils durch Rutschungsschollen gegliederten Hang bis zur Fußfläche im Vorland ist sämtlicher Schutt patiniert. Die dunkelgraue Farbe könnte bei anderer Beleuchtung auch dunkelbraun wirken.

Zur Bildung der Eisen-Mangan-Überzüge des Hangschutts waren mindestens Jahrzehnte, vielleicht sogar Jahrhunderte von Bewegungsruhe notwendig, während die mechanische Zerstörung bei Schutttransport durch fließendes Wasser sehr schnell geschieht und sich in einer Aufhellung und Annäherung an die eigentliche Gesteinsfarbe zeigt (Kap. 2.5.). Nirgends finden sich jedoch die bei aktiver Abtragung an den Hängen von Adrar Madet zu erwartenden hellbraunen bis weißen Gesteinsfarben des saprolitisierten Sandsteins. An diesen Hängen findet heute praktisch keine fluviale Abtragung statt. Die letzten größeren Bewegungen waren hier eine beträchtliche Rutschungsaktivität, deren Zerrspalten den gesamten Scheitel in Längsrichtung durchziehen, und die nachfolgende Zerschneidung durch Kerbtäler. Langsame Abtragungsprozesse in Verbindung mit Verwitterung und Bodenbildung haben lediglich zur Abrundung der Rutschungsformen und zur Ausbildung einer geringmächtigen, teils aus sehr groben Blöcken bestehenden Hangschuttdecke geführt, die Hänge wie Tälchen auskleidet.

Adrar Madet liegt allerdings in einem extrem trockenen Gebiet der zentralen Sahara. An den Hängen der etwas mehr Niederschlag empfangenden Messak-Stufe sind in einem rutschungsfreien, ganz aus Sandsteinen aufgebauten Stufenabschnitt Abflußrinnen erkennbar, die die Hangschuttdecken zerschnitten haben (Foto 146). Beim genauen Hinsehen und im Gelände zeigt sich jedoch, daß die Schuttdecke nur eine geringe Mächtigkeit hat und die Einschneidung der mehrere Meter tiefen Kerb- und Kastentälchen überwiegend im anstehenden saprolitisierten Sandstein erfolgt ist.

Bei der Zerschneidung der nur wenige Dezimeter dicken Schuttdecke wurde der Oberhang weiter versteilt und bastionsartig in Vor- und Rücksprünge gegliedert. Zwischen ihnen wurde danach eine zweite Hangschuttdecke akkumuliert, die am Unterhang mehrere Meter mächtig sein kann. Sie ist heute ebenfalls zerschnitten, und ihre Reste sind in gleicher Weise dunkel patiniert (hinten rechts). Die Stufe ertrinkt also weder in ihrem Schutt noch findet sich rezenter Hangschutt in nennenswerter Menge im Durchtransport. Vielmehr belegen Hangschutt, Patina und Abflußbahnen, daß es im Pleistozän einen mehrfachen Wechsel zwischen Zeiten der Schuttakkumulation bei gleichzeitiger Abtragung am Oberhang bzw. an der Steilwand und Akkumulation sowie Zeiten kräftiger fluvialer Zerschneidung gegeben hat. Die Rückverlegung der Traufkante von der ersten zur zweiten Hangschuttgeneration war minimal und kann keinesfalls als Modell für einen Hangrückzug dienen, durch den das Zehner von Kilometern breite Vorland im Jungtertiär hätte ausgeräumt werden können – und noch weniger dort, wo zwischen zwei Becken- oder Flächenrändern mit potentiell rückwandernden Stufen Rumpfflächen bis zu einigen hundert Kilometern Durchmesser liegen (vgl. die Satellitenbilder der Einleitung).

Der heutige Schutttransport in den Abflußrinnen ist minimal: Selbst an den steilen Rinnenhängen dominiert die patinierte Schuttdecke. Und ebensowenig finden sich, etwa anhand frischer Bruchflächen, Hinweise auf in nennenswertem Umfang produzierten ariden Wüstenschutt. Für Schuttproduktion, Schuttanreicherung an den Hängen und spätere Zerschneidung müssen andere Klimabedingungen als gegenwärtig verantwortlich sein. Da derzeit bereits ein extrem arides Klima

Foto 147: Grober Hangschutt mit Bergsturzblöcken; Arakschlucht, Südalgerien, → SE

Foto 148: Grober Hangschutt mit schluffiger Matrix, Inselberghang; Becken von Chéguelenga, Termit

Foto 149: Plattiger, teils hangparallel eingeregelter Eisensandsteinhangschutt, fast feinmaterialfrei, durch Karsteinbruch angeschnitten; Termit Ouest

Foto 150: Aus einer Granithangschuttdecke ausgespülte große Kernsteine; Temet, Aïr-Gebirge

herrscht, können das nur feuchtere, semiaride Klimavarianten mit vermutlich anderem Temperaturregime gewesen sein.

Daß es zeitweise bedeutendere Hangabtragungs- und Hangschuttbildungsprozesse als heute gegeben haben muß, zeigt der durch den Straßenbau angeschnittene Unterhang in Foto 147 aus der südalgerischen Arakschlucht. Die ungestörte Schuttrampe wäre heute bewegungslos, wie die dunkle Patina am nicht durch die Straße gestörten Hang am rechten Bildrand zeigt. Der frisch angeschnittene hellbraune Hangschutt besteht aus eckigen, großen Sandsteinblöcken in einer feinen Matrix aus zerfallenem Sandsteinsaprolit und schon präkambrisch verwittertem Grus eines Granits, auf dessen alter Rumpffläche der paläozoische Sandstein abgelagert wurde. Die meterlangen Blöcke links gehören zu einem der vielen Bergstürze, deren überhängende, durch Kluft- und Schichtflächen begrenzte Abrißnischen an der Steilwand zu erkennen sind. Die Steilwand mit ihrer Vielzahl kleiner Verwitterungsformen, die die Schichtung nachzeichnen, ist genauso wie die jüngeren, weniger gegliederten Abrißnischen und die Schutthangoberfläche darunter vollständig patiniert. Keines der Reliefelemente ist also derzeit einer nennenswerten natürlichen Abtragung ausgesetzt. Diese heutige aridklimatische Abtragungsruhe steht in starkem Kontrast zu der rekonstruierbaren enormen vorzeitlichen Bildung von Hangschuttdecken, deren Mächtigkeit selbst im Vergleich zu den mitteleuropäischen pleistozänen Frostschuttdecken außerhalb der Alpen bedeutend ist.

Gute Einblicke in die ungestörte Schichtung von Hangschuttdecken geben die zahlreichen jungen Einsturzdolinen im Sandsteinkarst an den Hängen des Termit (Foto 89 ff.) mit ihren meist senkrechten Wänden. Ebenso wie in Foto 147 nahe dem Nordrand der zentralen Sahara findet sich auch hier in der Nähe des Südrandes grober, je nach Festigkeit und Schichtung des Anstehenden grob gerundeter oder scharfkantiger, nicht patinierter Hangschutt in einer feinen, schluffig-tonigen Matrix unter der patinierten Schuttoberfläche.

In Aufschlüssen wie in Foto 148 deutet die chaotische Lagerung in der um 1 m mächtigen Decke auf murartige Bewegungen nach starker Durchtränkung hin. Spuren solcher rezenten Vorgänge, wenn auch bei geringerer Größe der Muren, können heute in der relativ schuttreichen Hochregion des Tibesti beobachtet werden.

Foto 149 zeigt dagegen eine deutliche Schichtung der plattigen Hangschuttpartikel, die auf ehemals langsame Abwärtsbewegungen hindeutet. Flache Stücke sind dabei parallel zur Hangoberfläche und vielfach mit ihrer Längsachse in der Gefällsrichtung eingeregelt worden. Gröbere Platten wurden hangabwärts schräg übereinander gelagert. Das Feinmaterial ist nach dem Deckenaufbau weitgehend ausgespült worden, so daß der irrtümliche Eindruck eines ohne Gleitmittel bewegten Schutts entsteht.

Überall in der zentralen Sahara gelegentlich vorkommende Konglomerate einer älteren Hangschuttgeneration belegen, daß es im Pleistozän mehr als die in der Regel zwei morphologisch sichtbaren Hangschuttbildungsphasen gegeben hat (Foto 146, 204). Oft existiert auch statt der jüngsten Schuttdecke nur noch eine meist einlagige Streu aus patinierten eckigen Fragmenten, wie in Foto 150 zwischen den großen Granitblöcken. Daneben finden sich außerhalb der Gebirge auch Fragmente alten Windschliffs im Hangschutt (Kap. 4.2.3., Foto 149 vorn rechts, Foto 401), die den Wechsel äolischer Korrasionsphasen mit kräftiger Verwitterung und Schuttproduktion belegen.

Wo immer, im Gebirge oder an den Plateaurändern, eine Verbindung zu Flußsedimenten gegeben ist, verzahnt sich die ältere und flächenmäßig bedeutendere Hangschuttdecke mit den Sedimenten der Mittelterrasse, die aus einer Wechsellagerung von Schottern und schluffig-tonigen Lagen besteht (Kap. 2.3.3.). Da diese Terrasse recht gut datiert und außerdem mit Seesedimenten verknüpfbar ist (Kap. 2.4.), läßt sich danach auch diese heute weitgehend zerschnittene Hangschuttgeneration in das ausgehende, pluvial geprägte Pleistozän stellen, etwa zwischen 7 000 und 15 000 Jahren.

In ihrer Anlage älter sind sicherlich Decken oder die lose Streu von sehr gut gerundeten Blöcken in Granitgebieten (Foto 150). Es handelt sich um Kernsteine der jungtertiären chemischen Tiefenverwitterung (Kap. 1.2.2.), die sich im Aïr bei weitergehender Ausspülung des sie umgebenden grusigen Granitzersatzes auch heute noch in Tiefenlinien am Hang anreichern. Kernsteinfragmente bilden die dünne Hangschuttdecke zwischen den Kugeln.

Foto 152 zeigt, daß auch ein ganzer Granitinselberg nach entsprechender jungtertiärer Durchverwitterung, späterer Freispülung und bei nur geringer Umlagerung der Kernsteine zu einer vollständig aus gut gerundeten Kernsteinen aufgebauten Oberfläche kommen konnte, die durchaus den sog. Blockmeeren der europäischen Mittelgebirge entspricht. Lediglich ist dort die Zerlegung der Blöcke durch Frostsprengung weiter fortgeschritten als die der hier nur wenigen durch Kernsprünge zerlegten Wollsäcke.

Mengenmäßig ist heute lediglich die Abspülung feiner Partikel bis zu einigen Millimetern Durchmesser bei seltenen Regen der vorherrschende Hangabtragungsprozeß. Punktuell am

🡩 Foto 152: Vollständig von großen, durch Kernsteinverwitterung gerundeten Blöcken bedeckter Inselberghang; Achegour Nord, Ténéré, → N

🡨 Foto 151: Abbruchwand und junger Bergsturz auf älterem Hangschutt; Zoo Baba, → E

🡫 Foto 153: Von kaltzeitlichem Frostschutt bedeckte Hänge einer Vulkanruine; Atakor- (Hoggar-) Hochregion südlich von Assekrem, Südalgerien

Foto 154: Südhang der Vulkanruine Ilamane mit kaltzeitlichem Frostschutthang und durch Abgleiten über Schnee aufgebautem Nivationswall (vgl. Foto 331); Atakor-Hochregion westlich von Assekrem, → W

auffälligsten sind seltene Bergstürze an Steilwänden in Sandsteinsaprolit (Kap. 1.2.1.). Auslöser können zeitlich weit zurückliegende Übersteilungen durch Unterschneidung, sogar Brandungswirkung an Seeufern (Foto 268 ff.) oder Unterspülung an einem Quellaustritt im Sandsteinkarst sein, wie sie für den herabgebrochenen Überhang in Foto 151 wahrscheinlich ist. Weithin erkennbar sind solche gegenüber früheren Zeiten (Foto 147) seltenen Abbrüche an der noch nicht wieder gebildeten Patina. Im Abbruch von Foto 151 sind einige Karströhren angeschnitten worden, deren gelegentliche Durchspülung zum Abbruch beigetragen haben mag.

Unklar ist die paläoklimatische Einordnung der Hangschuttdeckengenese. Gesichert ist die feuchtzeitliche Stellung bei wahrscheinlich auch tieferen Durchschnittstemperaturen als heute. Die Insolationsverwitterung bzw. Hitzesprengung scheidet damit, auch wegen grundsätzlicher Zweifel an ihrer Existenz, selbst bei dem heutigen vollariden und sommerheißen Klima aus (Kap. 2.5.). Salzsprengung, in oft durchfeuchteten Beckenlagen sehr wichtig, kommt wegen der leichten Ausspülbarkeit von Salzen am Hang nicht in Betracht, besonders bei pluvialzeitlich höheren Niederschlägen. Außerdem sind Salzausblühungen unter Steinen bestenfalls auf aktiven Schwemmfächerflächen zu finden. Die schluffig-tonige Matrix der nicht ausgespülten mittelterrassenzeitlichen Hangschuttdecken spricht für zumindest zeitweilig wichtige chemische Verwitterung und Bodenbildung.

Pierre Rognon (1967) wies für die Hochregion des Hoggargebirges über 2000 m die Existenz pleistozän-kaltzeitlicher Frostverwitterung und eines damit verbundenen Formenschatzes nach. Foto 153 stammt aus dieser ehemaligen Frostschutt- und Solifluktionslandschaft. Foto 154, am Südabfall des Vulkanstiels Ilamane (Kap. 3.1.), zeigt in der Profillinie im Mittelgrund einen Rücken, der von der Schuttrampe unterhalb des freistehenden Schlots durch eine abflußlose Senke abgetrennt ist. Rognon konnte nachweisen, daß es sich in solchen Fällen um einen Nivationswall handelt, entstanden durch die Anhäufung von Frostschutt, der über einen Schneefleck abgeglitten war. Im Tibestigebirge wurde Solifluktion in ca. 1100 m Höhe durch Schuttstau hinter Felsblöcken am Hang wahrscheinlich gemacht (Pachur 1970), die Höhenregion mit flächenhafter Schuttbewegung sogar als rezent periglazial eingestuft (Hövermann 1972, Messerli 1972).

Auch heute gibt es in der gesamten zentralen Sahara, selbst in geringer Meereshöhe, bei Polarlufteinbrüchen gelegentliche Winterfröste, die bei der gegenwärtigen Aridität allerdings ohne Wirkung bleiben. Bei gleichzeitigen Winterniederschlägen, wie sie ebenfalls heute noch gelegentlich in den Hochregionen von Hoggar und Tibesti vorkommen, in Verbindung mit kaltzeitlich weiterem Südausgreifen von Westwindstörungen dürfte gefrierendes Wasser eine beträchtliche Frostsprengung und Schuttsowie Schluffproduktion auch außerhalb der saharischen Gebirge ermöglicht haben. Dafür spricht die gleichartige Ausprägung von Hangschuttdecken geringer wie großer Meereshöhe. Frostverwitterung und Durchtränkungsfließen, verbunden mit gelegentlichem Frosthub durch Nadeleisbildung, wie sie in heute warm-semiariden Gebirgen der Westwindzone beider Halbkugeln regelmäßig auftreten, wären dann der Motor der zentralsaharischen Hangschuttdeckenbildung gewesen.

2.3. Flußtäler

Foto 155: Ausschnitt aus dem dichten, feuchtzeitlich angelegten Entwässerungsnetz aus der südlichen Western Desert zum Nil; Südägypten

Foto 156: Auf das Niltal ausgerichtetes, feuchtzeitlich angelegtes Talnetz; Western Desert nordöstlich von Luxor, Ägypten

Foto 157: Ausschnitt aus dem heutigen Unterlauf des Enneri (=Fluß) Bardagué im Schieferbergland des nördlichen Tibestigebirges; Nordtschad, → W

Die wichtigste Reliefform der zentralen Sahara außerhalb der von Sandseen oder Flugsanddecken verhüllten Gebiete (Kap. 4.) ist das Tal. In den Gebirgen und Plateaulandschaften schnitten sich Täler bereits im jüngeren Tertiär im Zuge der Vorlandtieferlegung auf das Vorfluterniveau der jüngsten, bis zum Ende des Tertiärs fortgebildeten Rumpffläche ein (Foto 157). Deren flache Spülmulden wurden bei weitgehend fortschreitender Landhebung etwa seit dem Beginn des Pleistozäns ebenfalls eingeschnitten, meist als Kastentäler (Foto 156).

Auslösend war die zunehmende Aridität, damit verbunden die abnehmende Leistung der chemischen Verwitterung und die Konzentration von Abfluß und Abtragung auf deutlich von ihren angrenzenden Hängen abgesetzte Tiefenlinien. Zunehmende Verfügbarkeit von Schottern als Erosionswaffen erleichterte die Einschneidung. Dieser weltweite Übergang von vorherrschender Flächenbildung zur Talbildung wird in der französischen Literatur zur Geomorphologie der Sahara als „grand creusement des vallées" bezeichnet (u. a. Rognon 1967).

Außer in den sandüberdeckten Gebieten fehlen Fluß- und Talnetze weitgehend nur in Gebieten starker Verkarstung, in großen Teilen der frühholozänen See- und Sumpfgebiete (Kap. 2.4.) und in Gebieten starker mehrphasiger Windkorrasion (Kap. 4.2.).

Die großen Täler treten radial aus den Gebirgen ins Vorland: als Oueds oder Wadis des Hoggar, als Enneris des Tibesti und als Koris des Aïr. Pluvialzeitlich mündeten sie im Süden in den oder die Vorläuferseen des heutigen Tschadsees oder den Niger, nach Norden in die Seen der Nordsahara. Die frühholozäne Nordentwässerung des Tibesti konnte bis in die nordlibysche Rebiana-Sandsee verfolgt werden und erreichte vielleicht sogar das Mittelmeer (Pachur, u. a. 1987).

Wichtig ist, daß diese Flüsse nicht nur in den Gebirgen, sondern auch als wahrscheinlich periodisch fließende Nebenflüsse in den weiten Ebenen einsetzten (Foto 155, 156). Das Wadi Howar erreichte so als Fluß aus der heutigen Eastern Desert Ägyptens den Nil (Kröpelin 1993). Heute werden selbst die großen Flußtäler, je nach Niederschlagsereignis, meist nur noch abschnittsweise durchflossen und erreichen kaum die Gebirgsränder. Die Täler der Plateaus und Ebenen sind vielfach durch blockierende Dünen unterbrochen.

2.3.1. Talformen

Abhängig von Gestein, Tektonik und Klimageschichte, ist auch in der zentralen Sahara ein weites Spektrum von Talformen vorhanden. Foto 155 zeigt ein dank seiner heutigen äolischen Einsandung sehr gut erkennbares, fein gegliedertes Flußnetz in weichen Tonsteinen. Foto 156 ist ein Beispiel dafür, daß geschwungene, mäandrierende Flußläufe der Rumpffläche bei der Einschneidung vererbt werden konnten. Daneben bildeten sich jedoch auch geradlinige Talabschnitte dort heraus (Foto 156 vorn links, vor allem Foto 157), wo die Einschneidung durch die an Klüften und Störungen stärker in die Tiefe greifende chemische Verwitterung erleichtert war. Auch das Netz der tributären Kerbtäler im völlig zerschnittenen ehemaligen Schieferplateau von Foto 157 ist stark kluftnetzorientiert. Als Punkte erkennbare Akazien zeichnen die Ufer des heute in seinem sedimentgefüllten Tal pendelnden Bardagué-Flußbetts nach.

Foto 158: Sehr stark kluftnetzangepaßtes Entwässerungsnetz; Plateau von Daski südlich des Tibesti, Nordtschad, → NE

Foto 159: Schluchten und wenig eingetiefte Nebentäler auf der Nordflanke des Schildvulkans Tarso Toussidé; Tibesti

Foto 160: In die Basalt- und Ignimbritfüllung eines Kehltals in ältere Basalte eingeschnittene Schluchten; Enneri Oudingeur, Tibesti, → E

Foto 161: Kleine Schlucht in tertiärzeitlich tief verwittertem Granit; Temet, Aïr

Foto 162: Eingesandeter Wasserfall, Oberlauf eines kurzen Tals zum Becken von Fargassane; Nordtermit, → E

Foto 163: Wasserfall in der Basaltschlucht des oberen Yebigué; Tibesti, Nordtschad, → N

Foto 164: Niedrig- und Hochwasserbett in einem intramontanen Becken; südlicher Atakor (Hoggar), Südalgerien

Foto 158 zeigt ein extrem kluftnetzorientiertes Gewässernetz, das sich entlang der Grundwasser- und Verwitterungsleitbahnen unterhalb der ehemaligen Zersatzdecke in die Sandsteinrumpffläche am Südfuß des Tibesti eingeschnitten hat.

JÜRGEN HÖVERMANN, der sich im Tibestigebirge intensiv mit der Höhenstufung von Wüstengebirgen befaßt hat (1967, 1972), bezeichnet das Relief zwischen den gebirgsumgebenden Sandschwemmebenen im Niveau der ehemaligen untersten Rumpffläche und der periglazialen Höhenstufe als Region der Wüstenschluchten. Foto 158 gehört demnach zu deren tiefstliegenden Teilen; die Schluchten von Foto 159 in ca. 1800 m Höhe auf der Nordabdachung des Schildvulkans Tarso Toussidé (Kap. 3.) liegen schon in ihrem oberen Teil. Sie sind in eine endtertiäre gelbbraune Ignimbrit-Tuffdecke mit dunkler Aschen- und Lavaauflage eingeschnitten worden.

Die Fotos 155 und 159 zeigen ein Paradoxon vollarider Gebiete ohne Lockermaterialdecke: Da der allmähliche Wasserabfluß innerhalb der Bodendecke humider Gebiete, der Interflow, fehlt und nahezu alles Niederschlagswasser oberflächlich abläuft, konnten in leicht abtragbaren Gesteinen gerade hier besonders hohe Dichten von Wasserlaufanfängen entstehen, die *fingertip channels* der amerikanischen Geomorphologie. Sie entstanden als jüngste Teile der Flußnetze, während die abflußdämpfende, zunehmend vegetationsfrei werdende Bodendecke der ariden Abtragung zum Opfer fiel.

Foto 160 belegt, daß die Schluchten wirklich erst unter aridem Klima entstanden, als nur noch geringe Verwitterungsraten während der Einschneidung keine gleichzeitige Abschrägung der Hänge mehr erlaubten. In den älteren Tertiärbasalten entstanden noch unter humidem Klima, wie hier im Enneri Oudingeur, breite trogförmige Kehltäler, die endtertiär von Basaltlaven und hier auch einer Ignimbritdecke teilweise verfüllt wurden. Die sich darin erneut einschneidenden Flüsse bildeten nur noch ein System von steilwandigen Schluchten aus.

Während Einschneidung in harten Gesteinen derzeit kaum stattfindet, werden Schluchten in weichen Gesteinen, wie im tertiärzeitichen Granitzersatz des Aïr-Gebirges von Foto 161, bei jedem Starkregen weitergebildet.

Wasserfälle mit zum Teil tief ausgekolkten Tosbecken sind an Plateaurändern (Foto 162), aber auch in den Gebirgen (Foto 163) häufig. Ihre Erstanlage ist nur bei reichlichem Wasserabfluß verständlich, besonders wenn das Einzugsgebiet oberhalb des Falls von Foto 162 kaum 1 km² groß ist. Heute wird nur noch selten die kleine, flugsandgefüllte Kerbe durchflossen, und das Tosbecken, mit einer ehemals durch Quellerosion entstandenen Halbhöhle dahinter, ist eingesandet. Am etwa 1200 m hoch gelegenen Wasserfall des Yebigué, eines der drei Hauptflüsse des Tibesti, ist der gelegentlich rezent überflossene Bereich an der Umwandlung der Patinafarbe des Basalts von Braun zu Blaugrau erkennbar. Ein Kieswall am Rand des Tosbeckens belegt die Kraft einer der seltenen Fluten.

Wie stark das Abflußregime allein im Holozän geschwankt hat, zeigen kalksinterverbackene Flußsedimente auf dem Flußbett (Basalt rechts oberhalb des Falls und unterhalb vorn rechts). Noch vor ca. 7000 Jahren war der Fall vollständig sedimentüberdeckt und wurde seither wieder freigelegt (Kap. 2.3.3.).

Foto 165: Stark gegliedertes Flußbett des Bardagué beim Eintritt ins Schiefergebirge; Tibesti, Nordtschad, → W

Foto 166: Klamm in vulkanischem Tuff am Beginn der Schluchtstrecke des Yebigué; Tibesti

Foto 167: Schluchtbeginn des Yebigué südlich der Oase Yebbi Bou; Tibesti, → W

Foto 168: Permanente Wasserstelle (Guelta) in der Schlucht des oberen Yebigué; Tibesti, → S

Foto 169: Schlucht des Enneri Er Roui; Westrand des Djadoplateaus, → E

Foto 170: Schluchtboden mit *Panicum*-Graskupsten und Flutmarken; Enneri Er Roui, → E

Foto 171: Mittellauf des heutigen Yebigué; gegliedertes Flußbett und Flußterrassen; Tibesti, Nordtschad, → N

Foto 164 zeigt das typische Bild eines größeren Flusses in einem intramontanen Becken des Hoggar. Akazien und *Calotropis*-Sträucher begleiten als Galerie das Niedrigwasserbett, in dem relativ häufige Fluten eine mehrjährige Vegetation nicht aufkommen lassen. Auf dem Hochwasserbett auf der Gleithangseite der Flußbiegung profitiert der durch Überweidung auf die kaum genießbare *Calotropis* reduzierte Strauchbestand von den seltenen Überflutungen. Zwei verschieden hohe Terrassenniveaus rechts und links im Hintergrund belegen, daß zu ihrer Bildungszeit der gesamte Beckenboden Flußbett und Hochwasserbett war.

Eine ähnlich stark gegliederte Flußlandschaft zeigt das Enneri Bardagué im Tibesti (Foto 165) beim Austritt aus dem Becken von Bardai in das stark zerschnittene Schieferplateau (vgl. Foto 157). Der von der Piste am linken Bildrand, die zum Vulkan Ehi Toussidé im Hintergrund führt (Kap. 3.1.), genutzte zerschnittene Pedimentsaum zwischen Sandsteinstufe und dem stark zerschnittenen Relief der alttertiären Schieferrumpffläche liegt etwas höher als die grau patinierte Aufschüttung der Niederterrasse und das darin übergehende, mit Sträuchern bestandene Hochwasserbett. Das gespaltene Niedrigwasserbett ist auch hier wegen der häufigeren Regen und Fluten im Gebirge frei von mehrjähriger Vegetation.

Noch stärker gegliedert ist das Tal im Mittellauf des Enneri Yebigué (Foto 171). Die große Talbreite stammt noch aus dem Jungtertiär (vgl. Foto 160). Im Vordergrund ist ein Rest des hier endenden Basaltstroms erfaßt, der endtertiär das Tal oberhalb verfüllte und in den die enge Schlucht des oberen Mittellaufs eingeschnitten wurde (Foto 163, 167, 168). Nur wenig über dem in Kiesbarren und Rinnen gegliederten Niedrigwasserbett, das von stark einsedimentierten Tamariskenbüschen gesäumt wird, erhebt sich das bereits grau patinierte, trotz des geringen Höhenunterschieds offenbar lange nicht mehr überflossene weite Hochwasserbett. Das weitere Talprofil links wird von der kuppig zerschnittenen Felsfläche eines älteren Talbodens, teils noch schotterbedeckt, und von zwei weiteren Terrassenkörpern mit braun patinierter Schuttdecke mit Hangschuttdeckenanschluß eingenommen. Gegenüber seinen Vorgängern ist der heutige Flußlauf recht unbedeutend.

Die jungtertiär in den Talbasalt eingeschnittene Schlucht beginnt unterhalb eines weiten Beckens im Basalt, dessen westlicher Schwemmfächerrand (vgl. Foto 62, 63) im Hintergrund von Foto 167 sichtbar ist. Eine erste Schlucht wurde durch beige verwitterten weichen Tuff (Bildmitte) verfüllt, in den sich erneut mehrere enge Schluchten eingeschnitten haben (Foto 166). Außerhalb dieser Klammen reichen die Fluten trotz eines riesigen Einzugsgebiets im Tarso Tieroko gerade noch aus, an den untersten Felsblöcken im Kiesbett die Patina durch Abschleifen vom Braun der Basaltsäulenwände in einen blaugrauen Farbton zu verändern. Irgendwann in der jüngeren Vergangenheit konnten jedoch tonnenschwere Blöcke des nur noch hier anstehenden Tuffs über 1 km schluchtabwärts verschwemmt werden.

Der Grundwasserstrom im kluftreichen Basalt kann noch mehrere Kilometer flußab, unterhalb des Wasserfalls von Foto 163, eine ganzjährige Wasserstelle *(Guelta)* und einen der beiden Schilfsümpfe dieses Tales speisen. Dieser und wenige weitere grundwassergespeiste Schilfbestände *(Gaschi)* in den Tälern des Tibesti lieferten den wichtigsten Baustoff für den traditionellen Hüttenbau der Toubous.

In den gebirgsfernen und tieferliegenden Plateaus ist die heutige fluviale Dynamik noch geringer. Das Enneri Er Roui ist ein größeres Flußtal, das aus dem nördlichen Djadoplateau nach Westen in die Ténéré entwässert. Nahe dem Plateaurand verläuft es in einer Schlucht, die in das jüngste Rumpfflächenniveau eingetieft ist, unter Nachzeichnung eines im Tertiär stark chemisch verwitterten Vulkanitgangs, dessen widerständigere Kontaktzone zum umgebenden Sandstein jedoch den Schluchtrand in Form von Hügeln überragt (Foto 169). Das Flußbett zeigt hier noch die übliche Gliederung in vegetationsfreies Niedrigwasserbett mit randlicher Vegetation und ein Hochwasserbett. Kaum einen Kilometer flußab hat bei der letzten Flut vor der Aufnahme (während einer Dürreperiode um 1981) das Wasser nur noch ausgereicht, das dünensandbedeckte Flußbett und die Sandschwänze (Kap. 4.3.4.) hinter mehrjährigen *Panicum*-Graskupsten mit einem Tonhäutchen zu überdecken, konnte jedoch ihre Windströmungsform nicht verändern oder abtragen (Foto 170).

Foto 172: Niedrig- und Hochwasserbett des Yebigué, gleiches Gebiet wie Foto 163, → S

Foto 173: Wadiunterlauf, Übergang zur Endpfanne; südlich der Arakschlucht, Südalgerien

Foto 174: Kaum eingetiefter Nebenfluß des Enneri Er Roui; Westrand des Djadoplateaus

Foto 175: Schotterflußbett mit Flutmarken an den Akazien; Mouydir-Bergland, Südalgerien

Die Bilder dieser Doppelseite führen noch weiter in den Unterlauf einiger Flüsse. Foto 174 wurde wenige Kilometer talabwärts von Foto 170 aufgenommen. Das heutige, übersandete Flußbett ist kaum noch unter die umgebende Rumpffläche eingetieft. Eine Linse freigewehten rötlichen Mittelterrassensediments (Kap. 2.3.3.), die das Flußbett unterlagert, belegt, daß der Flußlauf auch hier einmal tiefer eingeschnitten war. Die gute Wasserhaltigkeit des schluffigen Sediments und die verdunstungshemmende Flugsanddecke erlauben noch den Wuchs mehrjähriger Graspolster im Flußbett. Die Blockansammlung links auf einem wenig höher liegenden Terrassenrest ist ein jungsteinzeitlicher Grabhügel *(Tumulus)* in einer für diese Region typischen Position am Ufer eines Flusses, der vor 4 000–5 000 Jahren sicherlich noch regelmäßig floß und das Graben flacher Brunnen im Flußbett erlaubte, wie dies auch heute noch in den Tälern des Sahel in der Trockenzeit gemacht wird.

Foto 172 wurde wenig flußab von Foto 171 aufgenommen, um die Gliederung des Yebiguéflußbetts im Übergang zu seinem heutigen Unterlauf zu zeigen. Die feinkiesige Hauptrinne des Niedrigwasserbetts verläuft rechts im Hintergrund. Eine Nebenrinne mit schwemmfächerartiger Oberflächengliederung in flache Barren und Rinnen mündet in sie ein. Die Basaltschotterbänke im Vordergrund werden von heutigen Fluten nicht mehr bewegt. Sie gehören zur mittelholozänen Niederterrasse, die gegenwärtig hier einsedimentiert wird. Das mit Gräsern und einsedimentierten Tamariskenbüschen bestandene, selten genutzte Hochwasserbett erscheint wegen der hellen Schluffabsätze zwischen dem Basaltkies seines Ausblasungspflasters grau.

Foto 173 zeigt den Unterlauf eines der aus dem Hoggar nach Süden entwässernden Wadis im Schieferbergland des Mouydir mit einem Granitinselberg im Hintergrund. Das Feinmaterial der wenig höheren Mittelterrasse (hinten links) ist bei der Eintiefung des heutigen Flußbettes zu einer flachen Rampe, einem Glacis, abgeschrägt worden (vgl. Foto 202, 203), als sich der Fluß bei abnehmender Sedimentbelastung einzuschneiden begann. Das bei örtlichen Regenfällen von den felsigen Talhängen ablaufende Wasser war damals offenbar ausreichend und in der Lage, durch flächenhafte Abspülung noch eine Zeitlang mit der Einschneidung Schritt zu halten und den ursprünglich horizontalen Talboden in zwei von beiden Talrändern zum Flußbett hinabreichende Schrägflächen umzuwandeln.

Das Flußbett wird nur noch gelegentlich von schwachen Flutausläufern erreicht und ist deshalb auf seiner ganzen Breite von *Panicum*-Graskupsten mit Sandanwehung und einzelnen Akazien bestanden. Bei gelegentlich stärkeren Fluten werden im Flußsand mittransportierte Schotter durch Ausblasung des Feinmaterials oberflächlich angereichert.

Nur wenige Kilometer entfernt, jedoch nach kürzerer Laufstrecke des Flusses mit einem großen Einzugsgebiet im Schieferbergland kann der Unterlauf eines Flusses auch ganz anders aussehen. Schon näher am Nordrand der zentralen Sahara gelegen, wird das Gebiet um die Arakschlucht immer wieder einmal von flutauslösenden Winterregen aus der Westwinddrift erreicht, so daß auch der reichlich vorhandene Schieferschutt über kurze Entfernungen transportiert werden kann. Die Höhe der letzten Flut ist an dem bis fast 1 m hoch an den Akazienstämmen hängengebliebenen Treibsel abzulesen. Die Tatsache, daß die Akazien im Flußbett verteilt wachsen, läßt jedoch vermuten, daß solche Fluten nur selten passieren und die Schotter heute eher überspült als transportiert werden.

Foto 176: Rezente Endpfanne des Bardagué am Nordrand des Tibestigebirges mit starker äolischer Einsandung; Nordtschad

Foto 177: Endpfanne zwischen Tassili n'Ajjer und Hoggar, überwiegend mit Tamariskenhügeln bestanden; Südalgerien

Foto 178: Vorneolithischer Bardaguélauf und jungsteinzeitliche Endpfanne des Bardagué nördlich des Tibestigebirges; Nordtschad

Foto 179: Kleine rezente Endpfanne eines Wadis südlich von Sebha mit Salzausblühungen; Fezzan, Südlibyen

2.3.2. Endpfannen

Fluten in den großen Gebirgsflüssen der zentralen Sahara reichen heute kaum noch über die Gebirgsränder hinaus. Innerhalb ihrer alten Flußbetten haben sich Endpfannen ausgebildet, bis zu denen Wasser und Sediment noch wiederholt gelangen können.

Foto 176 zeigt den Zustand der Bardagué-Endpfanne in einem flachen intramontanen Becken nahe dem nördlichen Gebirgsrand in den 1960er Jahren. Noch nicht ganz ausgewehte hellgraue Reste eines schluffig-tonigen Stillwasserabsatzes sind die direkten Spuren des letzten Abkommens bis hierher. Das Pfannenrelief wird durch die Vegetation von mehrjährigen Gräsern, Sträuchern und einzelnen hochgewachsenen Tamarisken bestimmt, um die sich Flugsand in Kupsten angesammelt hat.

In weniger dürrer Ausprägung mit lebenden Tamariskenhügeln erscheint ein Teil der Endpfanne eines Flusses ca. 100 km südwestlich der südalgerischen Tassilistufe bei Djanet (Foto 177). Die Vegetation lebt ausschließlich von dem oberflächennahen Grundwasserkörper, der vom versickernden Flußwasser gespeist wird. Erreicht der Fluß über längere Zeit nicht mehr seine Endpfanne oder ist die Wassermenge so gering, daß sie nur noch in schmalen Bahnen in sie hineinfließt, stirbt die Vegetation ab, so wie die Tamarisken im Hintergrund von Foto 176.

Mit jeder Flut werden Sand und feinere Korngrößen in die Endpfanne geschwemmt. Die getrockneten Tonhäutchen werden bald ausgeweht, der mitgeführte Sand wird durch den Wind nur im Nahbereich umgelagert, von den Pflanzen zur Wasserspeicherung in kleinen Hügeln festgehalten und bei ausreichender Menge auch allmählich zu Dünen aufgebaut. In gleicher Weise, wenn auch mit viel größeren Wasser- und Sandmengen, dürften im Laufe des Pleistozäns auch die Ergs oder Sandseen der Sahara aufgebaut worden sein (Kap. 4.3.12.). Dabei lieferten die Fluten nicht nur das Sediment für die Dünen. Sie zerstörten auch immer wieder das sich schnell bildende Auswehungspflaster aus gröberen Partikeln, das die weitere äolische Sandaufnahme aus dem Pfannensediment unterbindet (Kap. 2.5.1.). Eine unabdingbare Voraussetzung für das Dünenwachstum in solchen Bereichen sind also regelmäßige Fluten, die das Sediment umlagern und so vom Wind aufnehmbare Korngrößen an der Bodenoberfläche absetzen oder freilegen.

Foto 178 zeigt einen Ausschnitt der sogenannten Alten Endpfanne des Bardagué, mehrere Zehner von Kilometern nördlich der rezenten Pfanne. Zum Höhepunkt des frühholozänen Pluvials war das Gebiet ein Teil des noch mehrere hundert Kilometer weit nach Norden fließenden Flusses (Pachur 1974) aus Bardagué und Yebigué, dessen Lauf bis in die Nordsahara durch Bimssteinschotter in seinen Uferwällen, die nur aus dem Tibesti stammen können, nachweisbar ist. Im Neolithikum, als Gräber wie die auf der Basaltstufe im Vordergrund errichtet wurden, endete der Fluß hier in einem Schilfsumpf, nachgewiesen durch vererzte Schilfwurzeln und Stengel, die durch das Skelett einer neolithischen Bestattung auf dem Talboden gewachsen waren. Gegen Ende der Jungsteinzeit war der mittlerweile trockene Pfannenboden bei ausreichendem Grundwasserangebot und höheren Niederschlägen als heute eine wichtige Siedlungskammer. Dies wird durch eine dichte, durch Ausblasung angereicherte Streu von Steingeräten, den Abfallprodukten ihrer Herstellung und Tonscherben belegt – mit oft mehreren Artefakten pro Quadratmeter (Gabriel, u. a. 1977).

Das Beispiel der rezenten Pfanne eines kleinen Wadis zeigt Foto 179. Sie wurde nach einem Frühjahrsregen südlich von Sebha im Fezzan und kurzzeitigem Abfluß für einige Tage gefüllt. Die spärliche mehrjährige Kupstenvegetation, die durch die Infiltration nach solch seltenen Ergeignissen für längere Zeit mit Wasser versorgt wird, ist am Pfannenrand konzentriert, außerhalb des durch Verdunstung von Oberflächen- und aufsteigendem Kapillarwasser geschaffenen Versalzungsbereichs, der sich als weißer Ausblühungsrand rechts des noch feuchten Pfannenbereichs zeigt.

Foto 180: Abdämmung eines Nebentals des Enneri Blaka durch eine Leedüne, ausgedehnte Flußterrassenfläche; Djadoplateau, → SW

Foto 181: Nur unmittelbar am Flußlauf erhaltene Felsterrasse am Enneri Dougei; Becken von Bardai, Tibesti, Nordtschad, → S

Foto 182: Mächtige Flußterrassenverfüllung eines Beckens im Schieferbergland; bei Fochi, Nordtibesti

Foto 183: Hochwasserbett, Niedrigwasserbett und Flußterrasse, kurzes Nebental des Enneri Achelouma; Nordrand des Djadoplateaus

2.3.3. Flußterrassen

Die Flüsse der zentralen Sahara haben ebenso wie die anderer Klimaregionen im Laufe des Quartärs empfindlich auf die zahlreichen Klimaänderungen reagiert. Ein Teil dieser Wechsel ist in erhaltenen Flußterrassen dokumentiert, den unterschiedlich stark umgestalteten Resten alter Flußtalböden und der sie aufbauenden Sedimente. Zu- oder abnehmende Wasserführung im Zusammenspiel mit zu- oder abnehmender Produktion von Hangschutt (Kap. 2.2.) und dessen Eintrag in die Flüsse (Kap. 2.2.) haben in unterschiedlicher Kombination zu Akkumulation oder Erosion geführt.

Der größte Teil dieses Geschehens fand bei eindeutig feuchteren Bedingungen als heute statt, wo Täler außerhalb der Gebirge meist nur noch abschnittsweise durchflossen werden, mitunter blockiert durch Längsdünen wie in Foto 180. Die seltenen Fluten können das äolische Hindernis nicht ausräumen und umfließen es. Das sich vor der Düne stauende und versickernde Wasser versorgt einen dichten Akazienbestand. Dünensand einer älteren äolischen Phase wurde dagegen in den Nebentälchen rechts in einer etwas feuchteren Phase zum Talboden umgestaltet, wie in Foto 135. Zwei unterschiedlich hohe, von braun patiniertem Steinpflaster bedeckte und stark zerschnittene Akkumulationsterrassen stehen für vorzeitlich beträchtlich stärkere fluviale Aktivität, besonders in der Akkumulations-, aber auch in der Zerschneidungsgsphase.

Eine frühholozäne, ursprünglich bis 20 m über den heutigen Talboden reichende Akkumulation in einem intramontanen Becken zeigt Foto 181. Die das Bild beherrschenden, nur bis ca. 10 m hohen Terrassenriedel entstanden, als in einer ersten Abtragungsphase von der Beckenumrahmung ausgehende Spülprozesse den unverfestigten Akkumulationskörper flächenhaft tieferlegten und zur Tiefenlinie hin zu einem wenige Grad geneigten sog. Glacis abschrägten (vgl. Foto 172 links). Erst darauf folgten linienhafte Zerschneidung, eine erneute geringere Akkumulation und wiederum Zerschneidung, die die untere Terrasse und das heutige Flußbett schufen.

Typisch für die großen Becken und Plateauränder sind alte Felsterrassen, deren ursprüngliche fluviale Auflage längst weitestgehend abgetragen worden ist. Oft sind sie, wie in Foto 182, unmittelbar am Rand des heutigen Kastentals als braun patinierter Streifen am besten erhalten. Der aus den Tälchen des Beckenrands austretende Abfluß schuf die beiden hellen Sandschwemmebenen (vgl. Foto 60 ff.), die ein wenig unter das ältere Sandsteinpediment eingetieft wurden. Versikkerungsverluste und die in Fließrichtung zunehmende Größe der zu überspülenden Fläche führten bei dadurch abnehmender Wassermenge pro Flächeneinheit in Flußnähe zur linienhaften Konzentration des Abflusses, damit zur Einschneidung und infolge davon zur Bewahrung des felsigen ehemaligen Talbodens im überschwemmungssicheren toten Winkel zwischen den einmündenden Rinnen.

Wie enorm groß die Schuttmengen auch bei kleinem Flußeinzugsgebiet waren und wie kräftig die eine Terrasse schaffende nachfolgende Einschneidung war, zeigt die fast 10 m hoch aufragende Akkumulationsterrasse in einem Nebental im Djadoplateau, kaum 1 km vom Talbeginn entfernt

Foto 184: Zweistufige altquartäre Terrassenakkumulation; Atakor, Hoggar, Südalgerien

Foto 185: Über 20 m mächtige Hochterrasse im Schieferbergland, heutiger Unterlauf des Bardagué, Tibesti, Nordtschad

Foto 186: Alte Flußterrasse (Prä-Acheulterrasse); Oberlauf des Enneri Blaka, Djadoplateau; Rutschungen am Gegenhang, → E

Foto 187: Prä-Acheulterrasse; gleicher Ort, von unten gesehen, → S

(Foto 183). Anzunehmen ist, daß zur Akkumulationszeit das Flußbett ähnlich mehrgliedrig gestaltet war wie das heutige: mit seinem Hochwasserbett bis zur Akazienreihe am sehr schmalen Niedrigwasserbett und einem häufiger überschwemmten Mittelwasserbett mit niedrigeren Sträuchern. Diese mit Ausnahme des Mittelwasserbetts bereits im Kap. 2.3.1. mehrfach gezeigte Differenzierung ist wie auch in humiden Breiten das Ergebnis der unterschiedlichen Wassermenge bei verschiedenen Abflußereignissen.

Tritt ein Fluß dieser Region bei einem seiner nur episodischen, d. h. unregelmäßigen und seltenen Abflußereignisse aus dem Niedrigwasserbett auf das meist nur wenige Dezimeter höhere Hochwasserbett über, wird dort wegen schlagartig abnehmender Wassertiefe, dadurch größerer Reibung und sinkender Transportkraft der gröbere Teil des als Schweb im Wasser transportierten Feinmaterials abgesetzt. Besteht solch ein Hochwasserbett wie in Foto 183 aus groben Komponenten, bedeutet dies, daß ein älterer Grobsedimentkörper, meist die mittelholozäne Niederterrasse (s. u.), in die gegenwärtige Akkumulation einbezogen wird.

Dementsprechend ist auch in älteren Flußterrassen mit einbezogenen, noch älteren Sedimentkörpern zu rechnen. Flußbettunterschiede und Rinnenverlagerungen, unterschiedliche Abflußregimes zu verschieden feuchten Zeiten während der Akkumulationsperioden und wahrscheinliche spätere Profilkappungen müßten zu einer Vielzahl von im Detail unterschiedlichen Sedimentprofilen geführt haben.

Trotz dieser allein schon aus den heutigen Prozessen abzuleitenden Vielfalt der alten Flußsedimente lassen sich die Flußterrassen der zentralen Sahara wegen grundlegender Unterschiede der einzelnen Körper relativ leicht unterscheiden und zusätzlich nach relativer Höhenlage und Einschachtelung zu wenigen Terrassengenerationen zusammenfassen. Am besten ist dies in zahlreichen Arbeiten der Forschungsstation Bardai im Tibestigebirge in den 1960er Jahren gelungen, die in den Berliner Geographischen Abhandlungen erschienen sind. Eine Übersicht über die Flußterrassen des Hoggar gibt Pierre Rognon (1967). In den Vorländern finden sich mit den Gebirgen verknüpfbare Varianten der fluvialen Geschichte. Eine für die Gesamtregion gültige Terrassen- und damit flußgeschichtliche Chronologie gibt es jedoch noch nicht, falls es sie jemals geben wird, da regionalklimatische Unterschiede auch zu regionalen Unterschieden der Akkumulation und Erosion geführt haben dürften.

Foto 184 zeigt die wahrscheinlich älteste Terrasse, die nur im Hoggar vorkommt oder nur dort erhalten ist. Der von Julius Büdel als Mergelsandterrasse bezeichnete Körper der „terrasse haute“ (u. a. 1977; Hochterrasse) wurde nach der in der französischen Saharaliteratur als „grand creusement des vallées“ bezeichneten Einschneidung bis unter das heutige Talbodenniveau mehrere Zehner von Metern hoch akkumuliert. Diese überwiegend schluffig-feinsandige Akkumulation wird nach ihrer Stellung zu anderen Flußterrassen in die erst wenig bekannte plio-pleistozäne Übergangszeit gestellt, ins Villefranche der Franzosen. Diese „große Taleintiefung“ ist von buchstäblich einschneidender Bedeutung für die fluviale Reliefgeschichte der gesamten Sahara. Überall wurde das bis dahin flächenhaft weitergebildete tiefste Rumpfflächenniveau (Kap. 1.4.) von großen und kleinen Wasserläufen zerschnitten und dort Flächenbildung durch Talbildung abgelöst. Ebenso wurden die in den Gebirgs- und Plateaulandschaften bereits früher angelegten Täler stark weiter eingeschnitten. Diese Einschneidung erfolgte so schnell, daß die Hangabtragung kaum mithalten konnte und vorwiegend steilwandige bis kastenförmige Talprofile entstanden.

Eine entsprechend hohe, ebenfalls feinkörnige und helle Terrasse findet sich auch im Mittellauf des Bardagué im Tibesti (Foto 185). Ihre Sedimente haben im Schieferbergland sogar hochliegende Wasserscheiden überdeckt. In dieser Hochterrasse gefundene Schneckenhäuser mit noch erhaltenem dunklen Chitinüberzug einer Art, die in der spätpleistozänfrühholozänen Mittelterrasse (s. u.) häufig ist, sprechen eher für eine durch hohen Feinmaterialanfall, etwa von sauren vulkanischen Aschen, besonders stark entwickelte Mittelterrasse.

Die älteste erhaltene Terrasse der Plateauregionen, aber meist auch der intramontanen Becken der Gebirge ist ein Körper, der ganz im Gegensatz zur Mergelsand- oder Hochterrasse aus groben, überwiegend gut gerundeten Schottern besteht (Foto 188). Am besten flächenhaft erhalten ist diese Terrasse im Oberlauf des Enneri Blaka im Djadoplateau (Foto 186, 187). Im Vordergrund erscheint sie inselhaft unter der ebenfalls dunkel patinierten Hamadastreu (Kap. 2.5.1.) des jüngsten Grobschotterkörpers, der Niederterrasse. Im Hintergrund liegt sie stellenweise den untersten Rutschungsschollen (Kap. 2.1.) des Talrandes auf. Anders als die meist glacisförmig zur Tiefenlinie hin abgeschrägte Mittelterrasse (Foto 173, 202, 203), ist die Oberfläche der Terrassenriedel während der Zerschneidung nahezu horizontal erhalten geblieben. Auf diesen Flächen wurden eine dichte, in das patinierte Steinpflaster einbezogene Streu paläolithischer Werkzeuge und die Plätze, an denen sie hergestellt wurden, gefunden.

Foto 188: Grobe Schotter der Prä-Acheulterrasse; gleicher Ort, → S

Foto 189: Durch Reliefumkehr zu einem Terrassenplateau umgestaltete alte Flußakkumulation, altsteinzeitliche Artefakte im Steinpflaster; Termit Ouest, → E

Foto 190: Durch Eisenoxid verbackene alte Flußterrasse; östlich von Tamazalak, Aïr-Gebirge

Foto 191: Quarzkieselterrasse östlich von Assamaka, Einzugsgebiet des Azaouagh; westliches Aïr-Vorland, → NW

Foto 192: Hohe Quarzkieselterrasse; südwestliches Aïr-Vorland, → N

Foto 193: Mittelterrassenfläche am Unterlauf eines Wadis südlich des Hoggar

Foto 194: Oberfläche und Schurf, Quarzkieselterrasse; südwestliches Aïr-Vorland

Unter der zerschnittenen ebenen Oberfläche besteht der Terrassenkörper (Foto 188) aus durchweg gut gerundeten Grobschottern bis über 50 cm Durchmesser in flußab dachziegelförmiger, also eindeutig fluvialer Schichtung mit wenig feinkörniger, braun verwitterter Matrix. Die Schotter erscheinen selbst nach einer maximal möglichen Transportstrecke von nur wenigen Kilometern, am Fuß der nördlichen Messakstufe sogar von nur wenigen hundert Metern bereits gut bis sehr gut gerundet. Sie sind deshalb keine echten, primär durch fluvialen Transport zugerundeten Schotter, sondern Kernsteine der tertiären Tiefenverwitterung, wie sie in großem Umfang bei der Versteilung der endtertiär noch gestreckt S-förmigen Hangprofile (Kap. 2.1.) aus dem sie umgebenden Zersatz ausgewaschen worden sein müssen. Erst nach längerer Transportstrecke haben sich daraus noch besser gerundete, wirklich fluviale und transportkraftbedingt kleinere Schotter gebildet. Diese bestehen fast ausschließlich aus hartem, eingekieseltem Sandstein und sehr gut gerundeten weißen Quarzschottern, die als „Recycling"-Produkte aus Schotterbändern der Sandsteine des Einzugsgebiets stammen.

Die Einkieselung geht auf die mitteltertiäre Silcretebildung (Kap. 1.2.2.) zurück. Die Kernsteinbildung kann demnach erst danach bei der Ausbildung der Hangprofile im Zuge der jungtertiären Vorlandtieferlegung erfolgt sein. Das typische Fehlen leicht verwitterbarer Bestandteile dürfte die Folge späterer chemischer Verwitterung und Bodenbildung gewesen sein. Es handelt sich somit um Reliktschotter.

Ein weiteres Kennzeichen dieser Terrasse ist eine Reliefumkehr von 10 und mehr Metern am Rand der Plateaus und in intramontanen Becken: Wegen der widerständigen Schotterstreu und hoher Wasserdurchlässigkeit ging die Abtragung beiderseits der Schotterstränge bis in den Saprolit schneller voran als im Bereich der Akkumulation selbst, so daß sich ehemalige Tiefenlinien heute als bahndammartige Rücken, wie in Foto 189 vom Westrand des Termit, über ihr Umland erheben. Solche Rücken erstrecken sich unter anderem auf bis zu 80 km Breite mehrere Zehner von Kilometern weit als einstiger Blaka-Schwemmfächer am Südrand des Djadoplateaus in die Ténéré. Sowohl für den Aufbau dieses riesigen Fächers als auch für dessen Zerschneidung, Reliefumkehr und weitere Verfrachtung der ausgeräumten Sedimente nach Süden müssen intensiv pluviale Bedingungen geherrscht haben, und zwar *nach* der Feuchtzeit der großen Rutschungen.

Am westlichen Aïr-Rand, aber auch im Blaka-Fächer wurden zu Eisenoxidkrusten verbackene Reliktschotterbänder (Foto 190) gefunden. Es handelt sich dabei nicht um eine eigenständige Terrassengeneration, sondern so, wie einige hunderttausend Jahre später zur Mittelterrassenzeit (s. u.), um die Ausfällung von Sumpfeisenerz in sauerstoffreichem Wasser in Tiefenlinien des Akkumulationsgebiets.

Einen Anhalt für das Mindestalter dieser wichtigen Periode der zentralsaharischen Flußgeschichte geben die überall auf den Terrassenriedeln zu findenden altsteinzeitlichen Artefakte, Arbeits- und Wohnplätze des Acheul (Tillet 1983). Die Acheul-Werkzeugtypen wurden wahrscheinlich über mehrere hunderttausend Jahre hinweg wenig verändert benutzt, mit einiger Sicherheit jedoch nur bis vor etwa 100 000 Jahren. Anzunehmen ist weiterhin, daß die altsteinzeitlichen Menschen nicht im noch aktiven Flußbett, sondern hochwassersicher auf der bereits zerschnittenen Akkumulationsfläche am Rand eingetiefter Wasserläufe lebten. Der Terrassenkörper wurde deshalb von mir als *Prä-Acheulterrasse* bezeichnet und wegen seines Kernsteingehalts und seiner Stellung zu den Rutschungen in erster Näherung ins Altpleistozän gestellt.

Die Widerständigkeit und damit mehrfach mögliche Umlagerung der Reliktschotter erschwert die relative zeitliche Zuordnung von Terrassen allein nach ihrem Schottergehalt. Im Umland des überwiegend granitischen Aïr-Gebirges und in der Granitaureole des Hoggar besteht die Prä-Acheulterrasse weitgehend aus chemisch vorverwitterten und zugerundeten Gangquarzschottern mit nur noch wenig grusiger Matrix (Foto 190). Daneben gibt es aber dort (Foto 192, 193) eine ebenfalls durch Reliefumkehr zu hohen Rücken umgestaltete Terrasse mit Reliktschottern, jedoch in einer mengenmäßig viel bedeutenderen feinkörnigen Matrix. In einem typischen Aufschluß (Foto 194) und als Oberflächenstreu (Foto 191) findet sich ein Gemisch unterschiedlich roteisenschüssiger, also unterschiedlich weiterverwitterter Schotter, die aus verschiedenen Quellen vermischt worden sein dürften. Diese Terrassen, die besonders im Oberlauf der Koris westlich des Aïr riesige Flächen einnehmen und denen nur eine unbedeutende jüngere Terrasse folgt, werden deshalb als eine mögliche

Foto 195: Dreigeteilte Mittelterrasse; Enneri Achelouma, Nordrand des Djadoplateaus

Foto 196: Feinsediment mit Grobschotterlage unter windausgewehtem Sumpfsediment der Mittelterrasse im Krater Gossololom Bo; Nordrand des Termit

Foto 197: Detail mit windpräparierten Feinsedimentabdrücken (Phänomenen) von Schilfwurzeln; gleicher Ort

Foto 198: Kalkiges Seesediment, verzahnt mit fluvialer Mittelterrasse; Bucht am Südrand des Plateau du Mangueni, → N

Foto 199: Aufschlußdetail des Seesediments: durch Windschliff freigelegte Schneckenhäuser

Ausprägung der viel jüngeren Mittelterrasse mit aufgearbeiteten Schottern der Prä-Acheulterrasse angesehen.

Die Mittelterrasse wurde bei den flußmorphologischen Arbeiten der Forschungsstation Bardai seit Anfang der 60er Jahre rein beschreibend so genannt, weil sie in den Gebirgstälern im Regelfall zwischen einem älteren und einem jüngeren Terrassenniveau liegt. ROGNON (1967) bezeichnet sie ebenfalls als *„terrasse moyenne“*. Sie hat eine enorme flächenhafte Verbreitung, vor allem in den weiten Ebenen. Leichte und eindeutig ihrem Herkunftsgebiet zuzuordnende Bimsschotter lassen sich vom Tibesti bis weit nach Nordlibyen (u. a. PACHUR 1987, PACHUR & BRAUN 1982) oder nach Westen bis in die Ebenen des Tchigai verfolgen. Nach Süden bestand in Ostniger über ausgedehnte Schilfsümpfe eine Verbindung von Hoggar und Tassili zur frühholozänen südsaharischen Seenlandschaft, dem „Paläotschad“ von HUGUES FAURE (1966, 1966 a). Im Nordtschad war die Verbindung vom Tibesti zum Paläotschad an der Falaise d'Angamma gegeben. Ausgedehnte Äquivalente finden sich in der ägyptischen Eastern Desert (jüngste Übersicht bei KRÖPELIN 1993).

Die Flüsse, die den Mittelterrassenkörper aufbauten, hatten ihren Ursprung nicht nur in den zu allen Zeiten feuchteren Gebirgen. Zum Beispiel liegen die Terrassen von Foto 195 und 198 in kleinen Nebentälern des Enneri Achelouma am Fuß der Mangueni-Stufe; die Terrasse von Foto 196 wurde in einem kleinen Krater nördlich des Tchigai akkumuliert, andere setzen im Verlauf einstiger Nebenflüsse innerhalb der endtertiären Rumpfflächenlandschaft ein.

Wichtigstes Kennzeichen der Mittelterrasse ist ihr hoher Feinmaterialanteil, und zwar als einziger der quartären Terrassen. Im Normalfall ist der Terrassenkörper vertikal dreigeteilt, mit groben Schotterlagen unter- und oberhalb der zentralen Feinsedimentschichten. Gelegentlich handelt es sich dabei wie in Foto 195 um den erodierten Rest einer älteren Terrasse, die morphologisch nirgends in Erscheinung tritt. Das Feinmaterial besteht vor allem in der roten Ausbildung (Foto 208, 221) aus Bodensediment, also abgeschwemmten Böden. Bei Felshanganschluß ist regelmäßig eine Verzahnung mit der wichtigsten Hangschuttdecke gegeben, die ebenfalls einen hohen, meit schluffigen Feinmaterialanteil hat oder hatte (Kap. 2.2.). In der Terrasse, wie in Foto 196, ist dann ein Wechsel von nur kantengerundeten Hangschuttbändern und Feinmaterial wie am Hang zu erkennen.

Ein weiteres wichtiges Kennzeichen ist nur dank des heutigen selektiven Windschliffs (Kap. 4.2.1.) erkennbar. Infolge der Herausarbeitung geringster Festigkeitsunterschiede werden nur noch als Sandverbackungen erhaltene Wurzelgeflechte (Rhizomphänomene) sichtbar (Foto 196, 197). Sie belegen, daß ein wesentlicher Teil der Sedimentation in durchflossenen Schilfsümpfen stattfand, wie sie heute noch in kleinen Arealen in den Gebirgstälern vorkommen (Foto 168).

Foto 200: Reste einer sehr mächtigen Mittelterrasse in einem Becken des Hochplateaus Emi (= Berg) Brao; Westrand des Djadoplateaus

Foto 201: Rippelbesetzte Fläche der feinkörnigen Mittelterrassenakkumulation im Niveau des heutigen, nahezu inaktiven Flußbetts; Enneri Blaka, Djadoplateau

Foto 202: Zu einer leicht geneigten Glacisfläche umgestaltete Mittelterrasse ; Dachfläche des Messak Mellet nahe dem Ergrand, Südlibyen, → E

Foto 203: Glacis in stark erniedrigter Mittelterrasse mit grober Steinstreu; Blaka Laodemi, Djadoplateau, → SE

Immer wieder finden sich auch Übergänge zu limnischer Sedimentation in Durchlaufseen wie in Foto 198 mit in Seekreide – hier ebenfalls windüberschliffen – eingebetteten Fossilien (Foto 199). Da es außerdem Verzahnungen zwischen Seesediment und Schwemmfächern gibt (Kap. 1.4.; Foto 207), lassen sich Hangschuttdecken, Bodenbildung, Seen und Mittelterrasse als ein zumindest in Teilen zeitgleicher Bildungskomplex auffassen. Organische Reste in Terrassen- und Seesedimenten konnten ^{14}C-datiert werden (u. a. BAUMHAUER 1988, 1992; BAUMHAUER et al. 1989, BUSCHE et al. 1979, PACHUR et al. 1987). Diese Daten passen zu denen der großen Paläoseen (Kap. 2.4.) und diese wiederum zu denen der Grundwasserbildung in der östlichen zentralen Sahara (Sonderforschungsbereich 69, Aride Gebiete; u. a. THORWEIHE 1990).

Daraus ergibt sich wie zur Zeit der Prä-Acheulterrasse eine weitere, die gesamte zentrale Sahara erfassende humide Klimaperiode, deren Beginn schon vor oder um 15 000 B. P. (vor heute), deren Höhepunkt um 10 000 und deren Ende vor etwa 7000 Jahren anzusetzen ist. Allerdings kann dieser Zeitraum keinesfalls klimatisch einheitlich gewesen sein. So konnte DIETER JÄKEL u. a. aus Detailstudien der Seeterrassenschichtenfolge des Bardagué das zu verschiedenen Zeiten unterschiedlich weite Vorstoßen des Flusses ins nördliche Tibestivorland und damit wohl unterschiedlich feuchte Phasen ableiten (JÄKEL 1971, 1978).

Unterzubringen in den paläoklimatischen Vorstellungen zu diesem Pluvial sind u. a. die mindestens periodisch und in den See- und Sumpfgebieten zumindest abschnittsweise perennierend, also ganzjährig fließenden Flüsse, die allem Anschein nach mit Winterfrost bis in geringe Höhen- und Breitenlagen verbundene Hangschuttbildung und Schuttbewegung (Kap. 2.2.), die Bodenbildung (Kap. 5.), aber auch die Bodenzerstörung durch Abspülung und der Wechsel zwischen Grob- und Feinmaterialsedimentation. Zur genauen zeitlichen Abfolge und zu dem damit verbundenen Klima- und Vegetationsgeschehen fehlen aber noch viele Daten.

Einige weitere Befunde umreißen die große Schwankungsbreite des geomorphologischen Geschehens. Foto 200 ist das eindrucksvollste Beispiel für die großen Sedimentmengen, die – nach vorheriger Aufbereitung durch chemische Verwitterung und Bodenbildung, also auch in einer nichtariden Phase – in Becken und Tiefenlinien zusammengeschwemmt wurden. Auf einem in Becken gegliederten, von Steilabfällen umgebenen Sandsteinplateau des Djado ist bei einer Gesamtfläche von kaum 1 km^2 das sandig-schluffige, von Rhizomen durchsetzte Sediment bis zu einer Mächtigkeit von 14 m erhalten geblieben (vorn rechts und im Mittelgrund). Daß Mißverhältnis von winzigem Einzugsgebiet und großer Sedimentmenge läßt sich am ehesten durch Sandeinwehung erklären, die allerdings heute, bei ca. 200 m relativer Höhe über dem Umland, unbedeutend ist und die Vorstellungen zum Klima der Mittelterrassenzeit noch weiter komplizieren würde.

Ebenso beeindruckend wie die große Akkumulation ist die Tatsache, daß nachfolgend der größte Teil dieser Sedimente wieder abgetragen wurde – auch hier bei einer nur winzigen Wasserauffangfläche, also zeitweilig sehr hohen Niederschlägen. Nur noch in erosionsgeschützten Lagen, etwa auf einsedimentierten Wasserscheiden, ist die nahezu volle Sedimentmächtigkeit erhalten geblieben. Auch die wenigen Hochterrassenreste des Bardagué (Foto 185, vgl. auch Foto 163) gehören dazu. Erhalten ist vielfach nur ein stark erniedrigter Sockel von wenigen Metern Höhe. Die generell abschließende Grobsedimentlage, in Foto 203 nur als lockere Streu vorhanden, mag zu einer letzten kurzen Akkumulationsphase vor der weiteren Ausräumung gehört haben.

Im Enneri Blaka (Foto 201) ist die Mittelterrasse als Geländestufe völlig verschwunden. In grünlich-grauer Eisenreduktionsfarbe erscheint sie nur noch als windüberschliffenes, rippelbesetztes Niedrigwasserbett, weil die Akkumulation nach fast vollständiger Ausräumung älterer Flußsedimente unterhalb des heutigen Flußbettniveaus einsetzte.

Die weitgehende Ausräumung der hohen Mittelterrassenakkumulation endete, wie schon mehrfach angesprochen (Foto 173, 181), in der Ausformung von leicht geneigten Glacisflächen im dem feinkörnigen, unverfestigten Terrassensediment (Foto 202, 203). Geschaffen wurden sie, wie schon auf Seite 91 angesprochen, von flächenhaft wirkenden Spülprozessen, deren Wasser vom höheren Umland stammte. Die Glacisbildung endete offenbar in einer Phase häufiger Starkregen, die große Blöcke wie in Foto 203 oder auch 144 aus einem kleinen Einzugsgebiet bis zu mehrere hundert Meter weit herausschwemmen konnten.

Foto 204: Zwei Terrassenniveaus vor den zwei Hangschutt- und -profilgenerationen der Messak-Mellet-Stufe; nordwestlich des Col d'Anai, libysch-algerische Grenze

Foto 205: Tonnenschwere, offenbar fluttransportierte Sandsteinblöcke auf Mittelterrassenresten über Kalkstein; nördlich von Blaka Kallia, Djadoplateau, → NE

Foto 206: Grobe Niederterrassenschotter auf einem Schwemmfächer, Enneri Blaka; Djadoplateau, → E

Foto 207: Verzahnung mittelterrassenzeitlichen Schwemmfächersediments mit Seekreide; Ebene oberhalb des Yebigué-Schluchtbeginns, Tibestigebirge, Nordtschad

Foto 208: Mittelterrasse mit hohem Anteil verschwemmten Dünensands; Becken von Termit Chéguelenga

Möglicherweise in dieselbe Zeit katastrophaler Starkregenfluten gehören tonnenschwere Kalksteinblöcke wie die in Foto 205, die mehrere Kilometer weit vom Ausbißbereich der Karbonkalke ins Sandsteingebiet geschwemmt und auf einem Mittelterrassenrest abgesetzt wurden. Am ehesten kann dies noch in einem kräftigen sandreichen Schlammstrom geschehen sein, dessen Feinmaterial seither abgetragen wurde. Spuren davon finden sich im Bereich der Blöcke nicht. Mehrere hundert Meter lange Uferwälle von Muren aus jener Zeit finden sich jedoch auf überformten Dünensandrampen (Foto 337).

Erst nach dieser Phase wurde die flächenhafte Abtragung der Mittelterrasse durch lineare Zerschneidung bis auf oder unter das heutige Flußbett abgelöst. Danach gab es noch einmal in den Flüssen und auf den zerschnittenen mittelterrassenzeitlichen Schwemmfächern (Foto 207) eine geringmächtige, aber sehr grobe Akkumulation kaum kantengerundeter Schotter (Foto 206): die der Niederterrasse, die nur wenige Dezimeter höher als das heutige Niedrigwasserbett liegt und in Flußabschnitten mit Akkumulationstendenz heute leicht überdeckt wird (Foto 172, 215). Zum Transport der groben Schotter muß beträchtliche Wasserkraft vorhanden gewesen sein. Heute wird auf denselben Flußabschnitten bestenfalls Feinkies sedimentiert.

Verzahnungen mit feinkörnigem Seesediment wie zur Mittelterrassenzeit (Foto 207, im Gebiet von Foto 62) fehlen. Ein höherer Feinmaterialanteil, durch den die Terrasse eine glatte Oberfläche erhielt, muß ursprünglich aber auch in der Niederterrasse vorhanden gewesen sein, denn auf den heute kaum begehbaren Schuttarealen wie in Foto 206 gibt es häufig Spuren neolithischer Siedlung. Es ist nicht anzunehmen, daß die jungsteinzeitlichen Menschen auf einer derart unebenen Oberfläche lebten. Das Feinmaterial muß bei der Bildung des heutigen Steinpflasters selektiv abgetragen worden sein (Kap. 2.5.1.).

In Gebieten vorzeitlich und heute stärkerer äolischer Akkumulation wird die Flußterrassengeschichte noch weiter kompliziert, weil äolische Prozesse offenbar auch während der Pluviale oder zumindest während einzelner Phasen davon wirksam waren. Vom Nord- bis zum Südrand der zentralen Sahara wurden fluvioäolische Sandrampen gebildet, in denen, mit unterschiedlich starker Hangschuttvermischung, aufgewehter Dünensand zum Teil wieder hang- und talabwärts geschwemmt wurde (vgl. Foto 135, 200; Kap. 4.3.14.). Foto 208 zeigt einen typischen Aufschluß im hangfernen Teil der Sandrampe von Foto 536 mit einem sehr hohen Anteil umgelagerten Dünensands im oberen Profilabschnitt. Die Gleichsetzung mit der Mittelterrasse ergibt sich aus Vorkommen von weißem Seesediment an ihrer Basis (Foto 198, 536). Ebenso gab es, wie in Foto 204 zu sehen, die Ausbildung eines tieferen Erosionsniveaus der sandigen Terrasse, die hier vor der abschließenden Zerschneidung von den Schottern der geringmächtigen Niederterrasse überlagert wurde.

Die Mittelterrasse in ihrer schluffreichen Normalausprägung ist nicht nur flächenmäßig, sondern auch für die menschliche Nutzung die wichtigste fluviale Akkumulation der zentralen Sahara. Als *„limon des palmeraies"*, als Oasenlehm, stellt sie den Boden für den Ackerbau der Oasen; mit Wasser und Stroh vermischt, sind die hellbraunen Lehmziegel neben Schilf das wichtigste traditionelle Baumaterial der zentralen Sahara. Mit ihrer durch menschliche Nutzungsfehler in Flußoasen oft beträchtlichen heutigen Erosion, etwa im Aïr, geht eine zumindest nach menschlichem Zeitverständnis nicht erneuerbare Bodenressource verloren.

Es ist nicht anzunehmen, daß es während der ca. 2,3 Millionen Jahre des Quartärs in dieser Region nur die beiden feinkörnigen Akkumulationsphasen der Hoch- und der Mittelterrasse und die beiden gänzlich unterschiedlichen Schotterakkumulationsphasen der Prä-Acheul- und der Niederterrasse gab. Diskordant in die Mittelterrasse eingeschlossene Körper wie in Foto 195 deuten darauf hin, ebenso die in Verbindung mit paläolithischen Artefakten stehende Terrasse von Silemi bei Bilma (Foto 233, 548). Die bedeutenden Phasen fluvialer Zerschneidung, die aus fluvialen Akkumulationskörpern erst Flußterrassen machten, dürften viele Spuren zerstört haben. Deshalb kann die Terrassenabfolge kaum sämtliche Klimaschwankungen des Quartärs repräsentieren. Die vier erfaßten Perioden fluvialer Akkumulation und Erosion sind jedoch die einzigen, die in Form von Flußterrassen morphologisch relevante, deutlich reliefverändernde Spuren hinterlassen haben.

Foto 209: Flutbeginn, Sandschwemmebene am Ostrand von Bardai; Tibesti, Nordtschad, → SE

Foto 210: Ende der Flut, gleicher Ort

Foto 211: Ankommende Flutwelle im Enneri Bardagué; Becken von Bardai, Tibesti

Foto 212: Ende der Flut; gleicher Ort

Foto 213: Fließender Bach nach Dauerregen; Südfuß des Plateaus von Tademait

Foto 214: Guelta (Wasserstelle) Timesserouadjène mit Flutmarken; Assekrem-Piste, Atakor (Hoggar), Südalgerien

2.3.4. Flutereignisse

Bei periodisch auftretenden Starkregenereignissen in der randsaharischen Halbwüste sind katastrophale Fluten keine Seltenheit. Während eines einzigen Abkommens können durch metertiefe Akkumulation und Erosion kurzzeitig Terrassen gebildet werden (Mensching et al. 1970). Daraus wäre für die zentrale Sahara zu schließen, daß die in Kap. 2.3.3. beschriebenen Flußterrassen auch nur die Folge gelegentlicher Starkregen und nicht langfristiger Klimaschwankungen seien. Dagegen sprechen aber die absoluten und relativen Zeitmarken, festliegende patinierte Schuttdecken oder die prähistorischen Funde auf den Terrassenflächen.

Flutereignisse in der zentralen Sahara treten nur episodisch, selbst in den Gebirgen nicht jährlich in demselben Gebiet auf, und die von ihnen hinterlassenen Spuren sprechen für eine viel geringere Abflußintensität bei regional guten Infiltrationsmöglichkeiten in Sanddecken oder Paläoböden unter dem Wüstenpflaster (Foto 545). Außerdem fallen viele Niederschläge im Winterhalbjahr nicht als Stark-, sondern als Landregen in weit südwärts greifenden Störungen der Westwindzone, wie in den drei Bildbeispielen dieser Doppelseite.

Der Abfluß auf der Sandschwemmebene von Foto 60 in Bardai im April 1968 setzte erst nach längerem Landregen ein. Die Fotos 209 und 210 zeigen Beginn und Ende der in mehreren Jahren einzigen und nur schwachen Flut: das geringmächtige Vorrücken des Abflusses über die zwischenzeitlich äolisch überprägte Schwemmsandebene (Briem 1977) und die Ausbildung eines kaum eingetieften vielarmigen, anastomosierenden Rinnensystems ohne vollständige Überdeckung der ganzen Fläche durch eine sogenannte Schichtflut.

Derselbe Regen auf der Nordabdachung des Tibesti löste auch das Abkommen des Bardagué aus, das mit einer niedrigen schaumweißen Zunge begann (Foto 211), nur kurzzeitig wenig über einen Meter Wassertiefe erreichte und in Foto 212, wenige Stunden später, schon wieder stark zurückgegangen war. Foto 213 dagegen zeigt den länger dauernden Abfluß eines Baches nach zwei Tagen Landregen am Südfuß des Plateaus von Tademait. Die während jedes der seltenen Abflüsse versickernde Wassermenge reicht aus, die Akazienbüsche entlang dieser Tiefenlinie mehrjährig aus dem Grundwasserstrom des Bachbetts zu versorgen.

Schuttfreie Unterhänge und blaugraue Patina um die in der Touaregsprache als Agelman bezeichnete Wasserstelle in den Kolken eines Wadis im Granitgebirge markieren häufig erreichte Fluthöhen (Foto 214). Die beigefarbenen Schluffränder zeigen das allmähliche Absinken des Wasserstands im bereits stehenden Wasser nach der letzten Flut an. Mehrere Wochen bis Monate, in verdunstungsgeschützter Schluchtposition ganzjährig überdauernde Wasserstellen sind heute noch für Kamelkarawanen und das Tränken von Schafen und Ziegen wichtig.

Foto 215: Wadi nach einer Flut; Assekrem-Piste, Atakor (Hoggar), Südalgerien

Foto 216: Sandgefüllte Trockenrisse in windüberschliffenem alten Endbecken mit Tamariskenhügeln; Zouzoudinga, Nordrand des Djado-plateaus

Foto 217: Große Trockenrisse in einem Kolk mit Regentropfeneindrücken; unterer Bardagué, Tibestigebirge, Nordtschad

Foto 218: Aufgerollte Tonhäutchen im ausgetrockneten Flußbett; bei In Ekker, Südalgerien

Foto 219: Regentropfeneindrücke auf aufgerollter Tonhaut; Toshka-Depression, Südägypten

Foto 220: Salzausblühung im Terrassensediment, Rand einer kleinen Gjelta; oberer Yébigué, Tibesti, Nordtschad

2.3.5. Austrocknungsformen

Während eines stärkeren Abkommens werden die Flußbettsedimente vollständig umgelagert. Ein Rinnenmuster wie in Foto 215 entsteht erst bei abklingender Flut oder wurde bei einem insgesamt nur schwachen Abkommen beibehalten. Das Bett besteht bei diesen Abflußverhältnissen aus einer Abfolge von in Fließrichtung zueinander versetzten flachen Schwemmfächern. Das sich von einer schmalen Rinne ausbreitende Wasser setzt bei dadurch abnehmender Wassertiefe Sediment ab. Das nunmehr sedimentarme Wasser sammelt sich bei leichter Einschneidung am Fuß des Fächers, kann dort eine Rinne erodieren und baut mit dem dabei aufgenommenen Sediment den flußab nächsten Fächer auf (Obenauf 1971). Bei sinkender Wassermenge bildet sich aus dieser Abfolge ein festliegendes System von flachen Sandbänken und verzweigten Rinnen.

Spuren älterer Überschwemmungen finden sich in den zahlreichen abflußlosen Hohlformen der zentralen Sahara, wie in Foto 216 in einer Stufenfußdepression. In einer solchen Playa – der Begriff stammt aus dem Südwesten der USA – bildeten sich beim endgültigen Austrocknen als Folge des hohen Gehalts an quell- und schrumpfungsfähigen Dreischichttonmineralen bis über 10 cm breite Trockenrisse aus, die mit Flugsand verfüllt wurden. Wie viele andere wurde auch diese Playaoberfläche nach ihrer Austrocknung durch Windschliff flächenhaft tiefergelegt (Kap. 4.2.2.), wie höhere Sedimentreste im Hintergrund belegen. In einer jüngeren, wieder etwas feuchteren Phase konnten einige Tamarisken in dem Sediment Fuß fassen.

Die frischen, noch nicht eingesandeten Trockenrisse von Foto 217 bildeten sich in den Stillwasserabsätzen eines Kolks, in denen leichter Wellenschlag Wasserstandslinien markiert hat. Da sich die feinsten Korngrößen zuletzt absetzen, in diesen aber der größte Anteil schrumpfungsfähiger Tonminerale steckt, ziehen sich die obersten Schichten beim Austrocknen und Aufreißen stärker zusammen als die darunterliegenden, lösen dabei dünne Platten vom Untergrund ab, biegen die Polygonränder hoch (Foto 217 rechts) und führen schließlich zum Aufrollen der Tonhäutchen (Foto 218, 219), die leicht vom Wind verweht werden können, einschließlich der in ihnen auskristallisierten und so weithin verteilten Salze.

Häufig sind Regentropfeneindrücke im noch feuchten Ton bewahrt worden als Spuren eines späteren Regens, bei dem der größte Teil der Tropfen schon vor Erreichen der Erdoberfläche bereits wieder verdunstet war (Foto 219, 217).

Salzausblühungen wie in Foto 220 sind in der zentralen Sahara viel seltener als in ihren feuchteren Randgebieten, weil nur selten oberflächennahe Grundwasserkörper vorhanden sind, über denen sich aus kapillar aufsteigendem Süßwasser bei der Verdunstung Salze anreichern können (vgl. Foto 72; Kap. 2.4.3.).

Foto 221: Rote Mittelterrasse aus verschwemmtem Boden, winderodiert; Ténéré, östlich des Aïr

Foto 222: Oxidations- und Reduktionsflecken eines Grundwasserbodens (Vergleyung) im Übergang zum mittelterrassenzeitlichen Schilfsumpf der östlichen Ténéré; windgeschliffen

Foto 224: Noch weiter östlich: Diatomit- (=Kieselalgenpanzer-) Seesediment; ebener Seeboden auf der Dünensandfläche der Ténéré

↑ Foto 225: Diatomitdetail mit Kugelstruktur, windüberschliffen; gleicher Ort

← Foto 223: Tonige Trockenrißleisten und kugelige Sedimentstrukturen, windgeschliffenes mittelterrassenzeitliches Sumpfsediment; Ténéré

2.4. Paläoseen und -sümpfe

Noch Ende der 1950er Jahre konnte angenommen werden, daß die zentrale Sahara eine sehr alte, immer aride Kernwüste sei (Meckelein 1959). Die Feldarbeiten seit den 60er Jahre zeigten jedoch bald, daß es selbst noch im relativ jungen Quartär mehrere bedeutende humide Klimaperioden gegeben hat. Zum einen wird dies durch die vorzeitliche Aktivität der Flüsse belegt (Kap. 2.3.3.), zum anderen durch den Nachweis von mindestens drei Süßwasserseephasen, und zwar um 120 000, um 33 000 und etwa zwischen 11 000 und 7 000 Jahren vor heute allein für Niger, Tschad und Südlibyen. Südlich von 20° N gab es in den Stufenfußdepressionen ab 6 500 B. P. noch eine weniger bedeutende neolithische Seephase (Baumhauer et al.1989).

Seephasen wurden auch für die ägyptische Western Desert nachgewiesen (u. a. Pachur 1987), im Nordsudan (Pachur 1987) und ebenso in der westlichen Sahara (Petit-Maire 1983). Spuren noch älterer Seephasen fand Conrad (1969) in den Becken der südwestlichen algerische Sahara.

Unterschiedliche Typen von Depressionen konnten bei ausreichendem Wasserangebot zu Seen werden: Weitungen der Flußsysteme, Stufenfußdepressionen, Deflationswannen, Vulkankrater und Calderen, bei ausreichend hohem Grundwasserstand sogar Karstdepressionen, dünensandfreie oder sandunterlagerte Depressionen in den Ergs und schließlich und vor allem die ausgedehnte tektonische Depression des Tschadbeckens mit ihren tiefsten Teilen in der Bodélé-Senke südlich des Tibesti. Diese wurde bis zur Falaise d'Angamma vom Paläotschad ausgefüllt, der, bei einer Gesamtgröße von 1000 x 1000 km, zwischen nicht ganz 10 und 20° N und 10 und 20° E für die Zeit um 30 000 B. P. und das frühe Holozän von Faure (1966; vgl. geologische Karte auf S. 10) rekonstruiert wurde. Dieser See hatte im nigrischen Teil seine Ufer am Ostrand des Aïr, in der nördlichen Ténéré und an der Kaouarstufe. Ihn ernährende Zuflüsse aus dem zentralsaharischen Raum kamen vom Aïr, vom Wadi Tafassasset zwischen Hoggar und dem Tassili n'Ajjer, vom Enneri Blaka aus dem Djadoplateau und von den Flüssen der West- und Südflanke des Tibesti. Die Ernährung scheint aber vor allem durch das von diesen Flüssen mitgebildete Grundwasser erfolgt zu sein. Der Abfluß erfolgte südlich des heutigen Tschadsees über die Benueschwelle zum Golf von Guinea.

Wahrscheinlich bestand der Paläotschad in den überfluteten alten Erggebieten aus einer Vielzahl von miteinander verbundenen Seen, aus denen höhere, durch Wellenschlag eingeebnete Dünen als Inseln herausragten, so wie noch in den 1960er Jahren im Nordteil des heutigen Tschadsees. Ebenso ragten die südsaharischen Plateaus, wie Agadem oder Termit, als Inseln aus der riesigen Seenfläche.

Die genaue Ausdehnung des Paläotschad steht noch nicht fest, da es in der Region zu wenige Höhendaten gibt, die trotz jüngster Zerschneidung und Auswehung vielerorts noch vorhandenen Seesedimente noch nicht flächenhaft kartiert worden sind und außerdem mit einer von Faure (1966) nachgewiesenen, nicht unbeträchtlichen neotektonischen Verbiegung und Absenkung des einstigen Seebodens zum Tschadbecken hin zu rechnen ist. Danach liegen die nordöstlichsten Seesedimente in der Ténéré bei 400 m NN; im Süden konnten sie wegen der Überlaufhöhe zum Benue aber nur maximal 330 m erreichen. Für die letzten 7000 Jahre ergibt sich daraus eine Absenkung des Tschadbeckens von 1 m pro Jahrhundert, extrem schnell gegenüber der nur auf 2 mm pro Jahrhundert berechneten Hebung des Hoggar seit dem Beginn des Tertiärs. Die auf der geologischen Karte in der Einleitung (S. 10) eingetragene Seeuferlinie ist also nur eine sehr grobe Annäherung an die tatsächliche Gestalt zum Höchststand dieses Sees. Eindeutig war der Paläotschad nicht auf die am tiefsten gelegenen Teile des heutigen Nordens der Republik Tschad beschränkt, sondern erfaßte auch große Teile von Ostniger, von Norden her zweigeteilt durch eine Halbinsel des Berglandes von Tchigai und seiner südlichen Fortsetzung, einschließlich der Stufe des Kaouar.

Ein weiterer großer See von mindestens 20 000 km² Fläche, verbunden mit ausgedehnten Schilfsümpfen, ist jüngst von Pachur (1997) aus dem Norden des Sudan beschrieben worden. Nach einer Erwähnung seiner mutmaßlichen Reste in einer Quelle des klassischen Altertums hat er ihn Ptolemäus-See genannt. Gute Indizien sprechen dafür, daß er über eine Sumpfzone in der Mourdi-Senke, zwischen Ennediplateau und Erdigebirge im Nordosttschad, mit dem Paläotschad verbunden war. Daraus ergibt sich zwischen dem Nil und dem Aïr-Gebirge eine aus Seen und Sümpfen bestehende amphibische Landschaft von mehr als 2 000 km Längserstreckung, zu der noch einige weitere hundert Kilometer Sümpfe und Endseen bis in die Depressionen des heutigen New Valley in Ägypten hinzuzufügen sind.

Die Feldbefunde reichen, wie erwähnt, für eine genaue kartographische Gesamtdarstellung noch nicht aus. Unstreitig ist jedoch, daß die saharischen Tiefländer mehrfach während des Quartärs die ausgedehnteste pluvialzeitliche Seenlandschaft der Erde waren, größer als die Pluvialseenlandschaft des nordamerikanischen Great Basin, zu deren letzten Resten der Great Salt Lake von Utah gehört. Zusammen mit den grünen Schilfdickichten der angrenzenden und zwischenliegenden Sumpflandschaften, bei völlig anderen Reflexionsverhältnissen der Sonnenstrahlung als heute, bei enormer Verdunstung und daraus resultierender Wolkenbildung und so selbsterzeugten Regenfällen muß die Sahara zu jenen Zeiten einen sehr wesentlichen und völlig anderen Einfluß als heute auf das Zirkulationssystem der Atmosphäre gehabt haben. Zuvor mußten jedoch dessen noch längst nicht verstandene Veränderungen erst den See- und Sumpfcharakter dieser Landschaft ermöglicht haben.

Der archäologischen Fundsituation nach waren große Teile der zentralsaharischen Ebenen wegen der großen Ausdehnung der See- und Sumpfflächen in der ausgehenden Altsteinzeit und während des frühen Holozäns siedlungsleer. Spätpaläolithische Artefakte finden sich nur jenseits der alten Uferlinien und auf ehemaligen Inseln. Die flächenhafte neolithische Besiedlung konnte erst einsetzen, als der größte Teil der Seeflächen ab etwa 7000 vor heute trockengefallen und zu einer Savanne mit Restseen geworden war.

In diesem Zusammenhang war es fast zu erwarten, daß das derzeit älteste Boot Afrikas und eines der ältesten der Erde, ein in hervorragender Technik gefertigter Einbaum von 8,40 m Länge, 1957 in den Sedimenten eines Zuflusses des damaligen Paläotschad gefunden wurde. Nach den bisherigen Datierungen wurde es zwischen 6500 und 6000 v. Chr. gebaut (Breunig 1995).

2.4.1. Frühholozäne Seen und Sümpfe der Ténéré

Weitflächig läßt sich der See- und Sumpfcharakter der Ténéré während des frühen Holozäns anhand freigewehter Sedimente nachweisen. Die Bilder der folgenden Doppelseite sind entlang eines Profils vom Ostrand des Aïr bis 35 km westlich von Achegour aufgenommen worden. Nahe dem Gebirgsrand dominiert die aus Bodensedimenten aufgebaute braune Mittelterrasse, die in Foto 221 durch fluviale und Winderosion zu einem niedrigen Plateau geworden ist. Einige Zehner Kilometer östlich hat der Windschliff die vergleyte Ausprägung dieser

Foto 226: Flecken von Sumpfeisenerz aus frühholozänen Schilfbeständen der damals amphibischen Sumpflandschaft der Ténéré

Foto 227: Windüberschliffene dünne Diatomitdecke und höherliegende Sumpfeisenerzflecken; Dünendepression nördlich von Agadem

Foto 228: Dünendepression mit Sumpfeisenerzsediment östlich des Termit

Akkumulation freigelegt (Foto 222), deren rostbraune und grüngraue Flecken in einem schwankenden Grundwasserbereich entstanden sind. Im ufernahen Seemilieu lagerte sich ein schluffiges, meist umbra oder humos-dunkelgrün bis schwarzbraun gefärbtes Seesediment ab (Foto 223, 275). Seine typischen Sedimentstrukturen, vor allem dünne Leisten und vielschalige Kugeln, sind erst durch den Windschliff sichtbar gemacht worden.

In noch weiterer Entfernung vom Gebirge fand der Übergang zu reiner Diatomitsedimentation statt: Auf einer über viele Zehner von Kilometern Fahrstrecke völlig ebenen ehemaligen Seebodenfläche ist das federleichte, aus den Kieselsäuregehäusen von Süßwasseralgen aufgebaute Sediment trotz Windschliff noch immer einige Dezimeter dick. Von Trockenrissen und in Lkw-Spuren zerbrochen, liegt es über humos gefärbtem oder gebleichtem Dünensand (Foto 224). Im Diatomit finden sich dieselben Sedimentstrukturen wie im schluffigen Seesediment (Foto 225). Zehner von Kilometern von der nächsten Stufenfußdepression entfernt, belegt diese Diatomitdecke, daß es nicht nur isolierte Seen in jenen tiefsten Bereichen der Ténéré gab, sondern daß zeitweilig auch eine weitflächige Bedeckung durch klares Süßwasser gegeben war – eine Vorbedingung für das Leben dieser Diatomeenarten.

Da keine morphologischen Hindernisse die Wasserflächen kleinräumig begrenzt haben können, ergibt sich zwangsläufig, daß in der südlichen Ténéré im Holozän einige zehntausend Quadratkilometer von einem flachen See bedeckt waren, lange genug, um die Sedimentation von mehreren Dezimetern reinen und damit leider nicht ^{14}C-datierbaren Diatomits in weithin völlig ebener Lagerung zu ermöglichen. Proben der schwärzlichen Sandschicht unter dem Diatomit enthielten leider so wenig Humus, daß für die bisher aus Kostengründen nur durchgeführten konventionellen Datierungen nicht genug Kohlenstoff vorhanden war.

Foto 229: Völlig ebene Seebodenténéré westlich von Ezerza mit dünner Dünensandauflage

Auffällig ist die nahezu perfekte Ebenheit großer ehemaliger Seeböden wie in Foto 229 oder 224. Die Seesedimente liegen auf Dünensand, für den eher eine zumindest flachwellige Ablagerung durch den Wind typisch ist. Anzunehmen ist, daß kräftige Wellenbewegung in flachem Wasser zu dem an den Wasserspiegel angepaßten Reliefausgleich geführt hat. Diese Erosion muß allerdings entweder in einer älteren Seephase oder in einem frühen Abschnitt der frühholozänen Phase geschehen sein, da die Diatomeenentwicklung an klares und nicht durch vom häufigen Wellenschlag sedimentgetrübtes Wasser gebunden war.

Foto 230: Ebenes Sumpfeisenerzplateau auf einem durch Wellenschlag gekappten Dünenkörper; Piste Achegour – Kafra, Ténéré

Foto 231: Sumpfeisenerzwall einer frühholozänen Seeuferzone; westliche Ténéré

Foto 232: Detail aus dem Wall von Foto 231

Dort, wo das Dünensandrelief nicht völlig ausgeglichen werden konnte, waren die etwas höheren Rücken mit Schilfsumpf bestanden (Foto 226). Sie erscheinen heute als braune Eisenkonkretions- oder Sumpferzflächen in der Landschaft, umgeben von Diatomit oder gebleichtem Sand, die, wie in diesem Bild, häufig von einer wenige Zentimeter starken Flugsanddecke verhüllt sind.

Die Böden der unterschiedlich tiefen Dünensandbecken des südlich anschließenden Ergs enthalten ebenfalls Diatomitflächen (Foto 228) oder braune Sumpferzkrusten (Foto 228). Die Diatomite können sowohl zur frühholozänen Hauptseephase gehören, als die Depressionen noch in einem Dünenseearchipel untereinander verbunden waren, oder zu der vor etwa 6 500 Jahren einsetzenden letzten Seephase nach vorübergehendem Trockenfallen. Zu jener Zeit wurden jedoch nicht mehr die früheren Wassertiefen erreicht. Das Bild der welligen, mit Sicherheit noch bewachsenen Dünenlandschaft wurde durch einzelne Seen oder nur noch Schilfsümpfe (Foto 228) in den Depressionen bestimmt, deren Ufer durch Reste neolithischer Siedlungsplätze nachgezeichnet werden. Längsdünen wie im Hintergrund von Foto 228 bildeten sich erst nach der, bezogen auf heute, endgültigen Austrocknung der Region.

Die Schaffung des ebenen Seebodens durch Abrasion, also durch Wellenschlagerosion, läßt sich am besten im südlichen

Foto 233: Becken mit lockerem Diatomitstaub (Fesch-Fesch); Depression von Fazei, Stufe von Achegour, östliche Ténéré

Übergangsbereich der Ténéréfläche zum Erg nachweisen. Ehemalige Dünenkörper sind nur noch im Grundriß erkennbar, durch steile Hänge von den sie umgebenden Depressionen abgesetzt. Die einstigen Dünenkörper sind durch eine völlig ebene Brandungsplattform abgeschnitten worden (Foto 230, 561, 563). Ein junges Gegenstück liefert der heute trockene Nordteil des Tschadsees, dessen geflutete Querdünenlandschaft ebenfalls in ein Inselmuster völlig ebener Brandungsflächen umgewandelt wurde, die den ertrunkenen Erg nur noch im Grundriß nachzeichnen.

Auf den gekappten Düneninseln der Ténéré entstanden im flachen Wasser Sümpfe aus Schilf und anderer Vegetation, deren abgestorbene Wurzelgeflechte – Rhizome – bei guter Durchlüftung in sauerstoffreichem wassergesättigten Sediment durch die Ausfällung oxidierter Eisenverbindungen nachgezeichnet wurden (Foto 232). Der Sauerstoff wurde durch das Parenchymgewebe der Sumpfpflanzen in das ohne diesen Vorgang sauerstoffarme, reduzierende Milieu eingebracht. Unterschiedliche Größen und Formen der winderodierten, oft filigranen Sumpferzstreu lassen nur noch erkennen, daß es ein Nebeneinander verschiedener Sumpfvegetationsdecken gegeben hat. Deren Pflanzenarten lassen sich, anders als bei der Verkalkung oder Verkieselung von Pflanzenresten (Foto 239), aber kaum noch bestimmen.

Auf manchen Dünensandrücken, die möglicherweise zu einer anderen Phase der Seegeschichte gehören, sind langgestreckte, nur wenige Meter breite, als flache Rücken freigewehte Sumpferzstreifen erhalten geblieben (Foto 231), die den Schilfgürtel einer ehemaligen Uferzone nachzeichnen. Eine Aufgrabung in der Nähe (Foto 232) zeigt, daß die braun vererzten Pflanzenteile noch so, wie sie gewachsen waren, im eisengefärbten, leicht verbackenen Sand stecken. Die freigewehten Teile sind durchgehärtet und haben eine fast schwarze Patina angenommen. Derartige Krustenbereiche bilden im weichen Sand der Ténéré standfeste Haltepunkte für die Geländefahrzeuge, ganz anders als die jüngeren Rhizomflächen am Boden von Depressionen wie in Foto 228, die nur aus einer dünnen Streu über lockerem, diatomitischen Sand bestehen, in der ein Auto sofort tief einsinkt.

In manchen Tieflagen, wie in Teilen der mehrere Kilometer langen, N–S orientierten Stufenfußdepression von Fazei südlich von Achegour, ist der Untergrund noch weicher. Während feste Teile des Beckenbodens als Folge hohen Grundwasserstands aus leicht salzverbackenem Sand bestehen, sind andere Bereiche tiefgründig von völlig unverfestigtem weißen Diatomitstaub bedeckt, in den man beim Gehen bis zu den Waden einsinkt (Foto 233). Der eine große Staubwolke aufwirbelnde Geländewagen konnte sich nur mit Mühe aus diesem gefürchteten Sediment befreien, das in der gesamten zentralen Sahara als Fesch-Fesch bezeichnet wird. Der Position nach dürfte es sich um Reste der jüngsten Phase diatomitischer Sedimentation handeln. Drei Strandlinien aus der Zeit, als der See bereits auf die Stufenfußdepression beschränkt war, sind als horizontale Linien am Fuß des Felsens zu erkennen.

Foto 234: Freigewehter Muschelstrandwall; Dünenrampe 6 km westlich und ca. 50 m über der Stufenfußdepression von Achegour, Ténéré

Foto 235: Aufgrabung im Strandwall; muschelschalendurchsetzter grauer Sand

Foto 236: Freigewehter Muschelschill; gleicher Ort

Foto 237: Freigewehte, noch am Wuchsort stehende verkalkte Schilfstengel, Westrand des Depressionsbodens; Achegour Nord, Ténéré

Foto 238: Fischgrätenstreu auf Dünensand; Dünendepression östlich von Arbre du Ténéré

Foto 239: Noch am Wuchsort stehende, in Sumpfeisenerz umgewandelte Pflanzenstengel; Depression westlich von Fazei, Ténéré

2.4.2. Seesedimente der Stufenfuß- und Dünendepressionen

Es sind Stufenfußdepressionen (Kap. 1.5.3.) wie die von Foto 233, in denen die meiste Information zur Seengeschichte der Ténéré enthalten ist und in denen sich vor allem die letzten Seephasen vor dem Austrocknen fassen lassen (u. a. BAUMHAUER 1986). Die Seen der Stufenfußdepressionen waren gegenüber der größten Ausdehnung des Paläotschad recht unbedeutend, dabei aber immer noch in Nord-Süd-Richtung bis zu mehreren Zehnern von Kilometern lang, mehrere Kilometer breit und bis über 40 m tief.

An den stufenabgewandten Rampen der Depressionen sind Brandungsplattformen häufig. Der Flugplatz von Dirkou liegt auf einer solchen Fläche oberhalb der Kaouar-Depression. Mehrfach sind aber auch Uferlinien mit Strandwällen erhalten geblieben, so wie in Foto 234, fast 6 km westlich und etwa 50 m über dem Beckentiefsten der Depression von Achegour. Während auf der Ténéréfläche der größten Seeausdehnung ausschließlich kalkfreier Diatomit abgesetzt wurde, besteht der vom Wind freigewehte Strandwall vor allem aus großen, aus Kalk aufgebauten Muscheln. Es muß also einen Wechsel von einem rein kieselsäuregeprägten zu einem zumindest gemäßigt karbonatischen Wasserchemismus gegeben haben, vielleicht als Folge abnehmender Kieselsäurelösung bei einem weniger tropisch geprägten Klima.

Unklar ist die Herkunft des Kalks im Wasser. Die Zuflüsse aus den Vulkan- und Granitgebieten der angrenzenden Gebirge dürften zu allen Zeiten von der Verwitterung bereitgestellte Karbonate enthalten haben, ohne daß es zur Ausfällung kam. Deshalb muß für die deutlich karbonatischen Wässer ein zusätzlicher Eintrag angenommen werden, entweder durch Staub aus den bei einer Passatströmung aufwind gelegenen Kalkgebieten vor allem des Eozäns (geologische Karte, S. 10) oder aus trockengefallenen Seeflächen der östlichen Sahara. Im Unterschied nämlich zur vorwiegend diatomitisch geprägten Paläotschadregion enthalten die Seebecken der ägyptischen Western Desert, wie erwähnt, überwiegend kalkige Sedimente (u. a. PACHUR et al. 1990).

FAURE (1966) hat Muschelschalenhaufen in anderen Teilen des Paläotschadgebiets als neolithische Abfallhaufen – Kjökkenmöddinger, dänisch für Küchenabfälle – gedeutet. In diesem Fall belegen die konstante Höhenlage über dem Becken, die ausgeprägte Wallform in grau gebleichtem Sand (Foto 235) und die für Brandungswirkung typische Verzahnung der Schalen (Foto 236) deren Ablagerung durch Wellenschlag in einem Strandwall.

Nur noch wenig über dem Beckentiefsten stehen in kalkige Fossilien umgewandelte Schilfstengel (Foto 237), bei denen jedes Detail der ursprünglichen Form bei der Mineralisierung erhalten blieb, noch in situ im sandigen Untergrund. Die Fischgrätenstreu am Boden einer Seebucht (Foto 238) ist teils vererzt, teils kalkig fossilisiert worden, und wieder in einem anderen Niveau stehen gerade erst freigewehte und noch nicht abgeschliffene Schilfstengel in der schon bekannten Sumpferzausbildung noch aufrecht im Sand (Foto 239). Die unterschiedliche Mineralisierung belegt, daß es im Zuge des sinkenden Seespiegels mehrere chemische, wahrscheinlich klimatisch gesteuerte Milieuwechsel des Sees gegeben hat.

Foto 240: Diatomitischer Seesedimentrest mit jungsteinzeitlicher Steinstreu; Dünendepression südlich von Zoo Baba, Erg von Bilma

Foto 241: Diatomit auf einer Dünensandrampe am Plateauwestrand; nördlich des Termit Ouest, → N

Foto 242: Teilweise sandüberwehte Diatomitfläche des Paläotschad; westlich von Faya Largeau, Tschad

Foto 243: Durch Seewassereinfluß gebleichter Altdünensand unterhalb einer Sumpfeisenerzverebnung; Dünendepression östlich von Termit

In den Seebecken der Stufenfußdepressionen wurden die mächtigsten limnischen Sedimente akkumuliert, weil sich die Seen dort zuerst bildeten und am längsten fortdauerten. Wegen der größeren Wassertiefe ist auch mit geringeren Sedimentstörungen zu rechnen. Die Auswehung seit dem Ende der letzten – der neolithischen – Feuchtzeit hat den größten Teil der Seesedimente bereits wieder abgetragen. Winderodierte Steilkanten wie in Foto 240 und 241 sind die Regel. Die Neigung der Sedimentoberflächen und die Schichtung stimmen nur noch ungefähr mit der heutigen Beckenform überein. Insbesondere gilt dies für reine Dünensandbecken wie in Foto 240, deren Form sich durch die jüngste äolische Abtragung deutlich verändert hat. Ihre heute tiefsten Teile liegen oft unter der Basis der Seesedimente, und die Dünenschichtung stimmt nicht mehr mit der heutigen Beckenform überein (Foto 243).

Dank dieser Änderungen der Beckenform gibt es genug Aufschlüsse, die eindeutig belegen, daß die Seesedimente sowohl in den Vorlandsenken als auch in den Depressionen des Ergs fast ausschließlich auf den Dünensanden eines alten Ergs – des Erg Ancien von Faure (1966; Völkel 1989) – abgelagert wurden (Foto 240, 241). Ob unter den Ergsanden noch ältere Seesedimente liegen, ist nicht bekannt, da die einzigen, nur mit großem technischen Aufwand realisierbaren Bohrungen, die im Zuge der nigrischen Erdölprospektion durchgeführt wurden, nicht zugänglich sind. Feinsedimente älterer Seephasen, die ebenfalls schon auf dem Dünensand des Erg Ancien abgelagert worden sein mögen, dürften weitestgehend den älteren Auswehungsphasen zum Opfer gefallen sein; sie treten jedenfalls morphologisch nicht in Erscheinung. In gleicher Weise werden bei fortdauernder äolischer Abtragung, die seit dem Ende der neolithischen Feuchtzeit bis heute erst weniger als 3000 Jahre aktiv gewesen sein dürfte, die heute noch vorhandenen Seesedimentreste schon in wenigen Jahrhunderten verschwunden sein.

An vielen Stellen, wie in Foto 243, belegt nur noch gebleichter und leicht kieselig verbackener Dünensand unter der einige Zentimeter starken heutigen Sanddecke, daß ein Becken ehemals seegefüllt war. Die Höhe der letzten (neolithischen) Sumpfphase, hier bereits ohne unterlagenden Diatomit, wird durch die horizontale Eisenkrusten-Rhizomstreu im Hintergrund markiert. Die Uferzonen der höchsten Seespiegelstände innerhalb der Becken sind dagegen meist auch nicht mehr erhalten. Am besten lassen sie sich unter der dünnen Decke heutigen Dünensands dort nachweisen, wo am Oberhang eines Dünenbeckens die Grenze zwischen limnischem Bleichsand und dem roten, terrestrischen Boden einer nicht abgetragenen ehemaligen Düneninsel erfaßt werden kann (Foto 560).

Die ausgedehntesten Diatomitseebodenflächen, ebenfalls auf altem Dünensand und ebenfalls stark korradiert, sind südlich des Tibesti im Abfall zur Bodélé-Depression (Foto 242, 478, 479) erhalten. Weitflächig werden sie von Sanden der jüngsten äolischen Akkumulationsphase überdeckt und so vorübergehend vor weiterer Abtragung geschützt.

Auch wenn Zuflüsse von den umgebenden Gebirgen und Plateaus zur Ernährung der Seen beigetragen haben, waren sie doch hauptsächlich grundwassergenährt. Nur mit hohem Grundwasserstand läßt sich die zumindest zeitweilig isolierte Existenz der Seen in Dünendepressionen (Foto 227, 240) oder in Sandsteinkarstdepressionen (Foto 266, 267) ohne jede Spur eines oberirdischen Zuflusses erklären.

Die bisher ergiebigsten und fundreichsten Seesedimente liegen im nördlichen Teilbecken der Stufenfußdepression von Fachi, in Dogonboulo (Foto 244), im Windtransportschatten eines kleinen Sandsteinplateaus. Dank nur mäßig starker Auswehung sind große Teile des Diatomits erhalten geblieben, als weiße Flächen und Bänder oder unter einer feinkörnigen braunen Streu von Sumpferz- und Hangschuttpartikeln. Die höchsten Diatomite des Paläotschad liegen ca. 40 m über dem Beckenboden auf der Sandtenne der Ténéré.

Foto 244: Im Plateauwindschatten liegende, fast sandfreie Stufenfußdepression Fachi Dogonboulo; teilweise ausgewehtes diatomitisches Seesediment, → W

Foto 245: Großer diatomitischer Seeterrassenrest; Südrand der Stufenfußdepression von Dibella, → SE

Foto 246: Diatomitisches Seesediment am südlichen Westrand des Plateaus von Termit, → N

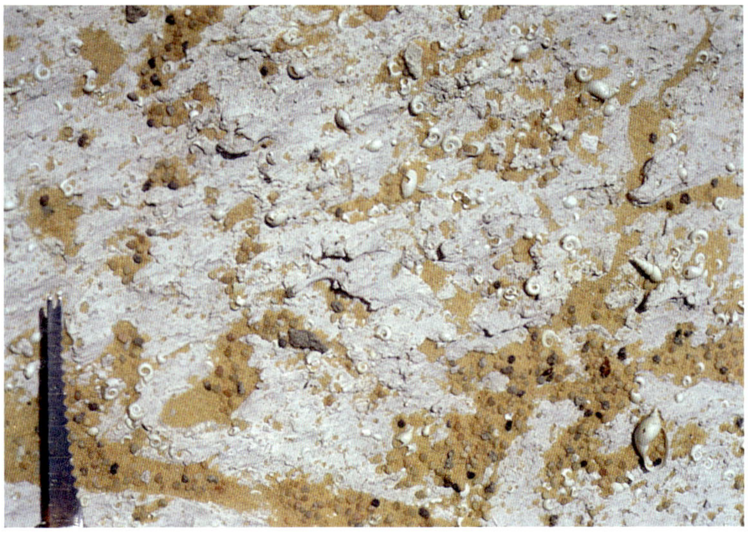

Foto 247: Schneckenhausreicher Horizont im Diatomit; Dünenseebecken nördlich von Dibella

In den tiefsten Beckenteilen leben als einzige mehrjährige Pflanzen einige grüne Tamariskenbüsche vom Grundwasser. Für die Zeit zwischen 7500 und 7000 ^{14}C-Jahren vor heute konnte dagegen aus den nach einem Flächenbrand in das Seesediment eingeschwemmten Holzstückchen für die Umgebung des Sees eine dichte Savanne mit Baumarten nachgewiesen werden, die heute 550 bis 600 km weit in der sudanischen Vegetationszone südlich des Sahel vorkommen (NEUMANN 1988), und zwar zu einer schon recht trockenen Zeit, als der See noch nicht einmal mehr 15 m Wassertiefe hatte (BAUMHAUER et al. 1989, Abb. 2 von ERHARD SCHULZ).

Auswehung und fluviale Zerschneidung haben am Südende der Stufenfußdepression von Dibella nur noch einen kleinen Rest des frühholozänen Seesediments bestehen lassen, das kaum noch 20 m hohe, durch Glacisbildung abgeschrägte Plateau am Stufenfuß von Foto 245. Vor etwa 10 000 Jahren setzte dort eine überwiegend diatomitische Sedimentation ein, deren Analyse über 13 Profilmeter hinweg starke Salinitätsschwankungen bis zum Brackwassermilieu in einem etwa 5 km langen und bis 20 m tiefen See ergab (BAUMHAUER 1988). Dies war aber nur noch ein kleiner Restsee, denn die höchsten Seesedimente stehen mehr als 30 m höher, oben rechts im Bild unter zwei eingesandeten Rutschungsschollen an. Die leicht abfallende Hanglinie rechts davon zeichnet eine Schorre nach, auf der alle Übergänge vom Boden des trockenen Ufers über einen Sumpfstreifen bis zum diatomitischen Bleichsand gefunden wurden. Zur Zeit jenes Hochstands ragte das Plateau von Dibella nur noch als flache Felsinsel aus dem Seewasser.

Ein weiterer Zeuge dieses Paläotschadhochstandes ist das helle, teils eingesandete Seesediment am Westfuß des Termit-Plateaus (Foto 246), das ebenfalls oberhalb des Niveaus der mächtigen Diatomite im nördlich davon gelegenen Becken von Termit Ouest ansteht. Zu wenige Höhendaten und fehlende oder noch nicht gefundene Sedimentprofile erlauben bis jetzt noch keine lückenlose Verknüpfung der höchsten Seespiegelstände in der Fläche mit denen der Depressionen, in denen die vollständigsten, aber leider nur einen Teil der Seegeschichte enthaltenden Profile liegen.

Nahezu nur in den Depressionen finden sich auch andere Fossilien als die winzigen Panzer der Kieselalgen, so wie etwa

Foto 248: Knochen eines großen Fischkopfs (Nilhecht) in Diatomit; Depression von Fachi Dogonboulo, Ténéré

Foto 249: Fischgräten in Diatomit; Fachi Dogonboulo

Foto 250: Auswehungsreste (Yardangs) sehr reinen Diatomits; Stufenfußdepression von Kafra, Ténéré, → N

Foto 251: Helle Blitzröhren und Tonscherbe, jungsteinzeitlicher Siedlungsplatz; Mittelhang einer Dünendepression, Erg von Bilma

Foto 252: Größere, durch Humus und Eisen schwarz gefärbte Blitzröhren; gleicher Ort

die Muschelschalen von Achegour (Foto 235, 236). Immer wieder kommen auch Lagen mit Schneckenhäusern aus Zeiten vor, in denen ein etwas höherer Karbonatgehalt im Wasser kurzzeitig ihren Aufbau erlaubte – und plötzliche Veränderungen des Wasserchemismus ein massenhaftes Sterben der Mollusken und ihre Einbettung ins diatomitische Sediment hervorriefen. Sehr selektiv wirkender Windschliff (Kap. 4.2.5.) hat in Foto 247 die drei wichtigsten, in der gesamten zentralen Sahara in Seen und Mittelterrassensedimenten des frühen Holozäns vorkommenden Arten herauspräpariert: die Posthörnchenform der *Biompholaria pfeifferi*, die in Süß- wie in Brackwasser bis heute häufige längliche Spitze der *Melanoides tuberculata* und die dickbauchige *Limnea* sp. (unten rechts). Die dunkelbraunen Chitinüberzüge sind bereits nach der Einbettung nahezu immer zerstört worden.

In den Beckensedimenten, auch in denen der Dünendepressionen, sind immer wieder Skeletteile von Nilhechten *(Lates)* und Welsen *(Siluridae)* zu finden (Foto 248, 249), hier ebenfalls durch selektiven Windschliff freigelegt. Aus solchen zusammenhängenden Funden, aber auch aus einzelnen vererzten Wirbelknochen, die 3–4 cm Durchmesser haben können, lassen sich Fischgrößen von leicht über einem Meter ableiten. Diese Fische waren ebenso wie die Diatomeen auf klares, sauerstoffreiches Süßwasser angewiesen. Grundwasser und die sedimentfangende Filterwirkung der die Seen umgebenden Schilfsümpfe machten dies möglich. Die weite Verbreitung voll ausgewachsener Formen unterstützt die aus Relief und Seespiegelhöhen abgeleitete Vermutung häufiger bis andauernder Verbindungen der tiefen Seegebiete untereinander. Sie stehen in deutlichem Kontrast zu den Kümmerformen in heutigen vollständig isolierten Gueltas, so wie die Zwergkrokodile, die bis Anfang der 70er Jahre noch in der Guelta Archei im Ennedi-Plateau überlebten.

Die durch Windschliff sichtbar gemachte Schichtung eines mehrere Meter mächtigen Diatomits in der Stufenfußdepression von Kafra (Foto 250) zeigt, daß die Algengehäuse ohne große Störung durch Wellenschlag in feinen Lagen übereinander sedimentiert wurden. Die im Artenwechsel zwischen den Diatomitschichten und im gelegentlichen Wechsel der Sedimenttypen sichtbaren Milieuveränderungen legen es nahe, aus deren Abfolge die Klimageschichte von etwa 10 000 Jahren Holozän zu rekonstruieren.

Die detaillierten Analysen von Roland Baumhauer (1988) haben jedoch große Unterschiede zwischen den Sedimentfolgen selbst so eng benachbarter Seebecken wie Dibella und Zoo Baba gezeigt, die bei 50 km Entfernung sicherlich demselben Klima ausgesetzt waren. Der Umschlag vom Süß- zum Brackwassermilieu geschah bei nur 150 km Distanz im Becken von Séguedine etwa 1500 Jahre früher (um 6850 B. P.) als in dem von Bilma (Baumhauer & Schulz 1984, Baumhauer et al. 1989). Die Seen reagierten also offenbar nicht nur mit unterschiedlicher Empfindlichkeit auf großräumige Klimaschwankungen, sondern auch auf lokale, vor allem wohl hydrogeologische Einflüsse. Die Seesedimente können also nicht ohne Einschränkungen und bis ins Detail als sedimentäre Klimadiagramme interpretiert werden. Ebenso können die Seebecken selbst wegen ihrer Grundwasserabhängigkeit und der damit verbundenen Reaktionsverzögerungen nur bedingt als große Regenmesser angesehen werden.

Ein anderer Typ von Klimazeugen ist in ursprünglicher Lage in Foto 251 und ausgegraben in Foto 252 zu sehen. Diese glasharten, fast schwarz patinierten bis glasig durchscheinenden knorpeligen Stangen sind nicht etwa vererzte Pflanzenteile wie in Foto 239 oder 232, sondern Blitzröhren, die hauptsächlich im Bereich neolithischer Siedlungsplätze in den humosen Uferböden der letzten Seephase gebildet wurden. Offenbar waren im bodenfeuchten Übergangsbereich besonders günstige Leitfähigkeitsverhältnisse für Blitzschlag gegeben.

Daß es sich wirklich um Blitzröhren handelt, konnte Barbara Sponholz (Sponholz et al. 1993) aus durchgehenden Glasschmelzen mit Kohlenstoff- und Gaseinschlüssen um das enge Röhrchen ableiten, das jedes dieser Gebilde in Längsrichtung durchzieht. Die ausgefranst drei- bis vierzipfeligen Querschnitte entstanden als Folge des Zusammenfallens nach kurzzeitigem Auf- und Verschmelzen von Quarzsandkörnern und der Aufblähung der Schmelze im Sumpfboden entlang der Blitzbahn. Aus dem gehäuften Auftreten dieser Blitzröhren läßt sich die Nordgrenze der sommerlichen Monsunfront in Niger während der neolithischen Feuchtzeit bei mindestens 18° Nord ableiten. Erst viel weiter nördlich am Westrand des Edeyen von Murzuk gefundene Blitzröhren (Foto 522) könnten dementsprechend mit Gewittern in der Westwinddrift zu tun haben.

Gelegentlich finden sich auch Belege dafür, daß sich nicht nur der Wasserchemismus, sondern auch die Wassertiefe bis zum vollständigen Trockenfallen während der Seephasen mehrfach änderte, oder Hinweise darauf, daß Sedimente verschiedener Seegenerationen übereinanderliegen, die auch das jüngere Pleistozän umfassen.

Besonders auffällig ist dies in der Sedimentabfolge der Seeterrasse von Silemi (Foto 253, 255) in einer Depression vor der Stufe von Bilma, die von Baumhauer (1986) untersucht

Foto 253: Fluvial zerschnittene, überwiegend nichtdiatomitsche Seeterrasse und Strandlinien im Fels am Stufenfuß; Südteil der Stufenfußdepression von Bilma, Rocher de Silemi, Kaouar, → E

Foto 254: Weißer Diatomit, abgelagert über fluvial zerschnittenem braunen, schluffigen Seesediment; Ostrand des Beckens von Kafra, → W

Foto 255: Durch Hämatit rot und Goethit gelb gefärbte Reste von Bodenhorizonten im Seesediment der Terrasse von Bilma-Silemi; Kaouar

Foto 256: Durch selektiven Windschliff freipräpariertes kalkiges Wurzelgeflecht im Seesediment; Stufenfußdepression von Zoo Baba

wurde. Die um 3 m hohen Aufschlüsse im Hauptkörper sind überwiegend feinsandig-schluffig mit diatomitischen Lagen; nach dessen Zerschneidung wurden unterschiedliche Diatomite, bis über 4 m erhalten, eingelagert. Nahe der Basis der feinsandigen Sedimentation wurde eine Streu altpaläolithischer Steinwerkzeuge gefunden; andere, mehr als 30 000 Jahre alte Artefakte kommen in höheren Sedimentlagen vor (TILLET 1983). Ein ^{14}C-Alter liegt um 33 000 Jahre, andere im Diatomit setzen um 9000 vor heute ein.

Horizontal verlaufende Strandlinien am Stufenfuß deuten auf höhere Wasserstände mit kräftigem Wellenschlag hin. Rotfleckige Horizonte (Foto 255, 548) als Reste von Bodenbildung, Reste humoser Bänder oder Wurzelhorizonte sprechen dafür, daß es bei nichtaridem Klima auch Sumpfphasen und solche vollständigen Trockenfallens gegeben hat, jedoch ohne die Trockenrißpolygone, die die jüngste Austrocknung von Playas markieren (Foto 210). Die großen Mengen paläolithischer Faustkeile und Abschläge, die bei der jüngsten Abtragung der Terrasse freigelegt wurden, sind Werkzeuge einer Jägerbevölkerung, die hier lebte, als das Klima für Savannenwild feucht genug war, das Becken jedoch keinen See enthielt.

Belege für eine feinsandig-schluffige Seebodensedimentation durch fluvialen Eintrag von der Stufe finden sich auch in der südlich davon gelegenen Stufenfußdepression von Kafra (Foto 254). Das schwach humose braune Sediment, das sich im Randbereich eines zu jener Zeit über 20 m tiefen Sees absetzte, wurde an dieser Stelle bei tieferem Wasserstand oder fehlendem See von einem Tälchen zerschnitten. Dieses wurde in der nächsten Phase hohen Wasserstands bei völlig anderem Seeregime ohne Sedimenteintrag von den angrenzenden, durch Vegetation stabilisierten Hängen durch Lagen reinen, weißen Diatomits überdeckt, trotz der Nähe zur potentiell sedimentliefernden Stufe.

Auch in Dogonboulo, nicht aber in der zu Kafra benachbarten Depression von Zoo Baba wurde das braune Seesediment gefunden, dafür dort ein Beleg für einen deutlichen Milieuwechsel während der frühholozänen Seephase. Der Mittelteil der hellen Seesedimentreste (Foto 256) besteht aus den kalkigen Abdrücken oder Phänomenen eines dichten Wurzelgeflechts. In diesem Bereich bestand also über längere Zeit ein sich aufhöhender Sumpf statt eines offenen Sees, und zwar in karbonatischem statt zuvor und danach kieselsäurereichem Wasser.

Foto 257: Verschiedene Typen von Diatomitsedimentation und kalkiges Wurzelgeflecht (=Rhizomband), Winderosionsrest (Yardang) der Seesedimentfläche; Becken von Kafra

Foto 258: In einer Unterwasserrutschung aufgepreßter Diatomit einer älteren Seephase, Strandlinien im Hintergrund; Fachi Dogonboulo, Ténéré, → E

Foto 259: Gut geschichteter Diatomit am Plateaufuß vor Winderosionsrest verstellten Diatomits; Fachi Dogonboulo, → E

Foto 260: Aufgepreßte Diatomitleisten im windüberschliffenen und derzeit eingesandeten Seeboden; Becken nördlich von Zoo Baba, → S

Foto 261: Bunter Diatomit verschiedener Kieselalgenarten und breite, von jüngerem Seesediment gefüllte Trockenrisse, windgeschliffener Innenhof eines Barchans; Westrand der Depression von Bilma, → N

Viele Details der limnischen Sedimentation sind nur dank des gegenwärtigen, recht geringen Windschliffs zu erkennen (Kap. 4.2.5.), durch den auch die geringsten Festigkeitsunterschiede nachzeichnet werden, während die Großformen wie der Yardang von Foto 257 (Kap. 4.2.2.) durch eine leistungsfähigere Variante des Windschliffs zurechtgeschnitten und somit Aufschlußflächen geschaffen wurden.

Auf diese Weise ist erkennbar, daß im Bereich dieses Sedimentrestes zuerst eine fast horizontale, in sich noch an der Kerbe zweigeteilte Stillwassersedimentation von Diatomit erfolgte, daß die nächsten Dezimeter der Schichtfolge, ohne dabei zerbrochen zu werden, im nassen Zustand deformiert wurden und daß sich auf dem gestörten Diatomit eine Kappungsfläche, wahrscheinlich durch Brandung, ausbildete. Auf ihr wuchs in flachem, karbonathaltigem Wasser ein Sumpf auf, dessen Wurzelgeflecht gut erhalten ist. Den erhaltenen Abschluß bildet eine erneute Stillwassersedimentationsfolge von Diatomit in tieferem Wasser.

Stauchungen und Deformationen bis zu steiler Aufpressung sind in der Depression von Fachi-Dogonboulo am besten sichtbar (Foto 258, 259). Die im trockenen Zustand sehr spröden Diatomitschichten wurden ohne Brüche aufgebogen, müssen also zu jenem Zeitpunkt durchfeuchtet gewesen sein, nach einer vorhergehenden Phase der Schichtenverfestigung durch Verdichtung und Wasserverlust. Verstehen läßt sich diese Abfolge, wenn nach einer destabilisierenden Erosionsphase in den noch unverstellten Diatomiten, wahrscheinlich nach Zerschneidung und Auswehung aus dem abflußlosen Becken, bei erneut steigendem Wasserspiegel durchfeuchtete Diatomitpakete ohne Widerlager als Unterwasserrutschungen ins Beckentiefste und gegeneinanderglitten. In der Folgezeit wurden die aufgefalteten Schichten von horizontaler Diatomitsedimentation überdeckt, wie es die Beckenrandsedimente in Foto 259 belegen. Die heutige Windkorrasion hat Teile der gegeneinander hochgepreßten älteren Schichten wieder freigelegt.

Weniger spektakuläre subaquatische Rutschungen wurden auch in Termit-Süd und anderen Seebecken gefunden und markieren wohl einen wichtigen Umbruch in der Seengeschichte. Relativ unbedeutend sind demgegenüber die aufgepreßten Diatomitleisten in Foto 260, die ein großes Trockenrißmuster nachzeichnen. Diatomit selbst ist nicht quellfähig. Dreischichttonminerale unter der nur noch dünn erhaltenen, windgeschliffenen Seebodenfläche haben nach Austrocknung, Trockenrißbildung und junger Durchfeuchtung im Zuge einer Überschwemmung beim Aufquellen den Diatomit an den alten Rißlinien aufgepreßt.

Im windgescheuerten Innenhof eines Barchans (Foto 261; Kap. 4.3.6.) wird sichtbar, daß örtlich der Tongehalt im Diatomit hoch genug war, daß bei einer vollständigen Austrocknung bis zu 20 cm breite Spalten aufrissen, die anschließend von umgelagertem Seesediment verfüllt wurden. Die verschiede-

Foto 262: Dünne harte Kalkkruste mit kreisförmigen Sackungsbecken; Fachi Dogonboulo, Ténéré, → NW

Foto 263: Bumerangförmige Kalkkrustenfragmente aus den verdickten Rändern von kreisförmigen Sackungsbecken wie in Foto 262; Stufenfußdepression von Kafra, → E

Foto 264: Hohe Seesedimentterrasse mit abschließendem, durch selektiven Windschliff freigelegtem Rhizomgeflecht aus Sumpfeisenerz; Zoo Baba, → E

Foto 265: Kugelige und längliche Konkretionsformen aus einem kalkigen Seesedimenthorizont; Becken nördlich von Zoo Baba

nen Farben von Weiß und Gelb über Grünlich und Rot stammen von verschiedenen Diatomeenarten.

Häufiger als die Unterwasserrutschungen ist in den Seebekken eine sehr harte Kalksteinlage, die von diatomitischen, kalkfreien Lagen unter- und überlagert wird (Foto 262, 263). Freigewehter Diatomit ist am rechten Rand von Foto 263 erkennbar, überlagernde Schichten im Hintergrund. Nur in Dogonboulo ist der Kalk als durchgehende harte Bank weitflächig erhalten (Foto 262). Unter dem Druck der überlagernden Sedimente gab es vor der Verfestigung des Kalkschlamms offenbar ringförmige Auspressungen, in die Decksediment hineinsackte. Der junge, flächenhaft wirkende Windschliff legte erst die Kalkfläche frei und korradierte anschließend die weichere Verfüllung der Auspressungsbereiche, so daß eine von kreisförmigen Löchern unterbrochene Schichtfläche entstanden ist.

Im Normalfall, bei nur dünner Schlammschicht, blieben nach kreisförmiger Auspressung und Verfestigung, nach Zerbrechen und junger Auswehung nur noch Kalksteinbögen und -bumerangs übrig, die ein lockeres Pflaster bilden (Foto 263).

Bei anderen Sedimentations- und Grundwasserbedingungen kam es örtlich im rhizomreichen Kalkschlamm durch Umlagerungsprozesse zur Ausbildung länglicher bis kugeliger, schalig umhüllter Kalkkonkretionen, deren Freilegung ebenfalls durch den heutigen selektiven Windschliff erfolgte (Foto 265).

Wie schon auf S. 117 angesprochen, sind reine Kalkschichten oder kalkreiche Wurzelhorizonte in der nigrischen Sahara die Ausnahme; in der Ostsahara sind kalkige Seesedimente dagegen der Normalfall. Die Gründe dafür sind noch unklar. Faure (1966) sah im Wechsel von kieselig-diatomitischer zu karbonatischer Sedimentation den Übergang zu einem weniger tropisch und feucht geprägten Klima, mit dem Fortschritt zur in den nigrischen Seesedimenten selten beobachteten Gipsausfällung bei zunehmender Aridität. Demnach wäre eine geringere pluvialzeitliche Feuchtigkeit für die kalkigen Sedimente in der Ostsahara verantwortlich. Nicht geklärt ist jedoch die Herkunft und offenbar nur zeitweilige Verfügbarkeit von Kalk in einer Region fast durchweg karbonatfreier saprolitisierter Gesteine (Kap. 1.2.1.; S. 117) und Dünensande.

Wegen der jungen äolischen Überformung sind nur selten die Sedimente vom Ende der frühholozänen Seephase erhalten. Foto 264 zeigt ein solches Gebiet mit den zu einem dichten Eisenkrustengeflecht umgewandelten Rhizomen eines Schilfsumpfs über limnischen Sedimenten. Faure (1966) wies als erster darauf hin, daß mit Ausnahme der wenigen Fälle in der zentralen Sahara, in denen die Seen als Sebkhen, als Salzsümpfe, weiter existierten (Foto 283, 284), nach dem Trockenfallen der Seen eine kräftige fluviale Zerschneidung der alten Uferzonen einsetzte, wie sie Foto 264 zeigt, gefolgt von der letzten neolithischen Seephase und der abschließenden Ausräumung durch den Wind.

Foto 266: Steilwandige Karstdepression mit hellem Diatomit als Stillwassersediment; im Vordergrund Block mit altem Windschliff; Tchigai, → S

Foto 267: Dieselbe Depression, → SW, eingesenkt in ein größeres Becken; an dessen Steilrandbereichen (rechts) Fundort von Brandungsgeröllen einer sturmreichen Seephase

Foto 268: In eine Rutschungsscholle geschnittene Brandungsplattform; Südende der Stufenfußdepression von Zoo Baba, → N

Foto 269: Plattige Brandungsgerölle aus Sandstein vom Fuß eines Kliffs; nördlich von Bilma, Kaouar

Foto 266 zeigt eine der steilwandigen Karstdepressionen im Tchigai (vgl. Foto 5), in denen wie in der Region des Paläotschad Diatomit und Fossilien der frühholozänen Seephase zu finden sind, als grau-weißer Beckenboden im Hintergrund erkennbar. Die in Foto 72 gezeigte, nur wenige Kilometer entfernt liegende Depression enthält keine Seespuren, vermutlich weil ihr Boden einige Meter höher im Scheitel einer flachen Aufwölbung liegt und deshalb oberhalb des für die See-Ernährung wichtigen regionalen Grundwasserspiegels lag. Ein anderer Karstdepressionssee dieser Region wurde von einem Fluß vom noch über 100 km entfernten Tibestiwestrand gespeist, wie dort gefundene Bimsgerölle, für die es kein anderes Liefergebiet gibt, belegen.

Wie in den bisher vorgestellten Depressionen wurde das Seesediment auch im Becken von Foto 266 auf älterem Dünensand abgesetzt, der eine Rampe zu einer höheren Beckenfläche bildet, deren ebener Boden nur eine dünne Schluffdecke trägt (Foto 267). Am Fuß der Steilwand rechts wurde jedoch eine lockere Streu abgeplatteter Sandsteingerölle gefunden, wie sie, ebenfalls am Fuß einer Steilwand bei Bilma liegend, in Foto 269 zu sehen sind. Der Form nach handelt es sich eindeutig um Brandungsgerölle, die durch die Hin- und Herbewegung von auflaufendem Wasser und Rückstrom plattig abgeschliffen wurden; die fast senkrechte Felswand ist ein ehemaliges Kliff.

Während der gut schichtaufbauenden Diatomitsedimentation müssen Stillwasserbedingungen vorgeherrscht haben. Eine Seephase mit Brandungsgeröllen, gut ausgebildeten Schorren und Kliffs, die ältere schräge Hangprofile abschneiden, läßt sich nur mit einer Vorherrschaft starker Winde in Verbindung bringen. Die Spuren von Brandungswirkung im Sandstein waren bereits als schwach eingeschnittene Strandlinien oder als größere Felsterrassen zu sehen, und zwar bei Fazei (Foto 233), bei Silemi (Foto 253), am Plateau von Dogonboulo (Foto 258) und im Profil oberhalb der Depression von Dibella (Foto 245). Dazu kommt die Schorre von Foto 268, die den Teil einer Rutschungsscholle in der Depression von Zoo Baba eingeebnet hat. Auf gleichem Niveau ist im rechts anschließenden Gebiet ein Flächenpaß überformt worden, auf dem ebenfalls Brandungsschotter gefunden wurden.

Diese Brandungsformen liegen in den Stufenfußdepressionen fast überall höher als die höchsten Reste der Stillwasser-Seesedimentation. Der am höchsten liegende Beleg für eine flächenhaft abtragende Brandung sind jedoch die gekappten Dünen des Paläotschad am Südrand der Ténéré (Foto 230), deren Abtragung älter als die Diatomit- und Schilfinselphase sein muß. Dazu paßt, daß die Brandungsschotter am Westfuß des Termit (Foto 246) teilweise von der dünnen weißen Stillwassersedimentdecke jener Seephase überdeckt worden sind.

Foto 270: Zum Kamerastandpunkt hin absinkender Strandwall aus groben Brandungsgeröllen; Steilabbrüche im Hangprofil des Inselbergs durch Brandungswirkung (Kliffs); Depression von Ezerza, Stufe von Achegour, Ténéré

Foto 271: Blick vom Inselberg von Foto 270 über den Strandwall auf den eingesandeten Ostrand des Beckens von Ezerza, → E

Foto 272: Drei bogenförmige Strandwälle; Ostrand der Depression von Ezerza, → N. Strandwälle aus weißem Sand; graue Bögen bestehen ausschließlich aus jungsteinzeitlichen Artefakten.

Foto 273: Jungsteinzeitliche Steinstreu auf einem der drei Strandwälle von Ezerza

Foto 274: Aufgegrabener Brandungsschotter im Strandwall von Foto 270, 271; im Feinmaterial Bruchstücke von Fischgräten und Amphibienknochen

Verschiedene Höhenlagen der Brandungsflächen, Schorren und Strandgerölle belegen, daß es mehr als eine Starkwindphase in der Seengeschichte der Region gegeben haben muß. Das beste Beispiel dafür sind der kleine Plateauinselberg und mehrere Strandwälle im Becken von Ezerza, unterhalb des Ténéréniveaus im Nordteil der Stufenfußdepression von Achegour.

Die übersteilten Unterhänge des Inselbergs in Foto 270 sind Kliffs. Brandungsschotter liegen auf der Schorre am Süd- und Nordfuß; in das südseitige Kliff wurde eine über 1 m tiefe Brandungshöhle geschlagen. Am Ostrand des Plateaus setzt ein fast 1 km langer Wall mit 1–2 m relativer Höhe ein, der zum Beckentiefsten leicht abfällt und den nördlichen Beckenteil absperrt. Er endet, wie der Blick vom Plateau in die Gegenrichtung zeigt (Foto 271), in einem schmalen Durchlaß vor dem Anstieg zu den drei Strandwallbögen von Foto 272.

Mehrere Grabungen unter dem kantig verwitterten Schutt (Foto 274) der Oberfläche zeigten, daß der Wall ebenfalls aus plattigen, bis über 10 cm großen Brandungsgeröllen in einer grauen, schluffig-tonigen Matrix besteht, aus der zerriebene Fischgräten und Knochen kleiner Amphibien gesiebt werden konnten. Die Form ist also eindeutig ein Strandwall oder Nehrungshaken, der bei sinkendem Seespiegelstand durch kräftigen Wellenschlag aus zu Schottern umgebildetem HangS zd sc aufgebaut wurde.

In seinem Material unterscheidet er sich grundsätzlich von den drei Strandwällen, die an der Ostseite von Ezerza eine Bucht abschnüren (Foto 272). Was aus der Ferne ebenfalls wie Schotter aussieht, sind ausschließlich neolithische Artefakte (Foto 273) über einer leicht nach rechts ansteigenden Strandwalltreppe aus weiß grundwassergebleichtem Grobsand. Auf ihnen haben im Schutz größerer Artefakte nur wenige Spuren eines humos braunen Bodens die junge äolische Abtragung überdauert, durch die auch die Zehntausende von Werkzeugen und Abschlägen aus dem Bodenprofil in einer Ebene konzentriert wurden.

Sie können nicht von der östlich liegenden Stufe auf das Wallsystem geschwemmt worden sein, da zwischen beiden eine Senke liegt. Der Strandwallcharakter wird dadurch betont, daß die Steinstreu der beiden Senken zwischen ihnen von Flugsand bedeckt ist (Busche u. Heistermann 1992).

Die Bleichsandstrandwälle dürften der Höhenlage nach älter als der tieferliegende Schotterstrandwall und zeitgleich

Foto 275: Dunkelgrüner Sumpfboden mit eingesandeten Trockenrissen; Depression von Fazei, Stufe von Achegour, Ténéré, → E

Foto 276: Von Kalksinter überzogene Brandungsschotter unter Diatomit einer jüngeren Seephase; Becken von Termit Ouest, → N

Foto 277: Reste eines Strandwalls aus Herzmuschel- (=*Cardium*-) Schill 50 m über dem Beckenboden, ca. 120 000 Jahre alt; Wadi as-Sciati, Fezzan, Südlibyen

Foto 278: Detail des *Cardium*-Strandwalls mit typischer Wellenschlagverschachtelung der Muschelschalen

mit dem Muschelstrandwall von Foto 234 sein. Die umgekehrte Abfolge ist jedoch wahrscheinlicher, da auf dem Schotterstrandwall und der schotterbedeckten Schorre um das Plateau eindeutig paläolithische Artefakte gefunden wurden. Als die jungsteinzeitlichen Menschen über lange Zeit auf den Strandwällen lebten, dürfte im Beckentiefsten nur noch ein kleiner Restsee oder Sumpf bestanden haben. Weite Flächen eines grünlichschwarzen schluffigen Sediments vom Mittelterrassentyp (Foto 275) waren bereits trockengefallen, denn auch darauf finden sich neolithische Siedlungsspuren.

Ein weitere Uferlinie mit groben Brandungsschottern (Foto 276) bildet den Ostrand der tiefen Stufenfußdepression von Termit Ouest. Daß sie älter als die Diatomitphase ist, aus der bis 10 m Stillwassersediment im Beckenzentrum überdauert haben, ergibt sich aus der Anlagerung an die Schotter. Eine Besonderheit ist hier, daß die Schotter vor der Stillwasserseephase von einer bis 1 cm dicken Kalksinterkruste umhüllt und verbacken wurden.

Für die absolute zeitliche Einordnung der Starkwindseephasen fehlen noch die Daten. Die wenigen ältesten ^{14}C-Datierungen von feinen Seesedimenten liegen, wie bereits erwähnt, um 30 000 Jahre vor heute. Zwischen der Brandungsschotterphase in der Depression im Tchigai (Foto 267) und dem Diatomitsee im tieferen Becken liegt die äolische Phase der Dünensandrampe, aber es ist nicht sicher, ob diese relative Datierung auch für die anderen Gebiete mit Brandungsplattformen, Brandungsschottern und Kliffs gilt. Die Orientierung der meisten Fundstellen spricht für südliche bis westliche Winde bei ihrer Bildung, auf keinen Fall für ein Passatregime.

Die bis jetzt ältesten Kalium-Argon-datierten Seesedimente der zentralen Sahara stammen aus dem Wadi as-Sciati, einer Ost–Westgerichteten Ausraumzone am Nordrand des südlibyschen Ergs von Ubari (Foto 277, 278). Es handelt sich um ein fest verbackenes Strandwallsediment aus Schalen der Herzmuschel *(Cardium glaucum)*, das vor 120 000 – 130 000 Jahren in etwa 50 m Höhe über den heutigen Sebkhen des Beckenbodens am Rand eines ca. 160 x 50 km großen Sees aufgeworfen wurde (Petit-Maire et al. 1980, Petit-Maire 1982). Die Zeit entspricht etwa dem Beginn der letzten Zwischeneiszeit unserer Breiten, dem Eem. Jener See wäre also ein älteres Gegenstück zur frühholozänen Seephase unseres jetzigen mutmaßlichen Interglazials.

Die Muschelschalen in Foto 278 stammen aus einem tieferliegenden Strandwall. Da sie noch nicht deformiert und zu einem Schill verbacken sind wie die älteren, läßt sich die typische Verzahnung durch die Brandung besser erkennen. Für die Milieurekonstruktion ist problematisch, daß *Cardium* sowohl im Süß- wie im Brackwasser gelebt haben kann. Ein weiteres Interpretationsproblem ergibt sich daraus, daß weiter südlich bisher weder als zeitgleich einzustufende Seesedimente noch Exemplare von *Cardium* gefunden wurden. Möglicherweise hat dies klimatische Ursachen, die zur Zeit noch weniger verstanden werden als die, die zur räumlichen Differenzierung und Mehrphasigkeit der Seen in Ostniger geführt haben.

Foto 279: Eisenschüssiger Kalksinter am Rand eines Tälchens oberhalb des Wasserfalls von Foto 162; Plateau von Termit Fargassane, → W

Foto 280: Detail der Kalksinterakkumulation mit dichtem Wurzelröhrensystem

Foto 281: Schwarz patinierte Kalk-Eisensinter-Girlanden eines feuchtzeitlichen Quellhorizonts; Ostrand des Beckens von Fargassane, Termit, → N

Foto 282: Rand eines noch aktiven Quellhügels; Oase Bilma, Kaouar, → N

2.4.3. Quellen, Sebkhas und rezente Salzseen

Nach dem Ende der frühholozänen Seephase gab es nach einem trockeneren Abschnitt von längstens wenigen Jahrhunderten noch einmal, etwa ab 6500 vor heute, die erwähnte letzte Phase weniger hoher Seespiegelstände in den Stufenfußdepressionen und die der eng begrenzten Schilfsümpfe in den Dünenbecken (Foto 228), an deren Ufern sich die neolithische Siedlung konzentrierte. Eine fast durchgängige Streu jungsteinzeitlicher Keramik, von Werkzeugen, Abschlägen der Steinwerkzeugherstellung und eine Vielzahl rundlicher Steinkonzentrationen von Feuerplätzen (sog. Steinplätze) liegen – oder lagen als Folge starker Sammeltätigkeit – auf den trockengefallenen Sumpf- und Seeböden des neu entstandenen Weidelands. Erst vor etwa 3 500 Jahren scheint die Bevölkerung unter dem Druck zunehmend wüstenhaften Klimas abgewandert zu sein (Busche u. Heistermann 1993, Gabriel 1986).

Das Abflußgeschehen in der neolithischen Feuchtzeit reichte auf dem Plateau von Termit Fargassane, oberhalb des Wasserfalls von Foto 162, noch aus, daß sich bei dem nur 1 km^2 großen Einzugsgebiet in dem Tälchen eine Kalksinterakkumulation bilden konnte, deren Reste unter der feinkörnigen braunen Streu links von der Tiefenlinie in Foto 279 erhalten sind. Das Sediment besteht nach Auswehung der lockeren Sedimentanteile und Aushärtung an der Luft aus der völlig durchlöcherten Umhüllung vergangener Pflanzenteile (Foto 281). Der Eisengehalt stammt aus den Schichten des *Continental Terminal* (Kap. 1.2.3.), die die Plateauoberfläche bilden. Der Kalk, der hauptsächlich für die Verbackung verantwortlich ist, kann nur durch Staubeintrag in das Wasser gelangt sein, da die Plateaugesteine völlig karbonatfrei sind.

Am Rand des Beckens von Fargassane (Foto 280), in das der Wasserfall hinabstürzte, entstand nach dem Trockenfallen des dortigen Sees, dessen Sedimentreste im Hintergrund zu sehen sind, am Hangfuß eine Quellzone. Im Zusammenspiel mit der dortigen Vegetation entstand eine Treppe flacher Wasserbecken, deren schwarz patinierte Barrieren als durchlöcherte Eisenverkrustungen erhalten geblieben sind. Das Wasser dürfte die alten Karströhren des Untergrunds genutzt haben, hat aber zusätzlich zur Ausspülung von Röhren – zu Piping – im schluffigen Sediment unter der Sintertreppe geführt.

Heute noch schüttende Quellen treten in der Oase Bilma als unter schwachem Druck stehendes artesisches Wasser auf mehrere Meter hohen, aus Sand und feineren Korngrößen aufgebauten Hügeln zutage (Foto 282). Nicht mehr aktive Quellhügel kommen in allen heute noch Vegetation tragenden Stufenfußdepressionen des Kaouar und der südlich anschließenden Plateaus vor. In diesen Gebieten mit immer noch größerer Feuchtigkeit als in der Umgebung wachsen alte, dickstämmige Akazien. Die Quellhügel sind dadurch in die Höhe gewachsen, daß das vom kräftig austretenden Wasser mitgeführte feinkörnige Sediment in der Vegetation um den Wasseraustritt festgehalten wurde, ergänzt durch eingewehtes Material, so daß sich dort so lange ein Hügel aufbauen konnte, wie der Druck des Wassers das Aufsteigen bis zur Oberfläche ermöglichte.

Die größten, heute noch für die Oasenbewässerung genutzten Quellhügel gibt es in der nordägyptischen Oase Bahariya. Zahlreiche, teils über 10 m hohe Hügel, in deren Flanken das Quellwasser kleine Schluchten geschnitten hat, sind in der New-Valley-Oase Dakhla erst in den 60er Jahren nach dem Bau von Tiefbrunnen trockengefallen.

Bei fortdauerndem Grundwasserzustrom entstanden anstelle einzelner Süßwasserseen erst Salzwasserseen und schließlich in Verbindung mit stärkerem Sedimenteintrag aus dem kaum noch durch Vegetation vor Abtragung geschützten Umland bei zunehmend starker Verdunstung und Mineralanreicherung Salztonpfannen bzw. Sebkhen. Die Auswertung einer Bohrung in der Sebkha von Séguedine (Foto 283) ergab, daß dort das Umkippen vom See- zu Sebkhamilieu schon

Foto 283: Aufgebrochene Salztonoberfläche der Sebkha von Séguedine (vgl. Foto 565), → W

Foto 284: Windabgeschliffene Aufpressungsränder der Salztonoberfläche; Sebkha von Zoo Karemi, Erg von Bilma, → SW

Foto 285: Große Salzschollen; See Elki Guernama nördlich von Dirkou, Kaouar, → NW

Foto 286: Kugelige Salzton- und Salzaufpressungen; Uferbereich des Sees Elki Guernama, Kaouar

Foto 287: Salzschollen und Salzausblühung im Seeuferbereich, Salzkristallschlieren auf dem Wasser; See Elki Guernama, Kaouar, → NW

um 6850 B. P. erfolgte, viel früher als in anderen Becken. Dies könnte mit einem abnehmenden Verdünnungseffekt salziger Grundwässer aus tieferen, salzführenden Schichten der marinen Kreidesedimente zu tun haben. Diese zusätzliche Salzzufuhr dürfte in Séguedine und Kalala bei Bilma seit Jahrhunderten den Betrieb von Salinen ermöglicht haben, deren Produkte neben Datteln das wichtigste Exportgut des Kaouar waren und sind. In wenigen anderen Depressionen reichte das Grundwasserangebot nur zu einer nicht für die Salzgewinnung nutzbaren Salztonbildung aus. Insgesamt sind Sebkhas in der zentralen Sahara viel seltener als in der feuchteren Nordsahara, wo ein höheres Wasserangebot und größere effektive Verdunstung zu größeren Salzkonzentrationen führen konnten.

Der Boden der Sebkha von Séguedine (Foto 283) liegt etwas tiefer als die vegetationsbestandene Seeterrasse im Hintergrund. Der Anstieg aus der Stufenfußdepression zur Ténéré, heute völlig vegetationsleer, trägt Spuren spätpaläolithischer Besiedlung des Atérien (Tillet 1983) und des Neolithikums.

Die Volumenzunahme bei der Auskristallisierung der Salze des Salz-Ton-Gemischs hat ein mäßiges Schollenkleinrelief auf der oberflächlich ausgetrockneten Sebkha geschaffen. Im Becken von Zoo Karemi südlich von Bilma entstanden bei geringerem Salzgehalt des Tons relativ große Polygone (Foto 284), deren nur leicht gegeneinander aufgepreßte Ränder so windüberschliffen wurden, daß auf dem Sebkhaboden bis zur irgendwann kommenden nächsten Überflutung ein Kreisscheibenmuster entstand. Bei fast tonfreiem Salz und damit noch stärker platzgreifendem Kristallwachstum ist am Rand des Salzsees Elki Guernama im Kaouar ein mehrere Dezimeter hohes, scharfkantiges und durch gelegentliche Anlösung stark gegliedertes Salzschollenrelief entstanden (Foto 285). Eine nur wenige Millimeter dünne Salzkruste auf dem gerade trockenfallenden Ufersaum des Sees wurde immer noch zu hohlen, blumenkohlförmigen Kuppeln von mehreren Zentimetern Höhe aufgepreßt (Foto 286).

Die beiden Bilder stammen vom Ufer des in Foto 287 gezeigten Sees. Seen sind in der Sahara nicht selten. Sie treten überall dort auf, wo durch einen hohen, meist artesischen Grundwasserspiegel mehr Wasser an die Oberfläche dringt als gleichzeitig verdunsten kann. Bei Verdunstungsraten von leicht 2 000 – 3 000 mm bzw. Litern pro Quadratmeter reichern sich die in jedem Süßwasser in geringer Menge in Lösung vorhandenen Salze an, so daß alle heutigen saharischen Seen, etwa bei Ounianga Kebir im Nordost-Tschad, im Erg von Ubari oder im Krater von Wau en Namous von Libyen, stark konzentrierte Salzseen sind. Halbnatürliche Salzseen gibt es bei allen großen in Becken liegenden nordsaharischen Oasen als Sammelbecken der zu jeder Bewässerungslandwirtschaft gehörenden Entwässerungskanäle. Schließlich gibt es noch Seen, die kurzzeitig sogar Süßwasser enthalten, als Folge von Fehlern der Oasenwasserwirtschaft. In den 70er Jahren entstand in der ägyptischen New-Valley-Oase Bahariya ein großer See, weil die Bauern sich weigerten, für das Tiefbohrungswasser zu zahlen, und die Absperrschieber korrodiert waren und deshalb das Wasser in einen nicht genutzten Oasenteil geleitet wurde. In Dakhla entstand ein See im Stadtgebiet, weil durch Bewässerung ohne gleichzeitige Entwässerung der Grundwasserspiegel stark angestiegen war (Busche 1979). Im Kaouar schließlich entstand Anfang der 80er Jahre ein See in den Gärten von Bilma, als ein unter artesischem Druck stehendes Sandsteinkarstsystem angebohrt wurde und zeitweilig nicht zu kontrollieren war (Baumhauer u. Hagedorn 1989).

Foto 288: See von Arrigui mit Salzscholleninsel; Stufenfußdepression von Dirkou, Kaouar, → W

Foto 289: Uferzone mit Salzausblühungen und Salzschollenfläche; See Elki Guernama, → E auf die Stufe

Die hier gezeigten Bilder stammen von zwei der vier Seen, die es heute im Kaouar nördlich von Dirkou gibt. Sie sind 2 bis 3 km lang, 100 bis 200 m breit und nur wenige Dezimeter tief. Ihre NE-SW-Orientierung (Foto 288) zeigt, daß sie als relativ kleine Deflationswannen des Passats aus der Altdünen- und Seesedimentfüllung der großen Stufenfußdepression herausgeblasen oder -geschürft wurden. Ihre Größe und völlig von der Form der Stufenfußdepression abweichende Gestalt und Orientierung sind ein weiteres Indiz dafür, daß die Stufenfußdepressionen nicht durch Auswehung entstanden sein können (Kap. 1.5.3.). Sie sind unbedeutend klein gegenüber der Gesamtgröße der mehrere Zehner von Kilometern langen und mehrere Kilometer breiten, am Stufenfuß und am Rand zur Ténéré überwiegend geradlinig begrenzten Depression, und der Boden dieser Depression war bereits einige Meter hoch mit Dünensand verfüllt, als die schmalen passatorientierten Rinnen ausgeweht wurden.

Bohrungen im Seebereich (Baumhauer 1986) ergaben in 3 m Tiefe ein ^{14}C-Alter des Seesediments von etwa 1900 Jahren. Da Deflation oder Korrasion nicht unterhalb des Wasserspiegels ablaufen kann, muß der Grundwasserspiegel vor mehr als 2000 Jahren tiefer als heute gewesen sein, damit eine mindestens bis in diese Tiefe hinabreichende Rinne ausgeräumt werden konnte. Der heutige Wasserspiegel schwankt sowohl innerhalb des Jahres mit der jahreszeitlichen Änderung der Verdunstungsrate als auch von Jahr zu Jahr. Die Schwankungsbereiche sind an den flachen Ufern in der Zonierung der Salzausblühungen abzulesen (Foto 287).

Das Wasser der Seen ist eine konzentrierte Lösung von Natriumkarbonat. Die Konzentration ist so hoch, daß Kristallschlieren auf dem Wasser schwimmen (Foto 287) und Natrongewinnung im Sommer unmittelbar im flachen Seewasser durchgeführt werden kann. Die Schollenhaufen in beiden Seen (Bild 288, 289) sind das Ergebnis dieser Arbeiten.

Das Grundwasser, das diese Seen speist, ist jedoch Süßwasser. Nur so ist es möglich, daß in steil abfallenden Uferbereichen ein Schilfstreifen im Wasser wachsen kann (Foto 287) und daß die kaum Salz vertragenden Dum- und Dattelpalmenbestände bis dicht an den Kapillarsaum der flachen Uferzonen mit ihren Salzausblühungen heran gedeihen (Foto 287, 288). Die Binsen im Salzausblühungsbreich der flachen Uferzone von Foto 289 sind allerdings sehr salzverträglich.

2.5. Oberflächentypen und Verwitterungskleinformen

Foto 290: Dichtes Steinpflaster (Hamada), patinierte Eisenkrustenfragmente des Continental Terminal; Termit Chéguelenga

Foto 291: Wie üblich aus einer einzigen Steinlage bestehendes Pflaster (Hamada) aus unterschiedlichen Korngrößen (patinierter Basalt) über steinfreiem, schluffigem Schaumboden, am Hammer freigelegt; nahe Bardai, Tibesti, Tschad

Foto 292: Extrem dichtes einlagiges Pflaster aus scharfkantigen kleinen Sandsteinbruchstücken; Plateaufläche bei Bilma Barao, Kaouar

Foto 293: Lockeres Grobkiespflaster (Serir) aus Flußschottern in einer einlagigen Decke aus Feinkies und Grobsand; nördlich von Amguid, Südalgerien

Foto 294: Serirpflaster aus lockerer Flußschotterstreu mit einzelnen Windkantern in einer Feinkies-/Grobsanddecke; Vorland des Messak Mellet, Südlibyen

Nackte, glatte Flächen anstehenden Gesteins sind in der zentralen Sahara wie auch in anderen, feuchteren Wüstengebieten der Erde die Ausnahme. Der Normalfall sind nicht mit dem Untergrund übereinstimmende Oberflächenstrukturen. Selbst steile Hänge tragen oft noch Hangschuttdecken (Kap. 2.2.). Ebenso wie in nichtariden Gebieten sind die wirklichen Gesteinsfarben nur an frischen Abbrüchen und zusätzlich auf Flächen aktiven Windschliffs sichtbar (Kap. 4.2.). Überall sonst haben sich über Fels, Boden und Sedimenten Oberflächentypen, -formen und -farben ausgebildet, die in der Regel eine mehrphasige, von verschiedenen Typen ariden oder semiariden Klimas geprägte Entwicklung hinter sich haben. Dünne Mineralüberzüge, die Patina, bedecken fast alle Oberflächen in unterschiedlichen Farben, wie nahezu jedes der bisherigen Bilder gezeigt hat. Regelmäßige Muster sind als Folge von Sortierung, Aufpressung (Foto 260, 283–285), Trokkenrissen oder Verwitterung (Foto 147) entstanden. Grobe Komponenten sind vor ihrer Patinierung entweder blockig, scherbig oder grusig zerfallen. Große Blöcke oder Felswände können durch verschiedenartige Hohlformen zerfressen sein (Foto 147), deren oft vorhandene Patinierung ihre heutige Inaktivität belegt. Selbst bei diesen Formen, die typisch für das heutige Wüstenregime sind, ist es nicht selbstverständlich, daß sie auch unter der heutigen Variante des Wüstenklimas gebildet worden sind.

2.5.1. Steinpflaster: Hamada, Serir und Reg

Kennzeichen aller von Lockermaterial – von Sedimenten oder alten Böden – unterlagerten Oberflächen ist die Ausbildung verschiedener Typen von Steinpflastern, im Englischen als *desert pavement* (Wüstenpflaster) bezeichnet. Die in der Sahara für die unterschiedlichen Typen benutzten Begriffe sind nordafrikanischen Sprachen entliehen, werden aber so genutzt, daß sie auch bestimmte Relieftypen bezeichnen können. Ein Steinpflaster aus groben, eckigen Bestandteilen wird Ham(m)ada genannt, unabhängig von seinem Vorkommen. Ursprünglich bezeichnet der Begriff aber mit solchem Schutt bedeckte Plateaus am Südrand des Atlas-Gebirges.

Ein Pflaster aus gut gerundeten Kiesen, aber auch weite Ebenen davon heißen Serir. Meist handelt es sich um Anreicherungen an der Oberfläche pluvialzeitlicher, gut gerundeter Flußsedimente, wie etwa auf den frühholozänen Sedimenten des Bardagué-Systems in der Serir Tibesti.

Neben extrem blockigen, schlecht begeh- und kaum befahrbaren Steinpflastern (Foto 55, 206) gibt es auch solche, die aus einer dicht gepackten Lage völlig patinierter Schuttpartikel bestehen (Foto 290), hier mit zahlreichen schwarzen Eisenkrustenstücken. Die Korngrößen können dabei um mehrere Zentimeter schwanken. Umlagerungsprozesse haben dazu geführt, daß das Pflaster nur aus einer einzigen Partikellage besteht, die meist über einer grobmaterialfreien oder zumindest feinmaterialreichen Schicht von einigen Zentimetern Dicke liegt – in Foto 291 am Hammer freigeschoben. Nach einer Störung kann sich das Pflaster regenerieren. In Foto 292 ist nach einer solchen Störung bereits wieder eine dichte Packung der eckigen Bruchstücke erreicht worden, aber die Zeit hat für die Patinierung der mit ihrer hellen ehemaligen Unterseite nach oben in das Mosaik eingepaßten Steinchen noch nicht gereicht. Sind nur wenige grobe Komponenten im Sediment

Foto 295: Dichtes Kiespflaster (Serir) mit steinzeitichen Abschlägen (eckig); Rutschungsscholle nördlich von Col d'Anai, Südlibyen

Foto 296: Grobsand- bis Feinkiespflaster mit abgerollten Seekalkfragmenten mit Ansätzen äolischer Sortierung; Dünengebiet nördlich von Dirkou, Kaouar

Foto 297: Feinserirpflaster aus patinierten Eisenoolithen und Krustenbruchstücken des Continental Terminal auf Dünensand; Plateaufläche Nordost-Termit

Foto 298: Sehr dichtes, einlagiges Grobsandpflaster (Reg) über feinem Dünensand; Erg von Bilma

Foto 299: Auf die Dünensandoberfläche hochgewanderte Bruchstücke einer jungsteinzeitlichen Reibeschale, freigefegt; links freigelegte Unterlage des linken Bruchstücks, rechts Bruchstück noch an Ort und Stelle

vorhanden, kann ein Pflaster aus Grobsand und darin isoliert, meist regelmäßig verteilten Grobkomponenten entstehen (Foto 293, 294).

Mischungen verschiedener Korngrößen werden mit einem anderen, ursprünglich nordafrikanischen Begriff als Reg bezeichnet. Derselbe Begriff wird aber auch für ein sehr gleichförmiges, feinkörniges Pflaster von Grobsand auf feineremDünensand verwendet (Foto 296, 298). Im Englischen wird Reg als Synonym für den kaum verwendeten Begriff Serir benutzt.

Den Pflastern aller Korngrößen und Korngrößenmischungen ist gemeinsam, daß sie auf Substraten liegen, deren Korngrößen durchmischt sind und in denen die gröberen Fraktionen, aus denen das Pflaster gebildet worden ist, meist nur einen geringen Anteil haben. Der teils sehr hohe Feinmaterialgehalt dieser Substrate wird durch das jeweilige Pflaster sehr erfolgreich vor Auswehung geschützt. Oberflächen wie in Foto 295 und 298 werden bei einem Sandsturm der für das Gebiet üblichen maximalen Intensität nicht angegriffen und dienen lediglich als Transportebenen. Eine Abweichung zeigt Foto 296. Das Grobsand- bis Feinkiesmuster auf dieser Dünensandoberfläche ist während eines Sandsturms so organisiert worden, daß sich erste Ansätze von Windrippelkleinformen ausgebildet haben (Kap. 4.3.2.), die bei Auswehung der feinen Bestandteile aber auch zu einem Pflaster wie in Foto 298 umgestaltet werden können. Jede Pflasterzerstörung gibt vorübergehend Feinmaterial für den äolischen Transport frei. In den stark vom Menschen gestörten Randgebieten von Oasen können dadurch sogar die Oase bedrohende Dünen aufwachsen (Busche 1979).

Überall dort, wo das Steinpflaster aus anderem Material als Quarzkieseln oder Grobsand besteht und einen nennenswerten Anteil an Eisen- und Manganverbindungen enthält, hat sich auf den Oberseiten der Partikel eine unterschiedlich dunkle, braune bis schwarze Patina ausgebildet (Foto 290, 291, 295). Sie ist ein weiteres wichtiges Kennzeichen der Wüstenpflaster. Die Unterseiten zeigen je nach Salzgehalt des Substrats helle Anätzungsfarben oder orangerote Patinafarben (Kap. 2.5.5.). Jüngere Störungen des Pflasters wie in Foto 292 sind so leicht zu erkennen.

Entstanden sind die Pflaster in allen Fällen infolge der selektiven Anreicherung bestimmter Korngrößen an der Oberfläche durch das unterschiedliche Zusammenwirken von Aufwandern durch Tonquellung oder Frosthub, durch Abspülung von feinen Korngrößen und meist auch durch Auswehung feiner Komponenten. Diese Prozeßkombination wirkt selbstverständlich auch und meist intensiver in Halbwüstengebieten. Cooke (1970) konnte in Laborversuchen zeigen, wie quellende Tonpartikel, wenn auch weniger aktiv als Eisnadeln im Frostschuttgebiet, ein Steinchen hochdrücken. Beim Austrocknen des Bodens verhindern die Reibung und in den kurzzeitig gebildeten Hohlraum unter dem Stein eingewanderte kleine Partikel das vollständige Zurücksinken in die Ausgangsposition, und nach zahlreichen Durchfeuchtungszyklen kann das senkrecht eingeregelte Steinchen die Oberfläche erreichen. Es kippt um und erreicht, auf einer seiner größeren Flächen liegend, eine stabile Lage.

Auswehung von Feinmaterial, die zu einer relativen Anreicherung der groben Komponenten an der Oberfläche führt, spielt vor allem in der ersten Phase nach einer Substratdurchmischung, etwa nach fluvialer Umlagerung, eine wichtige Rolle, reicht aber zur Erklärung der dichtgepackten, einschichtigen Pflaster nicht aus. Schließlich können auch Staubeinwehung und gelegentliche Einwaschung eine Rolle bei der Ausbildung der Schlufflage unter dem Steinpflaster gespielt haben (vgl. Besler 1995, Kap. 2.4.3.1.1. und 3.4.).

Noch ungeklärt ist das weitverbreitete Phänomen, daß das Aufwärtswandern von groben Partikeln auch durch reinen, praktisch ton- und schlufffreien Dünensand hindurch und damit ohne Quellung und Schrumpfung möglich ist (Busche u. Heistermann 1993). Die windpolierten Eisenkonkretionen (Oolithe) von Foto 297 sind durch mehrere Zentimeter Dünensand von der unterlagernden Eisenkruste an die Oberfläche gelangt.

Überall in den Dünengebieten der zentralen Sahara sind steinzeitliche Siedlungsplätze leicht zu identifizieren, weil die Artefakte nicht unter, sondern *auf* der mehrere Zentimeter dicken heutigen Dünensanddecke liegen. Foto 299 zeigt Bruchstücke einer jungsteinzeitlichen Reibeschale nach dem Abfegen der Dünensanddecke über dem neolithischen braunen Boden: Das linke, ursprünglich schon an der Oberfläche liegende Bruchstück wurde von dem es unterlagernden jungen Dünensand abgehoben; das rechte steckte noch schräg im Dünensand und hatte erst mit seiner Kante die Oberfläche erreicht. Nur sehr kleine Steinsplitter können nicht hochwandern und liegen an den Fundplätzen noch in ursprünglicher Lage auf dem Boden unter der Dünensanddecke.

Foto 300: Durch Verwitterung aufgeblätterter Tonstein in sandreicher Hamada; südlich von In Salah, Südalgerien

Foto 301: Gewundene, giebeldachförmige Aufpressungsmuster in einer verwitterten Karbonkalkplatte; Plateau südlich von Passe de Salvador

Foto 302: Durch kluftnetzfolgende Verwitterung geschaffenes rhombisches Sandsteinplattenmuster mit Windschliff; südwestliches Vorland des Plateau du Mangueni

Foto 303: Durch Verwitterung und Windschliff geweitetes Kluftnetzmuster; Karbonkalkplatte mit wannenförmigem Windschliff; Djadoplateau

Foto 304: Trockenrißpolygonmuster in schluffigem Seesediment mit Steinchenanreicherung auf den Rissen; Vorland von Termit Ouest

2.5.2. Geometrische Muster

Auf Gesteinsoberflächen ohne Lockermaterialauflage und insbesondere bei gleichzeitiger äolischer Abtragung werden Muster sichtbar, die in nichtariden Gebieten meist unter der Bodendecke verborgen sind. Die an Blütenblätter erinnernde Struktur in Foto 300 ist dadurch entstanden, daß Tonstein durch chemische Verwitterung in einzelne Schichten zerlegt wurde, die Tonsteinblätter durch Einlagerung von quellfähigem Tonstaub auseinandergedrückt wurden, zum Teil hochgewandert sind und außerdem leichtem Windschliff ausgesetzt waren. Die meisten Partikel dieses Pflasters liegen, wie im vorigen Kapitel beschrieben, ebenfalls auf rezentem Dünensand. Denkbar ist, daß bei Beginn der Sandeinwehung Sandkörner unter die Steine gepreßt wurden, vielleicht in Verbindung mit Resonanzphänomenen.

Völlig anderer Entstehung sind die dachförmigen, in diesem Fall gewundenen kleinen Rücken auf einer fast nackten Karbonkalkfläche, die in anderen Gebieten auch geradlinig und rechtwinklig verlaufen können (Foto 301). Entlang ihres Kluftmusters zerlegte dünne Platten sind gegeneinander gepreßt worden und in der einzig möglichen Richtung, nach oben, ausgewichen. Dadurch sind Kompressionsbewegungen im Gestein, also gegenwärtig ablaufende tektonische Prozesse, sichtbar geworden. In stärker windabgeschliffener Form kommen sie auch auf dem nackten Sandsteinboden der Karstdepressionen im Tchigai vor (Gebiet von Foto 5). In Schürfen ist die Aufpressung, auf 1–2 dm beiderseits einer Kluft beschränkt, auch einige Dezimeter tief in den Untergrund zu verfolgen. Entsprechende Formen sind in humiden Klimaten im Boden verborgen und werden zudem durch Verwitterung und Grabaktivität von Tieren schnell zerstört. Nachdem diese Aufpressungsrücken bei Feldarbeiten in Südnamibia auch weitflächig auf nackten Felsflächen gefunden wurden, sind sie für den internationalen Sprachgebrauch als *pressure ridges* bezeichnet worden.

Auch normale Kluftmuster sind in wenig verstellten Sedimentgesteinen oft ausgezeichnet sichtbar und erleichtern die Arbeit des Strukturgeologen bei der Rekonstruktion älterer tektonischer Beanspruchungsphasen und -richtungen. Die Muster in Foto 302 und 303 wurden sichtbar, nachdem chemische Verwitterung die Klüfte bei noch vorhandener Bodendekke nachgetastet und aufgeweitet hatte. Nach der Bodenabtragung hat Windschliff das verwitterte Material entlang der Klüfte ohne nennenswerte Verlagerung der Sandsteinplatten abgetragen (Kap. 4.2.1.), und abschließend hat eingewehter Sand das Rhombenmuster nachgezeichnet. Die flachen Wannen, die sich über das fast quadratische Muster der lösungsgeweiteten Klüfte in der Kalksteinplatte von Foto 303 ziehen, belegen, daß hier in noch stärkerem Maße Windschliff bei der Freilegung des Musters mitgewirkt hat.

Polygonmuster wie auf der schluffig-tonigen Seesedimentoberfläche von Foto 304 erinnern auf den ersten Blick an die Musterböden arktischer Gebiete, die durch das frosthubbedingte Aufwandern von Steinen entstehen. Für die Bildung dieses Musters war jedoch erst einmal ein Wechsel von Überschwemmung, Durchfeuchtung mit Quellung und anschließender Austrocknung mit Trockenrißbildung in einer flachen Wanne verantwortlich. Die Steine wurden von der Beckenumrahmung eingeschwemmt und haben sich im Laufe zahlreicher Durchfeuchtungszyklen in den Tiefenlinien entlang der Risse angesammelt. Die Polygonfelder zwischen den Rissen bilden bei jeder Durchfeuchtung nach oben aufquellende Kuppen, die in abgeschwächter Form auch im trockenen Zustand noch zu erkennen sind. Von diesen sind die Steine jeweils nach allen Seiten in die Tiefenlinien abgeglitten.

Foto 305: Schildkrötpanzer mit Zerstörungsformen auf einem Sandsteinfelsen; Plateau von Tamrit bei Djanet, Südalgerien

Foto 306: Große Halbhöhle (Abri) in einem Sandsteinfelsen mit Schildkrötpanzer; ebenfalls Plateau von Tamrit

Foto 307: Unzerstörter Schildkrötpanzer auf freiliegenden Felsblöcken; südwestliches Aïr-Vorland

2.5.3. Schildkrötpanzer

Eine weitere Form von Oberflächenmustern überzieht viele Felsflächen, insbesondere von freistehenden Felsen und Inselbergen und in bester Ausbildung auf den massigen paläozoischen Sandsteinen (Foto 79, 80, 305, 306). Sie wird nach dem Aussehen ihrer leicht gewölbten Polygone als Schildkrötpanzer oder auch Elefantenhaut bezeichnet. Das Rißmuster tritt immer in Verbindung mit intensiver, meist dunkelbrauner Patinierung auf. Es gibt alle Übergänge des Musters von völliger Unabhängigkeit von der Schichtung und Klüftung des Gesteins über die selektive Nachzeichnung von Gesteinsstrukturen (Foto 305, 306) bis zu weitgehender Nachzeichnung harter und weicher Schichten wie in Foto 307. Schülke (1973) hat danach endogene und exogene Muster unterschieden.

Schildkrötpanzer gehören zu den vielen Formen, die nicht auf das extrem aride Klima der zentralen Sahara beschränkt sind. Beschrieben wurden sie aus verschiedenen Teilen der ariden und wechselfeuchten Tropen und Subtropen und überall in unterschiedlichen Stadien der Zerstörung. Am Südrand der Sahara zum Beispiel, im Sahel bei Zinder, sind sie auf Granitblöcken nur noch schwach zu erkennen. In der zentralen Sahara können sie wohlerhalten wie in Foto 307 oder 415 oder verschieden stark aufgelöst sein (Foto 305, 306). In der Literatur werden die braunpatinierten Oberflächen meist als Hartrinden beschrieben (Wilhelmy 1958). Offenbar sind diese Oberflächen auch resistenter als ihre Umgebung, aber es handelt sich, wie auch sonst bei der Patina (Kap. 2.5.6.), nur um Bruchteile eines Millimeters dicke Eisenmanganoxidüberzüge, unter denen das Gestein so zermürbt ist, daß sich, ausgehend von ausgewitterten Polygonlinien, zentimeterhohe, seitlich unter die Rinde greifende Ausraumzonen bilden.

Fraglich ist, ob die Patina und die unterlagernde Zermürbungszone ursächlich mit der Musterbildung im Zusammenhang stehen oder erst später gebildet worden sind. Auf völlig abgetragenen Panzerbereichen läßt sich nämlich das Rißmuster unabhängig von der Gesteinsschichtung mehrere Dezimeter tief in das Gestein hinein verfolgen. Gleiche Beobachtungen machte auch Rögner (1989) im Sinai.

Fotos wie 79, 80, 305 oder 306, alle aus dem Sandsteinkarstgebiet der Tassili n'Ajjer, belegen eindeutig, daß es sich einschließlich der Patina um Vorzeitformen handelt. Da sie sowohl in heute als auch vorzeitlich feuchteren Klimaten vorkommen, ist nur zu vermuten, daß sie unter nichtariden Klimabedingungen entstanden sind. Diejenigen der Tassili sind, wie auch sonst in der Region, entlang der Polygongrenzen ausgewittert, und das Muster ist von zahlreichen Tafonis (Kap. 2.5.4.) durchlöchert. Zusätzlich haben sich hier nach der Panzerbildung teils mehrere Meter weit in den Fels eingreifende Halbhöhlen oder Abris gebildet (Foto 306), an deren Rückwänden die bis 10 000 Jahre alten saharischen Felsbilder gemalt und bis heute erhalten geblieben sind (Sahara 1978). Die Panzer sind jedoch jünger als die Freilegung der Verkarstungsformen des Gebietes (Foto 79, 80).

Im Windkorrasionsgebiet von Sara am Südrand des Djadoplateaus (Foto 395) oder im Tchigai (Foto 415) ist das Schildkrötmuster teilweise auf altem Windrelief erhalten (Kap. 4.2.4.), demnach also Pleistozän. Oder handelt es sich dabei nur um die erneute Patinierung eines viel älteren, weit ins Gestein eingreifenden Rißmusters, für dessen Entstehung es bis jetzt keine plausible Erklärung gibt? Auch deshalb nicht, weil diese Formen nirgends rezent gebildet zu werden scheinen.

Foto 308: Tafoni in der Sandsteinauflage einer Stufenstirn; Dissilakstufe, Westrand des Djadoplateaus

Foto 309: Tafoni in vergrustem Granit; südlich der Arakschlucht, Südalgerien

Foto 310: Kleine Tafoni im Sandstein; Plateaukante des Messak Mellet, Südalgerien

Foto 311: Tafoni in nichtvergrustem Granit; südlich der Arakschlucht, Südalgerien

2.5.4. Tafoni, Hohlblöcke, Napfverwitterung

Auch die Verwitterungsformen dieser Doppelseite sind nicht auf die zentrale Sahara beschränkt. In massige Gesteine, vor allem in Granit eingefressene Halbhöhlen oder Tafoni kommen als Formen der Schattenverwitterung nahezu überall auf der Erde vor, besonders ausgeprägt an Küsten, wo Salznebel und häufige Benetzung die Verwitterung begünstigen. Sie sind typische Selbstverstärkungsformen: Felspartien, an denen sich die Feuchtigkeit von Tau oder Regen länger als an anderen Partien hält, verwittern schneller, werden eingetieft, können im länger wirkenden Schatten wiederum länger feucht und verwitterungsfähig bleiben und vertiefen sich so zu kleinen Alveolen, großen Tafonekammern oder sogar zu Abris mit weit vorragenden Dächern wie in Foto 306. Die Verwitterung findet meist unter Mitwirkung von Flechten statt und schreitet je nach Gestein durch Absanden oder die Ablösung kleiner Plättchen voran.

Den Formen der zentralen Sahara ist jedoch gemeinsam, daß sie fast ausschließlich inaktiv sind. Die Hohlformen sind in der Regel vollständig patiniert; oft ist Sand in sie eingeweht. Die neolithischen Felsmalereien in ihnen, nicht nur im Gebiet der Tassili n'Ajjer, zeigen, daß sie zu jener Zeit schon vorhanden waren und sich seither kaum weiterentwickelt haben.

Am besten ausgebildet sind sie in den freigelegten Granitgrundhöckerfluren um das Hoggar (Foto 309, 311) und in den intramontanen Granitbecken des nördlichen Tibesti. Ihre Entwicklung kann erst nach der Ausräumung des endtertiären Gesteinszersatzes zwischen den Blöcken eingesetzt haben. Auch in anderen Tafoniregionen häufige Felssockel unter der Halbhöhle wie in Foto 309 links werden mit einer ehemaligen geringmächtigen Bodendecke in Verbindung gebracht. Selbst wenn die Formen in den hier gezeigten Bildern alle nach Westen orientiert sind, kommen sie doch auch in allen anderen Expositionen vor, so daß es kaum möglich ist, auf vorherrschende Richtungen der Feuchtigkeitsanlieferung während der Bildungszeit zu schließen.

Tafoni und kleinere Hohlformen wie die in Foto 308 und 310 haben aber eine andere Indikatorfunktion. Rögner (1989) sieht in der rezent ablaufenden Tafonierung an Stufen der feuchteren israelischen Negev-Wüste einen wichtigen Prozeß der Stufenabtragung. Die gleichen, in der zentralen Sahara jedoch inaktiven Formen belegen die derzeitige Formungsruhe an solchen Stufenabschnitten. Unten links ist zu erkennen, daß die Lochbildung auch hier, wie in Foto 305, die ältere Verwitterungsrinde der Schildkrötpanzerung durchbrochen hat. Die Polygonverwitterung und die nachfolgende Tafonierung in Foto 310 konnten erst einsetzen, nachdem der Steilabfall unter der Trauf durch das im Übergangszeitraum Plio-/Pleistozän erfolgte Absitzen der Rutschungsschollen (vgl. Foto 128) freigelegt worden war. Seither haben sich zwar die Löcher gebildet, aber sonst hat sich die Stufe praktisch nicht mehr zurückverlegt (vgl. Kap. 2.2.); der Befund deckt sich also mit dem durch die Rutschungsanalyse gewonnenen Ergebnis.

Die Tafoni in Foto 310 sind ein Detail vom Stufenrand von Foto 7, wo eine Sandsteindecke über präkambrischem Schiefersaprolit auskeilt. Trotz des wenig standfesten Untergrunds lief auch hier die Stufenabtragung so langsam ab, daß die Sandsteinsteilwand stark tafoniert werden konnte. Heute ist die Tafonierung auch hier wegen zu geringen Feuchtigkeitsangebots nicht aktiv.

Noch völlig offen ist, ob die Tafonierung ein- oder mehrphasig, in einem oder mehreren Pluvialen abgelaufen ist und ob dies überall zeitgleich geschah. Foto 312 ist zumindest ein weiteres Indiz für die quartäre Bildungszeit und ebenso für die beträchtlichen Klimawechsel während dieses Zeitraums. Der Tafone ist in die Westseite eines Eisensandsteinblocks eingefressen, dessen Form durch stark ausgeprägten vorzeitlichen, heute patinierten und mit frischem Staub überklebten Passatwindschliff bestimmt wird (Kap. 4.2.3.).

Foto 312: Tafoni in einem Eisensandsteinblock mit altem Windschliff; Plateau von Ourdidinga, Termit

Foto 313: Sandsteinhohlblock am Stufenfuß; Termit Ourdidinga

Foto 314: Sandsteinhohlblöcke; Paß von Mouri Idé, Südlibyen

Foto 315: Napfverwitterung mit Windschliff in Eisensandstein; Wadi as Sciati, Südlibyen

Foto 316: Rezenter Verwitterungsnapf mit eingeschwemmtem Schluff; Plateaufläche, Termit

Foto 317: Aktive Napfverwitterung mit Krustenzerstörung; südliches Termit

Foto 318: Sandsteinplatte mit fossilen Wasserrippelmarken; durch Verwitterung und Windschliff zerstörte Patina; Mouri Idé, Südlibyen

Neben Tafoni gibt es bei geeignetem Sandstein auch häufig sogenannte Hohlblöcke: freiliegende, von einer etwas festeren Verwitterungsrinde mit Mineralanreicherung umgebene Blökke, deren Inneres völlig zermürbt und, ausgehend von Verletzungen der äußeren Rinde, anschließend ausgewaschen oder ausgeweht wurde. Solch ein Block in Foto 313 liegt am Fuß einer Hangschuttdecke und belegt, daß auch diese seit längerer Zeit nicht mehr bewegt worden ist. Einen auch nur kurzen Transport hätte dieser mürbe Block kaum überstanden. Das Blockinnere ist eingesandet, die Patina teilweise durch Windschliff entfernt worden, die Hohlblockbildung selbst wohl als feucht- und damit vorzeitlicher Prozeß anzusprechen.

Das Termit liegt am Südrand der zentralen Sahara und erhält so ein wenig mehr Feuchtigkeit als der Kernbereich. So kommt es, daß in höheren Hanglagen heute zwar nicht Hohlblockbildung oder Tafonierung, jedoch eine aktive Napfverwitterung stattfindet. Der Napf in Foto 316 ist in ein Stück Eisenkruste des *Continental Terminal* (Kap. 1.2.3.) eingefressen worden. An seinem Boden liegt zusammengeschwemmter Schluff, der vom Wasser des letzten Regens verbacken worden ist. Noch aktiver ist die Napfverwitterung in dem sehr mürben Sandstein von Foto 317 (Schuh 1988). Seine schwarze Patina (Kap. 2.5.5.) bekam erst Risse, und ausgehend von diesen hat Wasser in Verbindung mit auskristallisierendem Salz und quellenden Tonpartikeln aus dem Staubniederschlag die Steinoberflächen angeätzt und eingetieft.

Auch in den trockensten Teilen der zentralen Sahara finden sich Hohlblöcke und Napfverwitterung, allerdings sind dort beide Typen heute völlig inaktiv und werden in unterschiedlich starkem Maße vom Windschliff überprägt. Der Napf von Foto 315 ist ebenfalls in einer Eisenkruste (mesozoischen Alters) ausgebildet und wird heute windüberschliffen. Die ehemals schwarze Patina ist weitgehend abgetragen worden, wie auch bei den Sandsteinhohlblöcken von Foto 314 in einer Paßregion im Stufenland nördlich des Tibesti, im Hintergrund von Foto 318.

Hier ist deutlich sichtbar, daß die höhere Festigkeit der Hülle nicht durch die dünne Eisenmanganoxidpatina gegeben war, sondern daß, anders als bei den Schildkrötpanzern, von innen aus dem Zermürbungsbereich abgewanderte Lösungen im mehrere Zentimeter starken Randbereich wieder ausgefällt wurden und eine Hartrinde geschaffen haben (engl. *case hardening*). Von dieser Verwitterung war jeder einzelne Block der spärlichen Hangschuttdecke betroffen. An Schwachstellen konnte in einer nachfolgenden ariden Phase der Wind angreifen, das Blockinnere auswehen und auch die Rinde selbst durch Windschliff weiter zerstören. Von vielen Blöcken der Hangschuttdecke sind heute nur noch deren Scherben als Streu erhalten.

Im Vordergrund von Foto 318, aus demselben Gebiet, schaut nur noch die schmale Kante eines großen, weitgehend zerstörten Hohlblocks aus dem Dünensand. Die Patina auf der steilstehenden Fläche fossiler Wasserrippelmarken ist vom Sandwind weitgehend abgeschliffen worden; am Fuß noch nicht, der offenbar erst vor kurzem seine schützende Dünensanddecke verloren hat.

Foto 319: Blockig zerfallener patinierter Sandstein; Plateau nahe Ubari, Südlibyen

Foto 320: In Scheiben zerlegter Sandsteinblock, voll patiniert; Hamada im Vorland des Messak Mustafit, Südlibyen

Foto 321: Abplatzende Rinde patinierter Basaltkernsteine auf einer Rutschungsscholle; Gossololom Bo, nördlich des Termit

Foto 322: Durch Verwitterung aufgeblätterter Schiefer, obere Teile patiniert; Mouydir-Bergland, Südalgerien

Foto 323: Bei seltenen Starkregen bewegter hellbraun patinierter Basalthangschutt; dunkle Gesteinsfarbe an abgestoßenen Ecken; bei Yebbi Bou, Tibesti, Nordtschad

Foto 324: Blauschwarze Farbe windüberschliffenen Basalts; scherbig zerfallener Kernstein; nördliches Tibestivorland

Foto 325: Windabgeschliffene Patina auf einem Sandsteinblock mit neolithischen Gravuren; Mouri Idé, Südlibyen

2.5.5. Blockzerfall, Patina und Patinazerstörung

Die Fotos 318 und 325 wurden in unmittelbarer Nähe aufgenommen. Auf den dort sichtbaren Sandsteinflächen ist die Patina mit Ausnahme der Flächenteile, die bis vor kurzem unter Dünensand geschützt waren, abgeschliffen worden. Die neolithischen Spiralen in Foto 325 waren nach ihrer Gravur vor sicherlich mehr als dreitausend Jahren noch vollständig patiniert worden. Die sehr massige Patina, wie die auf dem hinteren Block von Foto 318, ist sicherlich älter. Patinierte Gerölle wurden bereits zum Bau neolithischer Tumulusgräber verwendet, und die älteren Großwildgravuren der Region waren bereits dunkel patiniert, bevor in jüngerer neolithischer Zeit heute noch helle Rinderzeichnungen darübergraviert wurden.

Die Patina unterliegt heute fast überall der Zerstörung, besonders auf exponierten Felsflächen. Dabei wird sichtbar, daß bei den Mineralwanderungen an die Oberfläche und der dortigen Ausfällung die obersten Millimeter des Gesteins verändert wurden und sich oberflächenparallele Schwächezonen ausbildeten, an denen heute die dünnen Schalen abplatzen, entweder in großen Stücken wie auf den patinierten Basaltkernsteinen von Foto 321 oder entlang eines engständigen Rißmusters wie in Foto 326. Auch neolithische Gravuren, die in die Patina geschnitten wurden, lösen sich heute vielfach in ganzen Platten ab.

Die Patinazerstörung hat in der jüngeren Vergangenheit zu einer wahrscheinlich beträchtlichen Veränderung des Farbeindrucks der zentralsaharischen Landschaft geführt: Viele ehemals tiefschwarz patinierte Flächen sind entweder durch Windschliff (Foto 318, 325) oder durch Abplatzen stark aufgehellt worden. Am besten hält sich die Patina auf Hamadaoberflächen (Foto 291). Da diese vielfach neolithische Artefakte im Steinpflaster enthalten, kann die Patinierung auch hier erst nach der Steinpflasterbildung und nach dem Ende der neolithischen Besiedlung entstanden sein. Die auch auf den abgeplatzten Felsflächen wieder einsetzende Patinierung hat bisher nur hellbraune, wenig von der eigentlichen Gesteinsfarbe abweichende Farbtöne geschaffen.

Patinierung ist immer ein Indiz dafür, daß eine Oberfläche mindestens einige Jahrhunderte oder sogar Jahrtausende alt ist. Patiniert sind auch sämtliche Bruchflächen des zerfallenen Sandsteinblocks von Foto 319. Die geradlinigen, durch den gesamten Block hindurchgehenden Kernsprünge entsprechen genau dem, was in Lehrbüchern als Insolations- oder Hitzesprengung bzw. als Thermoklastie beschrieben wird, die dadurch entstehen soll, daß sich bei starker Besonnung die Minerale im Gestein unterschiedlich stark ausdehnen, nachts wieder zusammenziehen und daß durch diese Spannungen Felsblöcke zerspringen können, wie einige Basaltkugeln im Hintergrund von Foto 321. Demnach müßte die Hangschuttproduktion in der extremsten Hitzewüste der Erde sehr stark sein. Im Kapitel über den Hangschutt (Kap. 2.2.) konnte aber gezeigt werden, daß das nicht der Fall ist.

Es gibt eine sehr umfangreiche Literatur zur Insolationsverwitterung, am besten zusammengefaßt bei Yatsu (1988). Aus ihr ergibt sich, daß sie bei den in Wüsten auftretenden Temperaturschwankungen nur in der Gegenwart von Wasser möglich ist, also Lösungsprozesse, Salz- und/oder Frostsprengung einbezieht. Haarrisse durch Materialermüdung, an denen die Prozesse angreifen können, scheinen in der zentralen Sahara nicht häufiger als in anderen Regionen der Erde zu sein.

Foto 326: Zerrissene, teilweise abgeplatzte Rinde und neue stumpfe Patina auf der jüngeren Oberfläche; Plateau von Tamrit, Südalgerien

Foto 327: Glänzender Wüstenlack oberhalb der Guelta (Wasserstelle) Sefar; Plateau von Tamrit, Südalgerien

Foto 328: Fremdgesteinseinschlüsse (Xenolithe) und Granit mit unterschiedlicher Patina, Assekrempiste, Atakor, Hoggar, Südalgerien

Was immer die ersten Auslöser waren – für den Block von Foto 319 konnte gezeigt werden, daß in Lösung oder als Staub eingetragener Gips wesentlich zur Blocksprengung beigetragen hatte. Auch eingewehter Staub aus quellfähigen Tonmineralen trägt zur Zerlegung von Blöcken bei. Dabei können Steine völlig in Scheiben zerlegt werden (Foto 320), die durch quellenden Ton bei seltener Durchfeuchtung auseinandergedrückt werden. Die englische Literatur spricht hier von *mudcracking* (Ollier 1984).

Solche Prozesse spielen auch eine Rolle bei der weiteren Aufblätterung von Schiefern wie in Foto 322. Die eigentliche Verwitterungsarbeit wurde hier jedoch bereits während der tertiären Saprolitisierung geleistet. Bei noch vorhandener Bodendecke würden die Schieferblätter in ähnlicher Weise im feuchten Feinmaterial stecken und relativ schnell weiterverwittern. Unter den heutigen ariden Bedingungen sind die exponierten oberen Teile des Schieferausbisses vollständig dunkel patiniert. Dort, wo in der Rinne gelegentlich Wasser fließt, schaffen mechanischer und chemischer Angriff schnell einen gelblichen Farbton.

Am ausgeprägtesten sind die Farbwechsel der Patina bei Prozeßwechseln auf Basalt. Im Normalfall ist die ungestörte, gut entwickelte Patina über dem fast schwarzen Basalt schokoladenbraun (Foto 291, 167). Gerät der Schutt bei Starkregen in Bewegung, so daß die einzelnen Komponenten gegeneinander schleifen können, oder wird schleifendes Feinmaterial darübertransportiert, entsteht durch viele kleine schluffkorngroße Abschläge bald eine hellbraune Farbe (Foto 323). An großen Abschlägen dieses Murschutts ist die tatsächliche Gesteinsfarbe zu erkennen.

Wird Basalt kräftigem Windschliff ausgesetzt, dann wird die Oberfläche durch eine Vielzahl winziger Krater aufgerauht, die das Licht so brechen, daß die Gesteinsoberfläche glänzend dunkel- bis stahlblau erscheint. Im Foto 324, auf der Felsterrasse von Foto 178, bekam die zerfallene Basaltsäule durch Sandkornbombardement ihre blaue, nicht mit der Gesteinsfarbe identische Farbe, während derselbe Basalt in weniger windexponierter Lage noch seine ältere dunkelbraune Patina hatte. Auch bei fluvialem Angriff verändert sich das Braun der Patina schnell. Das dabei entstehende Blau – ebenfalls nicht die Gesteinsfarbe – ist jedoch dunkler und stumpf (Foto 291, 163). Patinafarben können also im Gelände schnell einen ersten Hinweis auf die gegenwärtig dominierenden geomorphologischen Prozesse geben.

Die Farbtöne einer nicht wind- oder wasserüberprägten Patina hängen von ihrem Gehalt an Eisen- und Manganoxid ab, wobei bereits sehr geringe Manganmengen für eine kräftige Schwarzfärbung verantwortlich sind (Mainguet 1972). Unterschiedliche Mangangehalte können so auf derselben Oberfläche zu ganz unterschiedlich intensiver Patinierung führen, wie in Foto 328, in dem herausgewitterte Fremdgesteinseinschlüsse (Xenolithe) in einem Granit- und Ganggesteinskomplex eine viel dunklere Farbe angenommen haben. Die wahre Gesteinsfarbe ist an den vielen frischen Absprüngen zu erkennen.

Die klimatischen und mikroklimatischen Bedingungen, unter denen sich die braune bis schwarze Patina des Wüstenlacks bildet, sind nach wie vor unklar. Sowohl in der Vollwüste der zentralen Sahara als auch in feuchteren Halbwüsten herrscht heute Patinazerstörung vor. Welche Rolle dabei und bei Erhaltung oder Neubildung kleinräumige Luftfeuchtigkeitsunterschiede spielen können, zeigt das Fotopaar 326/327. Auf einer exponierten Sandsteinfläche zerfällt die rissige, matte Patinierung. Nur wenige Zehner von Metern entfernt, in demselben Sandstein, aber an der Unterseite eines Felsblocks, der die ganzjährig wasserführende Guelta Ain Sefar im Tassili n'Ajjer überdeckt, ist eine glänzende, nirgends abplatzende und bei anderer Beleuchtung tiefschwarz erscheinende Patina ausgebildet – ausschließlich in dieser mikroklimatischen Gunstsituation, die vorzeitlich aber weitflächig gegeben gewesen sein muß.

3. Vulkanrelief des Tertiärs und Quartärs

Große Flächen der zentralen Sahara werden von vulkanischen Gesteinen aufgebaut, die seit dem mittleren Tertiär bis in die jüngste holozäne Vergangenheit gefördert wurden. Zwei Gebirgsschwellen, die schon zur semiariden Nordsahara gehören, der Djebel es Sowda und der Djebel Harudj al Aswad mit dem südlich davon liegenden Krater von Wau en Namous, sind ausschließlich aus überwiegend basaltischen Vulkaniten aufgebaut. Morphologisch am wichtigsten sind die vulkanischen Anteile des Hoggar, insbesondere des Atakor, und des Tibesti. Im Hoggar ist infolge des gegenüber dem Tibesti früheren Endes der vulkanischen Hauptaktivität nur noch ein Teil des bis fast 3000 m hohen zentralen Gebirgsbereiches von vulkanischen Gesteinen bedeckt. Im Tibesti besteht die gesamte Hochregion aus ineinander übergehenden Vulkanen, einschließlich der beiden höchsten Berge des Tibesti, des Emi Koussi (315 m) und des Ehi Toussidé.

Foto 329: Reste einer jungtertiären Phonolith-Vulkanschlotfüllung (Vulkanstiel) östlich des Plateaus von Assekrem; Atakor, Hoggargebirge, Südalgerien → E

Kleinere Vulkangebiete gibt es auch im Granit des südlichen Aïr. Noch kleinere Vorkommen, die morphologisch jedoch nur eine lokale Rolle spielen, gibt es im Krater von Gossolom Bo nördlich des Termit und nördlich davon bei Achegour. Sie bilden die letzten Ausläufer des nördlichen Astes des westafrikanischen Rifts, einer vom Golf von Guinea nach Nordosten ziehenden großen Störungszone. Die nördlichen Vulkangebiete stehen im Zusammenhang mit einer Grabenzone südlich der Syrte, dem Hongraben von Abbildung 1. Hoggar und Tibesti liegen, wie diese Karte zeigt, im Kreuzungsbereich zweier unterschiedlich alter Schwellen, in deren Hauptaufwölbungsbereich Laven die Erdoberfläche erreichen konnten.

Der Vulkanismus im Hoggar (Girod 1971, Rognon 1967) setzte im frühen Miozän vor etwa 25 Mill. Jahren ein (der älteste datierte Tuff, der bereits stark verwitterte ältere Laven überlagert, ist ca. 20 Mill. Jahre alt). Die heutige starke Aufwölbung des präkambrischen Sockels setzte erst im Altpliozän ein. Die ersten von über 20 Basaltdecken flossen deshalb noch auf einer Rumpffläche aus, die jedoch schon, wohl als Reaktion auf erste Hebungsimpulse, von Tälern zerschnitten war. Paläoklimatisch interpretierbare Phasen der Verwitterung und Bodenbildung in vulkanischen Ruhezeiten haben das Hoggar zu einem einzigartigen Archiv der Klimageschichte der zentralen Sahara gemacht (Skowronek 1987).

Mit weiterer Aufwölbung und dem Zerbrechen des Sockels änderte sich der Typ des Vulkanismus. An die Stelle von Flutbasaltdecken mit wenigen zwischengeschalteten chemisch sauren Tuffen traten im Pliozän zahlreiche, vorwiegend aus Aschen aufgebaute kegelförmige Vulkane, von denen die Abtragung nur noch die harten Schlote übriggelassen hat (Foto 329). Auch die Flutbasaltdecken sind weitgehend zerschnitten und abgetragen worden und bilden heute steilwandige Plateaus. Ausklingende vulkanische Aktivität kleiner Kegel und Lavaströme gab es noch bis zum Neolithikum.

Während das Vulkanrelief des Hoggar durch Zerstörungsformen geprägt ist, sind die weitgehend jüngeren Vulkanbauten des Tibesti meist noch gut erhalten. Dem Atakor vergleichbare Zerschneidungsformen und Vulkanstiele gibt es nur im Nordosten des Tibesti, um Aozou. Der Vulkanismus (Vincent 1963) dürfte etwa zeitgleich mit dem des Hoggar eingesetzt haben, ebenfalls in der Form dünnflüssiger, große Flächen bedeckender Lavaströme auf einer sich langsam aufwölbenden Schiefer- und Sandsteinrumpffläche, nur mit dem Unterschied, daß helle, saure Tufflagen eine größere Rolle als im Hoggar spielen. Sanft geneigte Schildvulkane, die Tarsos, entstanden. Nach einer Ruhephase mit kräftiger Zerschneidung des sich weiter hebenden Gebirges und der Entwicklung großer Muldentäler (Foto 160, 167, 171) setzte zum Ende des Pliozäns ebenso wie im Hoggar eine weitere Phase verstärkter vulkanischer Aktivität ein, deren Laven die Hänge überflossen und die Täler verfüllten. Zum chemisch sauren Anteil dieser Förderung gehören große Ignimbritdecken, die als glühende Aschen Schildvulkanflanken und Täler überkleideten (Foto 159, 160). Zum Ende des Pliozäns begann auch der Aufbau der hohen Strato- oder Schichtvulkane Emi Koussi und Ehi Toussidé.

Stärker noch als im Hoggar wurden bis ins Holozän kleine Aschenvulkane aufgebaut. Ins jüngere Quartär gehören auch drei Calderen als Ergebnis vulkanischer Explosionen und/oder des Einbruchs über einer leergeförderten Magmakammer: Doon Kinimi (das kleine Loch) und das Trou au Natron (Natronloch) auf dem Tarso Toussidé und östlich davon die noch hydrothermal aktive Gipfelcaldera des Tarso Voon, Soborom.

3.1. Hoggar, Tibesti, Aïr

Foto 330: Gleicher Ort, vorn Phonolithschlotreste, hinten ein Basaltplateaurest, → ENE

Foto 331: Der Ilamane, Rest eines Vulkanstiels an der Assekrempiste; vorn jungpleistozänes Stauseesediment zwischen Hang und Nivationswall (vgl. Foto 154); Atakor

Foto 332: Basaltsäulenpalisade und Säulenhangschutt; Assekrempiste, Atakor

Foto 333: Basaltplateau südlich von Assekrem, Atakor; vorn Kernsteine in Tiefenverwitterungszersatz, am Talhang chemisch verwitterte Tuffe

Der spektakulärste Teil des Vulkanreliefs des Atakor sind seine Ruinen. Foto 330 und 331 – auf der linken Seite überlappend –, vom fast 3 000 m hohen Plateau von Assekrem aufgenommen, zeigen die höchste Konzentration dieser Formen. Ein Rest der älteren, miozänen Plateaubasalte bildet eine hohe Mesa, einen Tafelberg, links im Hintergrund von Foto 331. Die zum Ende des Tertiärs noch viel ausgedehntere, von vielen Lavaströmen aufgebaute, zerbrochene Aufwölbung wurde in der zweiten vulkanischen Phase des Hoggar von zahlreichen Förderschloten durchschlagen, die über den Plateaubasalten Vulkankegel unbekannter Höhe aufbauten. Der Kegel im Hintergrund von Foto 330 ist jedoch nur die durch Hangabtragung überformte Plateaubasaltummantelung eines dieser Förderschlote. Es ist nicht anzunehmen, daß es sich bei den Vulkanen um Schicht- oder Stratovulkane handelte, deren Flanken aus einem Wechsel von Laven, Tuffen und verstärkenden Querrippen aufgebaut und schwer abzutragen sind. Sie hätten ebenso wie die Stratovulkane des Tibesti (Foto 337, 338) die geomorphologisch gesehen kurze Zeit der Abtragung von kaum mehr als 2 bis 3 Millionen Jahren besser überstanden als die die Hochregion des Hoggar prägenden Vulkanruinen.

Sehr leicht konnten die Vulkankegel abgetragen werden, wenn sie vorwiegend aus Aschen bestanden. Bei endtertiär noch relativ feuchtem Klima und der Möglichkeit des Kontakts aufsteigenden Magmas mit Grundwasser sind gewaltige, ascheproduzierende Wasserdampfexplosionen – phreatomagmatische Eruptionen – keine unwahrscheinliche Annahme.

Die seither abgelaufene, bedeutende Abtragung hat nicht nur die flächenhaft abgelagerten Basalte bis auf wenige Mesas beseitigt. Sie hat auch die Aschenkegel entfernt und auch die aus erstarrter Phonolithlava bestehenden, sehr widerständigen Schlotfüllungen stark erniedrigt. Aus den bei der Erstarrung und der damit verbundenen Kontraktion entstandene Absonderungsstrukturen lassen noch die alten Aufstiegsbahnen erkennen: in Foto 239 als schalenförmige Umhüllung des Schlotzentrums, in Foto 330, 331 als steil aufsteigende vieleckige Säulenbündel mehrerer dicht benachbarter Schlote eines komplexen Aschevulkans. Die auf diesen Bildern sichtbaren Schlotabschnitte steckten zur Förderzeit noch weitgehend unter der damaligen Landoberfläche in den älteren Plateaubasalten.

Zumindest die jüngere pleistozäne Abtragung geschah zeitweilig unter Mitwirkung von Frostverwitterung, Schnee und vielleicht sogar etwas Gletscherabtragung (Rognon 1967), wie im Kapitel 2.2. über die Hangschuttbildung erläutert wurde. Die Geländewagen in Foto 329 stehen am Boden der Depression, die in Foto 154 im Profil zu erahnen ist. Sie liegt zwischen dem Hang und dem Nivationswall im Vordergrund, aufgebaut von Schutt, der über ein Schneefeld abglitt und den unmittelbaren Hangfußbereich vor der Schuttverfüllung bewahrte.

Die großen Blöcke eckigen Frostschutts auf dem Hang von Foto 332, nahe der Schlotfüllung des Ilamane, überwiegend aus der letzten, vor etwa 10 000 Jahren ausklingenden Kaltzeit, sind durch den Zerfall von Basaltsäulen entstanden. Eine der miozänen Plataubasaltdecken ist durch junge Talbildung angeschnitten worden. An der Talkante, oberhalb des steilen Schutthangs, stehen die weitgehend senkrecht zur damaligen Landoberfläche abgekühlten Basaltsäulen wie eine Palisadenwand. Die für zentralsaharische Verhältnisse dichte Vegetation am Hang lebt von den mit der Höhe zunehmenden Niederschlägen und abnehmender Verdunstung.

Ein völlig anderes Aussehen hat der Basaltschutt im Vordergrund von Foto 333. In der Nähe von Foto 28 aufgenommen, besteht der Vordergrund aus gelblichem kaolinitisch-tonigen Zersatz, aus dem zahlreiche noch unverwitterte Basaltkernsteine herausgewittert sind. An der Talkante im Mittelgrund und am Hang im Hintergrund sind hellgraue und dunkelrote tonige Schichten durch die junge Talbildung angeschnitten worden. In allen drei Fällen handelt es sich um Reste jener noch subtropisch-feuchten chemischen Verwitterung und Bodenbildung (Skowronek 1987), die in längeren Ruhephasen zwischen einzelnen flächenhaften Lavaaustritten den Basalt zersetzen konnten. Wegen seiner kompliziert aufgebauten Feldspäte und seines hohen Eisengehalts ist Basalt für eine solche Verwitterung recht anfällig. Rot erscheint der damalige, hier möglicherweise schon umgelagerte und von einem jüngeren Lava-

Foto 334: Phonolith-Vulkanstiel mit altem Hangprofil, Assekrempiste, Atakor

Foto 335: Rundverwitterte patinierte Phonolithsäulen an einem Vulkanstiel; Assekrempiste, Atakor

Foto 336: Zerschnittener Lavastrom in einem Talausgang am Südrand des Granitplateaus von Baghzane; Aïr-Gebirge, → NE

Foto 337: Tarso Abeki, Stratovulkan; Südrand des Beckens von Bardai, Tibesti, Tschad, → S

strom überdeckte Oberflächenboden, grau der im Grundwasserbereich, verbunden mit starker Eisenabfuhr, gebleichte und vollständig zu Ton zersetzte Basalt. Darunter folgt das nächsttiefere Saprolitstockwerk, in dem noch bergfrische Kernsteine der chemischen Verwitterung entgangen sind.

An der Schlotfüllung von Foto 334, die sich über ein Wadi in der Fußregion des Atakor östlich von Tamanrasset erhebt, läßt sich eine mehrphasige Abtragungsgeschichte ablesen. Die kegelförmige Spitze wurde zu einer Zeit aus dem schon stark erniedrigten Vulkanstiel geformt, als der ihn umhüllende Plateaubasalt noch höher hinaufreichte. Der Berg dürfte damals so ausgesehen haben wie der regelmäßige Kegel im Hintergrund von Foto 330. Bei der weiteren Abtragung der Umgebung wurde dieser Hangkegel zerschnitten und bei trokkenerem Klima und damit stark reduzierter Hangverwitterung die umlaufende senkrechte Wand geschaffen. Deutlich sichtbar ist, daß bereits ein recht tiefer Abschnitt der Schlotfüllung freigelegt worden ist: Die Säulen auf der rechten Seite ziehen in einem Bogen aus einer weiteren Kammer in die senkrechte Transportrichtung des Schlots hinein. Im Zuge der weiteren Eintiefung bildete sich dann der Haldenhang mit einer um 1 m mächtigen Hangschuttdecke aus, durch die hindurch und ins Anstehende hinein die jüngste Zerschneidungsphase ein radiales Muster von Hangrunsen geschnitten hat. Im Hintergrund ist eine weitere Mesa der miozänen Plateaubasalte zu erkennen.

Foto 335, von einem anderen Phonolithschlot, zeigt ein Detail dieser Säulen. Seit ihrer Freilegung hat die Wandverwitterung ausgereicht, die ehemals scharfen Kanten der bei der Abkühlung entstandenen Säulen stark abzurunden. Weiterhin zeigt sich eine für solche Steilwände typische Ausbildung von Kavernen, die an anderer Stelle bis zu die ganze Säulenbreite umfassenden Tafoni geführt haben.

Gegenüber Hoggar und Tibesti ist der Vulkanismus im Aïr-Gebirge nur von untergeordneter Bedeutung; auch wörtlich genommen, denn die Basalte sind weitgehend dem stark abgetragenen Granitrelief der Region untergeordnet. Im Foto 336, am Südrand des Baghzane-Plateaus, ist der Steilanstieg dieses Massivs zu erkennen, das ungefähr die Grenze eines großen Granitplutons nachzeichnet, der zur Zeit der Dachflächenausbildung der Schichtstufenlandschaften ebenfalls durch die bis ins mittlere Tertiär reichende Rumpfflächenbildung freigelegt und gekappt wurde. Ein Lavastrom hat ein jungtertiär eingeschnittenes, aus dem Baghzane herausführendes Tal als Abflußbahn benutzt, wobei die offenbar recht zähflüssige Masse mit steiler Stirn – seither durch mehrere tiefe Runsen zerschnitten – ins Vorland gedrungen ist. Die Hamada im Vordergrund wurde durch den eckigen Zerfall von großen Basaltschottern einer Flußterrasse gebildet, die der Prä-Acheulterrasse der Djado-Region entsprechen dürfte.

Foto 337 leitet zum Vulkanismus des Tibestigebirges über. Es zeigt den Tarso Abeki, einen der jungtertiären Strato- oder Schichtvulkane des Tibesti. Ebenso wie die anderen Tarsos (= Vulkanberge), Tieroko, Voon und Emi Koussi, sind die aus wechsellagernden Laven und Tuffen aufgebauten Kegel zwar auch an ihren Flanken stark zerschnitten worden, aber es ist doch die gesamte Bergform und nicht nur eine Schlotfüllung erhalten geblieben. Die wie abgeschnitten wirkende Gipfelform des Abeki zeichnet den Rand eines weiten Kraters nach, der zum Teil durch Einsturz über der geleerten Magmakammer zu einer Caldera ausgeweitet worden sein dürfte. Links im Bild ist die Oberfläche eines der Basaltströme zu erkennen, die im Jungtertiär das schon zerschnittene Rumpfflächenrelief des Sandsteins und seiner Täler verfüllten, in die sich anschließend jedoch noch die großen intramontanen Becken eintieften. Das Bild zeigt den Südrand des Beckens von Bardai. Der Abeki und die anderen Stratovulkane waren die Austrittsbereiche der das Umland verhüllenden Basaltlaven und Tuffe.

Die eindrucksvollste vulkanische Reliefform des Tibesti ist das Trou au Natron, eine Caldera von über 1 km Durchmesser und fast 1 km Tiefe im Scheitelbereich des Schild-

Foto 338: Trou au Natron (Natronloch) genannte pleistozäne Caldera (fast 1 000 m tief) mit drei Sekundärvulkanen am Fuß des Ehi Toussidé (3 315 m); Tibestigebirge, Tschad

Foto 339: Detail zu Foto 338; vorn zwei Quellkuppen, links mit herausgepreßter Schlotfüllung; hinten ein Aschenvulkan in einer Salzkruste

Foto 340: Boden des Trou au Natron; vorn Salzkruste, dahinter Aschenvulkan vor der Calderawand aus dunkeln und hellen Laven

vulkans Tarso Toussidé (Fotos 338–341). Ihr Rand liegt in etwa 2 200 m Höhe. Der Stratovulkan Ehi Toussidé im Hintergrund (Foto 338) ist noch einmal um über 1000 m höher (3265 m). Das Einbruchsbecken liegt in einer größeren, nur wenige Zehner von Metern tief eingebrochenen Caldera (Foto 341) von etwa 6 km Durchmesser, in die in einer zweiten Phase die kleinere, aber tiefere eingebrochen ist, wahrscheinlich zeitgleich mit einer noch kleineren, dem Doon Kinimi oder kleinen Trou wenige Kilometer entfernt auf demselben Schild. Alle Einbrüche mit einem unbekannten Anteil an Explosionsaktivität stehen im Zusammenhang mit der Förderung der großen Ignimbritmengen, die die Flanken des Tarso teils über 100 km weit nach jeder Richtung bis um die Füße der Inselberge im westlichen Vorland überflossen haben (Foto 341). Die vulkanische Aktivität des Ehi Toussidé, der in Foto 338 unter einer typischen winterlichen Westwindbewölkung liegt, ging nach der Explosion und dem Einsturz der Calderen noch weiter bis in die jüngste Vergangenheit.

Auch am Boden des Trou au Natron ging die vulkanische Aktivität im Quartär weiter, mit unterschiedlichen Vulkangebäuden in enger Nachbarschaft. Den Abtragungsformen nach der älteste ist der etwas über 100 m hohe, von einer zähflüssigen Lava aufgebaute Rücken im Vordergrund von Foto 338. Als dessen Schlotfüllung oberfächennah bereits erkaltet war, reichte der Druck im Untergrund noch einmal aus, diese wie den Korken aus einer Flasche ein Stück herauszupressen, so daß sie den Berggipfel als freistehende Stoßkuppe überragt.

Der kleinere Vulkan zur Rechten und die stark einsedimentierten niedrigen Felsen sind ebenfalls zähflüssig an die Oberfläche gedrungene Quellkuppen. Die jüngste und gleichmäßigste Form ist ein etwa 80 m hoher, an den wasserdurchlässigen Flanken erst recht wenig zerschnittener Aschenkegel mit einer dünnen, durch Staubeintrag gebildeten Schluffdecke im noch voll erhaltenen Krater. Spuren einer zwischengeschalteten Lavaförderung sind randlich des Kegels zu erkennen.

Auch an den Calderawänden sind dieselben Hangentwicklungsprozesse wie an anderen Felsflächen der zentralen Sahara abgelaufen. In kaum mehr als 2 Millionen Jahren wurden aus Vulkaniten bestehende Rampenhänge mit mindestens zwei Generationen von Schuttdecken gebildet und wieder zerschnitten (vgl. Kap. 2.2.). An den schuttfreien Wänden läßt sich der von vielen Basaltströmen und zwischengelagerten hellen, chemisch sauren Aschenablagerungen aufgebaute, durch Erosionsphasen und tektonische Bewegungen unterbrochene Aufbau des großen Vulkanschilds erkennen (Vincent 1963, Kaiser 1972).

Die Abtragungsprodukte der Wände und Schutthänge bilden ein Gefüge von Schwemmfächern, die im Bereich der Salzpfanne konvergieren. Die Salze, Natron und Steinsalz, die noch gelegentlich von den Toubou mit Eseln herausgeschafft werden, sind die Verdunstungsrückstände des hier gesammelten Süßwassers. Einige Becken hochkonzentrierten Salzwassers überdauern meist ganzjährig. Der steile Randbereich der Salzdecke in Foto 340 ist das Ergebnis gelegentlicher Wassererosion und derselben Aufquellungs- und Kristallwachstumsprozesse, die für die Randbereiche der Seen des Kaouar beschrieben wurden (Kap. 2.4.3.). Aus der letzten Pluvialzeit übriggebliebene, im Bild nicht sichtbare Seesedimente belegen, daß im Trou ein Süßwassersee existierte, dessen Spiegel über dem Niveau der Vulkane am Boden stand (Kaiser 1972).

Foto 341: Jungpleistozäne Aschenvulkane auf der von Schmelztuff (Ignimbrit) überflossenen Nordflanke des Tarso Toussidé; Tibestigebirge, Nordtschad, → NW

Foto 342: Von einem jungpleistozänen Basaltstrom des Ehi Toussidé gefüllter Boden einer flachen Caldera am Westrand des Trou au Natron, → NW

Foto 343: Inselberg „Goni", Flugplatzebene von Bardai, Tibesti; Sandsteinkegel mit Basalthangschutt um eine Schlotfüllung, → NW

Foto 344: Schlucht des Enneri Oudingeur mit grobblockigem Ignimbrit e ner älteren Talfüllung

Zahlreiche kleine Aschenvulkane auf der Nordflanke des Tarso Toussidé gehören neben wenigen anderen Kegeln im Yebigué-Einzugsgebiet zur jüngsten Phase vulkanischer Aktivität (Foto 341). Meist wurden ausschließlich basaltische Aschen gefördert, die sich auch außerhalb der Kegel durch ihre dunkelgraue Farbe vom Gelbbraun des sauren Ignimbrits abheben. Mehrere Förderschlote dicht nebeneinander können sich überlappende Krater von oft nur wenige Zehner von Metern Durchmesser geschaffen haben, wie im Hintergrund. Die Aschen plombierten zum Teil die bereits vorhandenen Ignimbritschluchten und Nebentälchen, die durch rückschreitende Erosion entlang der noch freien Tiefenlinien wieder ausgeräumt wurden, wie im Vordergrund des Bildes.

Die größte, dem sehr geringen Verwitterungsgrad nach zu urteilen sehr junge Eruption kam von der Flanke des Ehi Toussidé (Foto 342) und verfüllte Teile der großen älteren Caldera, in die das Trou au Natron eingesenkt ist. Der zäh fließende Lavastrom mit sehr unregelmäßiger Oberfläche stößt unmittelbar an den westlichen Rand der wenig eingesunkenen Caldera. Auf der jungen schwarzen Basaltlava hat sich noch kein Gerinnenetz ausgebildet.

Die Form in Foto 343, die wie ein junger Vulkankegel aussieht, ist nur noch eine Vulkanruine wie diejenige im Hintergrund von Foto 330 aus dem Atakor. Von einem Förderschlot aus wurde nur wenig über die Höhe des heutigen Berggipfels ein Vulkan auf der Schiefer- und Sandsteinrumpffläche aufgebaut, die im Hintergrund zu erkennen ist. Bei der endtertiären Ausbildung des intramontanen Beckens, in dem der Flugplatz der Oase Bardai angelegt wurde, waren die unteren Teile der Schlotfüllung abtragungsresistent genug, so daß eine von ihr ausgehende Hangabtragung das Pseudovulkanprofil in den sie umgebenden Sandsteinschichten schaffen konnte. Der Hangschutt besteht fast ausschließlich aus dem die Flanken hinabgewanderten Basaltschutt der verwitterten Schlotfüllung. Unter der dünnen, patinierten Decke ist im Vordergrund jedoch die horizontale Sandsteinschichtung eindeutig erkennbar.

Die Ignimbritströme aus dem Bereich der späteren Trou-Caldera bildeten auf den Flächen des Tarso wenige Dezimeter dicke, im unverwitterten Zustand sehr harte Bänke aus, die auf den ersten Blick an feinkörnigen Sandstein erinnern. Eine völlig andere Struktur entwickelte sich aus der glühend die Hänge hinabschießenden Aschenwolke, wenn sie auf ältere Täler traf und diese unterschiedlich hoch auffüllte, wie etwa das breite Muldental des Enneri Oudingeur (vgl. Foto 160). Foto 344 zeigt einen Abschnitt dieser Verfüllung aus der Nähe. Die noch halbgeschmolzenen, die Talränder hinabstürzenden Aschenpartikel wurden offenbar turbulent stark aufgelockert, in der Sedimentfalle abgebremst und erstarrten dort zu mehrere Meter hohen mehrflächigen Säulen, deren Durchmesser leicht über einen Meter betragen kann. Diese Erscheinungsform des Ignimbrits ist so weich, daß sie leicht fluvial zerschnitten und ausgeräumt werden konnte. Das poröse Material läßt sich unschwer mit scharfen Gegenständen ritzen und schneiden. Deshalb entstand hier, im Enneri Gonoa nahe Bardai, auch die großartigste Galerie von Felsgravuren der zentralen Sahara, von alten, stark patinierten Großwilddarstellungen wie Giraffen und Elefanten bis zu jungsteinzeitlichen Rinder- und ebenfalls noch in diese Zeit gehörenden Elefantendarstellungen. Die Oberfläche der Flußterrasse vor der Felswand bewahrt Reste einer neolithischen Siedlung.

Mit Hilfe der Ignimbritüberdeckung von bereits tief zerschnittenen Sedimenten (Kap. 1.4.) im Schiefergebirge nahe Foto 344 (Busche 1973) sowie derjenigen von Randfurchen am Fuß der Sandsteininselberge im westlichen Tibestivorland (Hagedorn 1967; vgl. Kap. 1.3.) konnte das bereits präpleistozäne Alter dieser Formen nachgewiesen werden.

3.2. Das Hydrothermalgebiet von Soborom

Foto 345: Calderarand und Beckenboden von Soborom mit hydrothermalen Verwitterungsfarben und Salzausblühungen

Foto 346: Farben hydrothermaler Verwitterung von Vulkangesteinen; Caldera von Soborom, Tarso Voon, Tibestigebirge, Nordtschad

Foto 347: Heißer Quellbach mit Algen und Salzausblühungen; Soborom

Foto 348: Lebende Grünalgen und salzverkrustete ältere Algenrasen an einem heißen Quellbach; Soborom

Foto 349: Wie Pflanzen aussehende Salzausblühungen an demselben Bach

Nur an zwei Stellen im Tibesti sowie in der gesamten zentralen Sahara gibt es heute noch Prozesse, die auf eine in geringer Tiefe liegende, noch nicht erkaltete Magmakammer hinweisen: ein kleines Gebiet von Heißdampfaustritten im Gipfelbereich des Ehi Toussidé und das Gebiet von Soborom in der großen, flachen Gipfelcaldera des Tarso Voon östlich des Toussidé in einer Höhenlage von über 2000 m.

Grundwasser kommt hier in Kontakt mit heißem Gestein im Untergrund, wird aufgeheizt, steigt auf und durchdringt die oberflächennahen Vulkangesteine teils als Wasser, teils als Wasserdampf, löst Stoffe und bildet Säuren, die an anderer Stelle verstärkt Gesteine angreifen, und tritt stellenweise an der Oberfläche aus. Foto 345 zeigt einen Ausschnitt vom Rand der Caldera, unter der diese Prozesse ablaufen. Diese durch heißes Wasser und dessen verstärkte chemische Aggressivität gesteuerten Prozesse werden als hydrothermal bezeichnet. Ihr augenfälligster Ausdruck sind die vielfältigen Oxidations-, Reduktions- und Bleichungsfarben der zersetzten Vulkanite (Foto 346).

Die Wasserversorgung aus unter dem Boden der Caldera gesammeltem, wohl überwiegend fossilem Wasser des letzten Pluvials unterhält in Soborom den einzigen perennierenden, ganzjährig fließenden Bach der zentralen Sahara, dessen Wasser von den Toubou nach über 80 km beschwerlichen Fußmarschs von der Oase Bardai aus noch gelegentlich für Badekuren genutzt wird.

Wie in allen Hydrothermalgebieten treten unterschiedliche und auch verschieden gefärbte Algen- und Bakterienarten im und entlang des Wassers in Abhängigkeit von dessen Temperatur auf. Das ungewöhnlich bunte Bild entlang des Baches von Foto 347 ist eine Kombination von Farben der Verwitterung am Hang und der Lebensformen im Wasser, wie der blaugrünen Algenmatte in Foto 348. Ergänzt werden diese aber noch durch die Farben ausblühender Metallsalze (Foto 349). Ihre zerbrechlichen, auch wie Pflanzen aussehenden Filigrane können sich bei der hohen Verdunstungs- und damit verbundenen Salzkonzentrationsrate schnell bilden und bei fast niederschlagsfreiem Klima lange überdauern.

Ebenfalls dank der hohen Lufttrockenheit besonders gut ausgebildet und dauerhaft sind Schwefelnadeln um die zahlreichen Solfataren oder Schwefeldampfaustritte auf dem Boden der Caldera (Foto 352). Häufiger sind jedoch Heißwasser-

Foto 350: Wasserdampfaustritte und ein Heißwasserquelltopf; Soborom

Foto 351: Tonschlammreicher Heißwasserqelltopf in völlig zersetztem vulkanischen Gestein; Soborom

Foto 352: Kleiner Schwefeldampfausstritt (Solfatare) mit Schwefelkristallen; Soborom

austritte, die je nach Wasserstand, der vor allem durch die Verdunstung gesteuert wird, auch trockenfallen können oder, wie im Vordergrund von Foto 350, noch den Austritt von schnell kondensierendem Wasserdampf ermöglichen. Das Gestein des Calderabodens ist im Bereich der kochenden Grundwasseraustritte vollständig zu grauem Schlamm zersetzt worden (Foto 351).

Geysire wie in den Hydrothermalgebieten Islands oder von Yellowstone fehlen in Soborom, weil die mächtigen Lockersedimentdecken über dem Anstehenden fehlen, in denen sich das komplizierte, zeitweiligen Druckaufbau ermöglichende Leitungssystem hätte aufbauen können.

4. Die äolische Reliefbildung im Quartär

Äolische Reliefformen, insbesondere Dünen und Ergs, werden am ehesten mit den Begriffen Sahara und Vollwüste verbunden. Einen sehr gut systematisierten allgemeinen Überblick über den äolischen Formenschatz und seine Entstehung bietet HELGA BESLER (1992). Trotz der Vielzahl unterscheidbarer äolischer Akkumulationsformen lassen sich alle aus äolisch umgelagertem Sand aufgebauten Reliefformen nach BESLER (1992, S. 138) hierarchisch drei Größenklassen zuordnen, die zugleich unterschiedlichen Prozeßkomplexen entsprechen: den Rippeln mit Wellenlängen unter 5 m, den Dünen mit solchen unter und den Großformen der Draas von über 500 m. Hinzu kommen in der zentralen Sahara noch ausgedehnte Sandtennen nicht allein äolischer Entstehung (Foto 229).

Die größten äolisch geformten Flächen werden von Rippeln eingenommen, die außer auf allen Dünen und Draas vielfach auf einer nur wenige Zentimeter dicken Flugsandschicht vorkommen, die anders geschaffene Formen, von Rumpfflächenresten bis zu verwitterten Altdünen, überdeckt. Dünen unterschiedlicher Form als Ergebnis unterschiedlicher Windwirkung treten fleckenhaft in Verbindung mit Strömungshindernissen wie Plateaus oder Geländestufen oder um Endpfannen herum auf (Kap 2.3.2.), können aber auch, wie die Längsdünen südlich von Bilma, weite Flächen in regelmäßigen Abständen überziehen.

Der größte Teil des Sandes ist wie in allen Wüstenregionen der Erde in wenigen Sandseen oder Ergs konzentriert (vgl. die Satellitenbilder der Einleitung sowie des vorderen und hinteren Vorsatzes), meist aufgebaut aus oft über 100 m hohen, auch ohne Vegetationsbedeckung unbeweglichen Riesendünen, den Draas, deren Flanken von niedrigen Dünen überwandert werden.

Im Zentrum der in diesem Buch behandelten Region liegen die großen, mit dem Touaregwort Edeyen bezeichneten Ergs von Ubari und Murzuk in weiten Becken, im Stufenvorland westlich des Messak und der Tassilistufe die kleinen Ergs von Ouan-Kasa und Admer. Am Nordrand der zentralen Sahara werden gerade noch der Große Westliche und Östliche Erg berührt. Am Südrand liegen die ineinander übergehenden Ergs von Bilma und der Ténéré, schließlich der nach dem französischen Saharaforscher benannte Erg Capot-Rey vor dem Ostrand des Aïr.

Die genannten Satellitenbilder zeigen (vgl. die geomorphologische Einführung auf S. 15) neben sandarmen Gebieten im Passatlee von Gebirgen vor allem helle, bogenförmig verlaufende Dünensandmuster, die zuerst von I. G. WILSON (1971), später von MONIQUE MAINGUET (u. a. 1975) als Beweise für einen großräumigen Sandtransport von Nordägypten bis an die westsaharische Küste angesehen wurden. Regional unterschiedliche Sandtypen, insbesondere unterschiedliche Schwermineralgehalte, sprechen neben weiteren Indizien dafür, daß die Sande, etwa nach dem Muster der heutigen Endpfannen (Kap. 2.3.2.), aus unterschiedlichen Liefergebieten fluvial antransportiert und nachfolgend ohne großräumige Verfrachtung äolisch umgelagert wurden. Überall, wo die durch das Großrelief beeinflußte Passatströmung auf umlagerbare Sande traf, wurde das weiträumige Strömungsmuster sichtbar.

Als Liefergebiete dienten die Flüsse des Atlasgebirges und die der zentralsaharischen Gebirge und Plateaus. Für die südlichen Erggebiete werden eine große (Dunes 1) und zwei relativ unbedeutende Dünenbildungsphasen angenommen (jüngste Übersicht bei VÖLKEL 1989), von denen die älteste von den frühholozänen Seephasen bereits überlagert wurde und die traditionell in eine als *Kanemien* bezeichnete aride Phase zwischen 20 000 und 16 000 Jahre vor heute gestellt wird. Demnach hätten frühere Pluvial-Interpluvialzyklen keine Dünen- oder Ergbildung erzeugt. Dagegen sprechen jedoch verbackene ältere Sande bei Agadem (Foto 538), paläolithische Artefakte, die R. CAPOT-REY (1947) auf den Dünenflanken des Edeyen von Murzuk fand, ebensolche Acheulfunde im Erg von Bilma (BUSCHE u. HEISTERMANN 1992) sowie Korrasionsformen, die auf starke äolische Aktivität hinweisen und die mit Sicherheit älter als frühholozän sind (Kap. 4.2.4.).

Da das morphologische Murzukbecken mit seinem Erg allseitig durch Schichtstufen begrenzt wird, muß es in einer schon sehr frühen Zeit angelegt worden sein, und zwar vor der jungtertiären Stufenbildung (Kap. 1.1.) und der damit verbundenen Abschneidung der ins Becken führenden Flüsse. Die Umgestaltung der eingeschwemmten Sande zu einem Erg dürfte dann erst viel später, während der ersten stark äolisch geprägten Phase des Pleistozäns erfolgt sein, deren Alter jedoch noch unbekannt ist.

Wie in der geomorphologischen Einleitung skizziert, werden große Bereiche der zentralen Sahara von einem äolischen Korrasionsrelief eingenommen, insbesondere dort, wo die geringmächtige Passatströmung durch das Großrelief nordwestlich zu Streifen hoher Windgeschwindigkeit komprimiert wird, etwa bei der Umströmung des Tibesti. Aber ebenso wie die Draadünen der Ergs heute nicht mehr bewegt oder weiter aufgebaut werden können, weil die Windgeschwindigkeiten nicht ausreichen, wird auch der größte Teil des saharischen Korrasionsreliefs entweder gar nicht mehr oder in einer viel geringeren Größenordnung der Formen weitergebildet. Örtlich mengenmäßig bedeutende Windkorrasion findet heute lediglich in den weichen Seesedimenten der Stufenfußdepressionen statt (vgl. Kap. 2.4.2.).

Es gab also im Quartär nicht nur Zeiten größerer Feuchtigkeit und fluvialer Aktivität, sondern auch Zeiten beträchtlich größerer Windgeschwindigkeiten während der Glaziale, als zwischen Inlandeis und Äquator ein viel größeres Temperatur- und damit auch Druckgefälle als heute herrschte. Wegen fehlender absoluter Zeitmarken ist noch offen, wann in einem Pluvial-Interpluvialzyklus fluviale Sandanlieferung, deren Nutzung als Schleifmaterial und der weitere Aufbau von Dünen und Ergs stattfanden. Anzunehmen ist, daß es nicht die Höhepunkte der Pluviale mit stabilisierender Vegetationsdecke und Abtragungsruhe anzeigender Bodenbildung waren.

Eher bieten sich die Endphasen der Pluviale an, in denen die fluviale Zerschneidung und Flußterrassenbildung (Kap. 2.3.3.) riesige Sedimentmengen weit in die Vorländer schwemmten, die dort, wie etwa der Ausraum der präacheulzeitlichen Akkumulation des Enneri Blaka, jedoch nicht mehr als Akkumulationskörper vorhanden sind, also nur durch äolische Umlagerung zum Aufbau des südlich anschließenden Ergs beigetragen haben können. Verbunden waren diese Zeiten großer fluvialer Abtragungsdynamik und extremer äolischer Aktivität – vielleicht in jahreszeitlichem Wechsel – auch mit einer ein- bis zweimaligen, 700 – 800 km über den heutigen Sahararand hinausgehenden Südausdehnung der Ergbildung bis in jene Gebiete Nigerias, die heute um 1000 mm Niederschlag empfangen (GROVE u. WARREN 1968).

4.1. Luftspiegelungen, äolischer Sandtransport, Trockennebel

Foto 353: Luftspiegelung von Inselbergen vor dem Djadoplateau

Foto 354: Staub und Sand hochwirbelnde Trombe auf einer Flußterrassenfläche; Südalgerien

Foto 355: In bodennahe Strömungsfäden gegliederte Sandsturm„welle"; ein von der vorigen Welle abgesetzter Sandfleck als Initialform einer Düne; Homodji

Foto 356: Stirn derselben Welle windgetriebenen Sandes

Foto 357: Luftspiegelung eines Inselbergs und mehrerer Dünen über einer Serir; Zouarpiste, Tchigai

Foto 358: Durch Schwerminerale nachgezeichneter Luftwirbel auf einer Dünenflanke; Temet, östliches Aïr

Ohne das Medium Luft und seine unterschiedlichen und unterschiedlich intensiven Bewegungszustände gäbe es den in diesem Hauptkapitel vorgestellten Formenschatz nicht. Alle Erscheinungen bewegter Luft, auch die auf dieser Doppelseite dargestellten, gibt es auch außerhalb der Vollwüste; nur sind sie hier, in der Weite vegetationsloser Ebenen und Hänge, auffälliger und häufiger als bei einer herbstlichen Wetterlage unserer Breiten mit etwas spiegelnder Luft über dem Asphalt oder dem wirbelnden Flug gefallener Blätter.

Ein Teil der auf die Erdoberfläche treffenden kurzwelligen Sonnenstrahlung wird von ihr absorbiert, wiederum zum Teil als langwellige fühlbare Wärme abgestrahlt und heizt von unten her die Luft auf. Bei Windstille, wie in Foto 353 und 357, wird dabei das Licht an der Grenzfläche zwischen erwärmter Bodenluft und überlagernder kühlerer Luft gebrochen; die Grenzfläche selbst kann wie ein Spiegel oder eine vergrößernde Linse wirken. Das Ergebnis, eine Fata Morgana oder Luftspiegelung, zeigt außer der Vortäuschung freier Wasserflächen nichts, was nicht wirklich vorhanden ist. Nur können Objekte, die in Wirklichkeit unsichtbar unterhalb des Horizonts liegen, über diesen angehoben werden. Kleine Objekte, etwa Pistenstangen (Balisen) im Kilometerabstand, können stark vergrößert über dem Boden schweben und so die Orientierung erleichtern. Auf diesen mit langer Brennweite aufgenommenen Bildern sind Inselberge und Dünen, die ohne Luftspiegelung kaum am Horizont zu erkennen wären, vergrößert und angehoben worden und scheinen sich zugleich in einem See zu spiegeln.

Bei weiterer Erwärmung, verstärkt durch leichte Luftbewegung, entstehen über der aufgeheizten Bodenoberfläche bis mehrere hundert Meter aufragende Tromben (Foto 354), langsam wandernde Luftschläuche, die mit hoher Geschwindigkeit rotieren. Wie große Staubsauger reißen sie lose Partikel der Bodenoberfläche je nach ihrem Gewicht unterschiedlich hoch in die Luft und tragen so zum weiträumigen Staubtransport bei.

Ein ähnlicher Wirbel mit mehreren Metern Durchmesser in Foto 354 erzeugte nicht genug Unterdruck, um das Grobsandpflaster einer rippelfreien Dünenflanke aufzubrechen, und ist deshalb nicht als Schlauch sichtbar. Die bodennahe Luftrotation war aber stark genug, um feine dunkle Erzpartikel – Schwerminerale aus der Verwitterung des benachbarten Granits – über die Dünenflanke zu driften und so die Feinstruktur des Wirbels aus konzentrischen Ringen um ein materialfreies Auge im Zentrum sichtbar zu machen.

Bei flächenhaft horizontaler Windbewegung, ab etwa 8 m/s, bildet sich ein Geflecht von ständig seitlich pendelnden Strömungsfäden aus, das Dünensand um 0,1 mm Korndurchmesser von ungeschützten Oberflächen aufnehmen und bewegen kann. Der Transport erfolgt in Böen mit selbst innerhalb einer Minute stark schwankenden Windgeschwindigkeiten und zusätzlich starken seitlichen Schwankungen zwischen den Stromfäden. Die Fotos 356 und 357 zeigen zwei Stadien derselben vorrückenden, nur wenige Dezimeter hohen Flugsandfront. Eine schlagartig unter die kritische Transportgrenze sinkende Windgeschwindigkeit zum Ende der vorigen Böe hat im Vordergrund von Foto 355 einen nur wenige Sandkörner hohen, flach schildförmigen Sandfleck abgesetzt, der von den nächsten Böen entweder aufgearbeitet oder das Anfangsstadium einer Düne werden könnte.

Foto 359 wurde nach einigen Stunden Sandsturm aufgenommen. Insgesamt wird wegen des fast überall intakten Steinpflasters wenig Sand vom Wind transportiert. Die im Laufe der Stunden zusammen mit dem Sand aufgenommenen

Foto 359: Sandsturm mit hohem Staubgehalt der Luft; Südlibyen

Foto 360: Netzartiges Sandstromfadenmuster auf dem zu einer Längsdüne umgestalteten nördlichen Horn eines Barchans; Bilma, Kaouar, → E

Foto 361: Von Süden kommendes Sandtreiben an der eingesandeten Ostseite des Plateaus von Agadem, → SE

Staubpartikel geben dem gegen die Morgensonne aufgenommenen Himmel aber bereits eine gelbbraune Farbe. Die Schichtstufen im Hintergrund sind nur noch als Silhouetten erkennbar. Noch völlig klar ist die Luft dagegen über der Düne von Foto 360, zu Anfang eines mäßigen Sandtreibens.

Auch im Vordergrund von Foto 359 sind die Sandfäden höherer Geschwindigkeit und damit größerer Transportkapazität als beiderseits daneben deutlich sichtbar. Mit zunehmender Entfernung von der rauhen Bodenoberfläche nimmt zwar die Reibung, der die Luft ausgesetzt ist, ab und damit die Geschwindigkeit zu. In den Strömungsfäden aufgenommene Sandpartikel müssen aber entgegen der Schwerkraft angehoben und bewegt werden, so daß trotz der mit der Entfernung vom Boden zunehmenden Transportenergie die Masse des Sandes nur in den untersten Dezimetern über dem Boden transportiert werden kann. Grobe Körner werden dabei durch einen als Reptation bezeichneten Vorgang durch das Bombardement kleinerer Korngrößen rollend über den Boden bewegt. Die kleineren Sandkorngrößen werden durch Saltation entlang parabelförmiger Flugbahnen geschwindigkeitsabhängiger Länge transportiert, aufgenommen durch Zug- und Druckkräfte des Windes am Boden und dadurch, daß sie von aufprallenden Sandkörnern hochgeschleudert werden.

Das Muster der Sandbewegung ist auf einer ebenen Oberfläche in erster Linie von den kleinräumigen Luftdruck- und Geschwindigkeitsunterschieden abhängig. Bei reliefiertem Untergrund beeinflußt dieser zusätzlich das Muster der Stromfäden und deren generelle Orientierung.

In Foto 360 geschieht dies am nördlichen Horn eines kaum noch verlagerten großen Barchans (Kap. 4.3.6.), das in eine aus einzelnen Segmenten aufgebaute Längsdüne (Kap. 4.3.8.) umgestaltet worden ist. Der leichte Sandwind, der die Körner nur zu einem knapp 20 cm hohen Schleier anheben kann, kommt von hinten halblinks, weht jeweils diagonal über die Sättel des Barchanarms, weht aufsteigend im Bogen die vom Kamerastandpunkt aus rechte Flanke hinauf über die nächsten Scheitel, um dann wieder zum Paß abgelenkt zu werden und schließlich als dünner Sandschleier im Vordergrund nach halbrechts die Düne zu verlassen. Auffällig ist auch, daß die Sandbewegung auf den Sandkörper beschränkt ist. Das dunkle Steinpflaster im Mittelgrund rechts ist sandfrei, wie es für Barchanhöfe typisch ist. In diesem Fall, bei einem nur noch bedingt aktiven Barchan, wird allerdings über den Hauptkamm herabtransportierter Sand in den trockenen Grasbüscheln des Hofes, der nur wenig über dem örtlichen Grundwasserspiegel liegt, festgehalten.

Das Sandtreiben in Foto 361 über einer auf der Luvseite des Nord–Süd orientierten Plateaus von Agadem aufgewehten Sandrampe entspricht nicht der üblichen Passatrichtung dieser Region aus Ostnordost. Vor dem Hindernis ist der relativ schwache Sandwind nach rechts abgelenkt worden und treibt den Sand aus der Südostrichtung. Die nach Nordwest gerichtete Übersandung des Inselberges im Hintergrund zeigt, daß dies in letzter Zeit der Regelfall war. Im Vordergrund wird der Sand über die unteren Teile einer Rutschungsstaffel (Kap. 2.1.) geweht. Die Strömungsfäden passen sich an das Relief an, konvergieren vor dem Paß, gehen jenseits davon auseinander und setzen in diesem Divergenzbereich einen Teil der Sandfracht ab.

Da dies auch in früheren Phasen dominanter äolischer Formung oft der Fall war, sind bei allen Nord–Süd gerichteten Plateaus der zentralen Sahara deren Ostseiten oft fast bis zur Trauf sandbegraben, während die Westseiten sandarm sind und nach der neolithischen Feuchtphase sogar weitgehend ausgeweht wurden (vgl. Fotos 8, 35, 120, 244, aber auch Kap. 1.5.3.).

Foto 362: Trockennebel (Brûme Sèche) am Südrand der Sahara; nördlich von Nguigmi, Tschadsee, → W

Foto 363: Sonnenaufgang bei Trockennebel am Plateau von Termit

Foto 364: Durch hohen Staubgehalt der Luft begünstiger echter Morgennebel, 19. 3. 1984; Plateau von Dibella

Foto 365: Staub- (= Löss-) Niederschlag auf altem Windrelief, Plateaurand; Termit Chéguelenga

Foto 366: Hoher Staubgehalt der Luft unterhalb der Passatinversion; Sonnenaufgang östlich von Assekrem, Atakor, Hoggargebirge, Südalgerien

Die Fotos 362 und 263 zeigen eine besonders für die südliche Zentralsahara typische, nach einem Sandsturm auftretende Wettersituation: Trockennebel oder Brûme Sèche durch mehrere Kilometer hoch in die Troposphäre, die Durchmischungsschicht der Atmosphäre, aufgewirbelten Staub. Nur in wenigen Teilen der zentralen Sahara, die nicht vollständig durch Wüstenpflaster geschützt sind, kann Staub in großer Menge aufgenommen werden, etwa in den Gebieten mit Fesch-Fesch oder winderodierten Diatomiten (Foto 233, 250).

Größer wird das Staubangebot durch etwas intensivere Verwitterung bei zunehmenden Niederschlägen gegen den Südrand der Sahara. Vor allem aber wird der Staub bei Sand- und Staubstürmen aus südlichen Richtungen aus dem Sahel in die südliche Sahara hineingetragen, oder der Staub wird nach einem südlich aufgetretenen Sturm bei langsamer Windbewegung in die Sahara hineintransportiert. Die Staubmengen in der Luft sind so hoch, daß die Sonne, im ersten Bild am mittleren Nachmittag, im zweiten Bild kurz nach Sonnenaufgang, blasser als der Mond erscheint. Die an deutsche Novembernebel erinnernde Stimmung ist jedoch mit hohen Temperaturen verbunden, weil die Wärme während der Nacht nicht durch den Staub hindurch abgestrahlt werden konnte.

Foto 364, im März 1984 in der Stufenfußdepression auf der Westseite des Plateaus von Dibella aufgenommen, zeigt einen der gelegentlich im kühleren Winterhalbjahr auftretenden Fälle wirklichen Nebels. Eine mäßig staubhaltige, aus Norden eingebrochene kühle Luftmasse hat gegen Morgen, zur Zeit der stärksten Abkühung, zwar nicht den Taupunkt, also 100 % Luftfeuchtigkeit erreicht. Die große Zahl von als Kondensationskeimen wirkenden Staubpartikeln hat jedoch zur Bildung schwebender Nebeltröpfchen mit leichtem Nebelnässen geführt. Im Zuge der morgendlichen Erwärmung erfolgt jedoch schnell der Übergang vom feuchten zum Trockennebel.

Entsprechend der größeren Häufigkeit von Trockennebel am Südrand der zentralen Sahara, nahe dem staubreichen Sahel, sind auch Staubniederschläge in dieser Region häufiger als in den zentralen oder nördlichen Teilen. Foto 365 zeigt einen fast schwarz patinierten Eisenkrustenblock des *Continental Terminal*, dessen Kleinrelief wie in Foto 312 durch sehr starken vorzeitlichen Windschliff geschaffen wurde (Kap. 4.2.3.). Unter völlig anderen heutigen Bedingungen ist auf diesem Block hellgrauer Staub aus der Luft abgesetzt worden. Zum Teil kann dies in den Tagen nach einem Trockennebelereignis geschehen, wobei die Staubpartikel durch elektrische Ladungskräfte an der Felsoberfläche festgehalten werden. In den meisten Fällen dürfte es sich, wie Verspülungsspuren zeigen, um die Ausfällung von Staub bei schwachen Niederschlägen handeln, die nicht in der Lage waren, im Verlaufe eines Regens die Partikel vollständig vom Fels abzuwaschen. Der trockene Staubbelag ist abriebfest mit seinem Untergrund verbunden. Abgewaschener Staub bildet die schwemmlößartigen Füllungen der Sandsteinkarstdepressionen auf dem Plateau von Termit (Foto 69, 78).

Während bei starken Sandsturmereignissen Staub bis an die Obergrenze der Troposphäre getragen und in Verbindung mit einer häufigen Südwest–Nordost gerichteten Luftströmung innerhalb eines Mäanders der Westwindzone vom Südrand der Sahara bis ins Mittelmeergebiet verfrachtet werden kann (Grunert 1979), bleibt der Staub im Normalfall unterhalb der Passatinversion hängen, über den Ebenen in etwa 1 km Höhe, in Foto 366 – wie Foto 330 vom Assekremplateau des Atakor aufgenommen – in etwa 2 km Höhe.

4.2. Korrasionsrelief

Foto 367: Flache Korrasionswanne in weißgebleichtem Saprolit; Längsachse quer zur heutigen Passatwindrichtung; nördlich von Séguedine, → N

Foto 368: Tiefere (Sandsteinkarst-?) Wanne mit Korrasion durch zwei gegenläufige Windrichtungen; gleiches Gebiet, → N

Foto 369: Vom Nordwind abgeschliffene Schichtköpfe in grauem Sandsteinsaprolit; südlich von Zouzoudinga, getrepptes Vorland des nördlichen Djadoplateaus, → E

Ein Ergebnis starken äolischen Sandtransports ist ein durch die abschleifende Wirkung der Sandkörner, durch ein natürliches Sandstrahlgebläse entstandenes Korrasionsrelief. Formen rezenter Windkorrasion auf weichem Untergrund wurden bereits mehrfach gezeigt: z. B. die Auswehung der Stufenfußdepression von Dogonboulo (Foto 244), die Abtragung von diatomitischem Seesediment zu Yardangs (Foto 250, 257), die flächenhafte Abtragung von Playaböden (Foto 216) oder schluffigen Mittelterrassensediments (Foto 223, 241). Dieses Thema wird bei der Behandlung von Yardangs (Kap. 4.2.2.) wieder aufgegriffen.

Es gibt aber auch Korrasion in festem Gestein. Heute schafft sie in der Regel nur Kleinformen (Kap. 4.2.5.). Vorzeitlich wurden jedoch in mehreren Perioden vorherrschender Korrasion Großformen geschaffen (Kap. 4.2.4.). Die Einzelformen, aus denen sich windüberschliffene Flächen zusammensetzen, gehörten nicht wie heute in den Millimeter-, sondern in den Dezimeterbereich (Kap. 4.2.3.). Die Ausdehnung der vom Windrelief erfaßten Teile der zentralen Sahara ging nach Norden und Süden weit über die heute korrasiv geformten Gebiete hinaus.

Nach einer Periode geomorphologischer Forschung in den 1920er Jahren, in der dem Windrelief sehr große Bedeutung beigemessen wurde, die zentrale Sahara aber noch nicht erforscht war, geriet die äolische Abtragung weitgehend in den Hintergrund. Für die zentrale Sahara waren es zeitgleich die Arbeiten von Horst Hagedorn (1968, 1971) und Monique Mainguet (1968, 1970), die für Teile von Borkou am Südrand des Tibesti die räumliche Bedeutung der korrasiven Formung erkannten. Die weitere Feldforschung hat bekräftigt, daß korrasive Reliefbildung ein wichtiges Element der saharischen Reliefgeschichte und des heutigen Formenschatzes ist.

4.2.1. Korrasionsformen, flächenhaft und selektiv

Gebiete aktiver Korrasion enthalten eine nur relativ geringe Menge des bei Sandsturm als Schleifmaterial verfügbaren Sandes, so daß das Anstehende nicht durch eine geschlossene Sanddecke vor der Abtragung geschützt ist. Entsprechend fallen frisch überschliffene Flächen im Relief leicht ins Auge, besonders wenn die Abtragung, wie in Foto 367 und 368, in den schneeweißen Sandsteinsaprolit unter dem dunkelbraunen Wüstenpflaster eingegriffen hat. Der Boden der tieferen Korrasionswanne in Foto 368 ist von grobsandigen und deshalb rötlich erscheinenden Sandfahnen einer wenig zurückliegenden Sturmphase und einer jüngeren, feinkörnigeren und helleren Sandfahnengeneration bedeckt. Sie sind aus entgegengesetzten Richtungen aufgeweht worden und belegen ebenso wie die in östliche und westliche Richtungen exponierten überschliffenen Beckenrandteile, daß Sandstürme aus der Passat- und der Monsunrichtung in jahreszeitlichem Wechsel korrasiv wirken.

In der Stufenlandschaft von Foto 369 wird deutlich, daß derzeit die fluviale Abtragung dort gar keine Rolle spielt. Alle Abflußrinnen sind flugsandverfüllt. Die heutige Abtragung ist auf die Korrasion der in grauem Saprolit angelegten Schichtköpfe konzentriert. Da die Mangueni-Schichtstufe rechts außerhalb

Foto 370: Durch flächige Korrasion zerstörte schwarze Patina einer älteren Sandsteinkorrasionsfläche im Rumpfflächengebiet südöstlich des Aïr

Foto 371: Weitere Einebnung der Ténéré-Rumpffläche in verschiedenfarbigem Sandsteinsaprolit; westlich von Chirfa, → N

Foto 372: Rezenter Kannelürenwindschliff in weichem Saprolit einer Windgasse bei Anay; Kaouar, → E, gegen den Wind

des Bildes den Passatwind abhält, wirkt hier sogar hauptsächlich der Monsunwind abschleifend, glättet auf diese Weise die Sandsteinrampe und macht sie leichter befahrbar.

Keine der Korrasionsformen ist allein das Ergebnis der gegenwärtigen Winderosionsphase, die frühestens nach dem Ende der neolithischen Feuchtzeit eingesetzt haben kann. Der noch nicht vollständig ausgeräumte Sedimentsporn im Mittelgrund rechts von Foto 368 belegt, daß die Wanne zwischenzeitlich zumindest teilweise fluvial verfüllt worden war und seither wieder ausgeräumt worden ist. Soweit lose und ausreichend feine Partikel dabei nur vom Wind aufgenommen werden mußten, spricht man von Deflation.

Auch die teilweise noch mit schwarzer Patina bedeckten Sandsteinflächen in Foto 370 waren, wie bei der Detailauswertung im Gelände an Korrasionskleinformen erkennbar war, in einer früheren Korrasionsphase bereits abgeschliffen worden. In diesem und in Foto 371, in flachen Schwellenregionen am West- und Ostrand der Ténéré aufgenommen, wird ein jungtertiär angelegtes, flachwelliges Rumpfschwellen- und Rumpfmuldenrelief (Kap. 1.1.1.4.) durch äolische Prozesse weiter ausgeglichen. In Foto 370 ist in jüngster Zeit die alte Korrasionsfläche in ein kleingegliedertes Wannenrelief umgestaltet worden. Insgesamt war die Deflation auf dem Lockersediment zwischen den Felsausbissen trotz des schützenden Deflationspflasters leistungsfähiger, so daß das Sandsteinwindrelief einige Dezimeter über die Umgebung aufragt.

In dem stärker der Korrasion ausgesetzten alten Rumpfflächenrelief westlich der Stufenfußdepression des Kaouar hat der aktive Windschliff die Patina auf dem älteren Windrelief fast vollständig entfernt und die rosa und weißen Saprolitfarben flächenhaft sichtbar gemacht. Flugsand hat die flachen Abflußbahnen und ältere Korrasionshohlformen verfüllt und bildet so eine durchgehende Fläche aus Saprolit und Sand. Von einem kleinen Felsen am linken Bildrand sind nur noch die untersten Teile erhalten.

Die Korrasion leistet also einen nicht unbedeutenden Beitrag zum weiteren Reliefausgleich bereits vorhandener Flächen. Sie wirkt jedoch ganz überwiegend in Anpassung an ein schon vorhandenes Relief, gleicht also die Wellen einer bestehenden Rumpffläche einschließlich der sie überragenden niedrigen Felsen weiter aus, bildet aber keine neue Rumpffläche. Deshalb stellt sich auch die Frage, ob die Korrasionswannen von Foto 367 und 368 nicht auch ältere Reliefformen, in diesem Fall des Sandsteinkarsts, überprägt haben. Dafür spräche, daß sie nicht wie die in das Sediment der Kaouardepression gefrästen Salzseebecken längs zur Passatrichtung, sondern quer dazu ausgerichtet sind.

Der Bereich nur noch kleinflächig wirkenden Windschliffs (Foto 372) wurde nahe den überschliffenen Wänden des Felsens von Aney in Foto 22 aufgenommen. Die patinafreie Oberfläche, an der die blaßlilafarbenen Schlieren aus der Zeit der Saprolitbleichung gut erkennbar sind, belegt, daß derzeit bei Sandstürmen die gesamte Fläche überarbeitet wird. Der formende Wind kommt, nach Ausweis der großen Erosionsrippeln im Hintergrund, von dort bzw. von Osten. Die großen, mehrere Dezimeter langen Kannelüren entsprechen aber mehr der stärkeren Aktivität älterer Korrasionsphasen (Kap. 4.2.3.). Einige Risse in der Felsfläche vorn rechts, deren Kanten nicht

Foto 373: Durch Korrasion bis zur Höhe des freigeschliffenen weißen Saprolits überformter Paß; Enneri Domo, Djadoplateau, → NW

Foto 374: Windgeschliffene Rampe in einer Rutschungsscholle, Eozänkalk; Toshkadepression, Südägypten

Foto 375: Ausklingende Korrasionsgasse in einer Kalksteinstufe; Toshkadepression, Südägypten, → E

abgeschliffen worden sind, sprechen ebenfalls für eine ältere Anlage dieser Fläche. Demnach wäre ein älteres Kannelürenwindrelief in recht weichem Gestein bei der gegenwärtigen Prozeßaktivität nur reaktiviert, die alten Kleinformen wären aber (noch) nicht äolisch umgewandelt worden.

Der Bereich von Foto 372 ist für Windkorrasion besonders aussagekräftig, denn er liegt zwischen zwei Felsen (beide außerhalb des Bildes), zwischen denen die Windströmung zusammengedrängt und damit die Geschwindigkeit und so auch die Korrasionskraft erhöht werden. Unterschiedliche Gassensituationen zeigen auch die Fotos dieser Doppelseite.

Die ins Vorland der Kaouarstufe ausstreichende Gasse von Foto 373 ist der erhalten gebliebene Teil eines Flächenpasses. Seine Fortsetzung nach Westen wurde bei der Tieferlegung der Vorlandfläche abgeschnitten. Der erhaltene Teil verengt sich zwischen den hohen Felswänden leicht trichterförmig. Der in diese Verengung hineingewehte Sand ist bei den heute vorherrschenden Windgeschwindigkeiten in der Lage, bis knapp 2 m über den Paßboden hinauf schleifend zu wirken. Die Schliffgrenze ist von weitem deutlich an der weißen Saprolitfarbe zu erkennen. Aus der Nähe wird sichtbar, daß der heutige Windschliff hier keine glatten Wände schafft, sondern Schichtung und Härteunterschiede nachzeichnet, also selektiv abträgt.

Da von anderen Stellen der Region bekannt ist, daß es ältere und stärkere Windschliffperioden gegeben hat (Kap. 4.2.3., 4.2.4.), müßten die höheren Wandteile eigentlich Spuren älteren Windschliffs zeigen. Auch wenn einige der patinierten Strukturen der rechten Wand dem Feinrelief des frischen Windschliffs ähneln, spricht doch die Halbhöhle im Vordergrund links als Schattenverwitterungsform (Kap. 2.5.4.) eher dafür, daß seit der vorigen Phase intensiven Windschliffs die Verwitterungs- und Abtragungsprozesse in dem weichen Gestein alle Spuren ausgelöscht haben. Viele Partien sind abgebrochen, und deren Schutt, ebenfalls vollständig patiniert, liegt heute am Fuß der Wände. Deutlich erkennbar ist, daß solche Schuttrampen und isolierte, herabgestürzte Blöcke ebenfalls von der Korrasion angegriffen und so in relativ kurzer Zeit vollständig entfernt werden können. In Gebieten weicher Gesteine kann also das Fehlen älteren Schutts auch ein Indiz für vorzeitlichen Windschliff sein.

Ausgeprägte Korrasionsgassen eines anderen Typs zeigen Foto 374 und 375. Im ersten Bild wurde die Senke zwischen zwei Rutschungsschollen in stark verkarstetem Eozänkalk in einem Trogprofil überschliffen. Die Rippelstreifen auf der Sandrampe im Hintergrund (Kap. 4.3.1.) zeigen, daß der Wind von dort kommt und den Sand die Gasse hinauftreibt. Die zahlreichen Bruchspuren am Gassenboden dürften hauptsächlich aus der Zeit der Schollenbewegung, also dem Altpleistozän stammen. Sie sind lediglich durch den Windschliff gut sichtbar geworden. Scharfe Kanten machen es aber hier wie in Foto 372 wahrscheinlich, daß eine schon alt angelegte Korrasionsgasse lediglich in schwachem, die Patina entfernenden Maße reaktiviert worden ist.

In Foto 375, an einem rutschungsfreien Abschnitt derselben Eozänkalkstufe, wurden alte, fluvial angelegte Hangrinnen ebenfalls zu Windgassen mit Trogprofil umgestaltet. Die heutigen Winde reichen gerade noch aus, den Sand die fast 20 m hohen Gassen hinaufzuwehen. Im Bereich der divergierenden Strömung wird der Sand derzeit sofort abgesetzt und zu langgestreckten, an die Windströmung angepaßten Rücken geformt. Die abgebrochenen Windschliffstücke und die scharfen

Foto 376: Windschlifframpe mit herauspräparierten Eisenoxidrinden der Sandsteinsaprolitblöcke; Tchigai, Nordostniger

Foto 377: Auf die umliegende Serirfläche abgeschliffene Sandsteinblöcke und Blöcke mit Windstich (vgl. Foto 379), holozäner Murenwall; Zouzoudinga, Südfuß des Plateau du Mangueni

Foto 378: Durch Windschliff herauspräparierte Eisenoxidrinde (r.) und Hohlblockbildung (l.) eines Sandsteinsaprolitblocks; Tchigai

Foto 379: Windstich auf der windzugewandten Seite eines Sandsteinblocks; Adrar Madet, Ténéré

Foto 380: Durch korrasive Unterschneidung verkippte Kalksteinplatten; äolisch weitergeformtes Nebental; Enneri Achelouma, Südrand des Plateau du Mangueni

Bruchkanten, also eindeutige Zerstörungsformen im Grenzbereich zwischen Sandakkumulation und Windschliff, machen deutlich, daß es sich auch in diesem Fall um eine Weiterbildung, nicht jedoch um eine aktive Neubildung einer Windschliffgasse handelt.

Am Südrand einer großen Sandsteinkarstdepression im Tchigai hat, anders als in Foto 375, die Kraft des Windes nicht mehr ausgereicht, so daß die Korrasionsgasse im Hintergrund heute vollständig eingesandet ist. Der in geringerer Menge über eine Sandrampe auf das Plateau gewehte Sand hat die Saprolitblöcke nahe der Kante teilweise bis auf das Niveau ihrer Umgebung abgeschliffen (Foto 376). Stehengeblieben ist ein Teil der braun patinierten Rinden, die das Ergebnis der jungen Umgestaltung und Patinierung der mitteltertiären Eiseninfiltration entlang von Klüften sind (Kap. 1.2.1., Foto 36, 37). Die länger als der Saprolit dem Windschliff widerstehenden Hartrinden ragen noch für einige Zeit als scharfe Grate empor.

Foto 378 zeigt ein Detail dieses selektiv wirkenden Windschliffs. Im rechten Teil des Blockes hat er bereits dessen Dach zerstört und das weiche Innere herausgeschliffen. Die Rinde des hinteren Blockteils ist erst an der vorderen Kante durchbrochen worden. Durch diese Öffnung hat der Sandwind schon einen großen Teil des Saprolits Korn für Korn aus dem Verband gelöst und herausgeweht, ähnlich wie bei den Hohlblöcken im Termit oder bei Mouri Idé (Kap. 2.5.4.), nur daß dort bei der inneren Gefügelockerung Feuchtigkeit und Schattenverwitterung wichtig waren, während hier ausschließlich der selektive Windschliff angegriffen hat, der statt der teils zentimeterstarken Sandsteinrinde unter der dünnen Patina nur die millimeterstarken harten Eisenrinden zurückgelassen hat. Abgebrochene Rindenstückchen bilden fast ausschließlich das umgebende Wüstenpflaster.

In Foto 377 sind die Schotter einer Mure durch den Sandwind teilweise bis auf das Niveau der Sandrampe abgeschliffen worden, die ein Tälchen in der Mittelterrasse im Hintergrund verfüllt hat. Muren wie diese wurden bei vermutlich katastrophalen Starkregen zum Ende der neolithischen Feuchtzeit über die vor dieser aufgewehten Rampen (Kap. 2.4. Ende, Kap. 4.3.14.) trotz der hohen Infiltrationsrate von Dünensand, die die Muren durch Wasserverlust immobilisiert haben müßte, mehrere hundert Meter weit bewegt. In der Folgezeit wurde das Feinmaterial der Mure ausgeweht und ein Teil der Schotter vollständig vom Windschliff gekappt. Andere sind erst teilweise durch das Bombardement des von halbrechts das Tälchen hinaufwehenden Sandwindes an ihrer Stirnseite angefressen worden. Diese Form der Abtragung, als Windstich bezeichnet, ist in Foto 379 im Detail erkennbar. Die windzugewandte Seite ist in eine Abfolge enger Trichter, Spalten und Hohlkehlen zerlegt worden, wobei, wie der jüngst freigewehte Sockel zeigt, schon fast die Hälfte des Granitblocks aufgezehrt wurde.

Eine andere Erscheinungsform selektiven Windschliffs zeigt die Felsterrasse eines kleinen, eingesandeten Tälchens am Fuß der Mangueni-Stufe, in dem es keinerlei Hinweise für jüngere fluviale Aktivität gibt. Die nach Abtragung der Terrassenakkumulation freigelegte Felsterrasse wurde, ausgehend von den Klüften des Karbonkalks, korrasiv unterschnitten und der unterlagernde weiche Tonstein herausgeweht. Dadurch wurde die Felsfläche zu einer Streu in jeder Richtung verkippter Platten, die nunmehr einzeln durch Windschliff zerstört werden.

Foto 381: In schluffigem Playasediment ausgebildete Yardangs; Wind von rechts; bei Zouzoudinga, Südfuß des Plateau du Mangueni

Foto 382: Unregelmäßig geformte und z. T. fast abgetragene Yardangs; Seebecken, Toshkadepression, Südägypten, → S in Hauptwindrichtung

Foto 383: Großer Yardang in Seesediment mit windunterschnittenen Flanken; Toshkadepression, → E

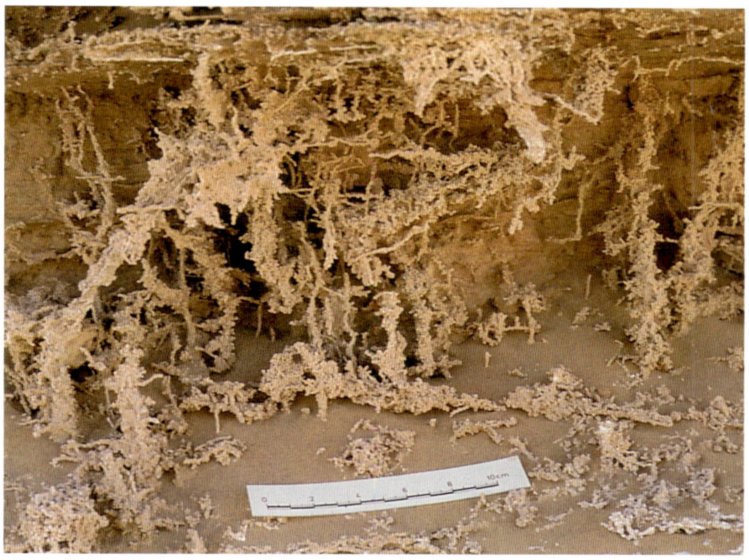

Foto 384: Durch selektive Auswehung herauspräparierte Wurzelspuren (Rhizomphänomene), Unterschneidungsflanke des Yardangs von Foto 383

Foto 385: Umgestaltung eines Siltsteinyardangs durch Stirn- und Flankenunterschneidung, ebenfalls mit Herauspräparierung von Sedimentfeinstrukturen; Depression Fossenet, östliche Ténéré

4.2.2. Yardangs und ihre Zerstörungsformen

Die eindrucksvollsten Korrasionslandschaften nicht nur der zentralen Sahara werden von in größerer Zahl auftretenden, meist in wenig verfestigten Sedimenten ausgebildeten stromlinienförmigen Körpern gebildet, die nach einem zentralasiatischen, uigurischen Wort als Yardangs bezeichnet werden. Vor allem sind sie in diatomitischen Seesedimenten (Foto 250, 257) oder in schluffigen Playa-, Sumpf- und Seesedimenten ausgebildet. Ihre Entstehung kann erst nach dem Ende der neolithischen Feuchtzeit eingesetzt haben. Da die Becken in jeder Feuchtzeit unter Wasser standen, können Formen aus älteren Feuchtzeiten nicht überlebt haben.

Da nirgendwo heute der Beginn einer Yardangbildung beobachtet werden kann, ist die Annahme einer initialen, vermutlich fluvialen Zerschneidung rein hypothetisch. In unterschiedlicher Regelmäßigkeit wurden stromlinienförmige Körper von einem bis wenigen Metern Höhe vom Sandwind geschaffen, zwischen denen, wie in Foto 381 (vgl. Foto 216) sichtbar, die Korrasion eine völlig ebene Fläche geschaffen haben kann. In dem abflußlosen Becken von Foto 382 hat die Auswehung teilweise bereits den Felsboden der Depression erreicht. Verschieden große Strömungskörper nebeneinander wie in Foto 381 zeigen unterschiedlich weit fortgeschrittene Stadien der Abtragung an, mehr rundlich geformte Gebilde zusätzlich ein durch mehrere häufige Windrichtungen geprägtes Yardangrelief. Alle zentralsaharischen und südägyptischen Yardanggebiete, auch die dieser Doppelseite, zeigen, daß im Zuge ihrer Bildung und allmählichen Verkleinerung und Zerstörung der größte Teil der frühholozänen Beckenfüllungen in wahrscheinlich weniger als 3000 Jahren ausgeweht worden ist. Damit wird es verständlich, daß Reste älterer pleistozäner Playas und Seesedimente auch ohne spätere Überflutung nur unter besonderen Umständen erhalten geblieben sein können.

Unter dem gegenwärtigen äolischen Regime werden nur noch kleine Yardangs unter Beibehaltung ihrer ursprünglichen Form weitergebildet. Den Normalfall zeigt Foto 383: Die wenigen, in dem bereits weitgehend ausgeräumten Becken noch vorhandenen Formen werden nur noch an den Flanken unterschnitten. Die Rücken, hier mit deutlich sichtbaren Trockenrissen des einstigen Sumpfbodens, werden vom Windschliff nicht mehr erreicht und zeigen vielfach sogar Spuren der seltenen Regen. Bei der Flankenerosion werden die geringsten Verbackungsunterschiede nachgezeichnet. Dadurch werden die

Foto 386: Nach korrasiver Unterschneidung abgebrochene Stirnen an Siltsteinyardangs; Toshkadepression, Südägypten

Foto 387: Durch bei abnehmender Höhe über Grund sinkende Korrasionskraft unterschnittene Yardangstirn in Siltstein, gleicher Ort wie Foto 378

Foto 388: Nach korrasiver Unterschneidung abgebrochene und durch weiteren Windschliff zerstörte Yardangstirn in Saprolit; Depression von Séguedine

Foto 389: Rezente Korrasionsrinne parallel zu großem Siltsteinyardang mit unterschnittener Flanke; im Hintergrund Megayardangs; Depression Fossenet, östliche Ténéré

Foto 390: Windzugewandte Seite desselben Yardangs; durch unterschneidende Korrasion herabgebrochene Platten

Verkittungen, die bei der Zersetzung einstiger Wurzeln und Stengel entstanden, als feines Filigran herauspräpariert (Foto 384), das bei der kleinsten Berührung zerfällt (vgl. Foto 197, 257). Deshalb ist nicht anzunehmen, daß aufprallende Sandkörner diese Geflechte freigelegt haben, sondern mit viel geringerer kinetischer Energie wirkende Staubpartikel (WHITNEY u. DIETRICH 1973).

Der Yardangbildung entsprechende Formen gibt es auch in Festgesteinen. Unabhängig von seiner größeren Festigkeit wird auch das Tonsteinwindrelief in Foto 385 nicht mehr in der ursprünglichen Weise fortgebildet. Der nur bis zur Hälfte der auf einem Sockel stehenden Form hochgewehte Sand hat in beide Flanken eine längsgerichtete Hohlkehle geschliffen. Zusätzlich zur Flankenunterschneidung wird auch noch die Stirn unterschnitten, so daß überhängende Partien bereits abgebrochen sind und am Hangfuß liegen. Eine entsprechende Form im Hintergrund links ist auf diese Weise schon fast vollständig abgetragen worden.

Die Unterschneidung des Tonsteinyardangs in Foto 385 entspricht dem experimentellen Befund, daß die maximale Korrasionswirkung einige Dezimeter über dem Boden liegt, da dort der windgetriebene Sand nur noch unwesentlich durch die Bodenreibung gebremst wird und viele Sandkörner auf Flugbahnen in dieser Höhe zu halten sind. Daß diese Aussage nicht generell zutrifft, zeigt einer von vielen Tonsteinyardangs gleichen Typs in einer südagyptischen Depression. Statt einer Einkehlung in halber Höhe dieses knapp 2 m hohen Yardangs hat die selektiv einzelne Schichten nachzeichnende Korrasion einen Überhang mit gestrecktem Profil geschaffen. Die wenig intensive Abtragung nimmt gleichmäßig mit der Höhe ab. Gleichzeitig sind auch die Flanken von unten nach oben abnehmend unterschnitten worden.

Ansätze zu beiderseitigen Hohlkehlen zeigen die windgeschliffenen Rücken in Foto 386. In etwas unter 1 m Höhe hört die seitliche Korrasion auf. Die oberhalb der Korrasionsgrenze liegende Oberfläche ist durch Verwitterungs- und andeutungsweise erkennbare Abspülungsformen geprägt. Die Gesamtform ist jedoch vorzeitlich von Winden geformt worden, die schleifenden Sand regelmäßig bis in 2 m Höhe in Bewegung halten konnten.

Zunehmend weit ausladende Überhänge wie in Foto 387 in Verbindung mit senkrechten Klüften haben dazu geführt, daß die Stirnseiten dieser langgestreckten Tonsteinyardangs an den Kluftflächen abgebrochen sind. Dadurch hat sich das Windfeld geändert. Vor der steilen Wand wurde durch zurückgewirbelte Luft eine sogenannte kleine Echodüne gebildet, deren Arme bogenförmig um den Fels herumgreifen. Die herabgebrochenen Stirnen sind dicht über dem Boden weiterhin relativ kräftiger Abschleifung ausgesetzt.

Bei noch tiefer eingreifender Unterschneidung ist der Yardang aus feinkörnigem Sandsteinsaprolit am Boden der Stufenfußdepression von Séguedine in mehrere Teile zerbrochen (Foto 388). Auch diese fast 3 m hohe Form wurde ursprünglich insgesamt zu einem Stromlinienkörper geschliffen. Die schon vor längerer Zeit abgestürzten Blöcke sind zu Füßen von HORST HAGEDORN, der als erster deutscher Geomorphologe die Windkorrasion in der zentralen Sahara beschrieben hat (HAGEDORN 1968), bereits wieder zu strömungsangepaßten Flächen umgestaltet worden. Die ursprünglich glatte Abbruchfläche wurde durch Windstich mit starker Schichthärteanpassung horizontal gegliedert.

An der windzugewandten Seite eines anderen Tonsteinyardangs (Foto 389) ragt die linke Hälfte noch vor, während die rechte bereits abgebrochen ist und der Windschliff den Schutt angreift. Insgesamt ist der ursprüngliche Strömungskörper bei weniger aggressivem Windschliff entsprechend der Gesteinsschichtung in zwei Niveaus aufgeteilt worden. Die kräftige Unterschneidung vor allem der Flanken des unteren Teils hat zu einem Herabbrechen von Stücken der harten Bank geführt, die die Basis des oberen Abtragungsstockwerks bildet (Foto 390). Beide Bilder zeigen, daß vorübergehend grobblockige Schuttstreu ein Kennzeichen abnehmender und damit stärker selektiv wirkender Korrasion ist.

Ein weiteres Kennzeichen zusammenhängender Windschliffformen sind schmale Windgassen mit wannenförmigem Profil. MONIQUE MAINGUET (u. a. 1968) hat diese Formenvergesellschaftung als Muster von *crêtes et couloirs* bezeichnet.

Alle Tonsteinyardangs dieser Doppelseite sind in abflußlosen Depressionen gebildet worden, die ursprünglich durch Prozesse der tertiärzeitlichen nichtkarbonatischen Verkar-

Foto 391: Durch winterlichen Passat aus Norden und sommerlichen trockenen Monsun aus Süden beidseitig in Zerstörung begriffener Sandsteinyardang; westlich von El Kharga, Südägypten

Foto 392: Ebenfalls durch Passat- und Monsunwindrichtung allseitig stark abgeschliffener ehemaliger Yardang; bei Sara, Westrand des Djadoplateaus, → N

Foto 393: Durch heutigen Windschliff aus zwei Richtungen reaktivierter alter Kannelürenwindschliff von N (r.) und ebenfalls reaktivierter Windstich von S (l.) in Kalkstein; Toshkadepression, Südägypten

Foto 394: Bei selektiver Schichtnachzeichnung hauptsächlich an seiner SW-Flanke weitgehend zerstörter Sandsteinyardang; Ort wie Foto 392, → N

stung entstanden sind (Kap. 1.5.3.). Zuerst durch die Ausbildung eines Systems von Festgesteinsyardangs und gegenwärtig durch deren Zestörung und letztliche Abtragung auf das derzeit tiefste erreichte Niveau sind diese Becken in geomorphologisch kurzer Zeit flächenhaft um 2 m und mehr tiefer gelegt worden. Schwach erkennbare Spülrinnen auf dem Scheitel des Yardangs von Foto 390 und ebenso an den höheren Flanken der mehrere Zehner von Metern großen Windschlifformen im Hintergrund von Foto 389 und 390 (vgl. Kap. 4.2.4.) machen es aber wahrscheinlich, daß die äolischen Abtragungsformen in mehr als einer korrasiven Phase gebildet worden sind.

In verschiedensten Gebieten der zentralen Sahara sind Belege dafür gefunden worden, daß die Korrasionsformen zwar ursprünglich durch den Passat geschaffen wurden, daß aber gegenwärtig die monsunale Windschliffrichtung auch eine wesentliche Rolle spielt. Der in Zerstörung begriffene Sandsteinyardang von Foto 391 wird in seiner Gesamthöhe sogar nur auf der monsunalen Windseite überschliffen. In Foto 392 zeigen die Windrippeln den Passatwind von rechts an. Die Yardangruine wird jedoch von allen Seiten steilgeschliffen. Die Profillinie des ursprünglichen Stromlinienkörpers in Foto 394 blieb erhalten, weil der monsunale, schichtennachzeichnende Windschliff schräg aus Südwest die vom Ostwind geschaffene Form zerfrißt.

In Foto 393, im Bereich der südägyptischen Toshkadepression, weht der Passat fast genau aus dem Norden, im Bild von rechts. Dezimeterlange Riefen oder Kannelüren – in Analogie zur Hohlkehlengliederung griechischer Säulenoberflächen so genannt – auf dem Kalkstein zeigen, daß dieser Windschliff eine Vorzeitform ist (Kap. 4.2.3.), die wie in Foto 372 und 374 durch die heutige Korrasion lediglich ihrer Patina beraubt und ohne Formänderung reaktiviert wurde. Die nach Süden gerichteten Stirnseiten, die das Kannelürenrelief abschneiden, sind dagegen unter dem gegenwärtigen südlichen Windregime geschaffen worden. Selbst im Winterhalbjahr nach Norden umgedrehte Dünenkämme der Region zeigen die Häufigkeit von Sandstürmen aus dem Süden. Das Windrelief belegt, daß zur Zeit die kräftigste Korrasion nicht durch Passatstürme bewirkt wird.

In einem kompliziert gegliederten Sandsteinyardanggebiet am Südwestrand des Djadoplateaus, in dem die Windrichtungen auch durch das bereits bestehende Windrelief mitbestimmt werden, wurde die noch kompliziertere Situation von Foto 395 aufgenommen. In einer Senke schräg zur Hauptpassatrichtung schuf die Korrasion erst die von rechts kommende

Foto 395: Drei Phasen fossilen Windschliffs aus zwei entgegengesetzten Windrichtungen; bei Sara, Westrand des Djadoplateaus

Rampe. Abgeschnitten wurde diese in einer späteren Phase durch eine von rechts ansteigende, glattgeschliffene Rampe. Deren untere Teile wurden in einer weiteren Phase nicht mehr rampenförmig, sondern durch Windstich mit den typischen, in den Fels eingereifenden kegelförmigen Trichtern überformt, dem Monsunwindstich an den Kalkyardangs in Foto 393 entsprechend.

Schließlich zeigen die höchsten, stromlinienförmig abgerundeten Köpfe und – nicht im Bild – stellenweise auch hochliegende, aufgegebene schmale Windgassen eine in allen Stadien der Zerstörung auftretende, eindeutige Schildkrötpanzerstruktur (Kap. 2.5.3.). Die erste und das Grundmuster schaffende Anlage dieses Windreliefs dürfte also weit ins Pleistozän zurückgehen, und die weitere Ausformung geschah mit zur Gegenwart generell abnehmender Intensität während mehrerer Zeitabschnitte dominant äolischer Formung im Quartär.

4.2.3. Vorzeitlicher, „fossiler" Windschliff

Mit Ausnahme von Foto 393 zeigten die bisherigen Bilder nur korrasiv gebildete Einzelformen in Fels. Foto 396 zeigt einen Ausschnitt einer Fläche, die durch einen anderen Typ von Windrelief geprägt ist. In Passatrichtung sind langgestreckte Rücken und Gassen in den Kalkstein gefräst worden, eine kleine Variante des *„Crête-et-couloir*-Reliefs" des Borkou (Foto 420). Die noch einmal in sich längsgegliederten Rücken zeigen in Längsrichtung eingeschliffene Hohlkehlen von weni-

Foto 396: Vollständig patinierter Kalksteinwindschliff mit großen Kannelüren; Toshkadepression, Südägypten, → S in Hauptwindrichtung

Foto 397: Zwei vom Hang einer Rutschung herabgeglittene Kalksteinblöcke mit alten großen Windstichformen; Toshkadepression

Foto 398: Abtauchen des patinierten Windschliffs unter frühholozänes Playasediment (Detail von Foto 396)

Foto 399: Durch kleine Brüche zerlegter alter Windschliff auf Kalkstein; Toshkadepression

Foto 400: Zwei gegenläufige Generationen alten Kannelürenwindschliffs in Silcrete; Gipfel des Ehi Obonhoua, Zouarpiste, Tchigai

Foto 401: In unterschiedliche Richtungen verdrehte patinierte Blöcke mit altem Kannelürenwindschliff in einer Hangschuttdecke; Termit Cuest

gen Zentimetern Breite und meist 1–2 Dezimetern Länge in unregelmäßigem Versatz zueinander, die schon angesprochenen Kannelüren. Nicht zum Bild einer rezenten Windschliffoberfläche paßt, daß der harte Kreidekalk durchgehend bräunlich patiniert ist und daß die Gassen vollständig eingesandet sind.

In Foto 398 ist ein Teil des Windreliefs von seiner Überdekkung mit feinkörnigem Mittelterrassensediment (Kap. 2.3.3.) befreit worden. Das Windrelief von Foto 396 ist also eine Vorzeitform, mindestens älter als das letzte Pluvial und damit älter als 10 000 – 15 000 Jahre. In der jüngeren Vergangenheit wurde es lediglich durch Deflation des fluvialen Sediments weitgehend wieder freigelegt. Eine Streu neolithischer Werkzeuge in den Gassen spricht dafür, daß zu jener Zeit hier noch eine glatte, bewohnbare Oberfläche auf der Mittelterrasse existierte.

Risse, die das Windrelief zerlegen, finden sich nicht nur im freigegrabenen Bereich. Ganz deutlich und dicht geschart sind diese Verwitterungsformen an der Oberkante der steilen Rampe sehr gut ausgebildeten Kannelürenwindschliffs zu erkennen (Foto 399). Die Risse sind frisch, im Unterschied zur Windschlifframpe nicht patiniert und auch noch nicht wieder durch heutigen Windschliff abgeschrägt worden: ein weiteres Indiz dafür, daß es sich um eine Vorzeitform handelt.

Einen weiteren Beweis für den vorzeitlichen Charakter bieten Blöcke mit scheinbar frischen Korrasionsspuren in gegenüber der Hauptwindrichtung veränderter Position. In Foto 397 sind dies zwei durch extrem starken Windstich fast durchlöcherte Kalksteinblöcke, die von der Rutschungsscholle im Hintergrund abgestürzt sind und quer zu der durch die Rippeln markierten heutigen Windrichtung im Sand liegen. Noch eindrücklicher sind Fälle, in denen Felsbruchstücke mit Windkorrasionsspuren in Hangschuttdecken umgelagert worden sind. Zwei solche unterschiedlich orientierten, zusätzlich dunkel patinierten und deshalb mit Sicherheit nicht rezent korradierten Platten bilden in Foto 401 Teil des Steinpflasters über einer Hangschuttdecke im Termit.

Derartige Beweise für die Existenz eines alten, „fossilen“ Windschliffs – strenggenommen dürfte dieser Begriff nur für begrabene Formen benutzt werden – finden sich in unterschiedlichsten Gebieten der zentralen Sahara, auch dort, wo heute Windschliff überhaupt nicht stattfindet. Im Tchigai oder auf Fußflächenresten wurden verlagerte Windreliefbruchstücke einsedimentiert in Verbindung mit zwei paläolithischen Fundplätzen entdeckt. Erhalten sind sie überall dort, wo entsprechend schwer verwitterbare Gesteine anstehen, in den bisher gezeigten Fällen harter Kalk oder eisenschüssiger Sandstein. In den Gebieten saprolitisierten Sandsteins findet sich

Foto 402: Nach der Kannelierung zerbrochene Yardangs in eisenhaltigem Silcrete an der Plateaukante; Ostrand des Djadoplateaus, → N, Hauptwindschliff von rechts

Foto 403: Alter patinierter Windstich in verkarstetem eisenhaltigem Sandstein (CT), durch Tafoni unterschnitten, westlicher Plateaurand; Termit, → W

Foto 404: Alter Windschiff und Windstich in CT-Eisenkrustenblökken mit rezenter Staubsedimentation (vgl. Foto 365)

Foto 405: Silcrete-„Sphinx“ mit großem alten Kannelürenwindschliff; Messak-Mellet-Stufenrand 40 km nördlich von Passe de Salvador, Südalgerien

dieser alte Windschliff fast ausschließlich auf verkieselten oder vererzten Oberflächen, also auf Silcrete (Foto 400) und Ferricrete oder, wie in Foto 372, auf frisch exhumierten Oberflächen. Überall sonst ist er im Verlauf von mindestens einigen zehntausend Jahren durch die Verwitterung zerstört worden.

Bei Grabungen im Randbereich des Sandsteinyardangfelds von Sara (Foto 394, 395) mit seinem mehrphasigen Windschliff ergab sich, daß auch dieser gesamte Komplex zwischenzeitlich von einem wahrscheinlich zur Mittelterrasse gehörenden sandigen Sediment begraben war und die Formen in dem relativ weichen Sandstein nur deshalb überdauert haben, weil sie zeitweilig wirklich fossilisiert waren. Ständig freigelegen hat dagegen der in eisenschüssigem Silcrete ausgebildete, glänzend polierte und patinierte Windschliff auf der Spitze eines kleinen Inselbergs im Tchigai (Foto 400). Auch an ihm sind zwei Schliffrichtungen zu erkennen, wobei der ältere Kannelürenwindschliff durch eine aus kleineren Einzelformen zusammengesetzte Schliffoberfläche abgeschnitten worden ist. Unbekannt ist, wieviel Zeit zwischen der Ausbildung beider Korrasionsflächen gelegen hat; sicher ist jedoch die Mehrphasigkeit.

Dieses Korrasionsrelief, das sich aus dezimetergroßen Einzelformen von Windschliff und Windstich und fast überall mit Hinweisen auf zwei gegenläufige Windrichtungen wie in der Gegenwart zusammensetzt, kommt in voller Ausprägung auch in Gebieten vor, in denen heute überhaupt keine Korrasionsprozesse ablaufen. Eine typische solche Position zeigen die ungewöhnlich großen Kannelürenformen (Foto 402) am Westrand des Enneri Blaka im Djadoplateau oberhalb einer Rutschungsstaffel. Ausgebildet wurden sie in eisenschüssigem Silcrete (Kap. 1.2.3.) und sind dank dessen Härte gut erhalten geblieben, wenn auch die Felsyardangs selbst in Blöcke zerfallen sind. Der schleifende Sand, der ehemals mit dem Passat von Osten über das Plateau fegte, erreicht dort heute kaum die Oberkante des ca. 10 km entfernten Plateauostrandes.

Eine derartige höhere Vertikalerstreckung bei genereller Einbeziehung des Dachflächenniveaus (Kap. 1.1.) ist verbunden mit einer viel größeren Nord-Süd-Erstreckung dieser Korrasionsformen gegenüber der heutigen Verbreitung von Windschliff. Dazu kommt noch, daß deren heutige Einzelformen viel kleiner sind, nur in weichen Gesteinen wie dem Sandsteinsaprolit oder Tonstein vorkommen und im Normalfall auf das Niveau der Stufenvorlandfläche beschränkt sind, mit Ausnahme von Windgassensituationen (Foto 373).

Auch der von großem, für das Gebiet typischen Windstich überformte Felsen in Foto 403 liegt südlich der heutigen rezenten Verbreitung und außerdem noch in Plateauposition am Westrand des Termit, ausgebildet in einer Eisenkruste des *Continental Terminal* (Kap. 1.2.3.). Die Hohlkehle mit dem Hammer zeigt, daß es neben der rezenten Tafonierung wie in Foto 312 auch schon eine ältere gab, die in den Windschliff einbezogen wurde.

In Foto 404, wie das vorige im Karstwannenrelief (Foto 69) aufgenommen, ist wie auf der gesamten Hochfläche nicht nur jeder exponierte Felsen, sondern auch die dazwischenliegende Eisenkrustenfläche überschliffen. Dort sind die Formen nach zwischenzeitlicher Sedimentbedeckung wieder freigelegt worden. Wie schon in Foto 312 angesprochen, wird auf den freistehenden Felsen, die einmal extremem Windschliff unterlagen, heute der helle, wie Schimmel wirkend Staub aus dem Sahel abgelagert. Gleich ausgebildeter Windschliff auf Eisenkrusten wurde auch noch weiter südlich im sahelischen Altdünen- und Plateaugebiet des Koutous gefunden.

Die Sphinx aus extrem großen Windschlifformen dagegen (Foto 405) sitzt am Rand des Messakplateaus mehr als 200 m über dem Vorland, in dem die nördlichsten Kleinformen

Foto 406: Detail patinierter Windschliffkannelüren in Silcrete; Plateaurand bei Yegueba, Kaouar

Foto 407: Alter Kannelürenwindschliff, durch ebenfalls alten Windstich aus SW unterschnitten; gleicher Ort

Foto 408: Zwei Generationen unterschiedlichen subrezenten Windschliffs auf Sandstein; Er Roui, Westrand des Djadoplateaus

Foto 409: Kleiner alter Windschliff, der auch Quarzkiesel mit Silcrete mitgekappt hat; Plateaurand Messak Mellet, 80 km nördlich von Passe de Salvador, Südalgerien

Foto 410: Alter Windschliff auf CT-Eisenoolithen, rezent zerbrochen; Plateaufläche, NE-Termit

Foto 411: Serir mit nicht windeingeregelten alten Quarzwindkantern; Dachfläche des Messak Mellet, 40 km nördlich von Passe de Salvador, Südalgerien

Foto 412: Verschiedene Formen rezenter Windkanter aus Karbonkalk nördlich der Grenzstation Tumu (Toummo), Südlibyen

des Windschliffs mehrere Zehner von Kilometern südlich vorkommen. Heute wird kaum noch Sand über das Plateau geweht.

Welche Größe die Kannelüren des alten Windschliffs in einem schwach entwickelten Silcrete erreichen können, zeigt der Hammerstiel in Foto 406. Oberhalb einer Sandrampe am niedrigen westgerichteten Stufenrand des Kaouar gelegen, gibt es hier einen der seltenen Fälle, in denen der alte Windschliff rezent unterschnitten wird (Foto 407). Allerdings geschieht dies nur dicht über der Bodenoberfläche, schichtungsnachzeichnend und nicht durch Sand, der mit dem Passat über das breite Plateau geweht worden ist, sondern mit Sand, der mit dem vorwiegend sommerlichen Südwestwind die Rampe hinaufgeweht wird.

Neben und zeitlich nach dem Kannelürenwindschliff gibt es auch einen alten Windschliff, dessen Einzelformen statt im Dezimeter- nur noch im Millimeterbereich liegen. In Foto 408 liegen beide Typen nebeneinander. Der rezente Windschliff zeichnet im Sandstein jeden kleinen Härteunterschied und damit die Schichtung nach. Der nächstältere Windschliff hatte dagegen alle Schichten in einem welligen, durch die Winddynamik bedingten Feinrelief gekappt. Die glatte Windschliffoberfläche der zweiten Generation in Foto 395 könnte der Formung dieser Fläche entsprechen.

Die korrasive Kraft des Windes war damals noch stark genug, um auch harten Silcrete und Eisenkrusten zu überschleifen. Heute sind diese Oberflächen patiniert und werden demnach nicht mehr rezent weitergebildet. Die Sandsteinplatte in Foto 409 liegt in unmittelbarer Nähe der Sphinx von Foto 405. Statt dezimeterlanger Kannelüren trägt sie nur ein Mikroschliffrelief. Die Korrasion hat jedoch noch mehrere harte Quarzkiesel fast vollständig in die Kappung einbezogen.

In Foto 410 wurde eine aus chemisch ausgefällten, an Fischrogen erinnernden Eisenoxidkügelchen – Oolithen – aufgebaute Eisenkruste des *Continental Terminal* überschliffen. Die Oolithe sind hierdurch leicht abgeplattet worden, die Gesteinsstruktur wurde aber dabei deutlich sichtbar gemacht. Die Fläche, zu der dieser Ausschnitt gehört, liegt wie in Foto 404 auf dem Plateau von Termit. Nach der Korrasionsphase ist die Platte durch Verwitterungsprozesse zerbrochen worden (Kap. 2.5.5.). Die Bruchflächen wurden nicht mehr angeschliffen, sind jedoch vollständig patiniert und damit auch keine sehr jungen Formen.

Auch die Windkanter aus Quarz, die vielfach im Serirpflaster vorkommen, sind keine rezenten Formen. Mehrfach wurden sie unter Oberflächen wie der von Foto 411 im Sediment gefunden, sind in diesem Fall also vormittelterrassenzeitlich an einer Oberfläche zurechtgeschliffen worden, fluvial umgelagert und zum Teil bei der Ausbildung des heutigen Serirpflasters (Kap. 2.5.1.) wieder an die Oberfläche gelangt. Gegen die heutige Bildung spricht auch, daß sie in jeder beliebigen Richtung zum Passat und auch in windarmen Gebieten vorkommen.

Detailaufnahmen von Windkantern aus diesem Pflaster (Foto 413) lassen erkennen, daß sie alle nicht nur aus zwei Richtungen geschliffen wurden. Der Wind griff dabei stets an der Längsachse der Flußkiese an und schuf so die Grate in Längsrichtung der dabei entstehenden Windkanter. Meist sind diese Kanter auf allen drei Flächen windgeformt, wurden also während der Bildung auch gedreht. Rezent findet dieser Vorgang heute nur in weichen Gesteinen, bevorzugt in Kalkstein statt (Foto 412), wobei je nach Exposition und Umlagerung ein breites Spektrum von Formen entstehen kann (vgl. Kap. 4.2.5.).

Foto 413: Einzelne Windkanter aus dem Pflaster von Foto 411, etwa Originalgröße; siehe auch Seite 205

Foto 414: Feld großer alter Sandsteinyardangs südlich von Sara, Südwestrand des Djadoplateaus (vgl. Detailfotos 392, 394, 395), → N

Foto 415: Altes, vollständig patiniertes Sandsteinwindrelief, durch Schildkrötpanzer (vgl. Fotos 305–307) überprägt; Boden einer Sandsteinkarstdepression, Tchigai, → E

Foto 416: Eingesandetes großes Kalksteinwindrelief, Hauptwindrichtung von rechts; Toshkadepression, Südägypten, → E

4.2.4. Großformen alten Windschliffs

Bis jetzt hat sich ergeben, daß ein Großteil des Windschliffs der zentralen Sahara vorzeitlich ist und daß der damalige Windschliff nach Norden und Süden und in der Höhe, bis auf die Plateaus hinauf, Gebiete erfaßte, die heute überhaupt nicht mehr windkorradiert werden. Weiterhin hat sich gezeigt, daß der vorzeitliche Windschliff auch extrem harte Gesteine wie Silcrete oder eingekieselte Eisenkrusten formen konnte, die nur wegen ihrer Verwitterungsresistenz bis heute erhalten geblieben sind, und daß die Einzelformen, die eine Schliffoberfläche strukturieren, gegenüber den heutigen Elementen im Millimeterbereich – und das noch dazu auf weichen Gesteinen – in den Kannelüren Längen bis zu mehreren Dezimetern bei Auskehlungen von mehreren Zentimetern Tiefe erreichen konnten. Weiterhin wurden Belege dafür gefunden, daß es mehrere, noch nicht datierbare Phasen dominanter Windkorrasion im Pleistozän gegeben hat und daß vorzeitlich wie heute nicht nur die Sandwinde der Passatrichtung, sondern auch des sommerlichen Monsuns aus der südwestlichen Gegenrichtung abschleifend gewirkt haben und wirken.

Der heutige Windschliff läßt sich als selektiv, teilweise selbst feinste Gesteinshärteunterschiede nachtastend, beschreiben. Nicht mehr Yardangs als Ganzes, seien sie aus weichem Seesediment oder aus Sandstein aufgebaut, werden weitergeformt, sondern nur noch Stirnen und Flanken unterschnitten, und so wird anstelle eines regelmäßigen Stromlinienreliefs ein zunehmend chaotisches Kleinrelief zerfallener Formen geschaffen, das jedoch ebenfalls weiter durch die Korrasion abgetragen wird.

Im Hintergrund der Bilder aus der Depression von Fossenet in der östlichen Ténéré (Foto 389, 390) war noch ein weiterer Aspekt der vorzeitlichen Korrasion zu sehen: mehrere Zehner von Metern hohe, isoliert stehende Berge, die in ähnlicher Weise wie die kleinen Siltsteinyardangs im Vordergrund eine Stromlinienform haben. Tatsächlich handelt es sich auch bei diesen Großformen um das Ergebnis von Korrasion.

Foto 414 zeigt eine Übersicht des Gebiets am Südrand des Djadoplateaus, aus dem eine Reihe der schon behandelten Detailaufnahmen stammen (Foto 392, 394, 395). In einem strömungsgünstigen Bereich südlich der höheren Plateauteile hat der Passat, der im Norden das Tibestigebirge bis zu einer heutigen Höhe von etwa 1000 m umströmt, einen Plateau- und Schichtstufenbereich von mehreren Quadratkilometern Größe vollständig in einzelne, zwischen 5 und 10 m hohe Stromlinienkörper zerschnitten. Mindestens einmal danach ist die gesamte Senke, wie erwähnt (Foto 395), von feinkörnigen fluvialen Sedimenten, die wahrscheinlich zur Mittelterrasse gehören, verfüllt und anschließend, wohl erst nach der neolithischen Feuchtzeit, wieder freigewaschen und -geweht worden.

Ein nur wenige Meter höheres Niveau des untersten Felsbodenniveaus der großen Karstdepression von Foto 267 im Tchigai ist nicht in isoliert stehende Windschliffrücken aufgelöst worden, sondern hat insgesamt ein in Passatrichtung orientiertes Strömungsrelief angenommen (Foto 415). Vollständig patiniert und mit einem wahrscheinlich jüngeren Schildkrötmuster überzogen, das sich so erst nach der Korrasionsphase gebildet haben kann, ist es heute vollständig inaktiv.

Ein drittes Beispiel von Windreliefgroßformen in Foto 416 stammt aus der südägyptischen Toshkadepression. Hier sind noch höhere Felsen als bei Sara vom Sandwind zugeschliffen worden. Ein Teil der Eozänschichtstufen- und -plateaulandschaft, die an weniger windexponierten Stellen noch gut erhalten ist (Foto 375), wurde vollständig aufgelöst. Der heutige Windschliff überformt nur noch die Fußregion des Felsens im Vordergrund. Die starke Einsandung der Fläche, also Akkumulation, unterstreicht die heutige geringe abtragende Funktion des Windes.

Foto 417: Alte Megayardangs, fluvial und durch Flankenkorrasion überformt; südlich von Zouzoudinga, Südfuß des Plateau du Mangueni, → SE

Foto 418: Windüberschliffener Fuß eines Megayardangs (Detail zu Foto 417), → S

Foto 419: Hangschuttbedeckte alte Megayardangs mit rezenter Korrasion am Oberhang, Siltstein; Passat von rechts; Depression Fossenet, Ténéré (vgl. Foto 389, 390), → SW

Foto 420: Patiniertes und teilweise eingesandetes Megawindrelief; Borkou, Nordtschad

Welchen Anteil eine ältere fluviale Zerschneidung an der Auflösung des Reliefs in isoliert stehende windschliffgeformte Felsrücken hatte, ist oft nicht mehr feststellbar. Im Vergleich zu den nicht äolisch geformten Stufenabschnitten scheint das Relief in Foto 416 allerdings fast ausschließlich korrasiv zu sein. Durch den Windschliff ist also ein Teil einer Schichtstufenlandschaft weitgehend auf das Niveau seiner einstigen Vorlandfläche abgetragen worden. Einen ähnlichen Extremfall gibt es, am besten im Satellitenbild zu erfassen, in den nordwestlichen Ausläufern des Djadoplateaus (BUSCHE u. STENGEL 1993).

Vom Rand dieses Gebietes stammt die Reihung dreier schon wie Inselberge wirkender Stromlinienkörper (Foto 417). Nach ihrer korrasiven Ausformung ist ihre Oberfläche durch Verwitterung, Schuttbildung und Spülrinnen feuchtzeitlich ein wenig verändert worden, wie auch die Rücken in Foto 419. Die heutige Korrasion, im Detailfoto 418 besser zu erkennen, hat nur im Fußbereich den weißen Saprolit freigelegt und wie auch bei den kleineren Formen die rechte Flanke unterschliffen und so eine Stufe gebildet. Die heutige Korrasion wirkt heute, im Passatwindschatten der Manguenistufe, fast ausschließlich aus der südlichen Monsunrichtung.

Die Sandstürme, die die Korrasionsrücken als Ganzes überschliffen haben, müssen eine beträchtlich größere Intensität gehabt haben, so daß Sand auch Zehner von Metern hoch die Bergflanken hinaufgetrieben werden konnte. In Gunstsituationen, etwa in der Windgasse zwischen zwei Korrasionsrücken in Foto 419 (hinten links), kann der Windschliff auch heute noch obere Hangteile überschleifen, wie die weiße Saprolitfarbe zeigt, während an dem freistehenden Rücken rechts selbst am Fuß die feuchtzeitliche Schuttdecke noch nicht entfernt worden ist. Allerdings ist im oberen Drittel rechts ein Teil des Schutts in einer nur wenig patinierten, also noch recht frischen Windstichfläche abgeschliffen worden. Die starke Einsandung zeigt an, daß auch hier heute äolische Akkumulation vorherrscht.

Die größten zusammenhängenden Windkorrasionsgebiete von Borkou, südlich des Tibesti (HAGEDORN 1968, MAINGUET 1968), lassen sich am besten im Luftbild erkennen (Foto 420). Weite Plateaubereiche sind unter Nachzeichnung von ungefähr in Passatrichtung verlaufenden Klüften zu einem letztlich in seiner Ausrichtung voll äolischen Korrasionsrelief von Windgassen und -rücken, den *crêtes et couloirs*, umgestaltet worden, mit gegen den Wind gerichteten hohen Köpfen einstiger Plateauränder. Die Plateauflächen wurden vollständig aufgelöst, und die Landoberfläche wurde zwischen den Rücken insgesamt tiefer gelegt. Windkorrasion in den entsprechenden Phasen des Pleistozäns ist unzweifelhaft der wichtigste Prozeß der flächenhaften Weiterbildung und Tieferlegung tertiärer Rumpfflächen gewesen.

Teile des Borkou-Windreliefs wurden im Frühholozän von den Sedimenten des Paläotschad verfüllt und sind weitgehend wieder exhumiert worden. Die weißen Flecken im Vordergrund gehören dazu. Die braune Patina und die teils beträchtliche Einsandung der Windgassen deuten an, daß auch in diesem Gebiete die heutige korrasive Windformung längst nicht das Ausmaß wie zur Hauptbildungszeit dieses Reliefs hat.

Foto 421: Rindenzerstörung und Schichtennachzeichnung durch schwachen rezenten Windschliff; Sandsteinkarstdepression, Tchigai (nahe Foto 415)

Foto 422: Durch schwachen rezenten Windschliff freigestellte Rinde; südlich von Er Roui, Westrand des Djadoplateaus

Foto 423: Weitgehende Patinazerstörung durch rezente Korrasion an einer windexponierten Steilwand; Plateau von Midjigatène, südlich des Kaouar

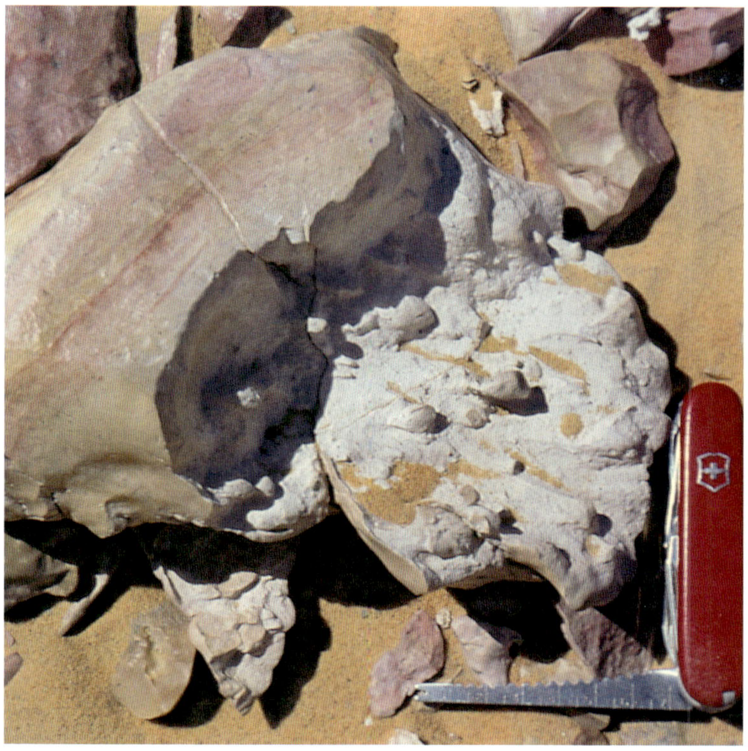

Foto 424: Korrasive Zerstörung eines Kalksteinwindkanters; Herauspräparierung von kugeligen Konkretionen; Toshkadepression, Südägypten

Foto 425: Durch rezenten Windstich herauspräparierte Eisenkonkretionen im Sandstein; Südrand des Djadoplateaus

4.2.5. Korrasionskleinformen

Der große Unterschied zu den Großformen des Windreliefs früherer äolischer Phasen des Pleistozäns ist, wie schon verschiedentlich gezeigt, die Selektivität des heutigen relativ schwachen Windschliffs. Ähnlich wie an den Yardangs der Seesedimente (Foto 384) werden dadurch zuvor nicht mehr erkennbare Gesteinsstrukturen sichtbar.

Der knapp 2 m hohe Felsen von Foto 421 steht am Rande einer nur wenige Meter höheren Fläche der Karstdepression von Foto 415 mit ihrem fossilen großen Windrelief. In seiner sehr exponierten Lage hat der vom Plateaurand wehende Sandwind nur noch die windzugewandte Seite durch Windstich bearbeiten können und dabei die Patina, einschließlich des Schildkrötpanzers, so weit zerstören können, daß die unterschiedliche Schichtung der Sandsteinpakete herausgearbeitet wurde.

Ein weiteres Beispiel für die Selektivität des Windschliffs und zugleich ein Maß für dessen Leistungsfähigkeit in jüngster Zeit bietet die exponierte Flanke eines kleinen Sandsteinfelsens (Foto 422). Unter dessen zum Ende der neolithischen Feuchtzeit sicherlich noch intakten Rinde, die derzeit nur noch aus wenigen unterschnittenen Resten besteht, sind teilweise über 10 cm abgeschliffen worden. Aus solchen Beobachtungen allgemeingültige quantitative Daten gewinnen zu wollen verbietet sich jedoch, weil je nach Lage und Ausprägung des Windfeldes selbst auf geringe Distanz große Unterschiede vorhanden sein können, wie in Foto 419 gezeigt wurde.

Ein für die heutigen Verhältnisse geradezu extremer Windschliff hat die Felswand in Foto 423 hinter einem Stufensporn unterhalb der Plateaudachfläche betroffen, wobei ausreichender Sand von einer Dünensandrampe im Bereich des Kamerastandpunkts kommt. Der sich bei Sturm in dieser Nische bildende Wirbel hat die tiefschwarze eisenreiche Patina bis auf wenige Reste abgeschliffen und eine muschelförmig gegliederte Wandoberfläche geschaffen. Dadurch sind die an noch patinierten Flächen meist unsichtbaren Gesteinsstrukturen zutage getreten. Nachgezeichnet durch von der früheren Landoberfläche an Klüften und zum Teil entlang der Schichten eingedrungene Eisenvererzung wird die extreme Zerrüttung sichtbar, die die Oberkreidesandsteine der Ténéré in den Bewegungszonen einer ausgeprägten Horst- und Grabentektonik betroffen hat (vgl. Foto 35; Louis 1970) und die oberflächlich vollständig von der tertiären Rumpfflächenbildung überspielt und ausgelöscht wurde (Kap. 1.1.).

Auch der Windschliff und damit auch das Windregime der jüngsten Vergangenheit waren nicht einheitlich. Gezeigt hatte sich dies schon bei den Seesedimentyardangs, die nach dem Ende der neolithischen Feuchtzeit erst zu Stromlinienkörpern geschliffen wurden und heute durch Unterschneidung zerstört werden (Foto 250, 256, 383). Die Zweiphasigkeit zeigt sich auch in Festgesteinen. Der Kalksteinblock einer heute eingesandeten Hangschuttdecke (Bild 424) wurde zuerst als Ganzes überschliffen, wobei die glänzende, in sich je nach Exposition auch noch differenzierbare Oberfläche geschaffen wurde (vgl. Foto 412, 433). Gegenwärtig wird diese Form durch Windstich zerstört, der so selektiv vorgeht, daß dabei kugelige Konkretionsstrukturen im Sediment herauspräpariert werden. Im frischen Anschlag wären diese Strukturen unsichtbar.

In ähnlicher Weise, in einem ganz anderen Gebiet und ohne daß damit gerechnet werden müßte, daß der Block von der ersten zur zweiten Formungsphase umgelagert wurde, sind auch in Foto 425 im anstehenden Sandstein derartige kugelige Konkretionen, noch auf dünnen Stielen sitzend, herausgeschliffen und offenbar dabei auch die Oberflächen der Kugeln verfärbt und verhärtet worden. Bereits vollständig freigelegte Konkretionen finden sich immer wieder als Kugelstreu in der Umgebung solcher Ausbisse.

Die vollständige Entfernung der Quarzkörner eines von vererzten Klüften durchzogenen Sandsteinblocks wie bei der Hohlblockbildung (Foto 378) kann zu zerbrechlichen Klein-

Foto 426: Windkorrasionsplastik durch Freilegung von Eisenoxidkluftfüllungen; bei Quig-es-Serir, Südlibyen

Foto 427: Durch rezenten Windschliff in Siltsteinsaprolit herauspräparierte Eisen-Mangan-Dendriten, Bilma Barao (vgl. Foto 20)

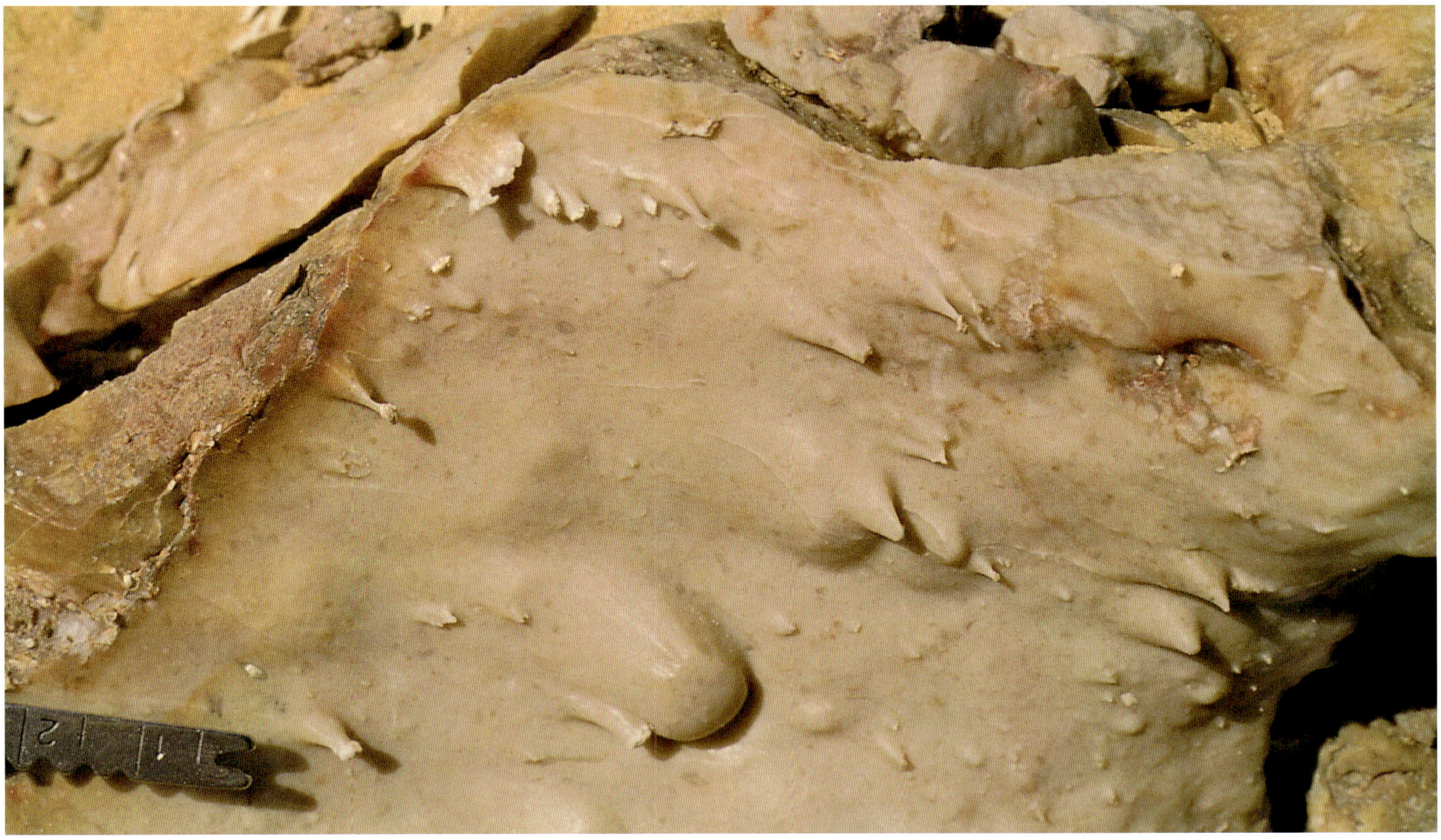

Foto 428: Durch sehr selektiven Windstich freigelegte Mikrofossilien; Eastern Escarpment nördlich von Al Kharga, Südägypten

Foto 429: Entpatinierung und Politur eines zerbrochenen Tonsteins mit Gipsleisten durch Windschliff; Toshkadepression, Südägypten

skulpturen führen (Foto 426). Deren Mattierung und braune Farbe sind ebenfalls die Folge der Oberflächenpolitur durch den Windschliff.

Betrachtet man in Foto 427 nur die Auskehlungen im gebleichten Saprolit (Kap. 1.2.1.), entsteht der Eindruck kräftiger Schleifwirkung. Die wenige Zentimeter hohen Eisen-Mangan-Dendriten – Ausfällungen im Saprolit während der Grundwasserabsenkung – zeigen jedoch, daß sich auch hier – wegen der Kurzlebigkeit solcher Formen – mit Sicherheit rezent geringste Härteunterschiede auswirkten. Die Dendriten haben ihre im Sediment erhaltene Form bei der Freilegung kaum verändert; ihre Oberfläche wurde poliert. Hinter kleinen Verhärtungen im Saprolit haben sich durch den im Bild von oben kommenden Wind Miniaturyardangs gebildet.

Foto 428a

Noch ausgeprägter sind kleinste Unterschiede im Eozänkalkstein (Foto 428) am Rand der Rutschungsstufe von Foto 136 ausgebildet. Der von rechts kommende Wind hat die gleichmäßig harten Oberflächenteile des dichten Kalksteins glänzend poliert. Die Ritzprobe mit dem Messer zeigt, daß derartig windpolierte Flächen – selbst auf Tonstein – durch die dabei bewirkte Oberflächenveränderung leicht einen Grad auf der zehnteiligen Mohsschen Härteskala hinaufrutschen. Im Kalkstein eingebettete Algenpanzer haben für den dahinterliegenden Kalk als Schutz gewirkt und sind auf kleinen Stielen über der tiefergelegten Fläche erhalten geblieben. Dies zeigt auch die Makroaufnahme von Foto 428a.

Es ist nicht anzunehmen, daß der kräftige Aufprall einzelner Sandkörner im Sturm solche Kleinformen schaffen könnte. Der „vorsichtigere“ Abtrag durch auftreffende Staubpartikel könnte die winzigsten Härteunterschiede sichtbar gemacht haben, wie Whitney u. Dietrich (1973; vgl. Foto 384) experimentell nachweisen konnten. Dieselben Autoren diskutierten aber auch, daß in der trockenen Luft Unterdruck durch kleinste Wirbel und elektrische Ladungsunterschiede das Herausreißen einzelner Elektronen oder Atome bewirken könnten (Whitney 1983).

Derselbe Typ von Windschliff hat auch die Tonsteinoberfläche mit ihren Gipsleisten in Foto 429 überarbeitet und eine glänzende, etwas härtere Oberfläche geschaffen. Die Politur hat, wie auch schon bei der Behandlung der Patina angesprochen (Foto 324), eine etwas andere Farbe als die stumpfen Gesteinsbruchstücke im Vordergrund bekommen.

Foto 430: Durch Abschleifen brauner Patina und Windpolitur geschaffene bläuliche Marmoroberfläche der Montagne Bleue, östlich des Aïrgebirges

Foto 431: Detail zu Foto 430; vorn braune tonige Schlieren, hinten windüberschliffene Karstformen (Karren) im Marmor

Foto 432: Mikrokorrasionsspuren in Marmor, oft als Taurillen interpretiert; Montagne Bleue

Das stark eingesandete kleine Felsmassiv des Montagne Bleue im östlichen Aïr-Vorland (Foto 430) hat seine bei vollem Sonnenlicht bläuliche Farbe durch jungen Windschliff bekommen. Patina ist nur noch in kleinen Resten vorhanden. Sie belegt, daß das Massiv noch in der letzten Feuchtzeit dunkelbraun ausgesehen haben dürfte.

Das Massiv besteht aus Marmor, der ebenso wie Kalkstein sehr leicht durch Windschliff ziseliert wird. Die senkrechten Spalten im Hintergrund von Foto 431 sind jedoch lediglich

Windkanter, zu Foto 413, Seite 195

Foto 433: Drei Typen von Mikrokorrasion auf einem Kalksteinblock; Eastern Escarpment nördlich von Al Kharga, Südägypten

Foto 434: Mikrokorrasionsmuster auf einem Kalksteinpflaster; 90 km nördlich von Passe de Salvador, Südalgerien

windüberformte Karren, Lösungsrinnen pluvialzeitlicher Verkarstung. Die verwürgte braune Bänderung im Vordergrund besteht aus Tonlagen, die bei der Metamorphose des Kalksteins zu Marmor und den damit verbundenen Krustenbewegungen stark deformiert wurden. Die windüberschliffene Marmorfläche setzt sich aus einer Vielzahl flacher, unregelmäßig geformter Becken zusammen, die sich nur teilweise an Gesteinsstrukturen anlehnen. Aus der Nähe betrachtet, wird dieses Wannenrelief durch feine, nahezu parallele Rillen und Grate im Millimeterbereich und darunter gegliedert. Solche Formen auf Kalkstein oder Marmor, die auch in etwas größeren Dimensionen vorkommen können, werden als Taurillen erklärt (Besler 1992, S. 50), als Formen der Kalklösung und Verkarstung in niederschlagsarmen Gebieten. Unbestritten gibt es solche Formen. In der zentralen Sahara ist jedoch selbst Taufall sehr selten, und die hier und auf den folgenden Bildern gezeigten Rillen sind Miniaturformen des Windschliffs.

Die Platte in Foto 432 liegt etwa horizontal. Die Rillen im oberen Teil folgen nicht dem Gefälle, sondern ziehen sich horizontal über die kleinen Wannen, also auch entgegen dem Mikrogefälle über die Platte hinweg. Stärkeres Relief unterhalb der horizontal verlaufenden Kante führt zu einem fast rechtwinkligen Abknicken des Musters, zu abrupt und mit Überschneidungen, als daß windgetriebene Tautropfen hier lösend gewirkt haben könnten. Das Muster besteht, genau besehen, auch nicht aus einfachen Rillen, sondern Reihen von Miniaturyardangs.

Auf einem Kalksteinblock nahe dem von Foto 428 kommen nebeneinander drei Oberflächentypen vor: vorn eine polierte Fläche ähnlich der in Foto 428, rechts davon, ebenso wie im Hintergrund, eine kleine, davon abgeschnittene Fläche, deren Streifung einer kleinen Ausprägung der bisher schon gesehenen Windschliffmuster entspricht, und links oben eine gekröseartig gegliederte Oberfläche, die in anderem Kontext auch als Taurillenmuster beschrieben würde, in dieser Umgebung aber mit größerer Wahrscheinlichkeit ebenfalls eine Kleinstform der äolischen Abtragung ist. Unterstützt wird diese Annahme dadurch, daß sich ähnliche gekröseartige Kleinformen nicht nur auf Karbonatgesteinsflächen finden, sondern auch auf alten Quarzitwindkantern (Foto 433), wenn auch durch spätere Verwitterung im Boden vor der heutigen Windpolitur leicht abgeschwächt (vgl. Foto 413).

Ähnliche Krenulationen zeigt auch ein Teil der Kalksteinplatten in Foto 434, daneben eine mehr netzförmige Struktur aus schmalen Leisten, die durch bewegte Tautropfen kaum erklärbar wäre. Das Muster der erstgenannten, gewundenen

Foto 435: Mikrokorrasionsrillen auf Kalkstein; Toshkadepression, Südägypten

Linien folgt nicht, wie bei Wasserformen anzunehmen, dem Gefälle der einzelnen Platten, sondern streicht jeweils in gleicher Richtung am Rand der Platten aus und geht in derselben Richtung über mehrere Platten hinweg. Für den Wind mit Schleifmittel kein Problem. Ein ausreichend starker Wind würde Tau dagegen so schnell verdunsten lassen, daß keine Zeit für rinnenbildende Lösung bliebe.

Noch deutlicher wird der Unterschied zu echten, stets auch breiteren Taurillen auf der Oberfläche eines bräunlichen Kalksteins mit hellgrauen Bleichungszonen in Foto 435. Das Rinnenmuster zeigt an mehreren Stellen eindeutig, daß es nicht schwerkraftbedingt der Gefällsrichtung folgt, wie es bei Tautropfen der Fall sein müßte. Ein großer Teil der Rillen verläuft höhenlinienparallel, und entgegen der Schwerkraft gehen die Rillen und Grate auch über kleine Wannen und die sie trennenden Rücken in gerader Linie hinweg. Andernorts konvergieren oder divergieren sie unabhängig von der Gefällsrichtung. Entlang des Risses am linken Bildrand streichen die Rillen geradlinig in die Luft aus. Die Rißflächen selbst sind ebenfalls im gleichen Muster ziseliert, obwohl dort völlig andere Gefällsverhältnisse herrschen. Taurillen sind nach den bisher gemachten Beobachtungen keine Formen der Vollwüste wie in den Flachlandsbereichen der zentralen Sahara, sondern bestenfalls der feuchteren Halbwüste.

Kleinformen wie die auf den letzten Seiten behandelten sind sicherlich nicht bedeutend für die Ausgestaltung des Reliefs, sie sind aber Indikatoren für die heute ablaufenden Prozesse und teilweise auch für deren Intensität und deshalb der Beachtung wert.

Daß die korrasive äolische Formung für das heutige Relief der zentralen Sahara außerhalb der Gebirgsbereiche eine große Bedeutung hat, belegen die zuvor gezeigten Formen. Deutlich wurde auch, daß ein wesentlicher Teil der Korrasionsformen, wie auch beim fluvialen Relief, Vorzeitformen sind, daß es also in der Vergangenheit Zeiten beträchtlich stärkerer äolischer Formung als heute gegeben hat und daß die großen Korrasionsformen höchstwahrscheinlich in mehr als einer solchen Phase in ihre Form geschliffen worden sind. Die Korrasion hat eigene Formen geschaffen: von den Yardangs in weichen Lockersedimenten über ähnliche Formen in Festgesteinen bis zu den teils mehrere Zehner von Metern hohen Großformen, die als Megayardangs bezeichnet werden könnten, für die es aber noch keinen eingeführten Begriff gibt. Daneben hat die Korrasion aber auch vorhandene Reliefformen teilweise stark verändert. Dies gilt für die abschnittsweise völlige Umgestaltung von Schichtstufen, vor allem aber für die nicht unbedeutende weitergeführte flächenhafte Tieferlegung der bis zum Ende des Tertiärs durch fluviale Abtragung geschaffenen und seither ihrer Verwitterungs- und Bodendecke beraubten Rumpfflächen.

Über die Ausdehnung des Windreliefs in früheren Phasen des Pleistozäns läßt sich nur anhand der in harten Gesteinen erhaltenen Reste eine grobe Abschätzung machen. In weichen Gesteinen hat die jeweils folgende Feuchtzeit alle Korrasionsspuren verwischt. Die in der Gegenwart ausschließlich in weichen Gesteinen oder den korrasionsanfälligen Kalksteinen geschaffenen Kleinformen werden ebenfalls kaum die nächste Feuchtzeit überdauern. Umgekehrt werden viele Spuren der letzten Feuchtzeit, die weichen See- und Playasedimente der heutigen Windschliffbereiche, bis dahin restlos verschwunden sein, wie auch derartige Spuren aus älteren pleistozänen Seephasen höchstwahrscheinlich deshalb nicht zu finden sind.

4.3. Äolische Akkumulationsformen

Trotz einer sehr umfangreichen Literatur zu äolischen Akkumulationsformen und -prozessen sind noch viele Fragen offen (Bibliographie bei Busche et al. 1984, Besler 1992, Stengel 1992). Deren Beantwortung erscheint auf den ersten Blick leicht, anders als bei den fluvialen Prozessen, die wegen ihrer Seltenheit in der Vollwüste kaum systematisch erfaßt werden können und weiterhin wegen des Problems, daß der größte Teil der durch sie geschaffenen Formen Vorzeitformen sind. Obwohl auch ein Großteil der Dünenkörper der zentralen Sahara Vorzeitformen sind, laufen die mit äolischer Sandbewegung verbundenen Prozesse an etlichen Tagen in jedem Jahr ab, überprägen auch die altangelegten Formen, und Veränderungen der Oberfläche vollziehen sich vor allem bei den kleineren Formen innerhalb von Stunden, bei einem einzigen Sandsturm.

Dem steht entgegen, daß die Winddaten, die zur Erklärung von Formen und Prozessen oft unbedingt nötig sind, wegen der nur sehr wenigen saharischen Wetterstationen kaum für den großen Überblick ausreichen. Wie bei allen Arbeiten zur äolischen Dynamik stellt sich allerdings das Problem, daß wegen der kleinräumigen Änderungen im Windfeld eigentlich immer Messungen unmittelbar im untersuchten Gebiet nötig wären. Weiterhin sollten diese Daten möglichst nahe am Boden erhoben werden, wo der Sandtransport stattfindet. Da bei der Windmessung für meteorologische Zwecke in Wetterstationen aber gerade der Bodeneinfluß nicht gewünscht wird, werden Windmessungen meist in 10 m Höhe vorgenommen, und aus diesen Werten muß über empirische Formeln die Geschwindigkeit des Windes an der Bodenoberfläche abgeleitet werden.

Ein weiteres Problem bei der Untersuchung der heutigen Prozesse ergibt sich daraus, daß zwar Sandstürme in den Ebenen der zentralen Sahara nicht sehr selten sind, daß aber bei den zwangsläufig nur kurzen Aufenthalten in der Region unter Expeditionsbedingungen nur wenige Ereignisse erfaßt werden können. Feste Stationen, von denen mit Wissenschaftlern vor Ort regelmäßige Messungen und Untersuchungen gemacht werden können, gibt es nicht. Studien, die im Windkanal durchgeführt werden, sind zwar ohne diese Einschränkungen möglich, können aber wegen der dabei unvermeidlichen Randbedingungen nur eingeschränkt die Wirklichkeit nachbilden. Der Begriff „Randbedingungen" ist hier wörtlich zu nehmen, denn die Seitenwände des meist kaum über 1 m breiten Kastens schränken die seitliche Bewegung der nebeneinander mäandrierenden Strömungsfäden des Windes stark ein und beeinflussen dadurch das sich ergebende Rippelbild erheblich. So können die ständigen räumlichen und zeitlichen Fluktuationen während eines Sandsturms noch nicht einmal annähernd simuliert werden (vgl. Foto 355, 356). Bei zwei Forschungsaufenthalten wurde deshalb eine mobile, speziell gebaute Windmeßanlage mit digitaler Datenspeicherung jeweils unmittelbar am Ort der Untersuchungen in Verbindung mit Video- und Fotoaufnahmen eingesetzt, so daß wenigstens stichpunktartig Daten gewonnen werden konnten (Stengel 1992).

Flächenhaft können die dabei gemessenen Daten durch die Analyse der nahezu überall auf den Sandflächen vorhandenen Rippeln umgesetzt werden. Ist ein Sandsturm schwächer als der vorhergehende, so wird ein Teil der beim vorigen Ereignis geschaffenen Formen erhalten bleiben. Auf diese Weise lassen sich, wenn auch nur über den Zeitraum von Wochen bis bestenfalls Monaten, äolische Formungsprozesse im räumlichen Zusammenhang und in ihrer zeitlichen Abfolge rekonstruieren. Auf Dünenkörpern sind aus der Verteilung unterschiedlicher Rippeltypen flächenhaft Bewegungsrichtungen und Prozeßabläufe ableitbar.

Problematisch bei der Arbeit mit rezent bewegten äolischen Sanden ist ebenfalls, daß diese in der zentralen Sahara völlig trocken und darin angelegte Profile in keiner Weise standfest sind. Die Aufnahme von Schichtungen und Sedimentunterschieden, die zur Erklärung der Formen beitragen könnte, ist deshalb so nicht möglich. Die den Sand verkittende Durchfeuchtung mit Wasser hilft bei den hohen Verdunstungsraten nur für sehr kurze Zeit.

Erfolgreiche Versuche bei der Untersuchung von Rippeln wurden mit der Infiltration von gesättigtem Zuckerwasser gemacht, entweder als abschließende Isolierung nach der Durchfeuchtung mit normalem Wasser oder der Gesamttränkung des Untergrunds mit gesättigter Zuckerwasserlösung. Bei der Auskristallisation des Zuckers wird der Sand so hart, daß er sogar gesägt werden kann. Ins Wasser gegebene umweltneutrale Farbstoffe – Methylenblau und Uraningrün (zu Orange oxidierend) – machen zusätzlich Schichtungsunterschiede sichtbar (Kap. 4.3.3.). Komplette Dünenprofile so aufzunehmen würde beträchtliche logistische Probleme mit sich bringen. Ein Ausweg könnte darin bestehen, ältere, durch Bodenbildungsprozesse standfest gewordene Sande zu untersuchen, denn in der Regel wurden die Körner dabei durch Kieselsäure- oder Eisenoxidbrücken locker miteinander verbunden. Die sonstigen bei der Bodenbildung abgelaufenen Prozesse, insbesondere die Aktivität der Bodenlebewesen – die Bioturbation –, haben aber meist die Schichtung so weit verändert oder ausgelöscht, daß die Schürfe allein für bodenkundliche Auswertungen zu gebrauchen sind (Kap. 5.). Brauchbar, allerdings meist unter losem Sand unterschiedlicher Mächtigkeit begraben, sind Dünensande, die im Grundwasser unter den frühholozänen Seen durchfeuchtet und dabei durch gelöste und wieder ausgefällte Kieselsäure schneeweiß gebleicht und verkittet wurden (Foto 558).

Durch einen Glücksfall konnte im Frühjahr 1990 ein Dünengebiet in Südalgerien während eines mehrtägigen Dauerregens untersucht werden, als die Durchfeuchtung und Abtragung der oberen Zentimeter ständig bewegten Sandes die vielfältigen, normalerweise unter dieser Hülle verborgenen Schichtungen bis ins feinste Detail sichtbar machten (Kap. 4.3.13.).

Nicht mit diesen auf die heute ablaufenden Prozesse abgestellten Methoden ist eine andere, noch weitgehend ungeklärte Frage zu lösen: die zeitliche Stellung pluvialer bzw. fluvialer und äolischer Reliefbildungsphasen zueinander im Verlauf des Pleistozäns und Holozäns. Gesichert ist sie nur in den Fällen, in denen Seesedimente Dünensandakkumulationen überlagern (vgl. Kap. 2.4.2.). Ein weiterer Ansatz ist in Verbindung mit fossilen Bodenbildungen (Kap. 5.) auf Dünen und zwischen unterschiedlich alten Dünensandkörpern, aber auch mit vorgeschichtlichen Fundstellen auf den Dünen gegeben (Busche u. Heistermann 1992). Ergänzende Befunde liefern mehrgliedrig und im Wechsel von Aufwehung und Abspülung aufgebaute Sandrampen an den Plateaurändern der Region (Kap. 4.3.14.).

Die detaillierte Untersuchung der Ergs, in denen der größte Teil der äolischen Reliefgeschichte des Pleistozäns gespeichert sein dürfte, wird zum Teil durch deren Unzugänglichkeit, selbst mit modernen Geländefahrzeugen, erschwert. Besonders gilt dies für den wahrscheinlich ältesten Erg, den Edeyen von Murzuk (Kap. 4.3.2.). Spezialfahrzeuge mit überbreiten walzenförmigen Reifen, wie sie vom libyschen Militär oder bei der Erdölprospektion eingesetzt werden, sind für Forschungsarbeiten, die keinen unmittelbaren wirtschaftlichen Nutzen haben, nicht zu bekommen.

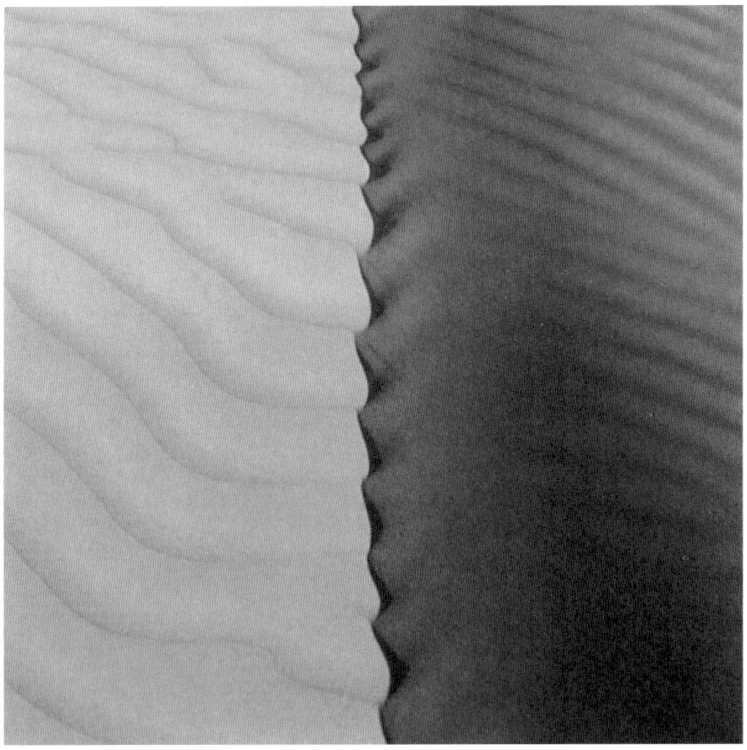

Foto 436: Einfache Rippeln mit einigen Kammaufspaltungen (Bifurkationen) am Grat einer Längsdüne; Djadoplateau

Foto 437: Rand eines Rippelfeldes mit Kammaufspaltungen auf einer rippelfreien Sandfläche; Erg von Bilma

Foto 438: Windstreifenmuster durch den Wechsel vor- und rückspringender Rippelgrundrisse als Folge unterschiedlicher Vorrückgeschwindigkeit; Erg von Bilma

Foto 439: In Auflösung begriffener Rippelfleck auf rippelfreier Sandfläche; Ténéré, nordwestlich von Dirkou, → E gegen den Wind

Foto 440: Detail vom Südostrand des Rippelflecks; infolge Sandmangels isolierte wulstige Rippeln; am sandreicheren Luvende Windstreifung

4.3.1. Windrippeln

Die Interpretation der Rippelbilder bezieht sich auf umfangreiche Feldarbeiten in der Ténéré und dem Erg von Bilma, die allerdings häufig nicht mit der stärker theoretischen oder auf Windkanalexperimenten beruhenden Literatur übereinstimmen. Durchgeführt wurden die Arbeiten hauptsächlich von Ingrid Stengel und 1992 ausführlich publiziert. Darauf bezieht sich der nachfolgende Text.

Das Studium von Sandrippeln ist dadurch gerechtfertigt, daß die Verbreitung ihrer Muster eine flächendeckende Information und Indikatorfunktion für die Wirksamkeit aller Prozesse hat, die mit äolischem Sandtransport zusammenhängen. Grundvoraussetzung ist der in Strömungsfäden unterschiedlicher Energie und in einer ständigen Abfolge von Böen ablaufende Sandtransport (Foto 35, 356, 359–361).

Die Neubildung von Rippeln findet in drei Schritten statt: Deflation, Kornisolation und Clusterbildung. Sie setzt ein, wenn die Transportkapazität des Windes so groß ist, daß nicht alle Korngrößen ausgeweht werden. Die bezogen auf die jeweilige Windgeschwindigkeit zu groben Körner bleiben isoliert liegen, während die feineren Körner in einer Sandfahne springender Körner, durch Saltation, ausgeweht werden. Als Folge gleichnamiger, positiver oder negativer elektrischer Aufladung durch Kornkollisionen während des Sandsturms bildet sich durch wechselseitige Abstoßung erst ein gleichabständiges Muster der groben Körner aus, die dann in Reihen transversal, quer zum Sandwind bewegt werden. An ihnen lagern sich entgegengesetzt geladene kleinere Körner an, so daß sich Kornhäufchen oder Cluster bilden, die als Hindernisse die Ausgangsformen des weiteren Rippelwachstums sind. Solche Initialformen zeigt Foto 296. Die Rippelbildung setzt in Reaktion auf das Windfeld auf der gesamten Fläche schlagartig, binnen Sekunden ein.

Läuft dieser Prozeß bei relativ geringen Windgeschwindigkeiten von wenig über 8 m/s ab, bleiben viele für den Transport zu grobe Körner liegen, und die Initialrippeln bilden sich wegen des hohen Materialangebots in sehr geringem Abstand aus, wie die beiderseits eines Dünenkamms in Foto 436.

Das wichtigste, wenn auch in der Literatur kaum beachtete Kennzeichen jeder aktiv gebildeten Rippelfläche ist die in Foto 438 gezeigte Rippelstreifung, die nach dem Ende eines Sandsturms bis zum nächsten Ereignis bewahrt wird. Die etwa parallelen Streifen unterscheiden sich nach Rippelwellenlänge und -höhe, dem Rippelgrundriß, der Kammform, der Korngröße und ihrer Vorrückgeschwindigkeit. Sie reflektieren das Strömungsfadenmuster, das sich in Selbstverstärkung mit dem überformten Untergrund quasistationär verhält, also während eines Sandsturms weitgehend dieselben Bahnen benutzt.

Ein kräftiger Stromfaden weht stärker aus. Aus der geringeren Zahl der an der Oberfläche zurückbleibenden, für den Wind zu groben Körner bilden sich wegen relativen Materialmangels weitabständigere Rippeln als unter den schwächeren Stromfäden. Stets bilden sich zwei Arten grob- und feinkörniger Windstreifen nebeneinander, die möglicherweise zwei Hauptgeschwindigkeitsklassen in den Stromfäden repräsentieren. Die schneller vorwärtsgetriebenen feinsandigen, engständigen Rippeln bekommen zungenförmig vorspringende, die grobsandigeren und deshalb schwerer zu bewegenden Rippeln bleiben relativ zurück und bilden zurückspringende Grundrisse aus.

Die am Ende einer Bö schlagartig abnehmende Transportkapazität führt zur Absetzung von Sandschleiern aus einer zu Boden fallenden Saltationswolke (Foto 355). Sie kann wegen der an dieser Stelle geschaffenen höheren Rauhigkeit die Akkumulation weiterer Sandkornschleier verursachen, so daß bei ausreichender Sandsättigung des Windes daraus ein Sandfleck entstehen kann (Foto 439).

Foto 441: Durch zwei unterschiedliche Windphasen gebildetes Rippelfeld; Ténéré, nordwestlich von Dirkou

Foto 442: Mehrphasig gebildetes (polygenetisches) Grobrippelfeld; Erg von Bilma, südlich von Dibella

Foto 443: In einem polygenetischen Rippelfeld von der Paläobodenunterlage hochgewanderte neolithische Artefakte (vgl. Foto 299); Erg von Bilma

Foto 444: Grobsandige isolierte Großrippeln mit Feinsandeinwehung am Leehang; südlich von In Salah, Südalgerien

Ist der Wind sanduntersättigt, wird er bereits geschaffene Rippeln zunehmend auswehen, so daß sich, wie in Foto 437 an der Flanke und in Foto 440 am Ende eines etwa 60 m langen Sandflecks, zunehmend isolierte Deflationsrippeln bilden, die als niedrige, fast symmetrische Rücken nur noch aus den gröbsten Körnern der ehemaligen Rippelkämme bestehen. Sie sitzen hier der Sandtenne einer älteren Windphase auf, bei der alle vorhandenen Korngrößen transportiert werden konnten und dadurch keine Rippelbildung stattfand oder vorhandene Rippeln vollständig ein Opfer der Deflation wurden. Die Windstreifen blieben auch während der Auswehung erhalten.

Kennzeichen aller Sand- oder daraus hervorgegangener Rippelflecken ist, daß sie an ihrem luvseitigen Ende mit einem Deflationswall beginnen, der durch das Auftreffen des untersättigten Windes geschaffen wurde (Hintergrund von Foto 439, 440). Er bildet den höchsten Teil des aufwachsenden Sandflecks. Von dort zum Lee-Ende nehmen mit abnehmender Korngröße die Rippelhöhen und ihre Abstände ab. Bei guter Sandernährung kann die Gesamtheit eines Sandflecks mit Verlagerung des Hauptkamms in Windrichtung und der Ausbildung eines Rutschhangs (Slipface) am Lee-Ende in einen Barchan umgewandelt werden (Kap. 4.3.6.).

Hinter den regelmäßigen Windstreifen von Foto 438 sind gröber strukturierte Rippelfelder zu sehen, die inselartig aus dem feiner gegliederten Muster herausragen. Es handelt sich um die umgeformten Rippeln eines älteren Sandsturms, die das sich beim letzten Windereignis neugebildete Muster stark beeinflußt haben. Die so umgestalteten Formen werden als polygenetische Rippeln bezeichnet, die sich aus der Überlagerung entstehenden Anordnungen als Rippelmuster (Stengel 1992, Kap. 4.).

Windrippelmuster, wie sie in Foto 491, 492 und 493 zu sehen sind, haben sich als Ergebnis zeitlich aufeinanderfolgender äolischer Prozesse gebildet, die unterschiedlicher Art und/ oder Intensität und/oder Richtung waren. Bildungsvoraussetzung solcher mehrphasig entstandener Muster ist, daß keiner der späteren Winde in allen seinen Strömungsfäden so stark war, daß alle Spuren der früheren Phasen ausgelöscht worden wären. Am besten können große, bei sehr hohen Windgeschwindigkeiten aus grobem Sand geschaffene Formen überdauern, wie die über 30 cm hohen Rippeln, die das Ausgangsrelief des Musters von Foto 442 gebildet haben. Die Wirkung jedes neuen Sandsturms wird durch die korngrößenmäßigen – granulometrischen – und morphologischen Hinterlassenschaften der vorangegangenen Windereignisse mitbestimmt.

Foto 441 zeigt ein solches polygenetisches Rippelmuster nahe dem luvwärtigen Ende des Rippelflecks von Foto 439. Der Blick quer zur Windrichtung über die schildförmige Aufwölbung zeichnet in den gleichsinnigen Vor- und Rücksprüngen hintereinanderliegender Kammabschnitte die Rippelstraßen von Foto 440 nach. Das mehrfach überprägte Muster zeigt als jüngste Erscheinung eine feinkörnige Einsandung auf der im Windschatten liegenden steilen Leeseite der Rippeln. Auf den sanfteren Luvhängen hat sich bei viel schwächerem Wind eine viel kleinere Generation von Rippeln gebildet, ohne das ältere, von stärkerem Wind geschaffene Muster beseitigen zu können. Davor hatte sich im Grenzbereich zwischen langsamen groben und schnelleren feinen Rippelstreifen eine häufig zu beobachtende Kammtreppung ausgebildet.

Dies geschah ebenfalls in Anpassung an eine Veränderung des Windregimes, weil die Rippelabschnitte als Ganzes nicht mehr bewegt werden konnten. Die Treppung kann bis zu vollständiger Kammspaltung führen, wie sie in allen bisherigen Bildern zu sehen ist. Auch die zahlreichen Kammspaltungen in den kleinen Rippeln von Foto 437 setzen an den Längsbegrenzungen einstiger Rippelstreifen an, die im Zuge der jüngsten schwachen Deflation stark abgeschwächt worden sind. Im Vordergrund von Foto 441 hat die jüngste Formung bei einem Sanddefizit zur Rippeldeflation geführt, wie deren Form und isolierte Lage, ähnlich wie in Foto 440, zeigen.

Die Großformen des ursprünglichen Rippelreliefs von Foto 442 wurden von einem schwächeren, fast im rechten Winkel von rechts auftreffenden späteren Windereignis mit dichtstehenden niedrigen Rippeln überformt, wobei insbesondere das Relief der alten Kammtreppung in seiner Richtung verändert und in schmale Schlitze zerlegt wurde. Der jüngste, noch schwächere Wind, aus derselben Richtung wie der der Großrippeln, hat lediglich hellen Feinsand im Lee der vorher geschaffenen Strukturen abgelagert.

Kompliziert ist auch das Muster in Foto 443. Dort formte, nach Ausweis der nach rechts gerichteten steilen Leeseiten der ersten Generation, zuerst ein Wind von links die großen Rippeln. Nach teilweiser Auffüllung aus der Gegenrichtung bildeten sich auf dem feinen Sand kleine Rippeln aus. Die Auswirkung der jüngsten Windphase wurde durch die zahlreichen neolithischen Keramikbruchstücke mitgeprägt, die während dieser mehrphasigen Rippelbildung durch den Sand an die Oberfläche gewandert sind oder auf ihr bleiben konnten, wie bei Foto 299 erläutert. Hinter jeder Scherbe hat sich ein nach links gerichteter Sandschwanz (Kap. 4.2.4.) gebildet, der durch Korrasion zugeschärft worden ist.

Foto 445: Barchanförmiger Großrippel aus leichten Diatomitplättchen; Fachi Dogonboulo

Foto 446: Großrippelstraße in einem Flußterrassentälchen mit grobem Auswehungspflaster an den Luvhängen (grau) und Feinsandeinwehung an den Leehängen; Enneri Achelouma

Foto 447: Polygenetisch gebildetes Rippelmuster auf der Nordseite einer E-W-orientierten Längsdüne; Erg von Bilma, → S

Foto 448: Große Erosionsrippeln am Südhang einer E-W-orientierten Längsdüne; Ténéré, → NW

Wie bei langlebigen Reliefformen muß also die Abfolge der Reliefgenerationen entschlüsselt werden, um die Entstehung der Formen erklären zu können. Auch die ungewöhnlichen, sehr hart gepackten und nur aus grobem Sand aufgebauten Rippeln von Foto 444, die über 40 cm hoch sind, können nur so erklärt werden. Sie sind die letzten Reste einer durch Starkwind geschaffenen Rippelsandfläche, die bis auf diese widerständigsten Partien von späteren Winden ausgeweht wurde. Durch schräg auftreffenden Wind haben sich an ihren nach links gerichteten steilen Leehängen junge Sandschwänze entwickelt. Die dreifache Reihe flacher Schilde mit niedrigen Slipfaces besteht aus weiterentwickelten kleinen Sandschilden, die aus Sandschleiern aufgewachsen sind.

Der große Rippel im Vordergrund von Foto 445 ist der Rest eines Sandflecks, nämlich der stark barchanartig gekrümmte Rest des luvwärtigen, oben erwähnten Deflationswalls. Nur besteht die Form hier nicht aus Sand, sondern aus viel größeren, aber auch viel leichteren Diatomitplättchen, die vom unterlagernden Seeboden abgewittert und abgeweht worden sind (vgl. Kap. 2.4.2.).

Ein Sonderfall der Rippelstreifung ist die Rippelstraße (Foto 446), die sich in Anpassung an die höhere Strömungsgeschwindigkeit in einem kleinen Terrassentälchen gebildet hat. Der kanalisiert von hinten die Gasse hinaufwehende starke Wind hat nur die gröbsten, grau erscheinenden Feinkieskörner aus Milchquarz liegengelassen. Aus ihnen wurden weitständige stabile Rippeln mit einem Regpflaster (Kap. 2.5.1.) auf ihren Luvseiten gebildet. Die Leeseiten wurden zuletzt durch im Windschatten abgelagerten Feinsand überdeckt. Ihre wichtigste diagnostische Funktion haben die Rippeln für die Erfassung und Erklärung von Dünenformen, denen sie nicht regellos, sondern in Reaktion auf die dort flächenhaft unterschiedlich ablaufenden Prozesse aufsitzen und die ein untrennbarer Bestandteil der Dünenbildung sind, wie umfangreiche Beobachtungen und Videoaufnahmen während Sandstürmen gezeigt haben.

Der Vordergrund des Nordhangs einer für den südlichen Erg von Bilma typischen Längsdüne (Foto 447, Kap. 4.3.8.) besteht aus großen polygenetischen Rippeln einheitlicher Windrichtung, kennzeichnend für die Transportstabilität an dieser Flanke. Die großen, senkrecht den Dünenhang hinaufziehenden Rippeln sind jedoch ebenso wie die Großrippeln in Foto 448 nicht das Ergebnis eines quer zu ihrem Kamm in Längsrichtung der Düne wehenden Windes. Der schuf nur die jüngste Überformung. Zahlreiche Profilschnitte (vgl. Foto 458) haben gezeigt, daß es sich um Korrasionsrinnen handelt. Sie werden von starkem, untersättigtem Wind gebildet, der nach Überwehung eines Dünensattels umgelenkt wird und den anschließenden Dünenhang schräg bis fast senkrecht korradierend hinaufweht.

In Foto 448 gehört zu dieser Auswehung die für die Südseite von Längsdünen der nordöstlichen Ténéré typische Deflationsmulde (Kap. 4.3.8.). Kleine, senkrecht stehende Rippelreihen im Hintergrund sind durch einen schwachen, flankenparallelen Wind geformt worden und werden gerade durch den rutschenden Sand eines südgerichteten Slipface überdeckt. Die rippelfreien, konvexen Hangbereiche in Foto 447 zeigen eine zum Zeitpunkt der Aufnahme starke Dünenernährung mit feinkörnigem Sand an. Der letzte Wind von links konnte alle dort vorkommenden Korngrößen bewegen. Folglich konnten sich keine Rippeln ausbilden oder halten. Die großen Rippeln vor dem linken, durch den Schattenfall nachgezeichneten Slipface werden von diesem nach rechts vorrückenden Dünenteil überwandert und begraben.

Foto 449: Beginnende Rippelkappung im südlichen Vorland einer E-W-orientierten Längsdüne mit polygnetischem Rippelmuster; Ténéré, nordwestlich von Dirkou

Foto 450: Abgebrochene, weit fortgeschrittene Rippelkappung mit Grobsandpflasterbildung auf den Kappungsflächen und Feinsandeinwehung in den restlichen Rippeltälern; Erg von Bilma, → S

Foto 451: Rippelkappungsplateaus mit neuer kleiner Rippelbildung und Feinsandeinwehung in den Resten der Rippeltäler; Erg von Bilma

4.3.2. Rippelkappung

Alle aus den Rippelstreifen und Rippelmustern erkennbaren Verteilungen unterschiedlicher Korngrößen an der Oberfläche sind nicht der Ausdruck unterschiedlicher Sande, sondern strömungsfadenabhängig unterschiedlicher Deflation und Entmischung und je nach Windgeschwindigkeit räumlich unterschiedlichen Absatzes der im Saltationstransport bewegten Korngrößen. Unterhalb der jeweiligen Rippelschicht findet sich unter kleinen feinsandigen oder großen grobsandigen Rippeln derselbe gut durchmischte Sand. Wenige, in der Gesamtsumme unbedeutend erscheinende Anteile der gröbsten Korngröße spielen dabei gerade für die Rippeln in den Bereichen von kräftigen Strömungsfäden eine ausschlaggebende Rolle, wie gezeigt wurde.

Ebenso nur das Ergebnis von Entmischungs- und Umlagerungsprozessen sind rippelfreie Flächen, deren Grobsandpflaster so dicht gepackt ist, daß es im Gegenlicht spiegelt und das so hart ist, daß etwa ein 2,5 t schweres Geländefahrzeug kaum 1 cm einsinkt. Es handelt sich um oft mehrere hundert Quadratkilometer große Flächen vollständig gekappter Großrippeln. Da bei vollständig entwickelten Flächen fast nur die Sedimentstruktur ihren Ursprung verrät, sind sie in der Literatur bis jetzt kaum beachtet oder als alte fluviale Formen erklärt worden. Sie sind jedoch fast genauso kurzlebig wie andere Rippelformen, wie die mehrfache Durchquerung derselben Gebiete ergab: einmal im 4. Gang wie auf einer Autobahn, wenige Wochen später im Schrittempo über 25 cm hohe Rippeln.

Am häufigsten sind sie in meist unvollständiger und deshalb besser verstehbarer Ausprägung in Dünenkorridoren und am Längsdünenfuß, selten auf Dünenflanken selbst ausgebildet und dort auch im Detail von Ingrid Stengel untersucht worden (Stengel 1992, Kap. 4.7.). Voraussetzung ist, daß es auf einer Fläche bei einem lang dauernden, sandgesättigten Sandsturm durch die beschriebenen Deflationsprozesse eine starke Anreicherung der groben Sandfraktion und dementsprechend weitständige und hohe Rippeln gab, etwa wie in Foto 442. Irgendwann danach muß ein Sandsturm mit Sanduntersättigung folgen, in dem zuerst die am meisten windexponierten höchsten Teile der Rippeln abgetragen werden und ihr Material zu etwa 80 % exportiert wird. Die gröbsten Körner rollen die Leeseiten der Rippeltäler hinunter und verfüllen sie, während gleichzeitig die durch Kappung tiefer gelegten Rippelflächen dazwischen immer breiter werden. Der Prozeß kommt dann zum Stillstand, wenn bei der herrschenden maximalen Windgeschwindigkeit das Anreicherungspflaster aus Grobsand nicht mehr bewegt werden kann.

In Foto 448 ist links der Deflationsmulde der Rand einer fast gänzlichen Kappung erfaßt. Unterschiedlich weit fortgeschritten ist die Kappung in Foto 449. Im Vordergrund sind noch die Rippelgrundrisse vollständig zu erkennen, nur sind die einstigen Kämme durch Plateaus ersetzt worden. Im Mittelgrund, im Bereich eines feinkörnigeren Rippelstreifens und damit kleinerer Formen, dominieren die Plateaus gegenüber nur noch schmalen isolierten Schlitzen. Der Grobrippelstreifen dahinter wurde erst wenig erfaßt.

In Foto 450 geschah die Kappung riesiger Rippeln erst nach einer schwächeren Überformungsphase mit Kammaufspaltung, so daß zwei Größen teilverfüllter Rippeltäler nebeneinander vorkommen. Grobsandkörner des pluvialzeitlich unter dem Seeboden gebleichten Sandes (Foto 460) sind für die hellgraue Oberflächenfarbe verantwortlich. Kleine Rippel-

Foto 452: Gekapptes Feld polygenetischer Großrippeln, von einem Sandschild mit Windstreifung überwandert; Erg von Bilma

Foto 453: Nahezu abgeschlossene Rippelkappung mit einlagigem Regpflaster und Feinsand im Rest eines Rippeltals; Ténéré südlich von Séguedine

Foto 454: Dicht gepacktes Regpflaster einer Rippelkappung; Ténéré, nordwestlich von Dirkou (vgl. Foto 298)

Foto 455: Nahezu abgeschlossene Kappung eines polygenetischen Großrippelfeldes mit Regpflaster und fast zugeschütteten Rippeltälern; Ténéré, nordwestlich von Dirkou

strukturen im Vordergrund von Foto 451 zeigen die beginnende Zerstörung der Kappungsflächen beim letzten Sturm an.

Der starke Schattenfall in Foto 452 macht die unterschiedlich weit fortgeschrittene Kappung zweier Grobrippelstreifen besonders deutlich. Auch hier hat vor der Kappung ein schwächerer Wind, der die großen Rippeln nicht mehr insgesamt vorwärts bewegen konnte, zur Kammaufspaltung und Weiterbewegung dieser kleineren Einheiten geführt. Besser ist auf den beiden vorigen Bildern zu erkennen, daß in der jüngsten Formungsphase in den windgeschützten Rippeltälern Feinsand sedimentiert wurde.

Den Fotos 450 und 451 ist gemeinsam, daß seit dem Ende der unvollständigen Rippelkappung sandgesättigter Wind auf dieser Fläche im Hintergrund einen bereits über 1 m hohen Sandschild aufgeweht hat. Das der aktiven Form entsprechende Muster der Rippelstreifung von rechts nach links in Foto 452 ist in Kombination von Windrichtung und Rückkopplung mit der lagenweise aufwachsenden Schildform entstanden.

Die Detailfotos 453 und 454 zeigen zwei Ausschnitte, in denen die Rippelkappung fast abgeschlossen ist. Die vorsichtig abgeschobene Fläche links in Foto 453 zeigt, daß der Sand, in dem Grobrippelbildung und Kappung abgelaufen sind, nur einen wie üblich geringen Anteil an groben Körnern hat. Es muß also während der Rippelbildung eine recht lange, wohl mehrtägige Anreicherung durch Auswehung der feinen Korngrößen gegeben haben. Die Erhaltung der Kappungsoberfläche war möglich, weil im Laufe der Kammabtragung genug Grobsand über 1 mm Durchmesser übrigblieb, um ein in allen solchen Fällen einlagiges Pflaster zu bilden. Aufprallende Körner haben die dichte Packung geschaffen.

Die während der Kappung in die Rippeltäler gerollten Körner haben die Senken fast verschwinden lassen. In Foto 453 wird der Leehangrest durch Feinsand vom schwachen Ende des letzten Sandwindereignisses nachgezeichnet. Dünne Feinsandschichten, die zwischen Starkwindböen abgelagert wurden, untergliedern die bogenförmige Grobsandlinsenschichtung im Untergrund, die entstand, als das Rippeltal durch das Vorrücken des Leehangs gebildet wurde. Die dichteste Packung der gröbsten Körner entwickelte sich unter dem Bombardement saltierender Körner auf dem Luvhang (im Bereich der Messerspitze in Foto 454).

Ein ursprünglich extrem polygenetisches Rippelmuster ist in Foto 455 nahezu vollständig gekappt worden. Die Reste schwächerer Rippelgenerationen haben eine leichte, nur bei schräg stehender Sonne erkennbare Facettierung der Oberfläche geschaffen. Die Rippeltäler sind durch Kappungsflächenverbreiterung, Bewahrung der vorrückenden Plateauleekanten und Einfüllung zu nur noch zentimeterbreiten, den Rippelverlauf nachzeichnenden Linien reduziert worden. Abschnittsweise ist auch deren Durchgängigkeit nicht mehr erhalten geblieben, und isolierte kurze Schlitze im feinkiesigen Regpflaster haben als einzige Spuren des Ausgangsrippelreliefs überdauert.

Die Existenz von Rippelkappungsflächen und die daraus abzuleitende vorherige Großrippelbildung sind Beweise für die enorme Leistung flächendeckender Akkumulation und Erosion durch den Wind. Unter der realistischen Annahme, daß während der Kappung 80 % des zuvor abgelagerten Grobrippelsandes deflatiert werden, ergibt sich bei einer kappungsbedingten Tieferlegung einer Rippelfläche um nur 10 cm aus einem Quadratkilometer eine Sandmenge, die zur Bildung einer 1,5 km langen Längsdüne von 3 m Höhe und 30 m Breite ausreicht, geschaffen in höchstens wenigen Tagen eines starken Sandsturms (Stengel 1992).

Foto 456: Mit methylenblau gefärbter Zuckerlösung verfestigte und aufgeschnittene Rippeln zur Untersuchung des inneren Aufbaus; nordöstlich von Agadem

Foto 457: Eingefärbtes Detail eines Großrippels mit grobsandigem, schräggeschichteten Kamm über feinsandiger Rippelschichtung; Erg von Bilma

Foto 458: Aufgeschnittener Großrippel am südlichen Fuß einer Längsdüne; Schrägschichtung auf Rippelschichtung über zimtfarbenem Paläoboden (vgl. Foto 552 ff.) ; Ténéré, nordwestlich von Dirkou

Foto 459: Bildung eines Regpflasters durch Auswehung auf einer fast ausgelöschten älteren Rippelgeneration; Feinsandschwänze im Lee der Feinkiese; Ténéré, nordwestlich von Dirkou

Foto 460: Sandfarbene Decke mit Großrippeln (unverfestigt) über dem während einer Seephase weiß gebleichten alten Dünensand; Erg du Ténéré

4.3.3. Rippelaufbau

Die gewaltigen Sandmengen, die so bei einem Sandsturm bewegt werden, müssen jedoch unbedeutend gegenüber denjenigen sein, die in den stärker äolisch geprägten Abschnitten des Quartärs wirksam waren (Kap. 4.2.3., 4.2.4.).

Der Beginn der Veränderung einer Sandoberfläche durch den Wind kann unmittelbar an der Sandoberfläche abgelesen werden, wie etwa in Foto 459. Dort hat leichte Deflation ein von rechts nach links ziehendes Rippelmuster fast ausgelöscht. Bevor dabei freigelegte, um 1 mm große weiße Sandkörner geordnet und zu Ansatzpunkten kleiner Rippeln werden konnten (Kap. 4.3.1.), setzte sich bei Windberuhigung auf der rauhen Oberfläche ein Feinsandschleier ab. Bei dessen Auswehung blieben Miniaturyardangs oder Sandschwänze im windgeschützten Lee der Körner hängen (vgl. Kap. 4.3.4.).

Nur ein Teil dieser auf der Oberfläche im Detail nachvollziehbaren Ereignisse wird bei einer möglichen weiteren Aufhöhung dieser Oberfläche bleibende Spuren hinterlassen. Sie sind bei aller Unvollständigkeit die einzigen Hinweise auf abgelaufene Prozesse, sind jedoch bei einer Aufgrabung nicht zu erkennen, da die unverfestigten Körner sofort gemäß dem natürlichen Böschungswinkel um 30° entsprechend nachrutschen, wie im gelbbraunen Sand von Foto 460. Standfester Sand ist immer durch nichtäolische Prozesse verbacken worden, entweder durch Bodenbildung, wie an der Basis der Fotos 457 und 458, oder in Foto 460 unter dem gelbbraunen Rippelsand durch Lösungs-, Bleichungs- und Ausfällungsprozesse unter dem Boden eines frühholozänen Sees (Kap. 2.4.2.).

Die sedimentologische Literatur über äolische Schichtungen bezieht sich deshalb fast ausschließlich auf verfestigte Sedimentpakete, auf Sandstein. Die für die Bildungsgeschichte wichtige unmittelbare Verknüpfung von Oberflächenform und zugehöriger Schichtung ist dabei nicht mehr möglich.

Wie schon in Kapitel 4.3. erwähnt, konnte bei den Arbeiten in der Ténéré und dem Erg von Bilma in diesem Umfang wohl erstmals diese Verbindung hergestellt werden (STENGEL 1992, Kap. 2.2.). Dabei wurden Rippeloberflächen aus Wäschesprengern, deren feine Tropfen die Oberfläche nicht zerstörten, mit 10–20 l gesättigtem Zuckerwasser, entsprechend einem Landregen von 10–20 mm, beregnet; zügig, um der starken Verdunstung entgegenzuarbeiten. Zusätzlich wurde dem Wasser ein ungiftiger, leicht löslicher, nicht die Poren verklebender, schon in kleinsten Mengen intensiv wirkender Farbstoff beigegeben: in den Beispielen dieser Seite Methylenblau (Foto 456). Die Eindringtiefe des gefärbten Zuckerwassers war, wie besonders Foto 458 entlang der Grenze zwischen verbackenem und lose rieselndem Sand zeigt, sehr ungleichmäßig. Gehemmt wird die Infiltration vor allem durch nur wenige Kornlagen starke, damit fast unsichtbare und unbeprobbare, aber sehr dichte Ton- und Schluffhäutchen, die sich, vermutlich durch elektrische Entladungsvorgänge, wenige Minuten nach dem Ende eines Windereignisses unmittelbar unterhalb der obersten Kornlage bilden (STENGEL 1992, Kap. 3.1.3.). Diese Infiltrationssperren sind so feinporig, daß selbst die Moleküle des Methylenblaus davon aufgehalten wurden, wie die tieferliegenden ungefärbten Aufschlußteile zeigen. Für die Regenwasserinfiltration und mögliche Grundwasserbildung in Dünen bedeutet dies, daß trotz des insgesamt großen Porenvolumens von Dünensand weniger Wasser als theoretisch berechenbar versickern kann und die Verdunstungsverluste höher als angenommen sind.

Nach der Beregnung schafft die Verdunstung sehr schnell eine die Sedimentstruktur nicht verändernde Zuckerkruste, die ein fast perfekter Schutz vor weiterer Verdunstung ist. Der so feuchtgehaltene Sand darunter läßt sich zur Untersuchung im noch weichen Zustand scheibchenweise abschneiden, härtet letzlich aber so durch, daß Probenstücke herausgesägt werden können. Kleine Sandkörner nehmen wegen ihrer andersartigen Kornoberflächen und ihrer größeren Zahl mehr Farbstoff als grobe Körner auf, so daß Farbunterschiede wie in Foto 457 die Feinsandlagen im Detail nachzeichnen, besser als dies allein durch unterschiedliches Wasserhaltevermögen wie in Foto 458 möglich wäre.

In allen drei Färbungsbildern ist nach dieser Behandlung ohne weiteres erkennbar, daß Schichtungsverlauf und Oberfläche nicht übereinstimmen, daß es sich also um äolische Abtragungsformen – um Korrasionsrippeln – handeln muß. Die fast horizontale Schichtung von Grob- und Feinsandlinsen unterhalb der Grobsandrippeln in Foto 457 und 458 ist der sedimentologische Überrest von Kappungsrippeln, wie Profile unter rezenten Formen gezeigt haben. Die in Foto 458 auch ohne Durchtränkung standfeste Schichtung gehört zu einer schwachen Bodenbildung, das schichtungslose braune Material darunter zu einem sandigen, bis zum Ende der Jungsteinzeit vor etwa 3000 Jahren gebildeten und vor der Überdeckung äolisch gekappten Paläoboden (Kap. 5.).

Foto 461: Sandschwanzbildung hinter *Panicum*-Grasbüscheln und Flugsandstreifen während eines Sandsturms; Homodji, Südostniger

Foto 462: Sandschwanz im Lee eines Strauches; Endpfannenboden bei Mouri Idé, Südlibyen

Foto 463: Sandschwänze hinter dürren *Calligonum*-Kupsten auf sandarmer Serir; Zouarpiste, Nordostniger

Foto 464: Hohe Kupsten von *Imperata cylindrica* mit kurzen Sandschwänzen; Sebkharand vor der Stufe von Bilma, Kaouar, → E

Foto 465: Großräumige Sandakkumulation hinter *Stipagrostis*-Grasbüscheln eines Regenfloragebiets; westliche Ténéré

Foto 466: Freigewehte *Stipagrostis*-Graswurzeln als Maß für flächenhaften äolischen Sandaustrag; bei Adrar Chiriet, Aïrgebirge

Foto 467: Dünenzug aus eingesandeten Tamariskenhügeln um eine Sebkha; südliches New Valley, Südägypten

4.3.4. Vegetationsgebundene Sandakkumulation

Da in denjenigen Gebieten der zentralen Sahara, in denen Sand äolisch bewegt wird, Vegetation wegen der extremen Aridität im Normalfall auf die Tiefenlinien beschränkt ist, tritt vegetationsgebundene Sandakkumulation viel seltener als in der Halbwüste mit ihrer zwar auch geringen, aber flächenhaft verteilten Vegetation auf. Ihre Vorkommen haben deshalb in erster Linie eine Indikatorfunktion für äolischen Sandtransport.

Foto 461 vom Südrand des saharischen Kerngebiets zeigt in der Mitte drei Sandschleier, die beim Nachlassen einer Bö abgelagert wurden und leicht von den folgenden starken Strömungsfäden erodiert werden können. Davor und dahinter sind während dieses Sandsturms im Lee mehrfach an derselben Stelle Sandfahnen übereinander akkumuliert worden. Ihre Länge, die mehr als das Zehnfache der Hindernishöhe der *Panicum*-Horstgraskupsten ausmachen kann, zeigt die Ausdehnung der durch das Hindernis windberuhigten Zone an.

Bei reichlichem Sandangebot kann eine solche hindernisbedingte Akkumulation bis fast zur Höhe des Strauches anwachsen (Foto 462). Der durch die hinter dem Hindernis konvergierende Windströmung in seiner Länge begrenzte Sandschwanz ist hier nur der stärker aufgehöhte Teil einer Sandakkumulation, die allein durch Windfeld und Oberflächenrauhigkeit in der im vorigen Kapitel beschriebenen Weise entstanden ist. Die Rauhigkeit wurde durch randlich aufgebogene Tonhäutchen einer ausgetrockneten kurzlebigen Wasserfläche geschaffen. Die Rippeln zeichnen wie auch in allen bisherigen Fällen das Windfeld und deren Modifizierung durch den sich aufhöhenden Sandschwanz nach. Dessen Längsrichtung entspricht der Richtung des letzten Windereignisses.

Die Sandschwänze in Foto 463, auf der Leeseite von trockenen, aber noch lebenden *Calligonum*-Sträuchern, stehen auf einer rippellosen Reg- bis Feinkiesserirfläche. Die einzigen Spuren von geringem Sandtransport über diesem vollständig geschlossenen Pflaster sind die Sandschwänze. Auswehung hat das Lee-Ende der Form im Vordergrund teilweise schon wieder mit einem Pflaster überzogen. Die Rippeln dahinter sind wiederum mehrphasig: Isolierte Formen belegen, daß der wenige hier abgelagerte Sand teilweise schon wieder ausgeweht wurde. In die Leebereiche dieser Deflationsformen wurde zuletzt etwas Feinsand sedimentiert.

Hinter jedem künstlichen Hindernis würde auf dieser abseits der Kupsten scheinbar nicht durch Sandtreiben beeinflußten Fläche auch eine Akkumulation entstehen, vielfach für den geomorphologischen Laien unerwartet nach hinderniserzeugenden Baumaßnahmen, bei denen die Störung des Wüstenpflasters meist zusätzliche Sandmengen remobilisiert.

Die größten vegetationsgebundenen Sandakkumulationen finden sich in den Endpfannenbereichen der Flüsse oder in Beckenlagen mit hohem, für die Vegetation nutzbarem Grundwasserstand, wie in einem Teil der Stufenfußdepression von Bilma (Foto 464). Relativ geringe Windgeschwindigkeiten und ein hohes Sandangebot haben kurze und breite Akkumulationsformen entstehen lassen. Derartige Akkumulationskörper dienen als Feuchtigkeitsspeicher für die sandeinfangenden Sträucher.

Während diese Formen entsprechend der Lebenszeit ihrer Vegetation mehrjährig sind, sind große Sandflächen hinter und zwischen niedrigen Grasbüscheln einer *Stipagrostis*-Art das Ergebnis eines einzigen, räumlich begrenzten Regenfalls (Foto 465). Diese Regen- oder *Acheb*-Flora erhöht für einige Wochen die Rauhigkeit der Oberfläche und fördert so bei jedem Sandwind die Vegetation. Nach dem Vertrocknen werden die spröde gewordenen oberirdischen Pflanzenteile durch Windschliff abgeschert. Bei abnehmender Reibung wird sanduntersättigter Wind auf denselben Flächen abtragend wirken. Die dabei freigelegten und noch nicht zerstörten Wurzeln (Foto 466) zeigen für einige Zeit das beträchtliche Ausmaß einer solchen Auswehung an. Der reaktivierte Sand trägt zum großen Teil zum Wachstum benachbarter Dünen bei.

Tamarisken gehören zu den Pflanzen, die durch ihre abgeworfenen dünnen Zweige und die daran hängenden Salzausscheidungen angewehten Sand festhalten und den so geschaffenen feuchtigkeitsspeichernden Lebensraum vollständig durchwurzeln. In Foto 467 wurde um jahrhundertealte Tamariskenhügel am Rand einer Salztonpfanne nach einer Milieuänderung zusätzlich so viel Sand eingeweht, daß sie zu einer Art Dünenkörper zusammengewachsen sind. Gegenwärtig dominiert Auswehung. Im Vordergrund mit seinen freigewehten Wurzeln ist dadurch eindeutig, daß es sich nicht um bewachsene Dünen, sondern um eingesandete Tamariskenhügel handelt.

Foto 468: Leedüne mit geradem Kamm an einem Stufensporn; Nordosttermit, → SE

Foto 469: In die Segmentgliederung einer Längsdüne übergehender westlicher Teil einer Leedüne am Ostrand einer Sandsteinkarstdepression; Tchigai, → SW (vgl. Foto 488 ff.)

Foto 470: Sandrampen und aufsitzende geradlinige und aus Segmenten aufgebaute Längsdünen im Lee eines schmalen Plateaubereichs; nördlich von Termit Ouest, → E

Foto 471: Düne im Lee des Inselbergs von Foto 270, Achegour Nord, Ténéré; Übergang von geradem zu gewundenem Kamm und beginnender Längsdünensegmentierung

4.3.5. Leedünen und Sandrampen

Der größte Teil der Plateauostseiten vom Djadoplateau im Norden bis in die Plateaus des Erg von Bilma, aber auch anderer zentralsaharischer Gebiete ist stark eingesandet, in Form von Rampen, die oft bis an die Plateaukante reichen (vgl. Foto 361 und die Satellitenbilder der Einleitung). Sand, der auf breiteren Abschnitten auf die Leeseite durchtransportiert wird, bildet auch dort Sandrampen. Hinter engeren Gassen oder hinter umströmten kleinen Plateaus oder Felsen bilden sich Leedünen.

Die Leedüne am Plateauabfall von Foto 468 ist in dieser Weise durch Strömungskonvergenz gebildet worden. Der von beiden Seiten die Flanke entlang wehende Wind hat einen für Leedünen typischen geradlinigen Kamm geschaffen. Ein weiteres Beispiel (Foto 471), in der Wachstumsrichtung gesehen, setzt ebenfalls mit geradem Kamm und nahezu symmetrischem Querprofil am Westrand des Brandungsfelsen von Ezerza (Foto 270) ein. Die Leedüne ist etwa 500 m lang. Ihr Ende liegt wie das jeder Leedüne dort, wo der Sand nicht mehr zur Ernährung der Düne ausreicht und die konvergierende Strömung so kräftig ist, daß der wenige, am Ende noch vorhandene Sand weitertransportiert wird. Die Leedüne liegt in einer völlig sandfreien Umgebung.

Drei Wellen an der stufenfernen Nordflanke in Foto 468 und die nahe dem Lee-Ende der Düne von Ezerza einsetzenden Kammwellen und das durch ein Dünental fast abgetrennte äußerste Segment der Düne zeigen, daß die einfache Kamm- und Flankenform nur so weit vom Hindernis entfernt entstehen kann, wie der Bereich der konvergierenden, sich dabei abbremsenden und dabei Akkumulation auslösenden Strömung reicht. Dahinter setzt eine Dynamik ein, die der von nicht an Hindernisse gebundenen Längsdünen (Kap. 4.3.8.) entspricht. Sie führt dazu, daß die gesamte Dünenform einen mäandrierenden Grundriß entwickelt und in einzelne Segmente aus Dünentälern und -rücken gegliedert wird, wie in Foto 469. In Rückkopplung mit der sich bildenden Form entsteht dabei ein kompliziertes Wind- und Sandtransportmuster, in dem pro Segment Sand diagonal die Sättel quert und zum Teil an der Südflanke entlang zum nächsten Rücken aufgeweht wird (vgl. Kap. 4.3.8.). Zwischen 1986 und 1990 nahm die transportierte Sandmenge in der Ténéré so stark zu, daß die Ezerza-Düne mehere hundert Meter windwärts verlängert wurde, mit zunehmend mäandrierendem Kamm (Stengel 1992, S. 270).

Eine Leedüne oder der Leedünenteil einer kombinierten Lee-/Längsdüne zeigt die lokale Hauptwindrichtung an. Daß außerhalb des Konvergenzbereichs auch andere Richtungen dominieren und zumindest zeitweilig auch das Kammprofil einseitig verschieben können, zeigen die nach starker Deflation übriggebliebenen isolierten Grobrippelkämme und die von links nach rechts ziehende Windstreifung an der Stufe in Foto 468.

Der Plateaubereich in Foto 470 ist so stark eingesandet, daß besonders rechts der Eindruck eines reinen Großdünenreliefs entsteht. Ausgedehnte, in sich schon wieder gegliederte steile Rampen bedecken die meisten Leehänge. Die flache, wegen ihrer Schuttstreu dunklere Dünenrampe davor ist eine ältere Vorzeitform (vgl. Foto 135; Kap. 4.3.14.), bei deren Bildung Winde entgegen der heutigen Nordostrichtung eine wesentliche Rolle gespielt haben. Die hellen, aufsitzenden langgestreckten Dünenkörper setzen auf dieser Rampe ohne Hanganschluß ein, sind also echte Längsdünen. Lediglich rechts

Foto 472: Luv- und leeseitige Sandrampe beiderseits einer Monokline; 120 km südlich von In Salah, Südalgerien

Foto 473: Leesandrampe hinter einem hohen Flächenpaß im getreppten Plateaubereich bei Orida; Westrand des Djadoplateaus, → NE

Foto 474: Leesandrampen am Nordende des Plateaus von Midjigatène; im Hintergrund Längsdünen- und Barchangasse am Südende der Stufe von Bilma, → N

der linken ist eine kurze Leedüne mit geradem Kamm zu erkennen.

Foto 472 zeigt eine der zahlreichen Schichtrippen Südalgeriens, die als eine Form langgestreckter Inselberge in Monoklinalbereichen entstanden sind. In den auf kurze Horizontaldistanz steil aufgebogenen Schichten bildeten sich annähernd symmetrische steile Rücken aus. Im Vordergrund wurde die Monoklinal- oder einseitige Aufbiegungsstruktur vollständig durch die jungtertiäre Flächenbildung ausgeglichen (Kap. 1.4.). Dadurch ist im Profil die beiderseitige Sandrampenbedeckung einer solchen Struktur quer zur Passatwindrichtung erkennbar. Die Fläche davor und die äußersten Kammteile sind freigeweht.

Da der Sandtransport von rechts kommt, hat sich dort eine langgestreckte, relativ schwach geneigte Rampe ausgebildet. Die Leerampen links sind steiler und kürzer. Ohne die wenigen noch sandfreien Felsbereiche könnte die gesamte Großform für eine reine Dünenakkumulation gehalten werden. Solche fast vollständig eingesandeten Inselberge sind häufig und können leicht zu falschen Schlüssen über die maximale Größe von Dünenakkumulationen führen.

Aus einem sandärmeren Gebiet stammt Foto 473. Nur wenig Sand wird über das bei Orida breite Djadoplateau geweht, wie in den Satellitenbildern zu erkennen ist. Der Sandtransport konzentriert sich unter dem heutigen Windregime auf wenige Durchlässe wie den hohen Flächenpaß rechts in dem durch mehrere Zwischenniveaus gegliederten, stark aufgelösten Plateauabschnitt (vgl. Kap. 1.1.). In einem Bereich starker Akkumulation bei erheblich gesunkener Windgeschwindigkeit im Lee hat sich Sand hinter Felsen der getreppten Niveaus gestaut, so daß sich unter dem gestreckten Oberhang ein konvex gewölbter Unterhang mit Ansätzen zur Kammbildung von Leedünen entwickelt hat. Außerhalb des Durchlasses für die Rampe sind die Leehänge, wie auch in Foto 474 erkennbar, praktisch sandfrei.

Auch die gestreckten Sandrampen im Vordergrund von Foto 474 sind nicht völlig ungegliedert. Sie werden durch Sand gebildet, der den Südrand der Flächenpaßregion zwischen dem Südende des Kaouarplateaus und dem kleinen Plateau von Midjigatène überweht. Unterhalb einer Senke in der unruhigen Plateaukante konzentrieren sich die Strömungsfäden, und die Akkumulation setzt erst tiefer am Hang ein als hinter den relativen Hochbereichen davor und dahinter. Die dort unmittelbar hinter der aufragenden Kante beginnende Lee-Windberuhigung läßt die Akkumulation gleich ab der Trauf einsetzen. Der Absatz im oberen Teil der Horizontlinie markiert eine beginnende Leedünenakkumulation auf der Rampe.

Die Abhängigkeit derartiger Sandakkumulationsformen vom Relief, das als Strömungshindernis wirkt, zeigen die völlig anders gearteten Dünenformen im Bildhintergrund. Deren Verteilung und Typenzugehörigkeit wird in diesem Fall indirekt auch vom Relief bestimmt, nämlich von den Strömungsverhältnissen in einer breiten Ost-West-Gasse durch das Stufenland. Die dabei entstandenen Einzelformen haben sich jedoch nicht an Reliefhindernissen gebildet. Nur ob sich seitlich zu Querdünenformen zusammengewachsene Längsdünen wie im Mittelgrund (Kap. 4.3.7.) oder perlschnurartig gegliederte schmale Längsdünen dahinter (Kap. 4.3.8., Foto 499–502) gebildet haben, wurde von der Windbeeinflussung durch das Gesamtrelief bewirkt.

Foto 475: Windstreifen (vgl. Foto 438) mit Sandfleckenbildung als Initialstadium eines Barchans (Foto 355); → E

Foto 476: Barchanembryonen mit beginnender Rutschhang- (= Slipface-) Ausbildung an der Leeseite; bei Hassi Touiel, Südalgerien; → E

Foto 477: Geradlinige Barchanreihe unterhalb der Stufe von Al Kharga, Südägypten, → N

4.3.6. Barchane

Barchane, nach einem turkmenischen Wort benannte Dünen in Halbmondform, bilden wie auch in den meisten anderen Wüstengebieten der Erde nur einen kleinen Teil des gesamten Dünenformenschatzes. Sie sind die einzigen echten Wanderdünen, die dadurch bewegt werden, daß Sand durch die vertikale Einengung des Strömungsquerschnitts und damit erhöhte Windgeschwindigkeit durch Saltation den 10–15° steilen Luvhang hinaufgeweht wird und am etwa 30° steilen Leehang in Zungen herunterrutscht. Sie sind typische Formen von Sandmangelgebieten und treten in diesen meist in Gruppen auf. Die Oberfläche zwischen ihnen besteht entweder aus Fels oder einem glatten Wüstenpflaster, das nahezu sandfrei ist, mit Ausnahme der Sandfahnen, die bei Sandsturm von einem Barchan zum anderen weitergeweht werden. Die Sandmenge, die durch die Umwälzung innerhalb eines Barchans bewegt wird, ist nur ein Bruchteil dessen, der sich durch das flächenhafte Sandtreiben verlagert.

Die Entstehung von Barchanen beginnt mit den Formen, die bereits im Rippelkapitel vorgestellt wurden (Kap. 4.3.1.), mit zum Ende einer Bö abgesetzten Sandschleiern, die bei ausreichender Ernährung zu Sandflecken und Barchankleinformen anwachsen können. Gegenüber den frühen 80er Jahren hatten im Frühjahr 1990 Sandwindereignisse mit Sandüberschuß und entsprechenden Veränderungen im äolischen Formenschatz der Ténéré und des Erg von Bilma deutlich zugenommen. Zu den Spuren gehörte das gehäufte Auftreten dieser Anfangsformen der Barchanbildung (Foto 475). Auf dem festen Untergrund der Fläche schon weitgehend gekappter Rippeln liegen im Vordergrund mehrere längliche, noch sehr flache Sandschilde. In ihrem Luv sind durch wiederholt abgesetzte Sandschleier eine Reihe von Sandflecken entstanden, deren dunkel erscheinende zentrale Teile bereits aus groben Rippeln bestehen.

Nicht einzelne Rippeln, aber bei weiterer guter Ernährung ganze rippelbesetzte Sandflecken können zu flachen Barchanschilden umgestaltet werden (Foto 476). Dabei hat sich der ursprünglich durch Deflation am Luvbeginn eines Sandflecks liegende höchste Bereich durch Akkumulation zum Lee-Ende hin verschoben, und dort hat sich ein niedriger Rutschhang ausgebildet. Die vom Wind zu transportierende Sandmenge ist in den Randbereichen des Sandflecks wegen geringerer Mächtigkeit eingeschränkt. Im Randbereich ist außerdem die Reibung geringer und damit die Windgeschwindigkeit höher. Deshalb wandern die Seiten schneller vor, und es bilden sich hier noch kurze Hörner aus. Zwischen ihnen entsteht im am stärksten aufgehöhten Bereich der Rutschhang.

Das Weiterwachsen zu einem großen Barchan ist nicht zwangsläufig. Sich ändernde Wind- und Sandsättigungsverhältnisse zerstören die meisten derartigen Formen wieder.

Am Ende der Entwicklung können Großformen wie in Foto 477 stehen. Diese Barchanreihe hat sich unterhalb einer Schichtstufe neu gebildet aus Sand anderer Barchane, die nahe dem Plateaurand wegen zu hoher Windgeschwindigkeiten ständig aufgelöst werden. Die Wanderungsgeschwindigkeit der Barchane ist von ihrer Größe bzw. von dem Sandvolumen, das umgewälzt werden muß, abhängig. Die Dünenreihe im Bild wandert ca. 20 m pro Jahr. Ein 20 m hoher Barchan bewegt sich unter heutigen Windverhältnissen fast nicht mehr. Frische Rutschungsbahnen am breiten, bogenförmigen Slipface in Foto 477 zeigen, daß diese Barchane aktiv sind. Der Innenhof wird bei Sandsturm durch einen querliegenden Leewirbel, der am Rutschhang aufwärts weht, sandfrei gehalten; zusätzlich auch dadurch, daß der über die Kante gewehte Wind sanduntersättigt ist und kräftig abtragen kann.

Foto 480 ist von der Kante zwischen Luv- und Leehang über das ca. 30° steile Slipface hinweg aufgenommen worden. Die Barchanform entspricht denen, die versetzt zueinander im Hintergrund zu sehen sind. Der in Zungen abgerutschte Sand

Foto 478: Barchane im alten Windrelief und auf dem Seeboden des Paläotschadsees; westlich von Faya Largeau, Nordtschad, → NW

Foto 479: Rezente, nach Süden wandernde Barchane und Grundrisse nach Norden gerichteter Barchane im Diatomit des Paläotschadsees; Gebiet wie Foto 478, → W

Foto 480: Leehang (= Slipface) eines Barchans und sandfreier Barchanhof mit Siltsteinyardangs; Toshkadepression, Südägypten, → S

und die Arbeit des Leewirbels haben nach dem letzten Sandsturm ein völlig sandfreies Terrain zurückgelassen. Die Korrasion der durchtransportierten Saltationswolken hat den von einigen windüberschliffenen kleinen Hügeln überragten Siltsteinboden flächenhaft überschliffen und das rhombische Kluftmuster sichtbar gemacht. Das linke Barchanhorn dieser aktiven Form endet in einer Spitze. Bei Änderungen des Sand- oder Windregimes können die Hörner gegenüber dem zunehmend unbeweglichen Hauptkörper gestreckt und dabei zu Längsdünen umgestaltet werden, wie in Foto 360 gezeigt wurde.

In Foto 478 kommen Windkorrasionsformen und Barchane gemeinsam vor. Eine der Sandsteinstufen im Borkoubergland ist vollständig in teils einige hundert Meter lange Rücken wie rechts vorn aufgelöst worden. Der Wind wehte und weht vorwiegend von Norden, von hinten nach vorn. Heute sind diese Großformen, die *„crêtes"* von Monique Mainguet (1968), vollständig patiniert und von kleinen fluvialen Rinnen überformt. Durch die *„couloirs"*, die Gassen, jagt heute nicht mehr der solche Formen schleifende Wind, sondern Barchanherden durchziehen sie, aus dem relativ wenigen Sand des Gebiets gebildet.

Abhängig vom örtlichen Windfeld und Sandangebot, sind eine Reihe verschieden geformter und unterschiedlich großer Barchane gebildet worden. Völlig unterschiedlich und teils durch Sekundärbarchane können die Hörner gegliedert sein. Die Symmetrieachse – soweit sie noch vorhanden ist – gibt wie bei den vorigen Bildern die Richtung des dominanten Windes an. Rechts vorn überlagern sich die Reihen von zwei verschiedenen Größenklassen. Die schnelleren kleineren finden sich in unterschiedlichem Kontakt mit den Großformen, die von ihnen überholt werden. Der Abstand zwischen den Barchanen einer Herde wächst mit ihrer Größe. Am ausgeprägtesten ist das bei den beiden um 100 m langen Zweiergruppen auf dem hellen Diatomit des Paläotschad (vgl. Kap. 2.4.).

Im zweiten Luftbild (Foto 479) ist bei besserer Sandernährung ein Teil der Barchane seitlich zusammengewachsen, und es hat sich eine Variante von Quer- oder Transversaldünen gebildet (Kap. 4.3.7.). Der sie bewegende Wind weht von rechts. Diese Barchane liegen auf einer Diatomitdecke mit vielen Unterbrechungen. Einige davon haben große, andere recht kleine winkelförmige Grundrisse, die in ihrer Form denen der rezenten Barchane in einer Größenklasse dazwischen entsprechen. Der Grundrißform nach muß es hier Barchane gegeben haben, die ähnlich wie im heutigen Tschadsee im steigenden Paläotschad als Inseln existierten und um die herum der Diatomit sedimentiert wurde. Irgendwann nach dem Trockenfallen des Sees wurden diese Barchane abgetragen, und nur ihre Grundrisse blieben erhalten.

Abgetragen wurden sie wohl vor allem deshalb, weil sie vor dem letzten Pluvial von starken südlichen Winden aufgeweht wurden, entsprechend der alten Windkorrasion der Festgesteinskörper von Süden (Kap. 4.2.3.), und damit nicht an die heute dominierende Passatrichtung angepaßt waren. Dafür, daß die wirkliche Entwicklung noch komplizierter gewesen sein dürfte, spricht, daß der größte im Seesediment ausgesparte Barchangrundriß, etwa in der Bildmitte gelegen, in der Passatrichtung ausgebildet wurde.

Foto 481: Seitlich zu Quer- (=Transversal-) Dünen zusammenwachsende Barchane; nördlich von Al Kharga, Südägypten, → E

Foto 482: Seitliches Zusammenwachsen von barchanartigen Längsdünensegmenten zu Transversaldünen; nördlich von Midjigatène, Erg von Bilma, → N

Foto 483: Große barchanartige Querdünen auf einer Leesandrampe; Kaouarstufe nördlich von Bilma, → E

Foto 484: Transversaldüne in einem Flächenpaß und Mischformen am Inselberghang; Termit Nord, → S

4.3.7. Querdünen und Übergangsformen

Neben den als Einzeldünen vorkommenden Barchanen werden allgemein Quer- und Längsdünen unterschieden, nach ihrer hauptsächlichen Kammausrichtung zur vorherrschenden Windrichtung. Zwischen diesen drei Dünentypen sind viele Übergänge möglich. Insbesondere die oft kompliziert wirkenden Muster der Quer- oder Transversaldünen können sowohl aus Barchan- als auch aus Längsdünenformen abgeleitet werden. In beiden Fällen treten die Übergänge bei kräftiger Ernährung auf. Wie auch immer entstanden, sind Querdünen ein Zeichen für Sandüberfluß.

Foto 481 wurde östlich der Barchanreihe von Foto 477 am Fuß derselben Stufe aufgenommen, jedoch unterhalb einer Stufenbucht, durch die relativ viel Sand in einem engbegrenzten Streifen transportiert wird, der sich als nur wenige Kilometer breiter, aber viele hundert Kilometer langer Abu Muhariq von der nordägyptischen Qattara-Depression bis in das Staatsgebiet des Sudan erstreckt. In dem stark aufgelockerten Dünenbereich ist rechts außen ein einfacher Barchan zu erkennen, davor zwei zusammengewachsene Barchane mit zwei ineinander übergehenden Slipfaces, auf die ein weiterer Barchan aufgelaufen ist, dessen hinterer Arm bereits nicht mehr existiert. Luvwärts davon, vor und hinter der das Dünenfeld querenden Straße, sind die Formen so weit zusammengewachsen, daß unter Bewahrung des typischen Luv-Lee-Profils von Barchanen seitlich zusammengewachsene Querdünen entstanden sind. Der Sandstau vor der zum Schutz vor Dünenüberwanderung auf einem Damm gebauten Straße zum Niltal hat diese Sandkonzentration und den Formenwandel bewirkt. Ein Hindernis stellt der Straßendamm für diese noch sehr mobilen Formen nicht dar.

Foto 482, ein Detail aus dem Mittelgrund von Foto 474, ist ein Beispiel dafür, wie durch Überernährung von Längsdünen, die große Teile der Flächenpaßregion südlich von Bilma einnehmen, Übergangsformen zur Querdüne entstehen. Die aus Segmenten mit jeweils ausgeprägtem Slipface zusammengesetzten Längsdünen (Kap. 4.3.8.) bilden bei starker Ernährung an ihrer Südseite Zungen aus, deren Enden ebenfalls Rutschhänge entwickeln und dabei auch in die Breite wachsen, bis sie mit benachbarten Längsdünen zusammenwachsen. Ein Dünenfeld am Westrand der Ténéré (Oufagedout) besteht insgesamt aus solchen Querdünen. Andererseits gehen die Längsdünen der nordöstlichen Ténéré aus einem Querdünenfeld hervor (STENGEL 1992, Kap. 6.4., 7.3.).

Ein ungewöhnlicher Übergangstyp sitzt als Staffel extrem geradliniger und bis über 100 m breiter Formen mit aktivem Slipface einer gut ernährten, mäßig steilen Sandrampe auf (Foto 483). Die Formen könnten auch als überbreite Barchane angesprochen werden. Entsprechende senkrecht einer steilen Sandrampe aufliegende Formen ohne scharfe Kämme sind durch zwei gegenläufige Windrichtungen abgerundet worden.

Ebenfalls ungewöhnlich für die meist vergesellschaftet auftretenden Querdünen ist die mehrere hundert Meter lange isolierte Form mit gewundenem Grundriß und aktivem, mehrere Meter hohem, langgestrecktem Slipface in Foto 484. Am Nordhang des Inselbergs jenseits des dünengesperrten Flächenpas-

Foto 485: Transversaldünen der Désert du Thal, nordwestlich des Tschadsees, → N

Foto 486: Aus konkaven und konvexen Leehangabschnitten bestehende Transversaldünen = Aklé; Grand Erg Oriental östlich von El Oued, Mittelalgerien, → S

Foto 487: Dachziegelförmiges Muster eines Transversaldünenfeldes auf dem Boden des Paläotschadsees; südlich von Faya Largeau, Tschad

ses sind Querdünenelemente, die noch Barchananklänge zeigen, dicht aufeinander aufgewandert und bedecken den Hang wie mit Schuppen. Scharf ausgeprägt ist die Obergrenze des Sandtransports gegen den schwarzen Hamadaschutt.

In den Kernbereichen der zentralen Sahara sind zusammenhängende, schon als Ergs anzusprechende Bereiche von Transversaldünen relativ selten. Die dortigen Ergs werden durch andere, meist ältere Dünenformen geprägt, wie die folgenden Kapitel zeigen. Das Transversalmuster scheint in dieser Region typisch für Gebiete starker junger Sandernährung zu sein. Das erwähnte Gebiet bei Oufagedout am Südwestrand des Aïr wurde noch im Holozän aus Endpfannenbereichen des Aïr ernährt (vgl. Kap. 2.3.2.). Das kleine Transversaldünengebiet der östlichen Ténéré liegt am Westrand der noch lange seegefüllten Stufenfußdepression des Kaouar (vgl. Kap. 2.4.2.).

Ein dagegen schon wenige hundert Quadratkilometer großes Querdünengebiet ist die Désert du Thal (Foto 485). Sie liegt am Südrand der zentralen Sahara auf einem späten Strandwall des schrumpfenden Megatschad und zusätzlich am Südostende eines altangelegten, zuletzt noch im mittleren Holozän genutzten Flußlaufs, des Dilia, der seinen Ursprung am Südrand des Termit hat. Die durch den Dilia aus dem heute vollariden Gebiet heraustransportierten Sande bildeten im Bereich des Strandwalls einen Schwemmfächer, dessen Sande zur Ernährung dieses weitgehend vegetationsfreien kleinen Ergs inmitten sahelischer Vegetation aufgeweht wurden. Die Transversaldünen zeigen noch starke Anklänge an die großen Barchane, aus deren Verdichtung sie entstanden sind. Zwischen den umgekehrt dachziegelartig liegenden Körpern sind noch dünenfreie Gebiete offengeblieben. Vollständig von Transversaldünen bedeckt ist dagegen der Boden in einem anderen, auch randlich gelegenen Dünengebiet, dem Grand Erg Oriental in der nördlichen, an die algerische zentrale Sahara anschließenden Halbwüste (Foto 486). Auch er wurde noch weit ins Holozän durch Flüsse aus dem Atlas mit Sediment versorgt, deren Sandfraktion zu einer dichten Abfolge niedriger Dünenkämme umgestaltet wurde. Typisch für diesen Typ von Längsdünen ist die mehrfach im Bild erkennbare Abfolge barchanartig zurück- und zungenartig vorspringender Bereiche entlang der Kammlinien. Von einer zur anderen Dünenreihe sind diese Kammabschnitte auf Lücke versetzt. Dieses teilweise sehr unübersichtliche Muster wird als Aklé bezeichnet. Für seine Ausprägung macht Helga Besler (1992, S. 108) jahreszeitlich gegenläufige Windrichtungen verantwortlich.

Auch das dritte Beispiel eines Querdünengebiets stammt aus dem Randbereich der zentralen Sahara und ist jung (Foto 487). Es wurde wie die Barchane in Foto 478 und 479 auf dem Boden des ausgetrockneten Paläotschad gebildet. Liefergebiet für die Sande dürften das Enneri Misky und andere Flüsse vom Südrand des Tibesti sein. Da die Sande während der neolithischen Feuchtzeit durch Vegetation gebunden waren, stehen für die Bildung dieses nur aus wenige Meter hohen Dünen bestehenden Sandfelds nur ein paar Jahrtausende zur Verfügung. Die überwiegend geradlinigen Kämme und flachen Luvseiten überlappen sich, so daß ein an Fischschuppen erinnerndes Muster entsteht. Oben links ist wie in Foto 479 der Grundriß einiger älterer, aus der Monsunrichtung gebildeter Barchane zu erkennen.

Foto 488: Südflanke einer in Segmente gegliederten Längsdüne (Silk); Ténéré, nordwestlich von Dirkou, → NE

Foto 489: Blick über den in Peaks und Pässe gegliederten Kamm einer Längsdüne; Ténéré, → E

Foto 490: Westliches Ende einer Längsdüne am Plateau von Midjigatène; Erg von Bilma, → E

4.3.8. Längsdünen

Längs- oder Longitudinaldünen sind der wichtigste rezente Dünentyp der Ténéré und des Erg von Bilma. Ein Vergleich mit Senkrechtluftbildern des französischen Institut Géographique National (I. G. N.) der 1950er Jahre, aber auch der Vergleich mit dem Zustand Mitte der 1980er Jahre zeigt, daß bis 1990 die Zahl der Längsdünen deutlich zugenommen hatte. Dadurch war es möglich, Längsdünen in ihrer Entstehung zu beobachten.

Wie schon im Kapitel 4.3.5. über die Leedünen erklärt, ist ihre Entstehung nicht an Hindernisse gebunden. Längsdünen können sich aber aus Leedünen, die dank guter Sandernährung aus dem Konvergenzbereich der Luftströmung herauswachsen, fortentwickeln. In gleicher Weise können gelegentlich, wie in Foto 360 sichtbar, Barchanhörner zu Längsdünen umgestaltet werden. In der östlichen Ténéré nördlich von Dirkou ist zu beobachten, daß Längsdünen aus einem überernährten Transversaldünen- bzw. Akléfeld herauswachsen (Stengel 1992, Kap. 6.4.6.). Zwischen 1987 und 1990 entstanden dort neue Längsdünen von teils über 1 km Länge.

Im mittleren Erg von Bilma sind in den letzten Jahren neue Längsdünen an den Nord- bis Nordostflanken breiter Altdünen entstanden (Foto 431, 432). Dort ließ sich beobachten, daß hindernisfreie Längsdünen wie Barchane aus der zeitlichen Abfolge von Sandflecken über stärker aufgehöhte Sandschilde zu Barchanflecken mit einem Slipface entstehen. Vorgegeben durch das von einer Hauptrichtung bestimmte Windregime und im beschriebenen Fall auch vom alten längsgerichteten Dünenrelief, ordnen sich diese Formen hintereinander an und wachsen zu miteinander verbundenen Segmenten zusammen.

Abhängig von der Ernährungslage, gibt es viele Varianten der Längsdüne. Allen ist jedoch der Aufbau aus weitgehend identischen Segmenten gemeinsam, die sich in einer Abfolge von Sätteln oder Pässen und Rücken oder Peaks zeigen. In Foto 488 ist die Südflanke des für die östliche Ténéré repräsentativen Typs sichtbar. Die 10–15 m hohe Düne erhebt sich über eine Fläche mit weit fortgeschrittener Rippelkappung (Kap. 4.3.2.). Der Bereich der Sättel wird von nach Süden blickenden Slipfaces (ganz links) eingenommen. Schräg ihnen zugewandt sind nach West bis Nordwest gerichtete kleinere sekundäre Slipfaces.

Im Vordergrund von Foto 489, von einem Peak nach Osten gegen die Hauptwindrichtung aufgenommen, ist die relativ sanft bis zur Abrutschkante ansteigende luvseitige Rampe eines Passes zu sehen, ebenso wie der dreieckige, fast im rechten Winkel auf das Hauptslipface gerichtete sekundäre Rutschhang. Kennzeichnend ist auch der leicht mäandrierende Grundriß der oft mehrere Kilometer langen Dünen.

Die beiden Längsdünen, die in Foto 490 am Plateau von Midjigatène südlich von Bilma vorbeiziehen, haben sich ohne Formänderung dem großen Querwellenrelief des Altdünenuntergrunds angepaßt. Im Vordergrund endet die eine der Dünen. Bei etwas besserer Ernährungslage als in den vorigen Bildern haben sich auf der Südseite konvexe Anwüchse gebildet. Das sekundäre Slipface des letzten Segments ist fast nach Westen ausgerichtet. An den seitlichen Anwuchsbereich schließt sich eine flache Zunge an. Der Rücken links davon ist Teil eines Sandschilds, aus dem ein neues Dünensegment aufwachsen könnte, das zum Aufnahmezeitpunkt jedoch von dem vorrückenden Slipface überwandert wird.

Foto 491 wird von einer der jungen Flankenlängsdünen beherrscht. Deutlich ist nach rechts der Anstieg zu einem kilometerbreiten Dünenrücken zu erkennen, dessen Richtung die der Längsdüne mitbestimmt hat. Rechts der Düne haben Deflation und Korrasion zum Segmentmuster gehörende langgestreckte Mulden geschaffen, die den Anstieg zum Dünenrücken akzentuieren. Die großen Rippeln und ihre Form zeigen an, daß dort bei Sandsturm die größten Wind-

Foto 491: Längsdünenrelief am Rand einer Breitrückendüne; Plateau von Zoo Karemi, Erg von Bilma, → E

Foto 492: Nordflanke der Längsdüne von Foto 491 und Dünengasse, → E

Foto 493: Transversaldünenelement in einer segmentierten Längsdüne; Erg von Bilma, → E

Foto 494: Rutschungszungen am Leehang eines Längsdünensegments; Ténéré, → N

geschwindigkeiten bei Sanduntersättigung herrschen, so daß abgetragen werden kann.

Formunterschiede können von Düne zu Düne auftreten. Die links im Mittelgrund endende Längsdüne hat zwar denselben leicht mäandrierenden Grundriß wie die rechte, auf den letzten ca. 200 m jedoch einen gestreckten, nicht wie auf der Düne rechts in Pässe und Peaks gegliederten Kammverlauf. Das engständige niedrige Rippelmuster im Vordergrund und die Sandfahnen zeigen an, daß die beiden Seiten des Peaks von beiderseits flankenparallel wehendem Wind geringer Intensität geformt werden. Eine von hinten links, vom Ende der anderen Düne kommende Saltationswolke bewegt sich in spitzem Winkel auf die Luvseite der rechten Längsdünenflanke zu. Dieser Richtungsunterschied zwischen Längsdüne und Windrichtung ist allgemein gültig. Anders als die Symmetrieachsen der Barchane zeichnen die Längsdünen also nicht die Hauptwindrichtung nach.

Foto 492 zeigt die sanft ansteigende Luvflanke derselben Düne. Bei zunehmendem Sandtreiben wird eine kräftigere Sandwolke diagonal durch den Dünenkorridor getrieben. Die Rippelstreifen und sandreichen Strömungsfäden im Vordergrund zeichnen den Weg des Sandwinds in einen der Dünenpässe nach.

Die Strömung wird am Anstieg leicht komprimiert. Meist ziehen sich große Rippeln als Beleg hoher Windgeschwindigkeit bis auf die Paßhöhe. Je nach Windgeschwindigkeit wird ein Teil in Sandfahnen über die Kante auf die Südseite der Düne hinübergeweht.

Der andere Teil wird nahe der Kante aufgehöht und rutscht in unregelmäßigen Abständen das um 30° steile Hauptslipface hinab, das sich als nach Süden gerichtete Barriere zwischen zwei Segmentausbuchtungen erstreckt. Das Abrutschen geschieht wie bei den Barchanen nicht auf der gesamten Slipfacebreite gleichzeitig, sondern in unregelmäßigem Wechsel in Zungen, in denen der Sand als einige Zentimeter starke Lawine nach unten gleitet (Foto 494). Während einer Schwachwindphase, in der kein Sand über den Paß bis an die Abrißkante transportiert werden konnte, hatte ein schwacher, von links nach rechts wehender Wind das Slipface mit einem senkrecht verlaufenden Rippelmuster überzogen. Rippelfreie, noch nicht vom abrutschenden Sand erfaßte Slipfaceteile zeigen, daß mit zunehmendem Wind in einigen Bereichen die Rippeln entfernt worden waren, weil der Wind alle vorhandenen Korngrößen transportieren konnte. Abfolgen wie diese belegen, daß der Wind bei unterschiedlichen Geschwindigkeiten verschiedenen Wegen über und entlang der Düne folgt.

Das Längsdünensegment eines wiederum etwas anderen Typs von Länsgdüne in Foto 493 fällt durch sein sehr breites, gestrecktes Slipface auf. Bei starker Ernährung hat sich die Düne abschnittsweise verbreitert und Querdünenmerkmale angenommen. Das Slipface überwandert zwar den mit polygenetischen Rippeln (Kap. 4.3.1.), also von verschiedenen Starkwinden überprägten Sandschild im Vordergrund, ist dennoch aber nur wenig aktiv. Dafür spricht, daß der höchste Teil des Luvanstiegs nicht an der Kante liegt, weil vorher schon viel Sand bei zu geringer Transportkraft abgelagert wurde. Außerdem war der beim Barchanslipface angesprochene Leewirbel (Kap. 4.3.6.) nicht stark genug, um den Hof vor dem Slipface freizufegen.

Foto 495: Längsdünensegment; Ténéré, nordwestlich von Dirkou, → N

Foto 496: Leeseitiger Hof auf der Südseite eines Längsdünensegments; Tchigai (Düne von Foto 469), → SW

Foto 497: Deflationsmulde an der Basis der Leeflanke eines Längsdünensegments; Ténéré, nordwestlich von Dirkou, → E

Foto 498: Auswehung am Fuß der Leeflanke einer Längsdüne bis auf den unterlagernden Paläoboden (vgl. Foto 539 ff.), → E

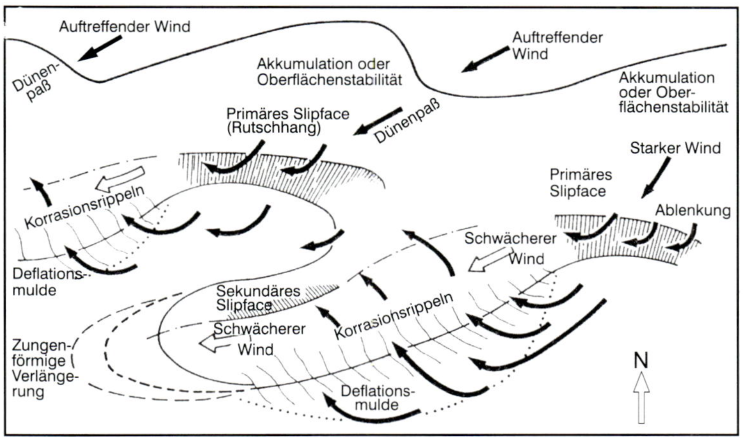

Abbildung 6: Sandtransportrichtungen auf einer Ténéré-Längsdüne (nach STENGEL 1992)

Der weitere Weg des Sandes läßt sich in Foto 495 im Vergleich mit Abbildung 6 verfolgen. Ein schwacher, über das Slipface wehender Wind transportiert den Sand weiter nach links und baut am Fuß des Peaks eine je nach Ernährungslage unterschiedlich schnell vorrückende Sandzunge auf, hinter der sich – hier vor dem linken Slipface – ein nach Westen offener Hof bildet. Bei starkem Wind dagegen biegt die sanduntersättigte Strömung erst etwas dünenferner um; ein Großteil des Sandes ist im Slipface geblieben.

Die umbiegende starke Strömung weht fast senkrecht den Dünenhang hinauf und schafft die großen Korrasionsrippeln von Foto 448. Der dabei abgetragene Sand wird bis auf den Peak hinaufgeweht und rutscht dann an einem kleinen Slipface – schon mehrfach als sekundäres Slipface bezeichnet – in den Hof oder, bei stärkerer Umlenkung, sogar gegen das primäre Slipface. In Foto 495 stehen primäres und sekundäres Slipface fast im rechten Winkel zueinander. Im Vorland hat der Wind eine weitgehende Rippelkappung geschaffen.

Foto 496, von derselben Düne wie Foto 469, zeigt einen kleinen Hof und eine nur wenig entwickelte Zunge. Offenbar ohne stärkere Winde in der jüngeren Vergangenheit gehen primäres und sekundäres Slipface in einem Bogen ineinander über, und am Boden des offenen Hofes hat sich bei nur geringer Transportkraft ein Sandschild mit wenigen längsgerichteten Rippelstreifen gebildet, die bereits wieder von noch schwächerem Wind von links überprägt worden sind.

Viel aktiver war die jüngste Formung in Foto 497. Auf der südlichen Außenseite des Peaks und der Zunge hat der stark untersättigte Wind eine über 1 m tiefe Deflationsmulde mit scharfer Oberkante geschaffen. Der hier ausgewehte Sand baute den windabwärts nächsten Peak mit seinem sekundären Slipface auf. Das polygenetische Rippelmuster mit ausgeprägter Kammaufspaltung als Anpassung an die geringere Transportleistung eines schwächeren Windes ist auch hier Zeuge wechselnder Windverhältnisse.

Ein extremes Ausmaß haben die Leeseitendeflation und Korrasion in Foto 498 erreicht. Der schleifende Wind hat im Vordergrund an der Flanke links besonders große Korrasionsrippeln geschaffen und in der Deflationswanne davor den frühholozän bis neolithisch gebildeten braunen, mit alten grauen Staunässeflecken durchsetzten Boden freigelegt (Kap. 5.). Über ihm liegen die weitständigen Kammreste der letzten Großrippelgeneration. Der Boden als Zeitmarke belegt das geringe Alter der Längsdünen.

Foto 499: Sehr ausgeprägt in Segmente gegliederte Längsdünen im zerschnittenen Plateaubereich südlich der Stufe von Bilma, → ENE

Foto 500: Detail der Dünen von Foto 499 mit barchanartigen, nach Westen gerichteten Slipfaces, → NE

Foto 501: Blick auf die sanft ansteigenden Nordflanken der Längsdünenschar südlich des Plateaus von Midjigatène, → S

4.3.9. Längs- und Breitrückendünen im Erg von Bilma

Ein besonderer Typ von Längsdünen hat sich in der Flächenpaß- und Windgassenposition südlich der Kaouarstufe ausgebildet. Die im Norden geschlossene Stufe (vgl. Foto 8) ist bei fast horizontaler Schichtenlagerung im Zuge der jungtertiären Zerschneidung der Dachfläche in ein System von Mesas und kleinen Plateaus aufgelöst worden. Der heute durch diese Lücken von Ost nach West wehende Passat bringt aus den östlich liegenden Gebieten soviel Sand mit, daß trotz des Düseneffekts die vorhandenen Längsdünen nicht zerstört werden, sondern sich, wie schon erwähnt, in den letzten Jahrzehnten sogar neue Längsdünen parallel zu den schon vorhandenen gebildet haben (Foto 499; vgl. Foto 474). Sämtliche Längsdünen sind erst nach dem Ende der neolithischen Feuchtzeit, also etwa innerhalb der letzten 3000 Jahre, gebildet worden. Dies wird auch durch von den Dünen überlagerte jungsteinzeitliche Siedlungsflächen belegt. Rechts im Vordergrund ist ein nur wenig älterer übersandeter Schwemmfächer als Relikt der vorhergehenden fluvialen Phase erkennbar.

Einige der Längsdünen setzen zwar an Felshindernissen an, unterscheiden sich aber sonst nicht von den in diesem Gebiet über 10 km lang werdenden freien Längsdünen (Foto 499). Offenbar weht der durch das Relief kanalisierte Wind weniger schräg über die Dünen. Die weiter im Norden deutlich ausgebildeten primären Slipfaces in Längsrichtung der Dünen sind kaum ausgebildet. Dafür wird das Aussehen der Segmente durch große, nach Westen gerichtete Rutschhänge bestimmt, die sowohl durch den die Gassen von der Nordseite hinaufgetriebenen Sand als auch durch den nach der Strömungsumlenkung auf der Südseite bewegten Sand ernährt werden.

Der vergrößerte Ausschnitt in Foto 500 läßt noch deutlicher als im vorigen Bild die Korrasionsrippeln an der Leeflanke erkennen. Im Prinzip laufen also dieselben Prozesse ab, die im vorigen Kapitel beschrieben wurden. Der Korridor zwischen den beiden Längsdünen ist wegen der guten Ernährungssituation ebenso wie das Vorland der südlichen Düne mit einer dikken Sandschicht bedeckt. In den sandärmeren Gebieten des Nordens hätten in dieser Position die gekappten Rippelfelder als Zeugen vorherrschenden Sandexports gelegen.

Die Sanddecke in der Dünengasse steht im Widerspruch zu der weitgehend akzeptierten Theorie, daß sich Längsdünen ebenso wie parallel zueinander angeordnete größere Draas (Kap. 4.3.11.) als Ergebnis windparalleler, schraubenförmig gegenläufiger und gestreckter Doppelspiralen bilden sollen (vgl. Besler 1992, S. 148 f.). Dort, wo die als Taylor-Görtler-Strömung bezeichneten Wirbelroller konvergieren, sollen Längsdünenrücken aufgeweht werden. Im Divergenzbereich dagegen soll ausgeweht und der aufgenommene Sand zum Aufbau der Dünen verwendet werden. Abgesehen davon, daß kaum einer der bisher vorgestellten Feldbefunde mit diesem theoretisch bestechenden Modell übereinstimmt, paßt eben auch die frische Akkumulation in den Gassen nicht dazu.

Dagegen spricht auch der Blick vom Plateau von Midjigatène nach Süden (Foto 501). Hier liegen die Längsdünen zunehmend dichter nebeneinander. Die nebeneinanderliegenden Wirbel müßten also eine unterschiedliche Größe haben. Außerdem hat auch hier die Zahl der Längsdünen zugenommen, und die Querprofile sind keinesfalls wirbelbedingt symmetrisch. Die Nordseiten mit ihren sanfter ansteigenden Luvflanken unterscheiden sich deutlich von den Leeseiten der vorigen Bilder.

Foto 502: Perlschnurartige Längsdünen mit westgerichteten Slipfaces in der Paßregion zwischen der Stufe von Bilma und Midjigatène, → N

Foto 503: Dünensandfreier Bereich im Lee des Rocher de Silemi, Bilma; Nordrand des Erg von Bilma, → W

Foto 504: Dichtgescharte Längsdünen an der Flanke einer Breitrückendüne; Erg von Bilma, → S

Diese Asymmetrie macht eine Durchquerung dieses Erggebiets mit dem Geländewagen von Süden nach Norden fast unmöglich und auch von Norden nach Süden nicht leicht. Am Ende jeder gut befahrbaren Luvrampe folgt ein unterschiedlich hohes Slipface mit etwa 30° Neigung, die das Auto mehr hinunterrutschen als -fahren muß. Die Überfahrten mit niedrigem Slipface an den schon seit langem vorhandenen Dünen haben sich nach den Angaben von Führern und Militärs nicht geändert. Die Überfahrten sind jedoch weitständig versetzt zueinander, und mit den neu hinzugekommenen Dünen müssen viele Kilometer in Schleifen durch die Dünenkorridore gefahren werden, um nur wenige Kilometer nach Süden voranzukommen.

Im Bereich stärkster Strömungskanalisation haben sich in dicht nebeneinander liegenden Reihen nahezu symmetrisch aufgebaute Längsdünen ausgebildet, deren gleichförmige Segmente mit ihren quer zur Längsrichtung ausgebildeten Slipfaces wie in einer Perlenkette aufgereiht erscheinen (Foto 502). Nördlich eines sandfreien, etwas höheren Sandsteinflächenrestes hat sich in einem Korridor ohne direkten Hinterlandanschluß und damit geringerer Sandversorgung nur eine Reihe großer weitständiger Barchane ausbilden können.

Noch weiter nördlich, am Westrand der zunehmend geschlossener werdenden Stufe und damit in ausgeprägter Leelage, sind nur noch wenige Sandrampen wie die von Foto 483 ausgebildet. Einen Ausschnitt aus dem Gebiet nördlich der Barchanreihe von Foto 502 zeigt Foto 503. Das Plateau des Rocher de Silemi grenzt im Süden an die Dünengasse; im Norden erlaubt ein niedrigerer Plateauabschnitt einen mäßigen Sanddurchtransport. Das Gebiet im Lee ist völlig sandfrei. In mehr als 10 km Entfernung wirkt sich das Hindernis nicht mehr aus: Windströmung und Sandtransport konvergieren allmählich und schließen den sandfreien Hof ab. Eine ähnliche Situation zeigt die Stufenfußdepression von Dogonboulo (Foto 244).

Da sich die Passatrichtung in den verschiedenen äolischen Phasen des Pleistozäns offenbar nicht geändert hat, konnte in solchen windgeschützten Zonen ein altes Relief bewahrt werden, das in den windexponierten Bereichen entweder eingesandet oder abgeschliffen wurde. Sandfreie Leebereiche und unterschiedliche Formung inner- und außerhalb der Höfe sind selbst im kleinen Maßstab der Satellitenbilder der Einleitung zu erkennen, insbesondere am Südrand des Plateau du Mangueni. Die kleinere Depression von Dogonboulo wird gegenwärtig gerade so stark von der Korrasion, nicht aber von Flugsand betroffen, daß die dortigen Diatomite ausgeräumt werden können (Foto 24, 258, 259). Im ausgedehnteren Windschatten von Silemi wurde die Seeterrasse (Foto 253) lediglich fluvial zerschnitten, wie es die trotz kleinsten Einzugsgebiets mäandrierenden, ehemals sicherlich periodisch fließenden Gerinnebetten bezeugen.

Ganz im Gegensatz zu diesem Windschattengebiet steht der Ausschnitt aus dem weiter südlichen Erg (Foto 504). Hier ist das Sandangebot so hoch, daß die dichtgescharten Längsdünen an ihren Leezungen in die Breite gewachsen und fast schon zu einer Abfolge von Transversaldünen umgestaltet worden sind.

Die Dichte der jungen Längsdünenvarianten im Erg von Bilma nimmt nach Süden hin ab, und ein älteres Dünenrelief tritt stärker in Erscheinung. Es besteht aus bis zu einigen hundert Meter breiten, völlig geradlinig in der Passatrichtung verlaufenden Rücken von mehreren Zehnern von Kilometern Länge.

Foto 505: Dünenende im längsdünenbesetzten Breitrücken-Dünenrelief des Erg von Bilma; südöstlich von Zoo Baba, → NE

Foto 506: Konzentration von Längsdünen in der Nahtzone zweier Breitrückendünen, Erg von Bilma, südlich von Zoo Baba, → SE

Foto 507: Große Querwellen auf einem Breitrücken; Südrand der Stufenfußdepression von Dibella

Das typische flachkonvexe Querprofil dieser Rücken, die bis 40 m hoch sein können, zeigen Foto 505 und 506.

Die Längsdünen konzentrieren sich, angepaßt an dieses Relief, an den Nordflanken, kommen aber auch wie in Foto 506 an den südlichen Flanken vor oder konzentrieren sich generell in den tieferliegenden und etwas windgeschützteren Bereichen.

Im Unterschied zu den aufsitzenden – wie beschrieben – sehr jungen Längsdünen sind die breiten Dünenrücken sehr alt. Hugue Faure (1966) hat sie als *Dunes I* zusammengefaßt. Nach der Literaturzusammenstellung bei Jörg Völkel (1989) gehören sie ins Ogolien und sind damit jünger als 20 000 Jahre. Auf diesen Dünenrücken liegt jedoch neben jungsteinzeitlicher auch eine eindeutig paläolithische Artefaktenstreu (Busche u. Heistermann 1992). Dazu paßt, daß erste, noch unveröffentlichte Thermolumineszenzdatierungen von Ludwig Zöller bei aller Unsicherheit der Datierungsmethode (Wagner u. Zöller 1989) ergeben, daß diese Dünen mindestens einige Zehntausend Jahre alt, also weit vor dem Ogolien entstanden sind.

Ihre Form läßt sich mit der heutigen äolischen Dynamik nicht erklären. Monique Mainguet (1982, 1984) hat sie als *dunes d'érosion* – als Korrasionsdünen – bezeichnet, die von sehr starken Winden aus einer vorher aufgebauten, mächtigen flächenhaften äolischen Sandakkumulation herausgefräst wurden. Im Hinblick auf ihr Querprofil wird hier der Name Breitrückendünen vorgeschlagen. Derartige völlig geradlinige Riesenformen kommen auch auch Ostrand des Edeyen von Murzuk oder in Mauretanien vor und sind in ihrer Bedeutung für das äolische Relief am besten in Satellitenbildern zu erfassen. Zeitlich dürften sie den großen Korrasionsformen im Sandstein (Kap. 4.2.4.) gleichzusetzen sein. Die teils sandfreien Senken oder Nahtlinien zwischen ihnen – wie in Foto 505 und 506 – waren zur Bildungszeit nicht die besonders geschützten, sondern nach Art der *couloirs* des Sandsteinkorrasionsreliefs besonders der Abtragung ausgesetzten Bereiche.

Die Breitrückendüne in Foto 507 liegt am Südrand des Plateaus und der Stufenfußdepression von Dibella. Akzentuiert durch die tiefliegende Depression im Anstehenden mit ihren wenigen, der jungen Auswehung entgangenen Diatomitresten (vgl. Foto 245), steigt dieser Rücken mit konvexem Profil mehrere Zehner von Metern hoch an. Unbekannt ist jedoch, wie hoch der Felsboden außerhalb der Depression liegt und ob hier ein höher liegender Beckenrand wie bei den Depressionen des Kaouar überdeckt wird. Im Hintergrund ist der Rücken von einer der üblichen Längsdünen besetzt.

Als neues Formelement kommt hinzu, daß ein großer Teil der Längsdünen – von der Linie der Plateaus südlich von Bilma bis auf die geographische Länge von Termit – von weitabständigen, flachen Querwellen unterlagert ist, die ihrerseits mit meist leicht in Windrichtung gebogenem Grundriß den Breitrückendünen aufsitzen. Es handelt sich also um Dünen einer weiteren Reliefgeneration. Aus der gerade bei Dibella gut bekannten größten Seespiegelhöhe des frühen Holozäns ergibt sich, daß diese Dünen ebenso wie die sie unterlagernden Breitrücken zeitweilig tief unter Wasser lagen und ehemals stärker akzentuierte Formen dabei buchstäblich verwaschen worden sein könnten. Daß es hier nicht wie weiter nördlich in der Ténéré zur Dünenkappung durch Wellenschlag kam (Foto 230), mag eine Folge zu tiefen Wassers nach schnellem Spiegelanstieg gewesen sein.

Foto 508: Flachwelliges Ergrelief ohne Längsdünen südlich von Dibella; Erg von Bilma, → N

Foto 509: Ebene Sandfläche am Nordostrand des Edeyen von Murzuk, → S

Foto 510: Völlig ebene Sandfläche im ehemaligen Seebodenbereich der Ténéré, westlich von Achegour (vgl. Foto 229 ff.), → W

4.3.10. Sandebenen

Eine weitere Variante des Ergreliefs tritt südlich von Dibella auf. Längsdünen werden sehr selten. An die Stelle der Breitrückendünen tritt ein flachwelliges Relief wie in Foto 508, dessen Wellenkämme jedoch einen viel größeren, in Kilometern zählenden Abstand als die um die 100 m liegenden Amplituden der bogenförmigen Wellen von Foto 507 haben. Diese Sandfläche stellt möglicherweise das Ausgangsrelief der Breitrückendünen dar. Noch weiter nach Süden werden die Senken zunehmend tiefer, und das Relief wird von etwa in der Passatrichtung angeordneten, teils Zehner von Metern tiefen Dünendepressionen gebildet. Ihre Ränder – teils nur noch schmale Streifen zwischen benachbarten Becken – sind weitgehend eben. Sie scheinen ebenfalls die Reste des älteren Flachreliefs zu sein. In diesen Becken gab es außerhalb der Stufenfußdepressionen die am längsten überdauernden holozänen Seen (Foto 228), an deren Rändern die zahlreichen Blitzröhren gefunden wurden (Foto 251, 252). Die Tiefe der Becken, in denen nirgends das Anstehende erreicht wird, zeigt, daß die äolische Sanddecke mindestens viele Zehner von Metern mächtig ist. Bohrdaten der Erdölindustrie aus dieser Region sind leider nicht zugänglich.

Ein derartig flachwelliges äolisches Relief nimmt auch Teile der südlichen Ténéré, ebenfalls im Übergang zu tieferen Dünendepressionen, ein. Das eindrucksvollste Reliefelement sind jedoch jene völlig ebenen Sandflächen außerhalb der Stufenfußdepressionen, an deren Ausbildung der ausgleichende Wellenschlag des dort nur flachen Paläotschad (Foto 229) einen wesentlichen Anteil gehabt hat und die danach teils von Diatomiten (Foto 224), teils von aus Schilfsümpfen hervorgegangener Sumpferzstreu (Foto 230, 231) überdeckt wurden. Vorgegeben war jedoch eine mächtige, ursprünglich sicherlich von den Flüssen des Nordens angelieferte Sandakkumulation (vgl. den Text zur Prä-Acheulterrasse ab Foto 186), die nachfolgend äolisch umgearbeitet wurde, aus der dabei aber weithin keine Dünenlandschaft, sondern eine ebene Sanddecke entstand. Nur in relativ kleinen Teilen wurde diese Sandakkumulationsfläche später durch Kappung von Dünenkörpern ausgeweitet (Foto 230). Unter der Sanddecke dürfte sich das flachwellige, seiner Bodendecke beraubte Rumpfflächenrelief fortsetzen, das südwestlich des Djadoplateaus (Foto 13) darunter abtaucht und in flachen Schwellengebieten wie um Fossenet und Cheffadène in der östlichen und um Areschima in der westlichen Ténéré vor dem Aïr wieder auftaucht.

Auch die völlig ebene Sandfläche von Foto 509 vor der Schichtstufe von Magedul im Hintergrund (Foto 2) ist eine mächtige Dünensandakkumulation. Von Norden anreisend, muß ein wellenförmiger Rand von mehreren Zehnern Metern Höhe überwunden werden. Der Südrand dieses wenige Zehner von Kilometern breiten und fast 200 km nach Nordosten gerichteten Pfannenstiels geht im Bildbereich eben in das Stufenvorland über. In Landsat-Satellitenbildern deutlich erkennbar und in den kleinmaßstäbigen Satellitenbildern dieses Bandes zumindest erahnbar, geht diese Sandfläche nach Westen in teils über 100 km lange Breitrückendünen über. Noch weiter nach Westen schließt sich erst daran der aus riesigen Draa-Dünen aufgebaute eigentliche Edeyen von Murzuk an. Erst jenseits der Messakstufe im Westen bestehen dann wieder große Teile des kleinen Ergs von Oan-Kasa aus einer völlig ebenen Akkumulationsdecke über einem uhrglasförmig aufgewölbten Rand. Die Fläche dort ist mit einer dichten neolithischen Fundstreu bedeckt. Auf den Randbereichen der Sandebene vor Magedul wurden auch paläolithische Artefakte gefunden, die einen ersten Hinweis auf das hohe Alter dieser Akkumulation geben.

Foto 511: Riesendüne (= Draa) mit aufsitzenden akléartigen Flankendünen; Kämme durch eine Windrichtungsänderung umgedreht; nördlich der Arakschlucht, Südalgerien, → W

Foto 512: Transversale Flankendünen auf einem Draa; Grand Erg Oriental

Foto 513: Zwei aus einer Reihe von Draa im Hongraben südlich der Syrte; Nordlibyen, → W

Foto 514: Pyramidenförmige Draa (= Ghourd); nördlich der Arakschlucht, Südalgerien, → E

Foto 515: Transversale Flankendünen mit abgerundeten Kämmen auf einem Draa; Temet, östliches Aïrvorland

4.3.11. Riesendünen/Draa

Die größten Sandakkumulationskörper werden als Draa bezeichnet (Besler 1992, S. 138 ff.), solche mit eher sternförmigem Grundriß als Rhourd. Helga Besler unterscheidet sie mit anderen Autoren als eine eigene Klasse äolischer Akkumulationsformen, getrennt von Rippeln und Dünen; andere sprechen aber durchaus von Draa-Dünen. Wenn man nicht auch die viele Kiloleter langen und wahrscheinlich korrasiv entstandenen Breitrückendünen der Ténéré als Draa bezeichnen will, kommen diese Formen in der südlichen zentralen Sahara nicht vor. Dagegen sind sie, neben isolierten Vorkommen wie auf dieser Doppelseite, gemeinsam mit Rhourds die wichtigsten Akkumulationskörper der Edeyen von Murzuk und Ubari und, wenn auch außerhalb der behandelten Region, des Großen Westlichen Erg (Kap. 4.3.12.).

Draa sind allgemein als äolische Vorzeitformen erkannt worden. Unter Abschätzung der bei Höhen bis um 200 m für ihren Aufbau nötigen Windenergie und Sandmengen dürften sie zeitgleich mit den Phasen der alten Windkorrasionsgroßformen sein (Kap. 4.2.4.).

Vorzeitlich und damit unbeweglich ist nur der Hauptkörper, der aus für die heutigen Windverhältnisse zu grobem Sand besteht. Diesem sitzen wie in Foto 511 aktive Flankendünen aus feinkörnigerem Sand auf. Sie sind – wie hier – meist als Querdünen ausgebildet und haben ausgeprägte frische Slipfaces, wie sie Foto 512 – eine Detailaufnahme derselben Düne – zeigt. Jahreszeitliche und unregelmäßige Änderungen der Hauptwindrichtung führen kurzzeitig dazu, daß die Querdünenkämme – wie in Foto 511 – umgedreht werden. Bei wiederholten Sandwindereignissen aus derselben Richtung entstehen dann nicht nur niedrige neue Slipfaces entgegen den alten, vorübergehend nicht mehr benutzen Rutschhängen. Der gesamte Querdünenkörper kann sogar umgedreht und auch in der Gegenrichtung verlagert werden. Das Aufsitzermuster in Foto 514 hat sich im Vergleich mit jüngeren Fotos in 6 Jahren kaum verändert. Der Sand wird also vor allem von entgegengesetzten Winden auf den Draaflanken hin- und herbewegt. In einer anderen Kombination gegenläufiger Winde in Foto 515 sind die Slipfaces fast ausgelöscht und die abgerundeten Querdünenrücken nahezu ortsfest geworden.

Vegetation ist mit Ausnahme des extrem ariden Edeyen von Murzuk auf den Draa nicht selten. Die mehrjährigen Büsche in Foto 512 sitzen bei unterschiedlicher Einsandung auf den Flanken des immobilen Draa, und zwar an den Stellen, an denen Paläobodenreste (Kap. 5.) des oder der letzten Pluviale eine bessere Wasserhaltung für die Pflanzen erlauben. Diejenigen am Unterhang leben von dem insgesamt großen Speichervolumen dieser Großformen.

In den Ergs kommen die Draa immer zahlreich in linienhafter Anordnung vor. Zur Erklärung dieser Muster wird generell das in Kapitel 4.3.10. beschriebene Modell der horizontalen Wirbelroller herangezogen (Besler 1992, S. 149). Schwierigkeiten bei dessen Anwendung ergeben sich bei den Einzelformen. Da die Kämme ihrer Aufsitzerdünen nicht in einem Gipfel zusammenlaufen, sind sie auch keine Rhourds oder Sterndünen als Ergebnis umlaufender Winde. In Foto 514 ist zu vermuten, daß außer dem teileingesandeten Inselberg rechts noch ein weiterer den Dünenkern bildet und die Sandakkumulation begünstigt hat. Nicht zutreffen kann die Felskernerklärung jedoch für Muster wie das der großen, in einer einzigen Reihe und in regelmäßigen Abständen hintereinander angeordneten Draas im libyschen Hongraben. Foto 513 zeigt zwei dieser über 100 m hohen, isolierten Vorzeitformen als Teil einer gleichabständigen Kette in einem Gebiet, in dem heute Sandmangel herrscht.

Foto 516: Draa- und Querdünenkomplex; Westrand des Edeyen (= Erg) von Murzuk, Südlibyen, → E

Foto 517: Gitter von Draadünen auf einer fast sandfreien Fläche; Erg von Admer, Südalgerien, → N

Foto 518: Durch eine Querdüne blockiertes Dünental zwischen zwei Draa; Westrand des Edeyen von Murzuk, Südlibyen, → SE

Foto 519: Dasselbe Gebiet; Ergrand und Eintritt eines Tals in den Erg, → SE

4.3.12. Alte Ergs

In den jungpleistozänen und holozänen Ergs (Foto 435–437) dominieren die Transversal- und Aklédünen. Der alte Erg von Bilma besteht aus den Breitrückendünen, weiten Sandwellen und den nach Süden darin eingesenkten Depressionen, die regional unterschiedlich stark von jungen Längsdünen überwandert werden (Foto 505–508, 238). Ganz anders dagegen der Aspekt der alten Ergs im Zentrum der Sahara.

Die randfernen westlichen Bereiche des in einer tektonischen und zugleich geomorphologischen Schüssel liegenden Edeyen von Murzuk (vgl. Einleitung) bestehen aus einem auf den ersten Blick chaotischen Muster riesiger Dünenformen. Tatsächlich sind in Foto 516, etwa 20 km vom Westrand des Edeyen entfernt, jedoch zwei etwa einen Kilometer auseinanderliegende, über 200 m hohe und viele Kilometer lange Draa durch eine Vielzahl kleinerer und jüngerer Dünen vergittert worden. Zwischen diesem extremen Draa- und Dünenrelief und der Sandebene von Foto 509, knapp 300 km westlich davon, liegt die oben angesprochene, nach Westen zunehmend vergitterte Zone langer Korrasionsrücken aus Dünensand wie im Erg von Bilma (vgl. die Satellitenbilder).

Kennzeichnend für die Ränder des Edeyen ist die scharfe Grenze zum sandfreien Umland (Foto 518, 519), geschaffen durch die jüngere Auswehung, deren Fahnen ebenfalls in Satellitenbildern durch die Stufenpässe hindurch ins westliche und südliche Vorland verfolgbar sind, wo daraus im Stufenvorland der sekundäre Erg von Ouan-Kasa und Dünenfelder gebildet wurden. Die Farbunterschiede der Dünen in beiden Bildern unterstreichen, daß zu einem jüngeren Zeitpunkt der Entwicklung am Westrand des Ergs breite Gassen bestanden, die von Querdünen abgeschnitten wurden. Den Farbunterschied der Draa zum Gelb der jungen Dünen bewirken die gröberen und stärker von roten Eisenoxidhäutchen umgebenen Körner der Draaoberfläche. Vor der einige Zehner von Metern hohen, stark gegliederten Querdüne endet ein Flußbett in einer kupstenbestandenen kleinen Endpfanne.

An anderer Stelle des Westrands besteht eine Lücke zwischen rötlichem altem Draa und jüngerer Längsdüne, durch die auf einer ebenen Flußterrasse in den Erg hineingefahren werden kann. Die gelben Querdünen sitzen jeweils Teilen dieser Terrasse auf, sind also jünger und haben ein fluviales System blockiert. Nach Untersuchungen im sandfreien Westrand der Schüssel, auf der im Bereich der beiden Bilder unter den Erg abtauchenden Messak-Dachfläche (Foto 202), gehören die zerschnittenen fluvialen Sedimente zur frühholozänen Mittelterrasse (Kap. 2.3.3.). Die Flüsse jener Zeit reichten bei nur kleinem Einzugsgebiet zwischen Stufenabfall und Ergrand mindestens einige Zehner von Kilometern in den Erg hinein. Die dabei mitgeführten Sande mögen die mit der Entfernung vom Ergrand zunehmende Dünenvergitterung mit ernährt haben.

Einen völlig anderen Eindruck macht der im westlichen Vorland der südalgerischen Tassilistufe auf der nördlichen Fortsetzung der Ténéré-Rumpffläche liegende kleine Erg von Admer (Foto 517). Er besteht aus einem weitmaschigen Gitter von teils über 100 m hohen Draa auf einer völlig sandfreien Serirfläche. Dazwischen haben sich nur an wenigen Stellen viel

Foto 520: Flußterrassenfläche in einem Dünental am Westrand des Edeyen von Murzuk; Südlibyen; → SE

Foto 521: Dasselbe Tal: Übergang von der Terrassenfläche in ein Seebecken im Erg, → SE

Foto 522: Blick von einem jungsteinzeitlichen Siedlungsplatz quer über dasselbe Dünental, → S

niedrigere Querriegel wie im Bildmittelgrund gebildet. Dieser Erg liegt offenbar in einem heutigen Sandmangelgebiet und dürfte mehr noch als die Ränder des Edeyen von Murzuk durch Auswehung überprägt worden sein.

Die drei Bilder dieser Doppelseite führen noch einmal in den westlichen Edeyen von Murzuk, und zwar in drei verschiedene Dünengassen. Die Draa auf beiden Seiten der Gasse von Foto 520 dienten als stabile Ufer für den Fluß, der seine Sedimente auf mehreren hundert Metern Breite während der Mittelterrassenzeit absetzte, vor der Erosion einer etwas tieferen Terrasse rechts im Bild. Wie in den beiden anderen Bildern endete dieser Fluß in etwa 10 km vom Ergrand in einem See, der von einem älteren Dünenquerriegel gestaut wurde.

Die Flüsse endeten mit einer Deltaschüttung im See. Die Flußterrasse in Foto 521 zeigt somit das Niveau des höchsten Seespiegelstandes an. Tiefere Niveaus bildeten sich in Anpassung auf sinkende Spiegelstände aus. Die hellgraue Farbe am Boden des Seebeckens im Hintergrund von Foto 521 stammt von seewassergebleichtem Dünensand und aufgearbeitetem, weitgehend ausgewehtem Diatomit.

Oberhalb des Seespiegels wechselt unter der rezenten gelben Dünensanddecke die Sandfarbe vom Weiß oder Grau des einst hohen Wasserstands zu der für das letzte Pluvial typischen roten Bodenbildungsfarbe der gut drainierten Draaflanken. Wenige Grashalme im Vordergrund von Foto 522 sitzen wie die Kupsten in Foto 512 auf den noch nicht vollständig ausgewehten Bodenresten, die einen für den Pflanzenwuchs besseren Wasserhaushalt als die jungen, wasserdurchlässigen Sandakkumulationen haben. Die kleinen schwarzen Strukturen gehören zu den nördlichsten Funden von Blitzröhren (Foto 251, 252), die hier hoch über der Dünengasse in einem feuchten Boden gebildet wurden.

Wie bei den isolierten Draa der vorigen Seiten bestehen auch die des Edeyen aus einem alten, immobilen Körper mit aufsitzenden, beweglichen Querdünenvarianten. Häufig ist auch, wie in Foto 520, auf etwa zwei Dritteln der bis um 200 m hohen Draa eine Verebnung zu erahnen. Bis zu diesem Zwischenniveau bestehen die Draa aus gröberem und auch nach Abtragung der Paläoböden relativ standfestem Sand, während sich die oberen Teile zum Gipfel aus feinkörnigerem und unverfestigtem Dünensand zusammensetzen. Offenbar sind die ursprünglich niedrigeren Draa in einer jüngeren Akkumulationsphase aufgehöht worden.

R. Capot-Rey (1947), der weite Teile des Edeyen zu Fuß untersucht hat, fand an den Unterhängen der Draa zahlreiche paläolithische Artefakte. Damit sind diese Formen wie die Breitrücken des Ergs von Bilma mit ihren Artefakten auch mindestens einige zehntausend Jahre alt. Während der Pluviale des Paläo- und Neolithikums muß der heute extrem lebensfeindliche Erg ein zumindest akzeptabler und viel genutzter Lebensraum gewesen sein, wie es auch die anderen alten Ergs gewesen sind. Die beiden Mahlsteine auf der Dünenflanke in Foto 522 sprechen davon, ebenso wie die Vielzahl von jungsteinzeitlichen Abschlägen und Artefakten in dem lockeren Steinpflaster der zu jener Zeit bereits trockenen Flußterrassen, von denen die meisten von außerhalb in den Erg hineingebracht worden sein müssen. Die mobilen Flankendünen überwandern zahlreiche Siedlungsplätze an den Draahängen und im Verebnungsbereich und geben sie von Zeit zu Zeit – jedesmal mit weiterem Substanzverlust durch Windkorrasion besonders der Keramikscherben – wieder frei. Wie aus den bisherigen Bebachtungen zum Quartär nicht anders zu erwarten war, wurden auch die wahrscheinlich über das gesamte Quartär mehrphasig gebildeten alten Ergs wiederholt durch humide Phasen mit Bodenbildung, einer geschlossenen Vegetationsdecke, ausreichend Wasser und im jüngeren Quartär auch durch menschliche Besiedlung überprägt.

Foto 523: Regennasser Draa mit wegen anderen Sandes deutlich abgehobenen Flankendünen; südlich von El Golea, Südalgerien

Foto 524: Durchfeuchtete Rippeloberfläche mit Regentropfeneinschlägen

Foto 525: Nach Durchfeuchtung und Auswehung einer dünnen Decksandlage erkennbare Schichtung in einem Dünenkamm

Foto 526: Schichtungsmuster in einem durchfeuchteten Dünenkamm

4.3.13. Regennasse Dünen südlich von El Golea

Im Frühjahr 1990 gab es in der Region von El Golea in Südalgerien einen mehrtägigen Landregen. Die Dünen eines kleinen Ergs wurden dabei so durchfeuchtet, daß auf den Hängen die verschiedenen, in den früheren Kapiteln diskutierten Sandüberdeckungen und Rippelgenerationen in extremer Deutlichkeit zutage traten. Außerdem wurde auf allen Oberflächen, die nur eine dünne Sanddecke des letzten Windereignisses vor dem Regen trugen, dieser Schleier abgetragen. Dadurch wurde die darunterliegende Schichtung, die normalerweise verborgen ist, weitflächig sichtbar und gab so Einblicke in die komplizierte Akkumulationsgeschichte der Dünenkörper.

Nach Beobachtungen, die früher von Ingrid Stengel bei Regenwetter auf dem Kniepsand von Amrum (1992, S. 66 ff.) und vom Autor während des Regens auf den Dünen von El Golea gemacht wurden, bewirken die aufschlagenden Regentropfen die Bildung kleiner Krater mit hochgebogenen Rändern und das Zusammenkleben – die Aggregatbildung – von Sandkörnern durch die Feuchtigkeit. Auf der durch die Kraterränder und die Aggregate rauher gewordenen Oberfläche kann der deflatierende Wind selbst bei Regen angreifen. Es entstehen keine Saltationswolken, sondern die Aggregate werden rollend bewegt und so insbesondere steile Hänge von ihrer Sandüberdeckung befreit. Auf der horizontalen Rippelfläche von Foto 524 reichte ohne unterstützendes Gefälle die Abtragungskraft des Windes nicht aus. Die sich überlappenden Regentropfeneinschläge bewirken hier nur eine für die Vollwüste ungewöhnliche Art der allmählichen Rippelauslöschung.

Die Dünen bilden einen kleinen Erg alter, in der Gesamtform nicht mehr aktiver Dünen. Die dünensandfreie Umgebung zeigt, daß Auswehung vorherrscht. Das hohe Alter wird wie im Edeyen von Murzuk durch eingelagerte diatomitische Seesedimente des frühholozänen Pluvials belegt (Foto 525, hinten).

Da die unterschiedlichen Korngrößen und die stärkere Eisenoxidumhüllung der gröberen alten Dünensande zu unterschiedlicher Wasseraufnahme führen, verstärken sich die sonst im Gelände kaum sichtbaren Farbunterschiede. Auf der Dünenflanke von Foto 523 sind so eindeutig die niedrigen, mobilen Aufsitzerdünen von der stabilen Gesamtform zu trennen.

In Foto 526 sind die beiden Flanken eines Leedünenkammes weitgehend ihrer Sanddecke entledigt worden. Der Wind hatte zuletzt von rechts nach links über den Kamm geweht und die rechte Flanke in ein Slipface umgestaltet, wie an den hellen, den Hang hinabziehenden Zungen zu erkennen ist. Auf dem linken Hang wurde schon länger erodiert, denn die dort aufgeschlossenen Schichten stimmen nicht mit der Dünenform überein.

Foto 525 zeigt einen Ausschnitt aus der linken Flanke, deren untere Teile noch die von oben her abgetragene dünne Sandüberdeckung tragen. Die oberen 10 cm unter dem Kamm und oberhalb einer scharfen Trennungslinie – einer Diskordanz – gehören zu dem slipfaceartigen Sandtransport den rechten Hang hinunter. Die darunterliegenden Schichten zeigen, daß der Kamm in vielen einzelnen Phasen durch Sande unterschiedlicher Korngrößen aufgehöht und dabei oder danach der gesamte Körper nach rechts verlagert wurde. Die Schichtungsdetails sind schwer zu interpretieren, weil solche Formen in Verbindung zu einer bestimmten Reliefform in der Regel nicht aufgeschlossen sind. Die kleinwelligen Grenzlinien zwischen Schichten dürften Rippeloberflächen im Profil markieren, die bei schwacher Übersandung erhalten geblieben sind. In den

Foto 527: Dank Durchfeuchtung sichtbar gewordenes Muster flächenhafter Akkumulation und Auswehung an einer Dünenflanke

Foto 528: Bogenförmige Schichtung an nasser, flächenhaft abgetragener Dünenflanke

Foto 529: Muster junger Sandablagerung im Lee einer Buschreihe

Foto 530: Durch unterschiedliche Durchfeuchtung verstärkt sichtbare Unterschiede in einem polygenetischen Rippelbereich

zuckerwassergehärteten Rippelausgrabungen (Kap. 4.3.3.) waren von früheren Rippelphasen stets nur gestreckte oder bogenförmige Schichten übriggeblieben.

Auf der konvex gewölbten Dünenflanke von Foto 527 ist die jüngste Sandüberdeckung völlig abgetragen worden. Der Blick fällt auf Schichtflächen, die schalenförmig übereinander aufgeweht worden sind. Das Moirée-Muster mit einigen geschlossenen Kreisen markiert eine leicht über die ursprüngliche Schichtung hinwegschneidende flächenhafte Abtragung. Unregelmäßig ausgebildete Nahtlinien zeichnen die Grenzen einzelner Sandkörper nach, die sich beim Aufbau dieses Hanges überlagerten. Ebenso wie Rippelfelder sind auch einfach aussehende Dünenkörper oft, vielleicht sogar generell komplexe, polygenetische Gebilde, die nicht ohne weiteres einem einzigen Windregime zuzuordnen sind, besonders wenn solche Formen – wie in diesem Fall – über etliche tausend Jahre hinweg aufgebaut worden sind.

Die bogenförmigen Schichtungsverläufe des Hanges in Foto 528 sind das Ergebnis einer relativ gleichmäßigen, lang dauernden Akkumulation, die am heutigen Hang schräg angeschnitten worden ist. Selbst hier, wo die zugehörige Dünenform noch erhalten ist, wird deutlich, wie schwer bei in willkürlichen Richtungen angeschnittenen äolischen Sandsteinen die Rekonstruktion der Prozesse während der einstigen Akkumulation ist.

Die beiden letzten Beispiele zeigen wieder durch die Farbdifferenzierung – wie bei einer Kontrastverstärkung im Rahmen einer digitalen Bildverarbeitung – das jüngste Geschehen auf der Dünenoberfläche vor dem Regen. In Foto 529 ist eine wenige Zentimeter starke Sanddecke von links her flächenhaft ausgeweht worden. Im Lee der Pflanzenbüschel blieb die hell erscheinende Auflage erhalten. Im Vordergrund hat sich, wie auch bei größeren Sandschilden immer zu beobachten ist, im Zuge der Auswehung und Anreicherung grober Korngrößen ein Deflationswall gebildet. Entlang der windwärtigen Deflationskante wurde zuletzt bei sehr schwachem Wind ein schmales Band des am hellsten erscheinenden sehr feinen Sandes abgesetzt.

Foto 530 ist ein farbkodiertes Übungsbeispiel zur Entschlüsselung einer polygenetischen Rippelfläche (vgl. Kap. 4.3.1.). Die alles unterlagernde dunkelbraune Rippelfläche besteht aus dem Sand der alten Düne. Die groben Körner der leicht deflatierten und zugerundeten Rippelkämme erscheinen hell, die wassergesättigten Feinsandbereiche der Rippeltäler heben sich dunkel ab.

Über diese durch Wind von rechts geschaffene Rippelfläche wurden von hinten rechts mehrere seitlich zusammengewachsene Sandflecken hinweggeweht, ohne daß das darunterliegende Rippelmuster zerstört worden wäre – eine Situation, wie sie mehrfach die Dünenflanke von Foto 525 zeigt. Anschließend erfolgte eine derart selektive Auswehung, daß Teile der ersten Rippelgeneration wie in einem geologischen Fenster wieder freigelegt wurden. Auf den angrenzenden Flächen war die Deflation gerade noch stark genug, um die gegenüber dem alten Sand feineren Korngrößen der gelben Rippelfläche auszuwehen. Dabei wurden die Randbereiche des Sandflecks zu den für Rippelflecken typischen schmal gewordenen, isoliert liegenden Rippelkämmen aus Grobsand umgestaltet.

Schmale dunkelgraue Streifen auf der Rückseite der Überdeckung sind die einzigen, nur in ihrer gröbsten Fraktion bewahrten Spuren einer weiteren Überdeckung, die noch vor der hellen erfolgte und die danach fast vollständig – ebenfalls ohne Zerstörung der ältesten Rippelgeneration – wieder abgetragen wurde. Das Beispiel zeigt, daß Rippeln auch unabhängig von ihrer Größe mehrere Windereignisse überdauern können.

Solch eine Interpretation ist erst einmal nicht mehr als eine Fingerübung. Aber sie schärft den Blick für die Möglichkeiten beim Einsatz der Rippelmuster zur Erklärung größerer äolischer Formungszusammenhänge. Die wenigen Beispiele freigelegter Schichtung sind in erster Linie eine Warnung, daß die Ableitung des inneren Aufbaus von äolischen Akkumulationskörpern aus der Form in der Regel mit Schwierigkeiten verbunden sein dürfte, wie auch umgekehrt die Ableitung von vorzeitlicher Dünendynamik und Dünenformen aus einer aufgeschlossenen äolischen Sandsteinschichtung nicht unproblematisch ist.

Foto 531: Hangschuttbedeckte und hangschuttdurchsetzte rote Altdünenrampen, Seesediment und rezenter Windschliff; Col d'Anai, Messak Mellet, südalgerisch-libysche Grenze, → SE

Foto 532: Wechsel von Hangschwemmschutt und rotverwittertem Dünensand; Detail von Foto 531, rechts oben

4.3.14. Fossile fluvioäolische Sandrampen

Zu den erst unvollständig gelösten Fragen der Geomorphologie der zentralen Sahara gehört das zeitliche Ineinandergreifen fluvialer und äolischer Akkumulationsprozesse. Lösungsansätze bieten die in der ganzen Region, auch außerhalb der Gebiete nennenswerter heutiger äolischer Aktivität vorkommenden Sandrampen an Stufenhängen, an deren Aufbau äolische und fluviale Prozesse im Wechsel beteiligt waren und deren Aufbau mehrphasig abgelaufen ist.

Zwei Rampentypen, von denen der eine stärker äolisch, der andere stärker fluvial geprägt ist, befinden sich am Fuß der Stufe von Foto 531. Das Gebiet liegt an der inneren Südflanke der dreieckig in die Messakstufe eingreifenden Talbucht, die zur Paßauffahrt des Col d'Anai hinaufführt. Die Hangschuttdecke unterhalb des von kleinen Tafoni durchsetzten, inaktiven Free Face – des Steilhangs – (vgl. Foto 310) ist in üblicher Weise zerschnitten und weitgehend patiniert, derzeit also auch nur wenig aktiv. Einige als gebogene Längsstreifen am Hang rechts erkennbare Murenbahnen zeigen, daß die Schuttbewegung in der jüngeren Vergangenheit auch oder vielleicht ausschließlich in solchen Massenbewegungen nach starker Durchtränkung abgelaufen ist.

Der durch fluviale Unterschneidung sehr kräftiger, sicherlich nicht rezenter Abflußereignisse aus dem Paßbereich aufgeschnittene Sedimentkörper rechts hinten zeigt, daß er insgesamt von viel stärkeren Murereignissen aufgebaut worden ist. Aus Abdachung, Schüttungsrichtung und Sedimentgehalt ist ablesbar, daß zuvor an der Stufe aufgewehter Dünensand bei zahlreichen Starkregenereignissen gemeinsam mit großen Mengen von Hangschutt hangabwärts gewaschen wurde.

Die über 10 m hohe Aufschlußwand von Foto 532 zeigt im Anschnitt die linsenförmige Überlagerung einzelner Mursedimente. In der Wand stecken Blöcke von über 1 m Kantenlänge. Der mehrere Meter lange Sandsteinblock im Bildvordergrund, dessen Patina durch jungen selektiven Windschliff (Kap. 4.2.1.) vollständig entfernt worden ist, dürfte während dieses Geschehens seinen Platz erreicht haben. Hinweise auf derartige kräftige Massenbewegungen, die jünger als die Akkumulation der Mittelterrasse sein müssen, wurden in Foto 205 und 377 gezeigt. Da der Terrassenkörper in Foto 532 in seinen sandigen Partien eine gleichmäßig rote Farbe hat, die nicht in die Schuttlinsen eingreift, sind hier bereits rotverwitterte Sande umgelagert worden. Da die farbgebenden roten Oxidhäutchen um die Sandkörner beim Transport leicht abgerieben werden, ergibt sich, daß Sand nicht in vielfachem Wechsel aufgeweht und mit dem Schutt wieder abgewaschen, sondern daß eine rot durchverwitterte Dünenrampe sukzessiv aufgearbeitet wurde.

Lieferant dafür war eine Akkumulation, die hinten links am Stufenfuß in zerschnittenen Resten noch erhalten ist. Sie besteht unter ihrer dünnen Schuttdecke und einer nur wenige Zentimeter starken Lage losen gelben Dünensands ausschließlich aus rotverwittertem äolischen Sand (Foto 535). Bei Grabungen wurden keine Beimengungen verschwemmten Schutts in der Akkumulation gefunden.

Die weißen Flächen in der Bildmitte sind ein diatomitisches Seesediment. In seiner Position kann es nur zu einem schilfdurchwachsenen Durchlaufsee über dem Niveau des Stufenvorlandes gehört haben oder hinter einer nicht mehr nachweisbaren Barriere aufgestaut worden sein. So entspricht es den üblichen mittelterrassenzeitlichen Seesedimenten (Kap. 2.4.2.) und unterlagert die rote Murenakkumulation. Dies unterstützt die Annahme des post-mittelterrassenzeitlichen Alters dieser Hangfußakkumulation. Der Umbruch von pluvialen zu interpluvialen Bedingungen muß zeitweise

↑ Foto 533: Hangschuttbedeckte Sandrampenreste am Südrand des Col d'Anai; Gebiet von Foto 531, oben links, → W

← Foto 534: Sandrampe mit Schluffbändern und Steinchen unter Hangschutt; Westabfall des Plateaus von Agadem

↓ Foto 535: Rezenter und zwei rot verwitterte Dünensande vom Scheitel des Rampenrestes von Foto 533

Foto 536: Zerschnittene, rotverwitterte Sandrampe mit Schwemmschuttdecke; Termit Chéguelenga

aus menschlicher Sicht katastrophenartig abgelaufen sein. Mit dem Blick ins Vorland zeigt Foto 533 die Sandrampe von Foto 531, hinten links. Die ausschließlich aus Dünensand aufgebaute Rampe wurde auf der damals noch unzerschnittenen Hangschuttdecke abgelagert, die aber bereits ihre Hamadadecke trug.

Allen untersuchten derartigen Sandrampen (vgl. Foto 130, 135, 377, 470) ist gemeinsam, daß sie eine deutlich geringere Neigung als die rezenten Sandrampen haben, die vom über die Plateaukante hinabgewehten Sand aufgebaut worden sind. Im Enneri Blaka liegen sie darüber hinaus bevorzugt am Westhang des Tales, wie die Rampe in Foto 537. Hier am Col d'Anai liegt die Rampe auf dem nach Nordwest exponierten Hang, fehlt dagegen am Nordflügel der Dreiecksbucht, wo der Passat am ehesten eine Leerampe hätte aufbauen können. Alle Indizien sprechen dafür, daß diese Rampen nicht als lee-, sondern als luvseitige Körper durch Sandeinwehung vom Vorland akkumuliert worden sind. In diesem und auch in anderen Fällen (Foto 135, 470) kann dies nur, abweichend vom heutigen Windregime, durch starke westliche Winde geschehen sein. Die Rampe von Foto 533 besteht – ebenso wie viele andere aufgegrabene – unter der jungen gelben Auflage aus einigen Dezimetern losen, rotgefärbten Sandes (links in Foto 535) diskordant über einem älteren, fest verbackenen bräunlichroten Sand (Mitte). Zwei dadurch nachgewiesene Bodenbildungsphasen bedeuten aber zwei ältere äolische Akkumulationsphasen, unterbrochen von pluvialzeitlich stabilen Bedingungen. Nach oder während der weitgehenden Kappung des oberen roten Bodens – vielleicht während des Aufbaus der Murenakkumulation – wurde eine dünne Hangschuttdecke über die Sandrampe geschwemmt und anschließend die Rampe vom Oberhang her und an den Flanken ausgeräumt. Rezent findet nur eine leichte helle Einwehung an den Rändern statt.

Einen anderen, wegen fehlender Rotverwitterung offensichtlich jüngeren Typ von Sandrampe zeigt der Aufschluß von Foto 534. Der Sand ist standfest, also leicht durch Verwitterung überprägt. Die sandigen Schichten werden durch als graue Linien erscheinende schluffig-tonig Lagen unterbrochen, deren Material vom sandfreien Oberhang eingeschwemmt wurde, als es dort noch das entsprechende Feinmaterial gab.

Dünensand wurde vom Vorland aufgeweht und wieder heruntergewaschen. Die Neigung der Schichten ist wie bei den anderen Sandrampen deutlich geringer als das heutige Sandrampen-Hangprofil mit seiner kantigen Schuttüberstreuung.

Der größte Rampenbereich rotverwitterter Sande des Termit liegt in einer Stufenbucht (Foto 536). Der alte patinierte Windschliff an der Plateaukante spricht für die frühere starke äolische Aktivität (Kap. 4.2.3.). In den im Termit häufigen großen Karsteinbrüchen am Hang (vgl. Foto 89, 90) – hier hinten links – wurde nie eine ältere Sandeinwehung gefunden. Sie sind offenbar jünger.

Die randlich stark fluvial ausgeräumte und von Tälchen durchzogene Akkumulation besteht in ihren hangwärtigen oder proximalen Teilen aus rotem, in seiner Einheitlichkeit umgelagert wirkendem Dünensand mit eingeschalteten dünnen Steinchenlagen, die auf Verschwemmungsprozesse während des Aufbaus hinweisen. In Anpassung an die Beckenform

Foto 537: Fluvioäolisch überformte Altdünenrampe; westlich von Blaka Kallia, Djadoplateau, → W

Foto 538: Yardang aus braunverwittertem Äolianit; Nordostfuß des Plateaus von Agadem, → NW

geht die Akkumulation in ihren hangfernen – distalen – Teilen in eine normale fluviale Terrasse über, in der jedoch nach deren Ablagerung eindeutig eine rötliche Bodenbildung abgelaufen ist (Foto 547). Die randlichen Teile des Beckens werden von einer rein fluvialen Terrasse unter einem dunklen Hamadapflaster ausgefüllt, die der Mittelterrasse zu entsprechen scheint und im Ausraum der Sandterrasse, die demnach älter wäre, abgelagert wurde. Vor der Zerschneidung wurde die Sandrampe mit einer dünnen fluvialen Schuttstreu überzogen. Im Neolithikum war sie bereits zerschnitten, lag fest und war besiedelt, wie es zahlreiche Oberflächenfunde belegen.

Ob die luvseitige Sandrampe am Westrand des Enneri Blaka in größerer Tiefe unter standfestem gelbbraunem Sand auch noch einen Kern des älteren rotverwitterten Sandes enthält, konnte nicht festgestellt werden. Einen Wechsel von Aufwehung und Abschwemmung feinkörnigen Materials wie in Foto 534 hat es auch hier gegeben. Wichtiger ist jedoch, daß über die Rampe hinweg in der jüngeren Vergangenheit ein kräftiger Schutttransport stattgefunden hat. Deutlich ist das eingesandete Gerinnemuster des Schwemmfächers im groben Schutt zu erkennen, mit murartigen Bahnen, die von oben rechts herabziehen (vgl. Foto 135, 137, 180).

Gemessen an den geringen Einzugsgebieten, die jeweils nur bis an die Plateaukante reichen, der starken Wasserdurchlässigkeit von Dünensand und der Größe mancher transportierter Schuttbrocken wie im Vordergrund von Foto 537, die gelegentlich bis über 1 km weit ins Vorland geschwemmt wurden (vgl. Foto 377), müssen sich auch hier katastrophale monsunale Starkregen ausgewirkt haben, wie sie nach Ausweis der heute fluvial transportierten Korngrößen nicht mehr vorkommen. Da benachbarte Gebiete in gleicher Position von dem groben Schutt niederterrassenzeitlicher Schwemmfächer eingenommen werden (Foto 206) und wie auf diesen auch auf den Sandrampen neolithische Artefakte gefunden wurden, ist eine zeitgleiche Bildung nach dem frühholozänen Pluvial mit seiner Mittelterrasse und dem schwächeren neolithischen Pluvial wahrscheinlich.

Die in ihrer ersten Anlage wiederum viel ältere Sandrampe von Foto 538 liegt auf der Passatluvseite des Plateaus von Agadem (vgl. Foto 361). Die Neigung der heutigen Oberfläche – unterhalb der hellen, jungen Sandeinwehung am Hangfuß – ist das Ergebnis flächenhafter Abspülung, einer Glacisbildung wie in Foto 144, 201, 203. Gefolgt wurde sie von kräftiger Windkorrasion. An einem wie üblich rezent zerschnittenen Yardang (Kap. 4.2.2.) ist dabei ein beige-brauner, steinhart verbackener Dünensand angeschliffen worden, ein Äolianit. Fluviale Abtragung und Deflation haben hier die bis jetzt älteste gefundene Dünensandakkumulation der südlichen und wahrscheinlich der gesamten zentralen Sahara aufgeschlossen, die in den viel weniger verbackenen *Dunes I* der Seebecken keine Entsprechung hat. Dazu paßt, daß auf demselben Sandglacis grobe paläolithische Artefakte gefunden wurden (Busche u. Heistermann 1992).

Die in diesem Kapitel versuchte Verknüpfung von äolischer, fluvialer und Hangschuttdynamik macht deutlich, wie viele Entwicklungsstufen des quartärzeitlichen Reliefs, aber auch wie viele größere und kleinere Klimawechsel und -schwankungen nicht erfaßt werden können, wenn sich die Feldarbeiten allein auf die rein fluvial geformten Bereiche beschränken. Sie zeigt aber auch, wie schnell wechselnd die Reliefformung allein in den wenigen letzten Jahrtausenden abgelaufen ist.

5. Paläoböden

In den vorangegangenen Kapiteln wurde wiederholt auf vorzeitliche Böden als Mittel zur relativen Datierung der Reliefgeschichte Bezug genommen. Neben den aus geomorphologischer Sicht besonders wichtigen alten Böden gibt es natürlich auch eine heutige Bodenbildung in der zentralen Sahara. Sie ist allerdings sehr schwach und hinterläßt nur schwer erkennbare Spuren. Rezente Bodenbildung in der zentralen Sahara findet vor allem in den etwas feuchteren Hochlagen der Gebirge und im Grundwasser- und Bodenfeuchtebereich der Flußtäler und Depressionen statt. In den landwirtschaftlich nutzbaren Teilen der Oasen ist es die stark vom Menschen überprägte Weiterentwicklung des *„limon des palmeraies“* (vgl. Kap. 2.3.3., Foto 195 ff.), der als feinkörniges Sediment der Mittelterrasse aus verschwemmten älteren Bodenbildungen aufgebaut ist. Bei hohem Grundwasserstand bilden sich rezent verschiedene Formen von Salzböden (Kap. 2.4.3.).

Dem steht eine beträchtlich intensivere vorzeitliche Bodenbildung gegenüber, deren Reste als Paläoböden bezeichnet werden. Sie sind weitflächig in der zentralen Sahara vorhanden, fallen jedoch nicht ins Auge, weil sie entweder unter einem Steinpflaster oder einer rezenten Flugsanddecke liegen. Bei der Ausbildung der jeweiligen Überdeckung haben fluviale Abtragung und Auswehung eine wichtige Rolle gespielt (Kap. 2.5.1.), so daß nur noch unterschiedlich stark abgetragene oder verkürzte Bodenprofile erhalten geblieben sind. Bei den terrestrischen, also ohne den Einfluß hohen Grundwasserstands gebildeten Böden ist nur noch der Bv- oder Verbraunungshorizont des ehemaligen Bodens ganz oder teilweise erhalten. In Dünensandgebieten mit ihrer höheren Sedimentmobilität ist insbesondere von der jüngsten neolithischen Bodenbildung nichts außer einer leichten Kieselsäureausfällung erhalten geblieben, die sich in einer gewissen Standfestigkeit des so überprägten Dünensandes äußert (vgl. Foto 534).

Da die Verwitterung und die damit verbundene Oxidation von Eisenverbindungen in gut durchlüftetem Dünensand schon bei geringer Feuchtigkeit schnell ablaufen können, konnten, gemessen an der Intensität bodenbildender Prozesse, selbst nur schwach entwickelte Böden eine große Mächtigkeit erreichen und dadurch untere Profilabschnitte trotz starker Abtragung bewahrt bleiben.

Die Böden der zentralen Sahara wurden seit den 50er Jahren vor allem von französischen Bodenkundlern und Geologen untersucht. Die entsprechende Literatur ist bei Armin Skowronek zusammengefaßt, der insbesondere die Paläoböden der Festgesteinsgebiete der nördlichen zentralen Sahara untersucht hat (Skowronek 1992). Die Böden der Sandtennen- und Dünengebiete des Südens wurden vor allem von Jörg Völkel (1989, ebenfalls mit weiterführender Literatur) und während der gemeinsamen Expedition 1990 von Peter Felix-Henningsen (1992) untersucht.

Besonders in den Dünengebieten ist die flächenhafte Erhaltung der Böden so gut, daß nicht nur isolierte Profile, sondern gesamte Catenen aufgenommen werden können, die Abfolge unterschiedlicher Profile in Abhängigkeit von ihrer Reliefposition. Dabei spiegeln sich die höhere Feuchtigkeit und insbesondere die frühholozäne Seengeschichte der Region darin in allen Übergängen von meist roten, terrestrischen Böden bis zu semiterrestrischen Sumpfböden der alten Seeufer mit grundwassergeprägten, hydromorphen Merkmalen wie graugrünlicher Farbe oder Rostfleckigkeit wider (Foto 222, 223, 275). Im Kapillarsaum kam es darüber hinaus zur Anreicherung von Eisen- und Manganoxiden, Karbonaten und freier Kieselsäure, die vielfach zu kräftiger Zementierung geführt haben und die sich im feinkörnigen Regpflaster der Sandoberfläche als Streu vererzter, verkalkter oder verkieselter Pflanzenreste zeigen (Foto 230, 231, 237).

Die Paläoböden sind unterschiedlich alt. Am ältesten sind die Reste tropischer Laterite, die auf dem Plateau von Agadem gefunden wurden (Kap. 1.2.1.). Jungtertiäre Böden, früher auch als tropisch angesprochen, aber nach den Untersuchungen von Armin Skowronek eher unter subtropisch-mediterranen Klimaten gebildet, finden sich zwischen den Plateaubasalten von Hoggar und Tibesti als meist mehrere Dezimeter starke rotbraune, teilweise umgelagerte Feinmaterialbänder.

Sicher ins Altpleistozän gehörende Böden sind bisher nicht gefunden worden. Dagegen gibt es Bodenbildungen – der Äolianit von Foto 538 gehört dazu – mittel- bis jungpleistozänen Alters, die näherungsweise durch auflagernde paläolithische Artefakte datiert wurden. Sie zeigen eine stärker entwickelte Bodenbildung als die jüngeren Böden.

Die meisten Paläoböden stammen aus der frühholozänen Feuchtzeit. Böden, die entweder am Anfang dieses Pluvials oder vielleicht schon früher gebildet worden waren, sind als Bodensedimente ein wesentlicher Bestandteil der Mittelterrasse (Kap. 2.3.3.). Im Enneri Achelouma konnte das Nebeneinander von Bodenbildung und Umlagerung in den Terrassenkörper mit zwei ^{14}C-Datierungen (um 10 000 vor heute) nachgewiesen werden (Busche et al. 1989). Diese Böden haben, auch wenn sie intensiv gefärbt sind, meist nur eine schwache Entwicklung durchgemacht, mit nur wenig Neubildung von Tonmineralen und wenig Lessivierung (Durchspülung und damit verbundene Verlagerung von Tonpartikeln in tiefere Profilteile). Sie liegt jedoch weit über der der heutigen pedogenen Prozesse der Vollwüste. Die letzte Phase vorarider Bodenbildung fand während der neolithischen Feuchtzeit zwischen etwa 5000 und 3000 Jahren vor heute statt. Nachweisbar sind deren Spuren nur in abtragungsgeschützten Positionen oder durch die erwähnte Standfestigkeit von schichtungslos gewordenem, sonst aber kaum verändertem Dünensand.

Die Schätzungen, wie feucht das Klima zur Zeit dieser Bodenbildungen gewesen sei, gehen auseinander. Armin Skowronek tendiert in seiner Arbeit zu Minimalwerten, die für die jungtertiären Böden des Hoggar zwischen 500 und 1000 mm und im frühen Holozän bei 200–300 mm angenommen werden, gegenüber heutigen 20–40 mm Niederschlägen. Andere Befunde, insbesondere im Zusammenhang mit der Seenbildung (Kap. 2.4.), machen höhere Werte wahrscheinlich. Ein Problem bei der Abschätzung des Entwicklungsgrades der Paläoböden ist, daß in der Regel nur die tieferen und damit auch schwächer entwickelten Profilteile der Abtragung entgangen sind und deshalb nur Minimalwerte der Pedogenese erfaßt werden können.

Bei den Untersuchungen von Peter Felix-Henningsen (1992) hat sich deutlich gezeigt, daß die Intensität der bodenbildenden Prozesse, die Mächtigkeit, der Grad der Rotverwitterung oder

Foto 539: Zerschnittener Schwemmfächer mit heller Schaumbodenauflage unter Steinpflaster; oberer Yebigué, Tibestigebirge, Nordtschad

Foto 540: Schaumboden zwischen Schwemmfächersediment mit brauner Bodenbildung und Steinpflaster; Detail aus dem Gebiet von Foto 539.

Foto 542: Rotbrauner Schwemmfächer-Paläoboden, schalige Verwitterung unter Basalthamada; südlich von Yebbi Bou, Tibestigebirge, Nordtschad

Foto 541: Schaumboden aus einer Sandsteinkarstdepression; Termit Sud

Foto 543: Bleichungsrinde an Basaltblöcken; Detail zu Foto 542

Foto 544: Durch Abschieben der Hamadadecke freigelegter rotbrauner Paläoboden im Schiefer; südlich von Amguid, Südalgerien, → W

Rubefizierung und Tonmineralneubildung von West nach Ost und von Süd nach Nord bis an die Gebirgsschwelle abnehmen. In den höheren Gebirgsbereichen selbst ist dann allerdings wieder mit einer Intensitätszunahme zu rechnen.

Einige Beispiele sollen diese Einleitung konkretisieren. Die Intensitätszunahme auch der rezenten Bodenbildung mit der Meereshöhe zeigt sich in der hellen, nur wenige Zentimeter mächtigen Schluffauflage unter dem Hamadapflaster eines zerschnittenen Schwemmfächers in etwa 1200 m Höhe im Tibestigebirge. Die dunkelbraune Farbe des Schwemmfächersediments ist eine ältere frühholozäne Bodenbildung. Das Schluffband des Profils entstand zum einen durch das Aufwandern von groben Partikeln und die dadurch bedingte Korngrößendifferenzierung bei der Ausbildung des Steinpflasters (Kap. 2.5.1.). Daneben dürfte die Einarbeitung äolisch herbeigeführten Staubes, also eine leichte Lößsedimentation, eine wichtige Rolle gespielt haben, wie sich aus den starken rezenten Staubniederschlägen im Termit ableiten läßt (Foto 69, 78, 312, 404).

Der Schurf in Foto 540 aus der Mitte derselben Schwemmfächeroberfläche zeigt eine noch sehr unvollständige Entmischung, aber eine scharfe Grenze zwischen dem braunen Paläoboden und dem hellgrauen rezenten Boden.

Eine besonders ausgeprägte Weiterentwicklung dieser geringmächtigen, aber rezenten Bodenbildung zeigt Foto 541 aus dem häufig von Staubniederschlägen betroffenen Termit. Das poröse Handstück stammt aus einem sogenannten Schaumboden. Er bildet sich nach jedem der seltenen Regen neu, am besten in einer fast nur aus Schluff bestehenden Schicht, wenn der bei schneller Erwärmung und Verdunstung im feuchten Schlamm entstehende Wasserdampf schlecht entweichen kann und bei seiner erwärmungsbedingten Ausdehnung eine dichte Packung kugeliger Hohlräume schafft. Deren Wände bilden nach dem Austrocknen ein standfestes, beim Betreten allerdings zusammenbrechendes Gerüst.

Die Fotos 542 und 543 stammen von derselben Oberfläche des Schwemmfächersaums südlich von Yebbi Bou in etwa 1300 m Höhe im Tibesti (Foto 62, 63). Unter dem einheitlichen Niveau der Basalthamada-Riedel zwischen den rezenten Abflußrinnen verbergen sich nebeneinander junge, mineralfarbene Schwemmfächersedimente, wenige braune Reste wie in Foto 539 und ausgedehnte Bereiche rotbrauner Basaltschuttverwitterung. Der bodenkundliche Befund ergibt, daß drei verschieden alte, ineinandergeschachtelte Schwemmfächergenerationen abschließend flächenhaft durch Spülprozesse gekappt wurden und der Schwemmfächersaum in Wirklichkeit ein Glacis ist (vgl. Kap. 1.4.; Foto 202).

In der ältesten, schon jungpleistozänen Akkumulation ist das Feinmaterial rotbraun bis schokoladenbraun verwittert. Die Basaltgerölle – meist umgelagerte Kernsteine (Kap. 1.2.2.) – sind bei der die Bodenbildung begleitenden Verwitterung schalig zerfallen. Im frischen Anschlag (Foto 543) ist ersichtlich, daß die Basaltbruchstücke im Boden mehrere Millimeter und mehr unter Materialabfuhr gebleicht und mürbe gemacht worden sind. Diese Prozesse können nur bei beträchtlicher Feuchtigkeit in einem mächtigen Bodenprofil abgelaufen sein. Der Schurf in Foto 543 zeigte in 60 cm Tiefe noch keine Abnahme der Verwitterungsintensität. Das ursprüngliche, spätestens bei der Glacisbildung gekappte Profil hatte vermutlich mehr als 1 m Mächtigkeit. In Analogie zu anderen Aufschlüssen dürfte dieser kräftig entwickelte Boden älter als frühholozän sein.

Daß rotbraune, wenn auch gekappte Bodenprofile weitflächig vorhanden sind, zeigt Foto 544, an einer Straßenbaustelle nördlich von Tamanrasset im Schieferbergland aufgenommen. Um Schotter für den Unterbau der Straße zu gewinnen, wurde die Hamadadecke flächenhaft abgeschoben, um anschließend auch den noch mehrere Dezimeter mächtigen dunkelbraunen Paläoboden, der den ganzen Hang überdeckt, für den Oberbau abgraben zu können.

Foto 545: Regendurchnäßter rotbrauner Paläoboden; Plateau de Tademait, Südalgerien, → N

Foto 546: Rotbrauner Paläoboden in einer Sandsteinkarstdepression; Plateau du Mangueni oberhalb von Achelouma

Foto 547: Rotbraunes Bodenprofil in der fluvioäolischen Sandrampe des Beckens von Termit Chéguelenga (Foto 536)

Foto 548: Während einer Seephase durch Grundwasserbleichung fleckig aufgelöstes mehrphasiges Paläobodenprofil; Seeterrasse von Bilma Silemi, südliches Kaouar

Foto 549: Windüberschliffene horizontale Fläche im roten Paläoboden von Foto 548 mit Wurzelröhrenanschnitten; Bilma-Silemi

Foto 550: Rotbrauner Paläoboden unter Basalthamada oberhalb des Ilamane; A-akor, Hoggar, Südalgerien

Sehr ausgedehnte Flächen mit den kräftig roten unteren Abschnitten gekappter Bodenprofile sind noch auf dem Plateau von Tademait erhalten. Foto 545 zeigt einen Teil davon während einer der für diese Region typischen Frühjahrslandregen. Der in einer Autospur und am Straßenrand an die Oberfläche gelangte Paläoboden hat wegen seiner Durchfeuchtung eine besonders intensive dunkelrote Farbe. Über ihm ist unter der Hamada überall ein dünner Schaumboden (Foto 539 f.) entwickelt. Gebildet hat sich dieser Boden auf teilweise eingekieseltem Kreidekalkstein. Er enthält noch zahlreiche nicht aufgelöste Kalksteinbruchstücke, weshalb Armin Skowronek (1992) in ihm nur eine relativ schwache Bodenentwicklung sieht. Bei guter Drainage und guter Durchlüftung erfolgt auf Kalkstein schnell eine intensive Entkalkungsrötung. Dennoch müßte man heute mindestens in die trockeneren Teile des Mittelmeerraums gehen, um solch eine an Terra rossa erinnernde Bodenbildung zu finden. Außerdem muß eine beträchtliche Menge Kalkstein unter dem Einfluß kohlensäurehaltigen Regenwassers in Lösung gegangen und mit dem Boden- und Grundwasser abgeführt worden sein, was wiederum nur unter zumeist jahreszeitlich humidem Klima möglich ist. Böden auf Kalkstein können sich nämlich nur aus dem silikatischen Lösungsrückstand bilden, also den Tonpartikeln, die den weit über 90 % aus Kalziumkarbonat ($CaCO_3$) bestehenden Kalkstein bei dessen Sedimentation verunreinigt haben.

Die gleiche intensive Farbe, allerdings in silikatischem Gestein (Foto 546), wurde am Südrand des Plateaus von Mangueni in der Schluffverfüllung einer der vielen Sandsteinkarstdepressionen (Kap. 1.5.1.) gefunden, ebenfalls unter einem dünnen, die Oberflächenfarbe der Depression bestimmenden Schaumboden. Er entspricht dem Boden, für den in nur wenigen Kilometern Entfernung am Stufenfuß aus dem Huminsäureanteil ein Alter von ca. 10 000 Radiokarbonjahren bestimmt wurde. Ein Teil jenes Bodens war wenig später in die dort rotbraun ausgebildete Mittelterrasse (Kap. 2.3.3.) eingewaschen worden (Busche et al. 1979).

Das dritte Beispiel (Foto 547) eines frühholozänen roten Bodens stammt aus der sandigen Mittelterrasse im Hintergrund von Foto 536. Die Bodenbildung greift auch nach der Profilkappung noch über 1,5 m tief in das helle Terrassensediment ein. Während der Bodenbildung haben sich, wahrscheinlich bei gelegentlicher Trockenrißbildung, große Bodenprismen ausgebildet. In ähnlichen Fällen wurde festgestellt, daß sich an den Prismenoberflächen ein dünner kalkiger Überzug angelagert hat, der nur mit dem Staubfall aus Gebieten kalkiger Seesedimente oder der Eozänkalksedimente im ägyptischen Teil der Sahara eingetragen worden sein kann. Der Boden innerhalb der Prismen selbst ist kalkfrei.

Das mehrgliedrige Seesedimentprofil von Foto 548 aus der Stufenfußdepression von Silemi bei Bilma (Baumhauer 1986; Foto 253, 503) enthält mehrere unterschiedlich gut erhaltene Bodenhorizonte, teils hämatitrot, teils goethitgelb durch unterschiedlich wasserreiche Eisenoxide gefärbt. Diese bis jetzt noch nicht näher untersuchten Horizonte belegen, daß es während der bis ins Paläolithikum zurückreichenden Entwicklungsgeschichte des Sees in dieser Depression immer wieder trockene Phasen gegeben hat, in denen mindestens zwei verschiedene Typen von terrestrischer, also oberhalb des Grundwasserspiegels abgelaufener Bodenbildung stattgefunden haben. Die hämatitisch-roten Profile sprechen für eine zeitweilig scharfe Austrocknung der Böden. In vermutlich trockeneren Errosionsphasen, die die weitere Sedimentation unterbrachen, wurden die Profile gekappt. In feuchteren Phasen wurden sie durch fleckenhaft ansetzende Reduktion der Eisenverbindungen unter Grundwassereinfluß, also durch Vergleyungsprozesse, teilweise gebleicht, so daß heute nur noch spärliche Bodenrelikte erhalten sind. Ihre Bedeutung für die Rekonstruktion der See- und Klimageschichte des Gebiets wird dadurch aber nicht geschmälert.

Foto 549 zeigt einen horizontalen, windüberschliffenen Anschnitt eines gut erhaltenen roten Bodenhorizonts desselben Profils. Beim Aufgraben ergab sich, daß die runden hellen Flecken im Hämatitrot röhrenförmige Bleichungen entlang ehemaliger Wurzelbahnen sind. Dem Durchmesser nach müssen es Baumwurzeln gewesen sein, die in einem trotz gesunkenen Seespiegels noch feuchten Milieu gewachsen sind.

Die durch den Pistenbau unter einer Hamadadecke sichtbar gewordene Bodendecke aus der Hochregion des Hoggar (Kap. 3.1.) paßt zu dem Boden aus dem Tibesti, der dort auf einem prämittelterrassenzeitlichen Schwemmfächer gefunden worden war (Foto 542). Auch er wurde in Basalt gebildet. Das eisenreiche Gestein erlaubte die Freisetzung vieler Oxide und die Schaffung der intensiv rotbraunen Farbe. Die Bodenentwicklung enspricht auch in diesem Fall etwa der der trockenen Seite des Mittelmeergebiets, also Niederschlägen, die immer noch um ein mehrfaches höher gewesen sein müssen als die heutigen knapp 100 mm der Hochregion des Atakor.

Foto 551: Gekappter roter Paläoboden unter leicht kieselsäureverbackenem Dünensand; westlich des Arbre du Ténéré

Foto 552: In einer Autospur aufgewühlter roter Paläoboden unter rezenter Flugsanddecke; 30 km östlich des Arbre du Ténéré

Foto 553: Paläobodencatena mit rotbraunem terrestrischem Boden von Foto 556 im Hintergrund und vorn einem hydromorphen Boden; südlich des Adrar Madet

Foto 554: Brauner Paläoboden in Dünensand unter neolithischer Streu; Ostrand des Plateaus von Dibella; Erg von Bilma, → S

Foto 555: Freigefegte Oberfläche eines gekappten Paläobodens mit Sumpferzbrocken und Trockenrissen; südlich des Adrar Madet

Foto 556: Gekappter rotbrauner Paläoboden an einem Dünensandhang mit neolithischen Artefakten; südlich des Adrar Madet

Die Fotos 551–557 zeigen Beispiele aus der Ténéré. Im ungestörten Zustand sind alle Profile unter der rezenten Flugsanddecke verborgen und nur durch Aufgraben – oder in Foto 555 und 556 auch durch Freilegen mit dem Handfeger – zugänglich. Das Fegen ist möglich, weil die völlig ausgetrockneten Paläoböden standfest bis hart verbacken sind. In Senken können jüngere Prozesse, vor allem wohl die Wirkung von Salzkristallen ein staubiges Gefüge geschaffen haben, so daß in der Fahrspur des leicht eingesunkenen Geländewagens der erste Hinweis auf einen unterlagernden Paläoboden sichtbar wird (Foto 552).

Eine Mittelstellung bei der Standfestigkeit und Bodenbildung nimmt der gelbbraune Horizont in Foto 551 ein. Die messerscharfe Grenze, mit der er gegen den roten Boden, der dem von Foto 556 entspricht, abgesetzt ist, zeigt, daß hier ein jüngerer Sand auf ein gekapptes Profil gelegt worden ist. Dabei handelt es sich aber nicht um rezenten Dünensand, denn dieser wäre, wie mehrfach erwähnt, in keiner Weise standfest. Der Sand ist schwach kieselsäureverbacken, und seine Schichtung ist im Vergleich zu den Aufschlüssen im zuckerwasserstabilisierten rezenten Sand (Kap. 4.3.3.) kaum noch erkennbar. Er ist entweder der unterste Teil eines neolithischen Bodens oder eine noch jüngere schwache Bodenbildung. Der starke Wind, der alle vorhandenen Korngrößen über die rippelfreie Oberfläche transportieren konnte, erklärt, warum der sonst immer vorhandene rezente Decksand über der gekappten Oberfläche fehlt.

Die flächenhaft gute Erhaltung der Paläoböden erlaubt, wie erwähnt, die Aufnahme von Catenen. Foto 553 zeigt eine Reihe stark unterschiedlicher Bodenprofile zwischen dem Rücken einer alten Dünensandwelle und einer Depression, in der noch im Neolithikum – vor 4000–5000 Jahren – ein Restsee bestanden hat. Das Profil im Vordergrund – diesmal unter einer dünnen rezenten Sanddecke mit beim Abrutschen erkennbarer Rippelschichtung – zeigt einen unter Staunässeeinfluß im Randbereich des Sees gebildeten hydromorphen Boden. Die beiden nächsthöheren Profile am Hang haben dagegen die rote Farbe terrestrischer Böden.

Auf dem Plateau im Bereich der Horizontlinie wurden die zu Sumpferz umgewandelten Schilfrhizome von Foto 231 gefunden, die dort eine Uferlinie am Rand einer Düneninsel nachzeichnen. Da zu jener Zeit der gesamte Bereich der heutigen Catena unter Wasser gestanden hat, die Bodenprofile am Hang aber keine hydromorphen, also grundwassergeprägten Merkmale zeigen, können diese Böden erst nach dem Absinken des Paläotschadsees (Kap. 2.4.1.) gebildet worden sein.

Die Bodenfarbe kann lokal nach noch erhaltenen Humusbestandteilen oder der Kappungstiefe variieren. Um später das Bild mit dem nach einer Farbenkarte bestimmten Farbwert vergleichen zu können, wurde in Foto 554 eine Farbtafel mit aufgenommen. Ein großer Teil der dichten Steinstreu im Hintergrund, auf der alteingesandeten Luvseite des Plateaus von Dibella, besteht aus neolithischen Artefakten und Abfallprodukten der Werkzeugherstellung. Aufgeschlossen ist also der Boden, wie auch in Foto 555 und 556, auf dem jungsteinzeitliche Menschen gelebt haben. Angelegt wurde er in diesem Gebiet jedoch schon in der niederschlagsreicheren frühholozänen Feuchtzeit, hier nur wenig über dem höchsten Spiegelstand des Paläotschad (Foto 245). Die anzunehmende Abschwächung der Bodenbildung danach und die der neolithischen Feuchtzeit selbst sind hier der Abtragung zum Opfer gefallen. Die Artefaktstreu wurde dabei herabprojiziert, und Teile, die ursprünglich in verschiedener Tiefe im Boden gesteckt haben mögen, wurden auf der heutigen Oberfläche konzentriert.

Auch in Foto 556 belegen der noch an Ort und Stelle liegende Reibestein und der Teil einer Steinplatte, die ebenfalls nur vom Menschen in diese Position über dem Dünensand gebracht worden sein kann, die zeitliche Position. Auf der freigefegten Fläche von Foto 555 sind außer großen Trockenrißpolygonen, die die letzte Austrocknungsphase zum Ende der neolithischen Feuchtzeit repräsentieren, auch einige Stücke von Sümpfen zu sehen. Dabei dürfte es sich um vom Oberhang eingetragene Bruchstücke handeln.

Während in dieser Hangposition, wie überall in der Ténéré, jungsteinzeitliche Siedlungsplätze bestanden, existierte im Beckentiefsten noch ein flacher See oder zumindest eine feuchte Niederung, wie der hydromorphe Boden im Vordergrund von Foto 553 zeigt. Dank dieser Situation war offenbar die Wasserversorgung der dort lebenden Rinderhirten sichergestellt. Wie schon in Kapitel 2.4.2. (Foto 275) gezeigt, dehnte sich aber die besiedelte oder zumindest vom Menschen genutzte Fläche auch nach dem vollständigen Trockenfallen der Restseen auf die ehemaligen See- und Sumpfglächen aus (vgl. Foto 564). Noch mehr als die dichte Fundstreu sind Feuerstellen in solchen Positionen ein sicheres Indiz dafür. Die bodenbildenden Prozesse dürften zu jener Zeit noch weitergegangen sein.

Das unspektakulär ausehende, ebenfalls stark gekappte Profil von Foto 557 ist ein Relikt der intensivsten bisher nachgewiesenen Bodenbildung der Ténéré. Es liegt im Mittelteil einer Catena auf einer durch Glacisbildung gekappten Sandrampe am Stufenfuß westlich der Seedepression von Ezerza (Foto 270

Foto 557: Unterer Teil einer Bänderparabraunerde; Dünensandrampe bei Ezerza; östliche Ténéré

Foto 558: Bleichsandprofil am Boden eines frühholozänen Seebekkens; Erg von Bilma, östlich des Termit

Foto 559: Sumpfboden mit Krotowine am Boden eines frühholozänen Seebeckens; Erg von Bilma nördlich von Dibella

Foto 560: Roter Paläoboden am Oberrand des Seebeckens von Foto 558

Foto 561: Lepidokrokitgelber Paläoboden, in einer Autospur freigelegt; durch Brandung gekapptes Dünenplateau mit Sumpferzstreu; Ténéré westlich von Kafra

Foto 562: Lepidokrokitgelber Paläoboden südöstlich von Kafra; Ténéré

Foto 563: Rostbrauner Paläosumpfboden mit Erzstreu am Rand eines Dünenplateaus; Ténéré westlich von Kafra

bis 275). In der üblichen Artefaktstreu finden sich neben neolithischen auch paläolithische Werkzeuge, die bei der Profilkappung herunterprojiziert wurden, aber nicht fortgeschwemmt werden konnten. Die aus tonreichen, eisengefärbten Bänder im Profil gehören zu einer auch in Mitteleuropa in Sanden vorkommenden Bänderparabraunerde.

Unterhalb des eigentlichen Tonverlagerungshorizonts wurde ein Teil des Tons noch weiter in die Tiefe gewaschen und in etwa gleichabständigen Flächen abgesetzt. PETER FELIX-HENNINGSEN (1992, S. 32), der dieses wie auch alle anderen aufgegrabenen Profile untersucht hat, sieht eine langzeitige, intensive Verwitterung und Bodenbildung mit Tonverlagerung bei absteigender Wasserbewegung als Voraussetzung für diese Bildung an. Sie kann also nur unter einem humiden Klima abgelaufen sein. In den intensiv gefärbten frühholozänen Böden hat unter trockeneren Bedingungen kaum eine Tonverlagerung stattgefunden. Die Oberkante des erhaltenen Profilteils dürfte deutlich mehr als 1 m unter den noch nicht gebänderten oberen Profilteilen der Parabraunerde gelegen haben. Sie sind ebenso wie die Spuren der frühholozänen und neolithischen Überprägung spätestens bei der jungen Glacisbildung abgetragen worden.

Die drei folgenden Bilder lassen die typische Bodenabfolge einer der Dünendepressionen des südlichen Ergs von Bilma erkennen. Der Aufschluß von Foto 558 zeigt strenggenommen keinen Boden, sondern bei erhaltener Schichtung nur die vollständige Bleichung und leichte Kieselsäureverbackung des groben Dünensandes unter dem einstigen See. Darauf liegt stellenweise noch der braune Sumpfboden von Foto 559, der nach dem Trockenfallen des ersten Sees gebildet wurde, meist unter einer Diatomitdecke der nächstjüngeren Seephase. Im angeschnittenen runden Grabgangprofil eines Nagetiers hat sich etwas Material vom verschwundenen Oberboden erhalten. An den Rändern der Depressionen, die sich als Inseln aus dem See erhoben, zu dem die Bleichung gehört, konnte die übliche rote Bodenbildung ablaufen (Foto 560).

Im Gebiet der gekappten Dünen (Foto 561, vgl. Foto 230) der südlichen Ténéré haben sich unter der Sumpferzstreu in einer durch die Wurzelaktivität sauerstoffreichen und damit nicht reduzierenden Zone Bodenprofilteile erhalten, die durch das Eisenmineral Lepidokrokit intensiv gelb gefärbt worden sind (Foto 562). Zur Tiefe geht er in hellgrau gebleichten Dünensand über. Auf der vor der Bodenbildung durch Wellenschlag gekappten Fläche zeichnet die Autospur die flächenhafte Ausbildung nach (Foto 563). Am Rand des Plateaus lief dagegen eine etwas andere Bodenbildung ab (Foto 563), bei der der obere Profilteil durch Eisenoxid intensiv braun gefärbt wurde.

Die beiden letzten Bilder (Foto 564 und 565) stellen die bodenkundlich unterschiedliche Entwicklung zweier Depressionen vor. Der Seeboden unterhalb der Strandwälle von Ezerza (Foto 272) fiel zum Ende der frühholozänen Feuchtzeit trocken. In dem zuletzt nur noch flachen Süßwasser hatte sich ein grünlichgrauer Sumpfboden gebildet, auf dem, wie schon erwähnt, bei weiter gesunkenem Grundwasserstand in den nächsten zwei bis drei Jahrtausenden Menschen der Jungsteinzeit leben konnten, ebenso wie auf den anderen Seeböden oder an den Ufern der noch fortdauernden Seen weiter im Süden (BUSCHE u. HEISTERMANN 1992). Bei der endgültigen Austrocknung der Region zum Ende der neolithischen Feuchtzeit bildeten sich die auf der freigefegten Fläche durch die gelbe Einsandung sichtbaren Trockenrisse.

In dem tieferen Seebecken der Stufenfußdepression von Séguedine erfolgte, wie die Auswertung einer Bohrung ergeben hat, schon vor knapp 7000 Jahren der Umschlag von einem Süßwasser- zu einem Brackwassersee, fast 1500 Jahre

Foto 564: Sandgefüllte Trockenrisse in grüngrauem Paläosumpfboden; holozänes Seebecken von Ezerza, Ténéré

Foto 565: Salztonkruste und brauner Salzboden; Sebkha von Séguedine, nördliches Kaouar (vgl. Foto 283)

früher als im südlichen Kaouar (Baumhauer 1986). Dabei dürften, wie diskutiert (Foto 283; Einleitung, Kap. 2.4.), nicht nur klimatische Ursachen gewirkt haben.

Die kräftige weitere Zufuhr von fossilem und vermutlich schon salzigem Grundwasser hielt auch nach dem Ende der neolithischen Feuchtzeit bis heute an. Im Zusammenspiel zwischen eingewehtem und eingewaschenem Feinmaterial, starker Verdunstung und damit verbundener Salzanreicherung bildeten sich Salzboden- oder Solontschakprofile wie in Foto 565 aus, unter einer bei jedem stärkeren Regen aufweichenden und sich danach neu in aufbrechenden Schollen bildenden Salzkruste. Dieser rezenten Bodenbildung stehen am Ufer terrestrische Paläoböden gegenüber, auf denen vor ca. 20 000 Jahren Menschen der Atérien-Kultur des ausgehenden Paläolithikums (Tillet 1983) und später im Neolithikum lebten.

Dieses letzte Kapitel des Buches wurde mit Bedacht den Paläoböden und nicht den Böden der zentralen Sahara allgemein gewidmet. Sicherlich laufen auch heute – und auch außerhalb einer Sebkha mit Solontschakprofil – bodenbildende Prozesse ab. Diese sind jedoch bei dem herrschenden Wassermangel so langsam, daß sie im Vergleich zu den noch erhaltenen Paläoböden keine Rolle spielen und auch nicht zu einer Profilausbildung führen – es sei denn, man betrachtet die abiotische, ohne Lebensprozesse ablaufende Anreicherung eines Stein-, Kies- oder Grobsandpflasters, wie in Kapitel 2.5.1. beschrieben, und die dabei erfolgende Entmischung zugunsten feinerer Korngrößen unter dem Wüstenpflaster bereits als Bodenbildung. Eine Sonderstellung nimmt natürlich die Bodenentwicklung der bewässerten Oasenflächen ein. Wie bei der Behandlung der Mittelterrasse (Kap. 2.3.3.) gezeigt wurde, ist der *limon des palmeraies*, der Oasenlehm, als abgeschwemmtes frühholozänes Bodensediment ebenfalls eine Vorzeitform und damit eine mittelfristig nicht erneuerbare Ressource.

Epilog – statt eines Vorwortes

Mit 565 Fotos, einigen Abbildungen und Satellitenbildern wurde der Versuch unternommen, in einer anschaulichen und vom Text her hoffentlich auch für den interessierten Laien verständlichen Weise das heutige Relief der zentralen Sahara und seine Entwicklung darzustellen. Die Traumlandschaft vieler Off-Roader – immer im Rahmen der politischen Möglichkeiten dieses unruhigen Raumes – wird diesem Personenkreis vielleicht nach der Lektüre dieses Bandes verständlicher und noch interessanter geworden sein. Zu hoffen ist, daß die Bilder von Landschaften, die zum Teil entlang der vielbefahrenen Transsahararouten liegen, zur verständnisreicheren Betrachtung und mitunter auch zu inhaltsreicheren eigenen Fotos führen.

Bei der Bildauswahl spielte die herbe, oft ungewöhnliche Schönheit der Motive eine nicht unwesentliche Rolle. Bei einem Bodenprofil, wie im letzten Kapitel, kann allerdings bestenfalls die Farbe einen ästhetischen Betrachtungsanreiz liefern. Dennoch wurden nur Bilder ausgewählt, die den Inhalt, der vermittelt werden sollte, auch in möglichst typischer und prägnanter Weise wiedergeben. Auf diese Weise ist ein Kompendium entstanden, das nahezu alle Aspekte der zentralsaharischen Geomorphologie umfaßt. (Nach über 270 Seiten zu diesem Thema darf das Wort Geomorphologie, das aus verkaufsstrategischer Sicht vom Verlag und gefragten potentiellen Lesern als zu wissenschaftlich-abschreckend und unbekannt eingestuft wurde, um auf dem Einband erscheinen zu dürfen, hoffentlich ohne negative Auswirkungen benutzt werden.) Damit dürfte es auch den geowissenschaftlichen Fachkollegen und Studenten, die sich mit dem Relief der riesigen Trockengebiete unserer Erde befassen, als Nachschlagewerk oder Einführung dienen können.

Von Kollegenseite erwarte ich zu manchen Texten erbitterten Widerspruch. Zum Konzept dieses Bandes gehörte es, nicht erbauliche Ergüsse, sondern sachliche Information zur Erläuterung der Bilder zu liefern, und zwar, soweit es dem Autor möglich ist, nach dem gegenwärtigen Stand der Forschung. Die geomorphologische Trockengebietsforschung beschäftigt sich jedoch in starkem Maße mit den Halbwüsten – nicht nur wegen ihrer leichteren Zugänglichkeit, sondern auch deshalb, weil sich dort mehr Möglichkeiten zur praktischen Anwendung von Forschungsergebnissen abzuzeichnen scheinen. Zwischen der Geomorphologie der Halb- und der Vollwüste gibt es wegen des unterschiedlichen Ariditätsgrades jedoch viele Unterschiede, insbesondere bei den heute wirksamen Prozessen. Diese werden verwischt, wenn, wie in der zusammenfassenden Literatur üblich, alles zusammen behandelt wird und die Halbwüstenmorphologie als Standard auch für die Extremwüste angenommen wird.

Widerspruch ist auch deshalb zu erwarten, weil ein Großteil des Textes auf eigenen Forschungsergebnissen und denen von Mitgliedern der Würzburger Arbeitsgruppe besteht, die sich zwar im Gelände und später im Labor eindeutig belegen ließen, die aber teilweise nicht mit der herrschenden Lehrmeinung übereinstimmen und noch nicht etabliert sind. Der Sandstein- und Eisenkrustenkarst, die riesigen Rutschungen oder das ausgeprägte Korrasionswindrelief sind einige solcher Beispiele. Dazu kommt noch, daß die genetische Betrachtungsweise – auch bei der Entstehung solch kurzlebiger Formen wie der Sandrippeln – im Vordergrund steht. Dieser Ansatz ist bei der gegenwärtigen Konzentration des Faches auf die aktuell ablaufenden Prozesse derzeit nicht „in“. Dennoch sollte das Buch gezeigt haben, daß der Formenschatz dieser extremsten Vollwüste der Erde nicht verstanden werden kann, wenn nicht eine oft weit in die Vergangenheit reichende Reliefgeschichte berücksichtigt wird.

Überraschend für manchen Leser dürfte nicht nur sein, in wie starkem Maße reliefbildende Prozesse, die unter nichtariden Klimaten abgelaufen sind, die Landschaft gestaltet haben, sondern auch, daß die heutige Aridität und insbesondere das heutige Windregime für den Zeitraum des Quartärs relativ gemäßigte Zustände sind. Da Klima und Reliefbildung eng zusammengehören, ergaben sich zwangsläufig immer wieder Exkurse in die Paläoklimatologie. Dabei wurde jedoch nicht versucht, eine detaillierte Klimageschichte der zentralen Sahara abzuleiten. Die in erster Annäherung gezeichnete Klimakurve in Baumhauer et al. (1989) wurde absichtlich nicht in diesen Band aufgenommen. Widerspruch ist dennoch von seiten der marinen Paläoklimatologie zu erwarten, in deren Tiefseebohrkernen andere und wahrscheinlich auch vollständigere Informationen gespeichert sind, deren Verknüpfung mit den festländischen Daten jedoch noch viele Fragen offenläßt. Deutlich dürfte geworden sein, daß die Klimasignale, die in den erhaltenen Reliefformen enthalten sind, nur einen sehr groben, lückenhaften Klimaverlauf wiedergeben können, in dem insbesondere noch zu wenige Zeitmarken vorhanden sind. Deutlich ist jedoch auch, daß es im Tertiär und noch ausgeprägter im Quartär eine Vielzahl von grundsätzlich die Umweltbedingungen und damit die Landformenentwicklung verändernden Klimawechseln gegeben hat.

Auch wenn sich dieses Buch auf die zentrale Sahara und mit einigen Beispielen auf die südägyptische Wüste beschränkt hat, dürften sich zahlreiche Informationen auch auf andere Vollwüstengebiete der Erde und ein wesentlicher Teil der Vorzeitformendiskussion auch auf heutige Halbwüstengebiete übertragen lassen.

Mit diesem Buch ist ein für den Autor mühsamer, für den Verlag jedoch riskanter Weg eingeschlagen worden. Normalerweise ist geographische Literatur aus Kostengründen nur spärlich und vorwiegend mit Schwarzweiß-Halbtonbildern illustriert. Wir leben jedoch in einer zunehmend visuell geprägten Kultur, und zugleich kann ein farbiges, naturnahes Bild enorm viel Information enthalten, die in Verbindung mit einem erläuternden Text Zusammenhänge leicht faßbar macht. Zwar haben technische Neuerungen – z. B. das Einscannen von Bildern und die elektronische Druckvorbereitung – arbeits- und kostensenkend gewirkt. Dennoch bleibt es ein Wagnis, ein in erster Linie aus Farbbildern bestehendes und damit in der Herstellung teures Fachbuch zu publizieren. Der Markt der kaufwilligen Fachkollegen, Studenten und Bibliotheken ist zu klein dafür. Deshalb wurde hier der hoffentlich erfolgreiche Versuch unternommen, ein Buch herzustellen, das auch als etwas ungewöhnlicher und textlich anspruchsvoller Bildband oder auch als Vor- und Nachbereitungsband für Saharareisende seine Leserschaft findet und so in höherer Auflage verkauft werden kann. Zu hoffen bleibt, daß sich weitere derartige Bände über Regionen, die nicht nur geographisch, sondern auch touristisch interessant sind, anschließen können. Dem Justus Perthes Verlag sei ein herzlicher Dank gesagt für seinen Mut, einen neuen Weg zur Verbreitung geographischer Informationen einzuschlagen, Herrn Dr. Eberhard Benser für seine große Mühe und Geduld bei der Fertigstellung des Bandes.

Würzburg, im Dezember 1997 — Detlef Busche

Literatur

Das Literaturverzeichnis enthält längst nicht alle Titel zur Geomorphologie der zentralen Sahara. Ein Schwerpunkt wurde, soweit möglich, auf leicht zugängliche Titel gelegt. Einige grundlegende Arbeiten, die im Text des Buches nicht zitiert worden sind, wurden zur Abrundung des Literaturhintergrundes mit aufgenommen.

BAGNOLD, R. A. (1984): The physics of blown sand and desert dunes. 6. Aufl. London, 265 S.

BAUMHAUER, R. (1986): Zur jungquartären Seenentwicklung im Bereich der Stufe von Bilma (NE-Niger). Würzburger Geogr. Arb., **65**: 235 S.

BAUMHAUER, R. (1988): Radiokarbondaten aus NE-Niger. Würzburger Geogr. Arb., **69**: 53–70.

BAUMHAUER, R. (1988a): Holozäne limnische Akkumulationen im Großen Erg von Bilma, NE-Niger. Würzburger Geogr. Arb., **69**: 137–148.

BAUMHAUER, R. (1990): Zur holozänen Klima- und Landschaftsentwicklung in der zentralen Sahara. Am Beispiel von Fachi/ Dogonboulo (NE-Niger). Berliner Geogr. Studien, **30**: 35–48.

BAUMHAUER, R. (1992): Radiokarbon- und Grundwasserisotopendaten aus NE-Niger. Würzburger Geogr. Arb., **84**: 235–246.

BAUMHAUER, R., BUSCHE, D., u. B. SPONHOLZ (1989): Reliefgeschichte und Paläoklima des saharischen Ost-Niger. Geogr. Rundschau, **41** (9): 493–499.

BAUMHAUER, R., u. H. HAGEDORN (1989): Probleme der Grundwassererschließung im Kawar (Niger). Die Erde, **120**: 11–20.

BAUMHAUER, R., u. E. SCHULZ (1984): The Holocene lake of Séguedine, Kaouar, NE-Niger. Palaeoecology of Africa, **16**: 282–290.

BESLER, H. (1981): Der Ostjet als Ursache verstärkter Aridität in der Sahara. Geogr. Rundschau, **33**: 163–166.

BESLER, H. (1983): Der Wind als Erzeuger von Wüsten. Geowissenschaften in unserer Zeit, **1**: 109–114.

BESLER, H. (1984): Verschiedene Typen von Reg, Dünen und kleinen Ergs in der algerischen Sahara. Die Erde, **115**: 47–79.

BESLER, H. (1987): Entstehung und Dynamik von Dünen in warmen Wüsten. Geogr. Rundschau, **39** (7–8): 422–428.

BESLER, H. (1989): Untersuchungen zur äolischen Dynamik im Ténéré (Republik Niger). Z. Geomorph., N. F., Suppl.-Bd. **7**: 1–12.

BESLER, H. (1992): Geomorphologie der ariden Gebiete. Erträge der Forschung, **280**, 189 S.

BREUNIG, P. (1995): Der Einbaum von Dufuna (Nigeria) In: Berichte des Sonderforschungsbereichs 268: „Kulturentwicklung und Sprachgeschichte im Naturraum Westafrikanische Savanne". Bd. 5. Mensch und Natur in Westafrika. Eine interdisziplinäre Festschrift für Günter Nagel. Hrsg. v. K. BRUNK und U. GREINERT-BYER. Frankfurt a. M., 17–26.

BRIEM, E. (1977): Beiträge zur Genese und Morphodynamik des ariden Formenschatzes unter besonderer Berücksichtigung des Problems der Flächenbildung (aufgezeigt am Beispiel der Sandschwemmebenen in der östlichen zentralen Sahara). Berliner Geogr. Abh., **26**: 89 S.

BÜDEL, J. (1977): Klima-Geomorphologie. Berlin/ Stuttgart, 304 S.

BUSCHE, D. (1972): Untersuchungen an Schwemmfächern auf der Nordabdachung des Tibestigebirges (République du Tchad). Berliner Geogr. Abh., **16**: 113–123.

BUSCHE, D. (1972a): Untersuchungen zur Pedimententwicklung im Tibesti-Gebirge (République du Tchad). Z. Geomorph., N. F., Suppl. -Bd. **15**: 21–38.

BUSCHE, D. (1973): Die Entstehung von Pedimenten und ihre Überformung, untersucht an Beispielen aus dem Tibestigebirge, République du Tchad. Berliner Geogr. Abh., **18**, 130 S.

BUSCHE, D. (1979): Entwicklungsprobleme des New Valley, ägyptische Sahara. Würzburger Geogr Arb., **49**: 67–102.

BUSCHE, D. (1980): On the origin of the Msak Mallat and Hamadat Manghini escarpment. In: SALEM, M. J., u. M. T. BUSREWIL [Eds.]: The geology of Libya. Vol. **3**. London, 837–848.

BUSCHE, D. (1983): Silcrete in der zentralen Sahara (Murzuk-Becken, Djado-Plateau und Kaouar, Süd-Libyen und Nord-Niger). Z. Geomorph., N. F., Suppl.-Bd. **48**: 35–49.

BUSCHE, D. (1988): Post-neolithic changes of aeolian morphodynamics in the Kharga and Toshka depressions, southern Egypt. Bulletin de la Société Géologique de France, Série **8** (4): 1053–1061.

BUSCHE, D., DRAGA, M., u. H. HAGEDORN (1984): Les sables éoliens. Modelés et dynamique. La ménace éolienne et son contrôle. Bibliographie annotée. Eschborn, 760 S. = Schriftenreihe der GTZ, **162**.

BUSCHE, D., u. W. ERBE (1987): Silicate karst landforms of the southern Sahara (north-eastern Niger and southern Libya). Z. Geomorph., N. F., Suppl. Bd. **64**: 55–72.

BUSCHE, D., GRUNERT, J., u. H. HAGEDORN (1979): Der westliche Schichtstufenrand des Murzuk-Beckens (Zentrale Sahara) als Beispiel für das Gefügemuster des ariden Formenschatzes. In: Festschrift zum 42. Dt. Geographentag Göttingen, 43–63.

BUSCHE, D., GRUNERT, J., SCHULZ, E., u. A. SKOWRONEK (1979): Erste Radiokarbondaten aus dem Vorland des Messak Mellet und Plateau du Mangueni, Zentral-Sahara. Würzburger Geogr. Arb., **49**: 183–198.

BUSCHE, D., u. C. HEISTERMANN (1992): Wechselbeziehungen zwischen geomorphologischer und prähistorischer Forschung in der Sahara von Ost-Niger. Würzburger Geogr. Arb., **84**: 169–200.

BUSCHE, D., u. B. SPONHOLZ (1992): Karsterscheinungen in nichtkarbonatischen Gesteinen der Rep. Niger. Würzburger Geogr. Arb., **69**: 9–44.

BUSCHE, D., u. B. SPONHOLZ (1992a): Morphological and micromorphological aspects of the sandstone karst of eastern Niger. Z. Geomorph., N. F., Suppl.-Bd. **85**: 1–18.

BUSCHE, D., u. I. STENGEL (1992): Ein geomorphologisches Profil zur Paläoökologie von Ost-Niger. Abschlußbericht des DFG-Forschungsvorhabens „Ost-Niger-Profil 1" (Bu 89/5–1), 105 S.

BUSCHE, D., u. I. STENGEL (1993): Rezente und vorzeitliche äolische Abtragung in der Sahara von Ostniger. Peterm. Geogr. Mitt., **137**: 195–218.

CAPOT-REY, R. (1947): L'Edeyen de Mourzouk. Trav. Inst. Rech. Sahar., **4**: 67–109.

CONRAD, G. (1969):
L'évolution post-hercynienne du Sahara Algérien (Saoura, Erg Chech – Tanezrouft, Ahnet-Mouydir). Paris, 527 S. = CNRS, Paris, Centre de Recherches sur les Zones Arides, sér. géol., **10**.
COOKE, R. (1970):
Stone pavements in deserts. Ann. Ass. Am. Geogr., **34**: 560–577.
COOKE, R., WARREN, A., u. A. GOUDIE (1993): Desert geomorphology. London, 526 S.

DUBIEF, J. (1959/1963):
Le climat du Sahara. Mém. de l'Inst. Rech. Sahar., Algér, **1**: 312 S., **2**: 274 S.

FAURE, H. (1966):
Reconnaissance géologique des formations sédimentaires post-paléozoiques du Niger oriental. Mém. BRGM, **47**: 630 S.
FAURE, H. (1966a):
Evolution des grands lacs sahariens à l'Holocène. Quaternaria, **8**: 167–175.
FAURE, H., MANGUIN, E., u. R. NYDAL (1963):
Formations lacustres du Quaternaire supérieur du Niger oriental: Diatomites et âges absolus. Bull. BRGM, **3**: 41–63.
FELIX-HENNINGSEN, P. (1992):
Frühholozäne Feuchtzeitböden auf Altdünen der Ténéré und des Tchigai-Berglandes, Ost-Niger. Würzburger Geogr. Arb., **84**: 97–129.
FELIX-HENNINGSEN, P. (1992a):
Ein geomorphologisch-paläopedologisches Profil zur Paläoökologie von Ost-Niger. Abschlußbericht des DFG-Forschungsvorhabens „Ost-Niger-Profil 2" (Fe 218/3-1). Münster.
FLOHN, H. (1982):
Warum ist die Sahara trocken? In: MENSCHING, H. [Hrsg.]: Physische Geographie der Trockengebiete. Darmstadt, 55–69.

GABRIEL, B. (1977):
Zum ökologischen Formenwandel im Neolithikum in der östlichen Zentralsahara. Berliner Geogr. Abh., **27**: 96 S.
GABRIEL, B. (1986):
Die östliche Libysche Wüste im Jungquartär. Berliner Geogr. Studien, **19**: 216 S.
GABRIEL, B. [Hrsg.] (1990):
Forschungen in ariden Gebieten. Herausgegeben von BALDUR GABRIEL aus Anlaß der Gründung der Station Bardai (Tibesti) vor 25 Jahren. Berlin, 303 S. = Berliner Geogr. Studien, **30**.
GAVRILOVIČ, D: (1970):
Die Überschwemmungen im Wadi Bardagué im Jahr 1968 (Tibesti, Rép. du Tchad). Z. Geomorph., N. F., **14**: 202 – 218.
GIROD, M. (1971):
Le massif volcanique de l'Atakor (Hoggar, Sahara algérien). Etude pétrographique, structurale et volcanologique. CNRS, Paris.
GRUNERT, J. (1972):
Zum Problem der Schluchtbildung im Tibesti-Gebirge (Rép. du Tchad). Z. Geomorph., N. F., Suppl.-Bd. **15**: 144–155.
GRUNERT, J. (1975):
Beiträge zum Problem der Talbildung in ariden Gebieten am Beispiel des zentralen Tibesti-Gebirges (Rép. du Tchad). Berliner Geogr. Abh., **22**: 95 S.
GRUNERT, J. (1977):
Untersuchungsmethoden und Aussagewerte von Flußterrassen arider Gebirge. Mitt. Basler Afrika-Bibliogr., Basler Geomethod. Koll., **2**: 109–141.
GRUNERT, J. (1979):
Wetter und Witterung in der zentralen Sahara 1977 und 1978. Würzburger Geogr. Arb., **49**: 1–65.
GRUNERT, J. (1983):
Geomorphologie der Schichtstufen am Westrand des Murzuk-Beckens (Zentrale Sahara). Berlin/Stuttgart, 271 S. = Relief–Boden–Paläoklima, **2**.
GRUNERT, J. (1988):
Klima- und Landschaftsentwicklung in Ost-Niger während des Jungpleistozäns und Holozäns. Würzburger Geogr. Arb., **69**: 289–304.
GRUNERT, J., u. D. BUSCHE (1980):
Large-scale fossil landslides at the Msak Mallat and Hamadat Manghini escarpment. In: SALEM, M. J., u. M. T. BUSREWIL [Eds]: The geology of Libya. Vol. **3**. London, 849–860.

HABERLAND, W. (1975):
Untersuchungen an Krusten, Wüstenlacken und Polituren auf Gesteinsoberflächen der mittleren Sahara (Libyen und Tchad). Berliner Geogr. Abh., **21**: 71 S.
HAGEDORN, H. (1967):
Beobachtungen an Inselbergen im westlichen Tibesti-Vorland. Berliner Geogr. Abh., **5**: 17–22.
HAGEDORN, H. (1968):
Über äolische Abtragung und Formung in der Südost-Sahara. Erdkunde, **22**: 257–269.
HAGEDORN, H. (1971):
Untersuchungen über Relieftypen arider Räume an Beispielen aus dem Tibesti-Gebirge und seiner Umgebung. Z. Geomorph., N. F., Suppl.-Bd. **11**.
HAGEDORN, H. (1979):
Das Verbreitungsmuster der Dünen am Westrand des Murzuk-Beckens (zentrale Sahara). Würzburger Geogr. Arb., **49**: 103–123.
HAGEDORN, H. (1988):
Äolische Abtragungsformen im Massif von Termit (NE-Niger). Würzburger Geogr. Arb., **69**: 277–288.
HAGEDORN, H. (1990):
Beobachtungen über Paläowindrichtungen bei Faya im Borkou-Bergland (Tschad). Berliner Geogr. Studien, **30**: 235–246.
HAGEDORN, H., BUSCHE, D., GRUNERT, J., SCHAFFER, K., SCHULZ, E., u. A. SKOWRONEK (1978):
Bericht über geowissenschaftliche Untersuchungen am Westrand des Murzuk-Beckens (zentrale Sahara). Z. Geomorph., N. F., Suppl. -Bd. **30**: 20–38.
HECKENDORFF, W. D. (1977):
Untersuchungen zum Klima des Tibesti-Gebirges. Göttingen, 37 S. = Ber. Inst. f. Meteorologie u. Klimatologie d. Techn. Univ. Hannover, **17**
HÖVERMANN, J. (1963):
Vorläufiger Bericht über eine Forschungsreise ins Tibesti-Massiv. Die Erde, **94**: 126–135.
HÖVERMANN, J. (1967):
Hangformen und Hangentwicklung zwischen Syrte und Tchad. Liège, 139–156. = Les congrès et colloques de l'Univ. de Liège, **40**
HÖVERMANN, J. (1972):
Die periglaziale Region des Tibesti und ihr Verhältnis zu angrenzenden Formungsregionen. Göttinger Geogr. Arb., **60**: 261–283 [Festschr. HANS POSER].

JÄKEL, D. (1971):
Erosion und Akkumulation im Enneri Bardagué-Arayé des Tibesti-Gebirges (zentrale Sahara) während des Pleistozäns und Holozäns. Berliner Geogr. Abh., **10**: 55 S.
JÄKEL, D. (1978):
Eine Klimakurve für die Zentralsahara. In: KUPER, R. [Ed.] Sahara – 10 000 Jahre zwischen Weide und Wüste. Museen der Stadt Köln, 382–396.
JÄKEL, D. (1982):
Verzeichnis der aus der Forschungsstation Bardai/Tibesti erschienenen großmaßstäbigen Karten, Aufsätze (A), Mitteilungen (M) und Monographien (Mo). Berliner Geogr. Abh., **32**: 167–176.

KAISER, K. H. (1972):
Der känozoische Vulkanismus im Tibesti-Gebirge. Berliner Geogr. Abh., **16**: 9–33.
KAISER, K. H. (1972a):
Prozesse und Formen der ariden Verwitterung am Beispiel des Tibesti-Gebirges und seiner Rahmenbereiche in der zentralen Sahara. Berliner Geogr. Abh., **16**: 49–80.
KLITZSCH, E. (1970):
Die Strukturgeschichte der Zentralsahara. Neue Erkenntnisse zum Bau und zur Paläogeographie eines Tafellandes. Geogr. Rundschau, **59**: 459–527.
KLITZSCH, E., u. E. SCHRANK [Eds.](1987):
Research in Egypt and Sudan. Sonderforschungsbereich 69, Projektbereich A: Results of the Special Research Project Arid Areas Period 1984–1987.
Berliner Geowiss. Abh., Reihe A/Bd. **75** (1–3): 967 S.
KRÖPELIN, S. (1993):
Zur Rekonstruktion der spätquartären Umwelt am Unteren Wadi Howar (Südöstliche Sahara/NW-Sudan). Berliner Geogr. Abh., **54**: 293 S.
KUHLE, M. (1993):
Eine Autozyklentheorie zur Entstehung und Abfolge der quartären Kalt- und Warmzeiten auf der Grundlage epirogener und glazialisostatischer Bewegungsinterferenzen im Bereich des tibetischen Hochlandes. Petermanns Geogr. Mitt., **137**: 133–152.
KUPER, R. [Ed.](1978):
Sahara – 10 000 Jahre zwischen Weide und Wüste. Museen der Stadt Köln, 470 S.

LOUIS, P. (1970):
Contribution géophysique à la reconnaissance géologique du Lac Tchad. Mémoires ORSTOM, **42**: 311 S.

MAINGUET, M. (1968):
Le Borkou: Aspects d'un modelé éolien. Ann. de Géogr., **77**: 296–322.
MAINGUET, M. (1970):
Un étonnant paysage: les cannelures gréseuses du Bémbéché (Nord du Tchad). Ann. de Géogr., **79**: 58–66.
MAINGUET, M. (1972):
Le modelé des grés. 2 Bde. Paris.
MAINGUET, M. (1978):
The influence of trade winds, local air masses and topographic obstacles on the aeolian movement of sand particles and the origin and distribution of dunes and ergs in the Sahara and Australia.
Geoforum, **9**: 17–28.
MAINGUET, M. (1982):
Les dunes d'érosion: Signification morphodynamique et climatique de l'eur existence. Würzburger Geogr. Arb., **56**: 79–93.
MAINGUET, M. (1983):
Dunes vives, dunes fixées, dunes vêtues: une classification selon le bilan d'alimentation, le régime éolien et la dynamique des édifices sableux. Z. Geomorph., N. F., Suppl. Bd. **45**: 265–285.
MAINGUET, M. (1984):
A classification of dunes based on aeolian dynamics and the sand budget. In: EL BAZ, F. [Ed.]: Deserts and arid lands.
The Hague, 31–58. = Remote Sensing of Earth Resources and Environment.
MAINGUET, M., u. Y. CALLOT (1974):
Air photo study of typology and interrelations between the texture and structure of dune patterns in the Fachi-Bilma erg. Z. Geomorph., N. F., Suppl.-Bd. **20**: 62–88.
MAINGUET, M., u. Y. CALLOT (1978):
L'Erg de Fachi-Bilma (Tchad-Niger). Contribution à la connaissance de la dynamique des ergs et des dunes des zones arides chaudes. CNRS Paris, 184 S. = Mémoires et Documents, Nouv. Série, **18**.
MAINGUET, M., CANON, L., u. M. C. CHEMIN (1980):
Le Sahara: Géomorphologie et paléomorphologie éoliennes. In: WILLIAMS, M. A. J., u. H. FAURE [Eds.]: The Sahara and the Nile. Rotterdam,17–36.
MAINGUET, M., u. M. C. CHEMIN (1990):
Le massif du Tibesti dans le système éolien du Sahara – Réflexion sur la genèse du Lac Tchad.
Berliner Geogr. Studien, **30**: 261–276.
MECKELEIN, W. (1959):
Forschungen in der zentralen Sahara. I. Klimamorphologie. Braunschweig, 181 S.
MENSCHING, H. (1958):
Glacis – Fußfläche – Pediment.
Z. Geomorph., N. F., **2**: 165 – 186.
MENSCHING, H. (1968):
Bergfußflächen und das System der Flächenbildung in den ariden Subtropen und Tropen.
Geogr. Rundschau, **58**: 62–82.
MENSCHING, H. (1977):
Bemerkungen zum Problem einer „periglazialen" Höhenstufe in den Gebirgen der ariden Zone im nördlichen Afrika.
Abh. Akad. Wiss. Göttingen, Math. Phys. Kl., 3. Folge, Nr. **31**: 290–299.
MENSCHING, H. (1979):
Die klima-geomorphologische Bedeutung von Wadis in der ariden Zone. Innsbrucker Geogr. Studien, **5**: 551–561.
MENSCHING, H., GIESSNER, K., u. G. STUCKMANN (1970):
Sudan – Sahel – Sahara. Jahrb. Geogr. Gesellsch. Hannover für 1969, 219 S.
MENSCHING, H., GIESSNER, K., u. G. STUCKMANN (1970a):
Die Hochwasserkatastrophe in Tunesien im Herbst 1969. Beobachtungen über die Auswirkungen in der Natur- und Kulturlandschaft. Geogr. Zeitschr., **58**: 81–94.
MESSERLI, B. (1972):
Formen und Formungsprozesse in der Hochgebirgsregion des Tibesti. Hochgebirgsforschung – High Mountain Research, **2**: 23–86.
MICHEL, P. (1977):
Reliefgenerationen in Westafrika. Würzburger Geogr. Arb., **45**: 111–130.
MOLLE, G. (1971):
Gliederung und Aufbau fluvialer Terrassenakkumulationen im Gebiet des Enneri Zoumri (Tibesti-Gebirge). Berliner Geogr. Abh., **13**: 39 S.

NEUMANN, K. (1988):
Die Bedeutung von Holzkohleuntersuchungen für die Vegetationsgeschichte der Sahara. Das Beispiel Fachi/Niger. Würzburger Geogr. Arbeiten, **69**: 71–86.

OBENAUF, K. P. (1973):
Die Enneris Gonoa, Toudoufou, Oudingeur und Nemagayesko im nordwestlichen Tibesti. Beobachtungen zu Formen und zur Formung in den Tälern eines ariden Gebirges.
Berliner Geogr. Abh., **12**: 70 S.
OLLIER, C. (1984):
Weathering. 2. Aufl. London, 270 S.

PACHUR, H. -J. (1970):
Zur spätpleistozänen und holozänen Formung auf der Nordabdachung des Tibestigebirges. Die Erde, **106**: 21–46.
PACHUR, H. -J. (1974):
Geomorphologische Untersuchungen im Raum der Serir Tibesti. Berliner Geogr. Abh., **17**: 62 S.
PACHUR, H.- J. (1975):
Zur Hangformung im Tibesti-Gebirge (République du Tchad). Die Erde, **101**: 41–54.
PACHUR, H. -J. (1987):
Vergessene Flüsse und Seen der Ostsahara. Geowissensch. in unserer Zeit, **5**: 55–64.

PACHUR, H. -J. (1997): Der Ptolemäus-See in Westnubien als Paläoklimaindikator. Petermanns Geographische Mitteilungen, **141**: 227–250.

PACHUR, H.-J., u. G. BRAUN (1982): Aspekte paläoklimatischer Befunde in der östlichen Zentralsahara. Geomethodica, **7**: 23–54.

PACHUR, H. -J., u. H. P. RÖPER (1984): Die Bedeutung paläoklimatischer Befunde aus den Flachbereichen der östlichen Sahara und des nördlichen Sudan. Z. Geomorph., N. F., Suppl.-Bd. **50**: 59–78.

PACHUR, H.- J., RÖPER, H. P., u. M. GOSCHIN (1987): Late Quaternary hydrography of the Eastern Sahara. Berliner Geowiss. Abh. (A), **75** (2): 331–384.

PETIT-MAIRE, N., CASTA, L., DELI-BRIAS, G., u. CH. GAVEN (1980): Preliminary data on Quaternary palaeolacustrine deposits in the Wadi ash Shati area, Libya. In: SALEM, M. J., u. M. T. BUSREWIL, [Eds.]: The geology of Libya. Vol. **3**. London, 797–808.

PETIT-MAIRE, N., DELIBRIAS, G., u. C. A. GAVEN (1980): Pleistocene lakes in the Shati area, Fezzan (27°30' N). Palaeoecol. Africa, **12**: 289–295.

PETIT-MAIRE, N. [Ed.](1982): Le Shati – Lac Pleistocène du Fezzan (Libye). CNRS, Paris, 118 S.

POMEYROL, R. (1968): „Nubian Sandstone". Bull. Assoc. Am. Petrol. Geologists, **52**: 589–600.

RATHJENS, C. (1973): Subterrane Abtragung (Piping). Z. Geomorph., N. F., Suppl.-Bd. **17**: 168–176.

RÖGNER, K. J. (1989): Geomorphologische Untersuchungen im Negev und Sinai. Paderborn, 258 S. = Paderborner Geogr. Studien, **1**.

ROGNON, P. (1967): Le massif de l'Atakor et ses bordures (Sahara central). CNRS , Paris, Centre de Recherches sur les Zones Arides, sér. géol., 559 S.

ROGNON, P. (1967a): Climatic influences on the African Hoggar during the Quaternary, based on geomorphological observations. Ann. Ass. Am. Geogr., **57**: 115–127.

Sahara – 10 000 Jahre zwischen Weide und Wüste. Handbuch zu einer Ausstellung des Rautenstrauch-Jost-Museums für Völkerkunde in Köln. Köln, 470 S.

SALEM, M. J., u. M. T. BUSREWIL [Eds.] (1980): The geology of Libya. 3 Vols. London, 1115 S.

SCHIFFERS, H. [Hrsg.] (1972): Die Sahara und ihre Randgebiete. Bd. 1. München.

SCHÜLKE, H. (1973): „Schildkrötmuster" und andere Polygonalstrukturen auf Felsoberflächen. Z. Geomorph., N. F., Suppl.-Bd. **17**: 474–488.

SCHUH, J. (1988): Kleinformen der Verwitterung am Südrand der Sahara (Termit/Rép. du Niger). Würzburger Geogr. Arb., **69**: 103–118.

SKOWRONEK, A. (1979): Paläoböden in der zentralen Sahara. Würzburger Geogr. Arb., **49**: 163–181.

SKOWRONEK, A. (1987): Böden als Indikator klimagesteuerter Landformung in der zentralen Sahara. Relief–Boden–Paläoklima, **5**: 186 S.

SCHULZ, E. (1988): Der Südrand der Sahara. Würzburger Geogr. Arb., **69**: 167–210.

SPONHOLZ, B. (1989): Karsterscheinungen in nichtkarbonatischen Gesteinen der östlichen Republik Niger. Würzburger Geogr. Arb., **75**: 265 S.

SPONHOLZ, B. (1992): Karstverfüllungen in Ostniger. Würzburger Geogr. Arb., **84**: 131–168.

SPONHOLZ, B., BAUMHAUER, R., u. P. FELIX-HENNINGSEN (1993): Fulgurites in the southern Central Sahara, Republic of Niger and their palaeoenvironmental significance. The Holocene, **3** (2): 97–104.

STENGEL, I. (1992): Zur äolischen Morphodynamik von Dünen und Sandoberflächen. Würzburger Geogr. Arb., **83**: 363 S.

STENGEL, I. (1992a): Morphodynamic types of longitudinal dunes in the Ténéré desert and the Erg of Bilma (Republic of Niger). Würzburger Geogr. Arb., **84**: 147–168.

STENGEL, I. (1992b): Mono- and polygenetic wind-ripple types – microforms indicating the morphodynamics of desert sand-dunes. Proc. 2nd. Internat. Conf. on Geomorphology, Frankfurt 1989. Z. Geomorph., N. F., Suppl.-Bd. **84**: 101–114.

STENGEL, I. (1993): Morphodynamic types of longitudinal dunes in the Ténéré desert (Republic of Niger). Würzburger Geogr. Arb., **84**: 147–168.

STENGEL, I., u. D. BUSCHE (1989): Windrippeln als Indikatoren für Sandtransport und Dünendynamik am Beispiel von Längsdünen in der Ténéré (Rep. Niger). Z. Geomorph., N. F., Suppl.-Bd. **7**: 13–32.

THORWEIHE, U. (1990): Nubian aquifer system. In: SAID, R. [Ed.]: The geology of Egypt. Rotterdam, 601–611.

TILLET, T. (1983): Le paléolithique du bassin Tchadien septentrional (Niger–Tchad). CNRS, Paris, 319 S.

VINCENT, P. M. (1963): Les volcans tertiaires et quaternaires du Tibesti occidental et central (Sahara du Tchad). Mémoires B. R. G. M., **23**.

VOGG, R. (1981): Bodenressourcen arider Gebiete. Untersuchungen zur potentiellen Fruchtbarkeit von Wüstenböden in der mittleren Sahara. Stuttgarter Geogr. Studien, **97**: 224 S.

VÖLKEL, J. (1988): Zum jungquartären Klimawandel im saharischen und sahelischen Ost-Niger aus bodenkundlicher Sicht. Würzburger Geogr. Arb., **69**: 255–276.

VÖLKEL, J. (1989): Geomorphologische und pedologische Untersuchungen zum jungquartären Klimawandel in den Dünengebieten Ost-Nigers (Südsahara und Sahel). Bonner Geogr. Arb., **79**: 258 S.

VÖLKEL, J., u. J. GRUNERT (1990): To the problem of dune formation and dune weathering during the Late Pleistocene and Holocene in the southern Sahara and Sahel. Z. Geomorph., N. F., **34**: 1–17.

WAGNER, G. A., u. L. ZÖLLER (1989): Neuere Datierungsmethoden für geowissenschaftliche Forschungen. Unter besonderer Berücksichtigung der Thermolumineszenz. Geogr. Rundschau, **41** (9): 507–512.

WHITNEY, M. (1983): Eolian features shaped by aerodynamic and vorticity processes. Developments in Sedimentology, **38**: 223–246.

WHITNEY, M. J., u. R. V. DIETRICH (1973): Ventifact sculpture by wind-blown dust. Geol. Soc. of America Bull., **84**: 2561–2581.

WILSON, I. G. (1971): Desert sandflow basins and a model for the development of ergs. Geogr. Journ., **137**: 180–199.

YATSU, E. (1988): The nature of weathering. An Introduction. Tokyo, 624 S.

Sachregister

Die Zahlen beziehen sich auf die Numerierung der Fotos.

Ortsregister

Die Zahlen beziehen sich auf die Fotos. Diese Fotos stammen aus den Staaten Ägypten, Algerien, Niger und Tschad. Da die meisten Fotos in Niger aufgenommen worden sind, wurde hier der Länderverweis weggelassen. Die Nummern der Fotos beziehen sich auch auf die Umgebung der genannten Lokalitäten.

Fotos 211, 212 von D. Gavrilovič, Belgrad (1968). Foto 127 von Barbara Sponholz, Würzburg. Alle anderen Fotos vom Verfasser, überwiegend mit Nikon-Kameras und -Objektiven. Alle Satellitenbilder: Deutsches Zentrum für Luft- und Raumfahrt e. V. (DLR) Oberpfaffenhofen.